"十二五"国家重点图书

15

财政政治学译丛

刘守刚 魏 陆 主编

上海高校智库
上海财经大学公共政策与治理研究院

War, Revenue, and State Building
Financing the Development of the American State

战争、收入与国家构建

为美国国家发展筹资

[美] 谢尔登·D. 波拉克(Sheldon D. Pollack) 著
李 婉 译
刘守刚 校译

上海财经大学出版社

图书在版编目(CIP)数据

战争、收入与国家构建：为美国国家发展筹资 /（美）谢尔登·D.波拉克(Sheldon D. Pollack)著;李婉译. —上海：上海财经大学出版社，2021.7

（财政政治学译丛）

书名原文：War，Revenue，and State Building：Financing the Development of the American State

ISBN 978-7-5642-3592-5/F·3592

Ⅰ.①战… Ⅱ.①谢… ②李… Ⅲ.①政治—研究—美国 Ⅳ.①D771.2

中国版本图书馆 CIP 数据核字(2020)第 128079 号

图字：09-2015-769 号

□ 责任编辑　刘　兵

□ 封面设计　张克瑶

战争、收入与国家构建

——为美国国家发展筹资

［美］谢尔登·D.波拉克(Sheldon D. Pollack) 著

李　婉　译

刘守刚　校译

上海财经大学出版社出版发行

（上海市中山北一路 369 号　邮编 200083）

网　　址：http://www.sufep.com

电子邮箱：webmaster @ sufep.com

全国新华书店经销

上海叶大印务发展有限公司印刷装订

2021 年 7 月第 1 版　2021 年 7 月第 1 次印刷

710mm×1000mm　1/16　17.5 印张(插页：2)　268 千字

定价：89.00 元

总 序

成立于2013年9月的上海财经大学公共政策与治理研究院，是由上海市教委重点建设的十大高校智库之一。通过建立多学科融合、协同研究、机制创新的科研平台，围绕财政、税收、医疗、教育、土地、社会保障、行政管理等领域，组织专家开展政策咨询和决策研究，致力于以问题为导向，破解中国经济社会发展中的难题，服务政府决策和社会需求，为政府提供公共政策与治理咨询报告，向社会传播公共政策与治理知识，在中国经济改革与社会发展中发挥"咨政启民"的"思想库"作用。

作为公共政策与治理研究的智库，在开展政策咨询和决策研究的同时，我们也关注公共政策与治理领域基础理论的深化与学科的拓展研究。特别地，我们支持从政治视角研究作为国家治理基础和重要支柱的财政制度，鼓励对财政制度构建和现实运行背后体现出来的政治意义及历史智慧进行深度探索。这样一种研究，著名财政学家马斯格雷夫早在其经典教材《财政理论与实践》中就命名为"财政政治学"。但在当前的中国财政学界，遵循马斯格雷夫指出的这一路径，突破经济学视野而从政治学角度研究财政问题，还比较少见。由此既局限了财政学科自身的发展，又不能满足社会对运用财税工具实现公平正义的要求。因此，有必要在中国财政学界呼吁拓展研究的范围，努力构建财政政治学学科。

"财政政治学"虽然尚不是我国学术界的正式名称，但在国外的教学和研究中却有丰富的内容。要在中国构建财政政治学学科，在坚持以"我"为主研究中国问题的同时，应该大量翻译西方学者在该领域的内容，以便为国内财政学者从政治维度研究财政问题提供借鉴。呈现在大家面前的丛书，正是在上海财经大学公共政策与治理研究院资助下形成的"财政政治学译丛"。

“财政政治学译丛”中的文本，主要从美英学者著作中精心选择而来，大致分为理论基础、现实制度与历史经验等几方面。译丛第一辑推出10本译著，未来根据需要和可能，将陆续选择其他相关文本翻译出版。

推进财政政治学译丛出版是公共政策与治理研究院的一项重点工程，我们将以努力促进政策研究和深化理论基础为己任，提升和推进政策和理论研究水平，引领学科发展，服务国家治理。

胡怡建

2015年5月15日

致　谢

在本书的写作和多年的学术研究生涯中，我得到过很多人的帮助。感谢英属哥伦比亚大学的保罗·奎克（Paul Quirk）、约克大学的史蒂芬·纽曼（Stephen Newman）、罗切斯特大学的威廉·T.布卢姆（William T. Bluhm）和康奈尔大学的西奥多·J.洛伊（Theodore J. Lowi），感谢他们多年来对我的厚爱和支持。感谢纽约大学的优素福·科恩（Youssef Cohen）和得克萨斯大学达拉斯分校的爱德华·J.哈珀姆（Edward J. Harpham），他们阅读了手稿中的大部分内容，并提出了很多让本书增色不少的建议。我很感激他们在本书上花了这么多的时间和精力。感谢我在特拉华大学的同事杰拉德·托克尔（Gerald Turkel）和莱斯利·戈尔茨坦（Leslie Goldstein），感谢他们阅读了本书的部分章节并提供了极有价值的建议。2007 年 7 月，我参加了由加州大学洛杉矶分校法学院和加州大学洛杉矶分校经济史研究中心举办的“从历史的角度看税收的法律和政策”（Historical Perspectives on Tax Law and Policy）会议，从中我受益良多。尤其要感谢的是弗吉尼亚大学的约瑟夫·桑代克（Joseph Thorndike）和印第安纳大学的阿贾伊·梅赫罗特拉（Ajay Mehrotra），感谢他们切中肯綮的建议，完善了本书的观点。感谢本书的编辑，即来自康奈尔大学出版社（Cornell University Press）的罗杰·海顿（Roger Haydon），他的意见和指正非常有用。感谢能干的凯伦·劳恩（Karen Laun），他负责了本书的编辑。感谢康奈尔大学出版社的两位匿名评论员，他们不仅仅只是恪守职责，还给我提供了非常详尽又有益的分析和评论，让我避免犯一些令人尴尬的错误和疏忽，使最终的手稿改进不少。康奈尔大学出版社的文字编辑杰克·鲁梅尔（Jack Rummel）和密歇根大学的爱琳·波拉克（Eileen Pollack）对文字的细心编辑也让本书改进很多。我在特拉华大学的研究助理哈里特·肯尼迪

(Harriet Kennedy)为本书做了很多的准备工作。感谢特拉华大学对我的慷慨资助。感谢特拉华大学的两位院长——鲍比·甘伯绍(Bobby Gempesaw)和汤姆·爱普尔(Tom Apple)。多年来,他们对我的研究工作一直支持有加,对此,我深表感激。感谢特拉华大学莫里斯图书馆(Morris Library)给我提供图书资料和文件。尤其要感谢热心的丽贝卡·奈特(Rebecca knight),她总是能帮助我找到所需的资料,特别是一些鲜为人知的政府文件。感谢她这些年来给予我的所有帮助。

最后要感谢的是我的家人。对于我的孩子阿莉莎(Alyssa)和赛斯(Seth)与妻子帕蒂·维特(Patti Werther),我亏欠很多。没有他们的支持,我永远都不可能完成这样耗时的写作。最后还要感谢我的母亲威尔玛(Wilma)和父亲亚伯拉罕·波拉克(Abraham Pollack),感谢他们给我不遗余力的支持。令人心痛的是我的父亲在本书出版前不幸去世了。谨以此书献给他们!

目　录

导 论

国家的收入即是国家。不管我们是维持国家，抑或改革它，实际上都要仰赖于收入。

——埃德蒙·伯克，《法国革命论》

(*Reflections on the Revolution in France*, 1790)

一个民族的财政史是其整体历史的重要组成部分。国家为了满足其需要汲取了经济所创造的财富，而这将极大地影响国家的命运。

——约瑟夫·熊彼特，“税收国家的危机”[①]

(*The Crisis of the Tax State*, 1918)

在相对较短的时间里，美国就从一个由 13 个英国殖民地组成的弱小的、分权的国家，摇身变成了世界头号强国。本书的主要思想是，如果当初没有那些政治领袖们在南北战争期间设计出一套高效的公共财政制度，而后又于 20 世纪初重启了这套制度并不断完善它，那么这一华丽的制度转身就不会实现。通过这套公共财政体制，政府筹集到了大量的收入，这些收入支撑了美国这架国家机器的快速扩张——尤其是它的军事力量和社会福利项目。与之相反，在 18 世纪末 19 世纪初，联邦政府(national government)的孱弱无能和收入稀少，极大地阻碍了国家在初期的发展。[②] 在共和国建立后的数十年里，政治领袖们一直在和压制了其收入征集能力的制度做斗争。这一切都源于过时了的宪法

① “税收国家的危机”中文译文可参见本译丛《税收哲人》一书附录。

② national government 一般指的是全国性政府。在本书中，考虑到在美国，全国性政府即指联邦政府，因而译者将文中的 national government 翻译为联邦政府。——译者注

设计，它几乎将所有的权力都留给了地方政府，而置刚成立的联邦政府于不顾。在财政权力和军事权力方面尤是如此。但尽管如此，在战争和危机接踵而至时，政治领袖们最终还是借机扩张了这些权力，也由此基本重构了美国这个国家。

公共收入与制度发展之间息息相关，这不唯独发生在美国。大量的文献表明，在欧洲，国家的发展离不开统治者使用强制性权力从社会汲取收入的能力。甚至我们可以说，国家的发展最终有赖于此。欧洲的这种收入与国家发展之间的关系已是证据确凿，不容置疑。然而，新兴的学术团体却并没有对美国的国家发展予以很多的关注。事实上，北美与欧洲一样，公共收入是影响其国家发展的关键要素。

收入对国家的发展至关重要，这是因为对于一个现代国家来说，不管是组建强大的军队，还是建立庞大的官僚机构，都要耗费大量的收入。没有收入，维持国家机构的正常运转都成问题，更遑论进行扩张了。国家权力的实施离不开收入。国家的发展程度越高，对收入的需求也会越大。而当国家征集收入的能力岌岌可危时，制度性的衰败将不可避免，更有甚者，政权也将可能垮台。亚历山大·汉密尔顿在 1788 年的洞见证明了收入的重要性。他发现："没有收入，国家将无法存之久远。"[①]写下这话不久，汉密尔顿就成为美国这个贫穷国家的第一任财政部部长。在独立战争成功之后，这个年轻的共和国就旋即身陷动荡之中。在这个关键时期，汉密尔顿亲眼见证了千疮百孔的公共收入制度所带来的灾难性后果。为此，他焦虑不已。在掌管财政部时期，汉密尔顿一直致力于解决公共收入的不足和财政危机问题。这两个问题让这个刚成立的共和国深受其害，并阻碍了国家的进一步发展。

一、统治者及其收入策略

国家会消耗大量的收入，这是一个无须揭露的事实。只要浏览一下任何

---

① Alexander Hamilton, Federalist Paper No. 12, in James Madison, Alexander Hamilton, and John Jay, *The Federalist Papers* (New York: New American Library, 1961), 96。在《联邦党人文集》第三十篇中，汉密尔顿表达了同样的观点："钱很恰当地被认为是国家的重要之物，它维持了国家的生命和行动，它使得国家能履行最基本的职能。"Ibid., 188。

一个现代国家的预算，事实就不言自明。但是统治者是如何获取这些收入的，这是一个极有意思的问题，然而却很少有人去关注。从某种意义上说，每个地方所上演的故事都是雷同的：统治者使用国家的强制性权力从社会汲取收入。达尔·福斯(Dall Forsythe)曾这样来描述这一关键的收入汲取过程："'汲取'一词虽不招人喜欢，但它很恰当地描述了统治者采取了一种复杂的收入策略去获取足够自己使用的收入……若不具备从其统治下的人民那里汲取收入的能力，统治者就不可能建立起中央政府机构。"①国家的发展需要大量的收入，而统治者及其官员使用国家的强制性权力从受其统治的人民那里汲取收入。当然，汲取收入并不是国家唯一在做的事情，但是，它是实施任何其他国家权力的基础。

收入的汲取有赖于国家的强制性权力，这是亘古不变的。不过，统治者仍有很大的自由来决定如何使用强制性权力来汲取收入。这即是我所说的收入策略。每个国家所采取的收入策略各不相同，相差甚大。某个国家所采取的策略最终往往是统治者周密决策的产物，同时，它还受官僚机构、私人、利益集团、政党与诸多特定的经济和社会因素的影响。一个国家是否拥有强大的代议机构、独立的立法机构、民主的政治程序和自由的政治文化，都将影响到统治者最后所采取的收入策略。外部因素诸如外国的侵略攻击也会影响统治者的收入策略。问题的复杂性在于，国家所采取的收入汲取策略往往是多种多样的，即有直接的征服(侵略和掠夺)，也有比较隐蔽的方式，如索取贡金、实施殖民主义和帝国主义政策，还有征收各种各样的税、关税、评估费和使用费。欧洲君主国的收入主要来自"皇家领地"(国家所有的土地、矿产以及对盐、烟和酒实施垄断)。② 现代国家也会通过国有工业和企业家创业来获取利润——只是有些国家很成功，有些则不然。③

---

① Dall W. Forsythe, *Taxation and Political Change in the Young Nation, 1781－1833* (New York: Columbia University Press, 1977), 1.

② 尼尔·弗格森(Niall Ferguson)描述了"皇家领地"的多种收入来源方式。Niall Ferguson, *The Cash Nexus: Money and Power in the Modern World, 1700－2000* (Basic Books, 2001), 53－56。

③ 俄罗斯将宇宙飞船出租给那些爱冒险的有钱人，这些人愿意付钱到太空遨游一番。2001年4月，美国商人丹尼斯·提托(Dennis Tito)花2 000万美元成为世界上第一个"太空旅游者"。他乘坐联盟号火箭到了国际空间站。自那以后，还有4个人花了2 500万美元到了太空。到目前为止，对金钱如饥似渴的俄罗斯航天局共收到了10 000万美元。在美国，虽然美国国家航空航天局(NASA)(转下页)

最终，一个国家的收入策略取决于该国特定的环境、历史和需要。这些因素构成了影响世界各国收入策略的主要变量。这些变量在近代欧洲国家则表现在不同的经济、社会、人口、宗教、国家结构、行政能力、法律制度、政治机构和宪法上。以英国为例，数个世纪以来，英国的收入主要仰赖对贸易和商业征税，以及向进出伦敦和其主要海港的商品征税，而后封建时代的法国主要是向土地、农产品和在数量上远超英国的人口征税。[①] 事实证明，英国在 18—19 世纪所采取的收入策略（对贸易和商业征税）远比法国成功和有效，或者可以说，其收入策略超越了当时所有的欧洲国家，有力地维护了英国长久的利益。

已故的查尔斯·蒂利（Charles Tilly）为我们理解国家的发展做出了巨大的贡献。在他看来，那些拥有某种特定经济类型和人口中心的欧洲国家更容易从社会汲取收入以筹措构建和扩张国家所需的资金。[②] 诸如此类的因素导致制度发展的多样性，同时也促使着欧洲国家采取各自不同的收入策略。此外，国家的收入策略必然会随着制度的发展和进步而改变。比如在中世纪的欧洲大陆，封建制度大行其道，当时统治者的收入主要源于领主的特权收入、税收、贡金和其他方式。封建制度的这些收入方式所提供的收入非常有限。很快，到了 16 世纪中期，当战争技术突飞猛进、武器的支出急剧攀升、欧洲国家不得不为之进行国家扩张时，这些收入就开始变得不敷使用。军事力量的快速扩张迫使统治者不得不去开辟新的收入来源，以支持他那庞大的军队、昂贵的装备和膨胀的国家机构。统治者越能另辟他途，找到更多的收入来源，国家的扩张就越容易实现。否则，国家的发展就只能停滞不前。

20 世纪初那些杰出的社会学家，如马克斯·韦伯（Max Weber）、约瑟夫·

（接上页）没有出租它的宇宙飞船，但是州政府仍从另一些同样让人质疑的方式中获得不菲的收入——比如州的赌场（还有彩票）。1999 年 12 月中国政府恢复对澳门行使主权，在澳门的公共收入中，有 75%的收入来自 31 家赌场。Mark McDonald, "Chinese Officials Gamble," *New York Times*, January 15, 2009, A12。

① 近代的英国和法国在人口、经济和税收上的区别，请参阅 John Brewer, *The Sinews of Power: War, Money, and the English State, 1688 - 1783* (London: Unwin Hyman, 1989), 14 - 21。

② 查尔斯·蒂利这一观点的完整表述请参阅 Charles Tilly, Coercion, *Capital, and European States: AD 990 - 1990* (Cambridge, MA: B. Blackwell, 1990)；还可参阅 Tilly, "Reflections on the History of European State-Making," in *The Formation of National States in Western Europe*, ed. Charles Tilly (Princeton: Princeton University Press, 1975), 3 - 83。

熊彼特(Joseph Schumpeter)和奥托·欣策(Otto Hintze)都意识到了国家发展与收入之间息息相关。他们的思想影响深远,当代的社会学家在此基础上又进行了修正。他们通过研究一些国家的具体案例,揭示了公共财政与政治发展之间的联系。① 比如特里·卡尔(Terry Karl)在对所谓的石油国家进行比较研究中发现,这些国家糟糕又无能的政治制度源于它们只依赖单一的收入来源:“一个国家的收入来源揭示了国家的经济发展模式、政治制度的变迁、偏好的塑造,以及最终国家所具备的设计与改变自身发展轨道的能力之间,是相互关联的。”②从某种意义上说,卡尔的这段话概括了国家收入与国家发展之间的关系。本书基于卡尔的观点,希望能阐释清楚美国在特定的历史关键时期可获取的公共收入来源和政治领导人基于此而采取的收入策略与美国国家发展之间的关系。

收入对国家的发展至关重要,但是要从社会汲取收入并非易事,也并不是每个国家都能成功做到这一点。我们不应想当然地认为国家天然地就拥有维持自身运转的能力。正如加布里埃尔·阿尔丹(Gabriel Ardant)曾警告说:“我们必须要知道,征税是一项艰巨的任务,即使是对于那些行政管理能力很强的国家,这一难题也会让它们不堪重负。忽视这一点,我们就不能理解国家的演进史。”③征税的任务是如此之艰巨,它让许多国家都难以胜任,并因此而消亡。杰克·戈德斯通(Jack Goldstone)对社会革命进行了广泛的研究。他得出结论说,社会革命的爆发和国家组织的消亡有三大条件,其中之一就是国家无法筹集到足够的收入来履行其职能(由此引发了“国家财政危机”)。④ 收入策略上的失败让苏联的收入极其匮乏,最后也导致了它的解体。苏联曾经是一个世界超级大国(就军事来说,至少可以称得上是),如今的俄罗斯却只能过着节衣缩食的

① 迈克尔·谢弗(Michael Shafer)通过研究赞比亚的铜矿、哥斯达黎加的咖啡种植和斯里兰卡的茶叶生产,阐明了“单一行业的政治经济”与第三世界国家的国家自主性之间的联系:Sri Lanka. D. Michael Shafer, *Winners and Losers: How Sectors Shape the Development Prospects of States* (Ithaca: Cornell University Press, 1994)。谢弗认为这些国家经济中占主导地位的行业限制了当权者的决策,也因此阻碍了国家机构的发展。

② Terry Lynn Karl, *The Paradox of Plenty: Oil Booms and Petro-States* (Berkeley: University of California Press, 1997), 222.

③ Gabriel Ardant, “Financial Policy and Economics Infrastructure of Modern Nations and States,” in *The Formation of National States in Western Europe*, ed. Tilly, 164.

④ Jack A. Goldstone, *Revolution and Rebellion in the Early Modern World* (Berkeley: University of California Press, 1991), xxiii.

日子,它的收入主要依赖于储备量巨大的石油和天然气。事后看来,仍让我们感到不可思议的是,苏联竟然存在了这么久——它的国有经济毫无活力,官僚机构人浮于事,军事机构臃肿不堪,幅员过度辽阔。在解体之前的最后一段日子里,苏联的收入已是极度匮乏,对此官员们一筹莫展,这也加速了这个政体的崩塌。①

实施一项成功的收入策略是统治者所面临的最大的困难和挑战。即便是那些坐拥金山银山的国家,整个国家就好比躺在石油("黑金")之上,其公共收入也不是唾手可得的。有人会认为这些国家是受到了上天的眷顾,注定要繁荣昌盛,然而经济学家却嘲讽它们是受了"资源的诅咒"。一个国家越是依赖于自然资源的出口(石油、天然气、钻石、黄金、矿石等),它的经济整体发展速度就越慢。② 与此同时,丰富的自然资源还会腐蚀一个国家的政治,诱发国家权力和财富的争夺。最后,谁赢得了权力,谁就能拥有巨额的财富。③ 尼日利亚和苏丹的悲剧就是如此。在这两个国家,石油引发了骚乱,破坏了国家的政治。即使有一个地方能在首次发现自然资源之前就已经建立起稳定又民主的政治制度(这种情况在非洲和中东并不存在),国家仍然会对自然资源产生过度的需求和依赖(如石油收入),导致公共收入随着国际市场上石油价格的波动而处于"充裕—枯竭"的动荡循环中。④

① 曼瑟·奥尔森(Mancur Olson)在他最近出版的一本著作中表达了类似的观点:"到了戈尔巴乔夫时期,中央政府只能靠印刷新的钞票来应付开支。在苏联解体前夕,苏联政府的囊中已是空空如也。在斯大林时期,政府占有的国民产出比例之高真是空前绝后,但其结局仍是身无分文到难以为基本的服务提供资金。我认为,这个政体崩塌最重要的原因在于政府破产了。"Mancur Olson, *Power and Prosperity: Outgrowing Communist and Capitalist Dictatorships* (New York: Basic Books, 2000), 159。

② 对此的具体论述请参阅 Jeffrey D. Sachs and Andrew M. Warner, "The Curse of Natural Resources," *European Economic Review* 45 (2001): 827 - 838。

③ "资源诅咒的政治很简单。它会诱使人们去攫取财富,并为此不惜付出一切代价。在一个能源资源和矿藏资源丰富的国家里,推翻它的政府会给人带来意想不到的财富。"Mick Moore, "Rich World, Poor World," *Boston Review* (December 2004/January 2005), 43。

④ 阿拉斯加州的公共收入就处于这种非正常的状态。它的收入主要来源为向石油征税和收取钻井租赁费,因此,它的收入就很容易受油价波动的影响。1977 年夏,阿拉斯加的管道铺设完工后,石油就成为阿拉斯加最重要的财富。阿拉斯加 1/3 的经济基础都与石油生产及石油工业有关。在过去的 25 年里,来自石油行业的税收就达到 500 亿美元——平均每年 20 亿美元。在过去的 20 年里,州政府收入的 80%都源于对石油行业征税。据估计,在 2007 财政年度,阿拉斯加 88%的收入来自与石油有关的税收和特许权使用费。数据来源:*Revenue Sources Book*, Alaska Department of Revenue, Taxation Division (fall 2006)。

统治者对收入的需求所选择的收入策略会影响国家发展的进程。与此同时，政治精英们能否获取新的收入来源则受限于许多他们无法控制的因素，比如国家与重要的经济利益集团之间的力量对比、外国侵略者所施加的压力、收入的使用用途（如在战时要征集一笔收入用于国防支出就是一件比较轻而易举的事）、本国经济的类型（农业经济、商业经济或工业经济）、政治民主化的程度以及代议制机构相较于行政机构的实力。此外，还有一个同样重要的因素，就是个人的领导能力。统治者的政治技巧往往会对收入策略的成功实施起着决定性作用。[①] 统治者及其官员是国家的代理人，代表着国家的利益。有些统治者相比其他统治者更有手段，也因此往往能更成功地增加收入。然而，不管统治者的收入策略是多么的成功，他们对收入的追求都是无止境的。资源的稀缺性驱使着统治者孜孜不倦地去寻求收入。这就是玛格丽特·列维（Margaret Levi）关于统治者收入模型的基本假设，她将此称为"收入的掠夺"。[②]

如果事实确实如列维所认为的，所有的统治者都是收入的掠夺者（至少在一定程度上是），那么我们可以预见，那些辖内经济富裕的统治者必定能更成功地征集到收入。如果一个国家经济繁荣、商业兴盛（就像美国），那么与那些工业落后的国家相比，它就拥有了更多的收入。毋庸置疑，富裕的社会往往能为国家提供贫穷的社会所无法企及的收入来源。但社会财富与公共收入之间的关系并不是如此简单。要想把钱从公民的口袋挪到国库里，这即使是在最富裕的国家，对于最有手段的统治者来说，仍然是一件很费力的事。繁荣的经济并不意味着政府也会富得流油。实际上，在那些最富裕的社会里，统治者的收入掠夺往往会遭到最强烈的抵制。在这些地方，私人利益集团往往会被很好地组织起来，共同抵制政府侵占他们的财产。对此，统治者要巧思计策，才能既拔到鹅毛又不会让鹅反抗。那些强大的团体和个人才不会拱手交出他们的财产——当然不会，除非他们的其他需求得到满足。在民主

---

① 就像乔尔·米格代尔（Joel Migdal）所说的："要想利用有利条件建立强国，就必须要具备高超的领导能力。"Joel S. Migdal, *Strong Societies and Weak States: State-Society Relations and State Capabilities in the Third World* (Princeton: Princeton University Press, 1988), 275。

② 随后的章节中我们将深入讨论列维的"掠夺性统治"理论，她的这一理论首次发表于 Margaret Levi, 'A Theory of Predatory Rule," *Politics and Society* 10 (1981): 431。关于该理论的修正和拓展请参阅 *Rule and Revenue* (Berkeley: University of California Press, 1988)。

国家，统治者不得不去和社会上那些强大的团体和利益集团结成“收入同盟”，给他们提供诸多的好处（比如提供保护、补助金或其他受青睐的东西）以换得收入。

接下来的一个问题是，统治者是如何强行汲取收入而又不破坏社会和国家间微妙的平衡呢？这是极具技巧的。在现代民主国家里，统治者主要仰赖于通过税收来筹集公共收入。税收其实只是诸多征集方法中的一种而已，然而，事实证明，要想从繁荣的经济中汲取大量的收入，最行之有效的手段非税收莫属。实际上，在民主国家里，政治领导人在使用最极端和最具强制性特征的国家权力从社会汲取收入时，往往会受到诸多的限制——相比之下，专制国家的统治者受到的限制则少很多。因此，税收就成为民主国家最好的收入征集手段，并取代了其他所有的收入汲取方式。尽管如此，但国家的征税权仍会受到诸多的限制——无论是民主政府还是专制政府都不例外。让我们回想一下，对于一个理性的收入掠夺者来说，他的目标是要尽可能地从私人企业和公民的口袋里汲取最多的资金，而同时又不会招致他们的政治抵制或出现更糟糕的叛乱局面。让-巴普蒂斯特·柯尔贝尔是路易十四时期的财政大臣，他奠定了法国重商主义国家的基础。据说他曾说过：“税收是一项拔鹅毛的艺术。我们既要拔到最多的鹅毛，同时又要听到最少的鹅叫。”法国 18 世纪的波旁王朝和沙俄就是最突出的例子。在当时，统治者面临着巨大的外部压力，为此，他们大幅提高了社会上强大经济利益集团的税收。① 柯尔贝尔的忠告被置若罔闻，无节制地拔鹅毛最终引起了“鹅”的反抗。

与法国波旁王朝和沙俄不同的是，崛起于 18 世纪的英国则属于另一种情况。它谨慎行事，最后拔到了最多的鹅毛，但只引起了最少的反抗。英国在 1688 年光荣革命后的数十年里，迎来了经济上的繁荣和扩张，社会财富充裕，让国家和正在兴起的资产阶级享用不尽。随着第一个现代化的国家税收制度和公共借债制度的引进，以及专业的中央财政机构的成立，发迹于 18 世纪晚

---

① 税收政策削弱了重要的集团对这两个政权的支持，也在一定程度上引发了“社会革命”。最后，这两个政权都不得不向这场“社会革命”屈服。具体案例请参阅 Theda Skocpol, *States and Social Revolutions: A Comparative Analysis of France, Russia, and China* (New York: Cambridge University Press, 1979)。

期的英国设计出了一个强大的财政引擎，去支持它在全球的扩张行为。正是国家的力量让英国成为一个世界性帝国，也是国家建立了一个自由的国内经济，让商业大行其道，然后又对其进行征税。历史学家和社会学家用“财政-军事国家”的模型来描述17世纪的英国在这种收入和军事上的强大结盟，这是不无道理的。当时的英国是欧洲最高效的国家。[①]

如今，美国则提供了一个将财政效率和国家权力有效结合在一起的重要案例。从20世纪初开始，盛行于19世纪的传统收入制度——主要由“间接税”（包括进出口关税）和联邦消费税组成，在美国就逐渐被税基广泛的累进性所得税取代。除这一高效的公共财政制度外，公共借债制度有时也是国家收入的重要来源——它让美国可以从国际资本市场上借到钱。这样的财政制度支撑着现代美国，让其拥有大量的收入去支撑强大的军事机构和复杂的社会福利制度，让公民对国家更加忠心。国家的政治领导人应如何利用这套公共财政制度来为美国的扩张筹资是本书研究的主题。

在研究现代的美国是如何征集到收入之前，我们首先要确定的是列维的掠夺性统治者理论是否适用于分析美国政治领导人的行为。她所研究的统治者及其收入政策主要是针对英国、法国、澳大利亚和古罗马，而不是美国，难道这只是一种巧合？又或者是因为她的理论（和通常的公共选择理论）并不十分适合分析美国统治者所采取的变动不居（像得了精神分裂症一样）的收入政策？我们会发现，从长期来看，美国的政治领导人在不同时期所采取的收入政策，其实反映出了自殖民地时期以来就一直存在于美国的土生土长的反国家和反税收的思想。即使到了20世纪美国已成为世界强国之后，对国家构建和收入掠夺的抗议也仍没有消失。自1913年颁布了现代所得税之后，保守派的首要目标就是要降低企业和富裕的纳税人的税收负担，而不是致力于为美国汲取更多的收入。近几十年来，共和党（GOP）内部反税收的活动一直非常活

① “财政-军事”国家的模型请参阅 Brewer, *Sinews of Power*；还可参阅 Patrick K. O'Brien and Philip A. Hunt, “The Rise of the Fiscal-Military State in England, 1485–1815,” *Historical Research* 66 (1993): 129–176; Richard Bonney, ed., *The Rise of the Fiscal State in Europe, c. 1200–1815* (New York: Oxford University Press, 1999); Jan Glete, *War and the State in Early Modern Europe: Spain, the Dutch Republic and Sweden as Fiscal-Military States, 1500–1660* (New York: Routledge, 2004)。

跃，他们还公开要求减少联邦政府的收入。[①] 共和党的主要领导人还叫嚷着要"让怪兽饿肚子"——他们的意思是要砍掉政府的税收收入。[②] 与列维的理论相违背的是，在美国，有那么多的领导人致力于减少国家的收入。

尽管人们做了种种的努力去让联邦政府"挨饿"，尽管他们如此反感一个强大的联邦政府，但是在过去的两个世纪里，美国的财政权力仍得到了极大的增强。在战争期间，政治领导人采取了新的收入策略来满足国家的需要。在接下来的章节里，我将揭示这一切是如何做到的。当一个国家拥有独立且充足的收入来源时，它的政治机构和军事力量才会变得强大。美国在 20 世纪初所实施的所得税政策使其有史以来第一次可以直接获取社会资源，分享国内的巨额财富。这一强大的收入汲取工具被证明对美国的国家发展至关重要。

二、国家发展的比较理论

与其他所有国家的统治者一样，美国的政治领袖也是费了九牛二虎之力才从社会汲取到收入。我们将看到，在美国，联邦政府汲取收入的能力与国家军事力量的发展及扩张息息相关。由于收入与国家发展之间的紧密关系并不只发生在北美，因此，研究美国政治发展的学者应当要借鉴其他学者对欧洲的国家发展所做的深入观察以及他们所下的结论。这些学者一致认为，在过去的 500 年里，战争和军事冲突对中央政府的发展至关重要。在 15 世纪和 16 世纪，中世纪晚期的欧洲国家开始从羸弱的封建诸侯国家发展成为复杂的政治组织，统治着广袤的领土和数量庞大的人口。在这期间，战争连年不断。为了实现自己的军事目标，统治者随之建立了大规模的陆军和海军，近代欧洲的国家领土也得到了扩张。长此以往，庞大的国家机构也就成为欧洲国家永久又显著的特征。大量的研究表明，在制度发展的成型时期，国家的发展与战争

① 在另一本著作中，我描述了在共和党内部盛行的反税收思想。Sheldon D. Pollack, *Refinancing America: The Republican Antitax Agenda* (Albany: State University of New York Press, 2003)。

② 在第 104 届国会期间，众议院筹款委员会的主席比尔·阿彻(Bill Archer，得克萨斯州的共和党人)宣称："我个人希望能将所得税彻底铲除，把它扔得远远的。"引自 Barbara Kirchheimer, "Archer Addresses Contract Compromises and Reform," *Tax Notes* 66 (February 20, 1995): 1083。

息息相关。此外，有证据表明，在欧洲，国家构建和战争是影响国家汲取收入能力的重要因素。

战争、收入与国家构建到底是如何连接在一起的？显然，它们之间的关系并不简单，而且到目前为止，其中的因果关系还无法完全确定。我们通过对早期现代欧洲的研究中获知，战争极大地促进了国家的构建——尤其是促进了军事扩张。此外，由于战争耗资巨大，统治者在备战时不得不采取积极的收入策略。理查德·本塞尔（Richard Bensel）对美国南北战争时期的国家构建做出了权威性的研究，他发现："为了动员战争，国家不得不征收更多的社会资源，其比例远远高于和平时期通过税收所征集到的份额。在将资源和人力引入到战争中时，国家不得不竭尽全力开辟出比和平时期更多的收入来源。"①战争迫使统治者不得不去提高国家的收入征集能力——也就是说，要表现得更像一个收入的掠夺者。虽然民众对国家增加收入的措施总会感到抵触，但在战时，他们仍甘愿去满足国家的收入需要。同样，军事机构的扩张也需要投入大量的人力和物力，而这对于一个擅长治国的统治者来说就易如反掌了。战争对统治者动员社会并从中汲取资源的能力是一个严峻的考验。如果国家在战时征不到更多的收入，那么结果将是灾难性的。征收上的失败虽不如战场上的军事失利那么明显和直接，但它对国家存亡的影响同样是致命的。

虽然对于早期现代欧洲的战争、收入与国家构建的关系我们已知之甚多，但是美国的历史学家、社会学家和政治学家尚未对这个问题进行系统性的研究。在高校里，公共财政往往和国内的政治及历史并列为单独的学科，并不属于政治发展研究的领域之一。只有税收和公共财政领域的专家才会研究美国的收入制度，而他们对于历史、政治和制度发展这些问题并不如社会学家敏感。那些研究美国的政治制度和公共政策的学者更关注的是政府的支出，而不是它的收入。政府所采取的征收制度其实可以揭露出政权存在的许多重要问题，因此，如今这种目光狭隘的研究方式是非常不恰当的。②

---

① Richard Franklin Bensel, *Yankee Leviathan: The Origins of Central State Authority in America*, *1859 - 1877* (Cambridge: Cambridge University Press, 1990), 96.

② 罗杰·斯科菲尔德（Roger Schofield）对英国都铎王朝时期的税收进行了深入的研究。他曾写道："经济资源是通过税收为政治所用，因此，在宪法、政治和社会这三者关系中，税收是极为敏感的。但是，社会各有所异，不仅仅在于每个社会通过税收要达到的目的不同，还在于每个社会的经（转下页）

忽视美国的公共收入制度也意味着学者们忽略了国家权力的一种最重要的表现形式和影响美国发展的一个最重要的因素。只有当政治领袖们在20世纪建立了新的财政制度后，美国才可能拥有一支在全球都举足轻重的军事力量，才可能给公民提供全国性的社会福利。这些对美国的国家发展都至关重要。与此同时，联邦政府获取了新的收入来源之后，它与州政府之间的权力平衡就被打破了，联邦体制内开始出现政治权力的大规模集中。总之，依仗着这一套新的财政制度所提供的收入，政治领袖们才能致力于建设一个强大的美国。

最近几十年来，政治学领域开始对美国的政治发展展开研究。这是一个新兴又有前景的方向。但是让人奇怪的是，这一子学科是从比较政治分析演变而来的，有着自成体系的研究议题。就像艾拉·卡茨内尔森(Ira Katznelson)所发现的那样，研究美国政治发展的学者主要关注“内部的过程”，比如“选举人调整、地方主义和联邦制度的失衡”是如何影响美国政治制度的发展，至于战争和国际事件所带来的影响，则没有进入他们的视线里。① 这样的研究使学者们忽略了国家发展的许多重要方面。在欧洲，战争和国际事件对国家的发展就起着至关重要的作用。本书的目的就是要探讨类似的影响是否也曾在美国发生过。为此，我们要借鉴欧洲的国家发展理论和模型。这种比较性的研究方法在分析拉丁美洲和亚洲的国家发展时曾大派用场。② 同样

(接上页)济资源特征和行政管理水平对征税的限制不同。此外，由于税收总带强制性，如何授予征税权和如何组织征税，从根本上说，就是一个政治问题。通过研究一个国家的税收，我们不仅可以明了这个国家的社会和经济的特征，还能明晰这个国家的政治和行政构架，以及义务和认同的宪法概念。” Roger Schofield, *Taxation Under the Early Tudors 1485–1547* (Oxford: Blackwell, 2004), 201。

① Ira Katznelson, “Rewriting the Epic of America,” in *Shaped by War and Trade: International Influences on American Political Development*, ed. Ira Katznelson and Martin Shefter (Princeton: Princeton University Press, 2002), 7.

② 米格尔·森特诺(Miguel Centeno)在研究拉丁美洲的国家时就运用了欧洲的国家发展模型。Miguel Centeno, *Blood and Debt: War and the Nation State in Latin America* (University Park: Pennsylvania State University Press, 2002)；还可参阅 Cameron G. Thies, “War, Rivalry, and State Building in Latin America,” *American Journal of Political Science* 49 (July 2005: 451)。许田波(Victoria Tin-bor Hui)和王斌(Bin Wong)比较了早期现代欧洲和同时期的中国的国家发展。Victoria Tin-bor Hui, *War and State Formation in Ancient China and Early Modern Europe* (New York: Cambridge University Press, 2005)；R. Bin Wong, *China Transformed: Historical Change and the Limits of European Experience* (Ithaca: Cornell University Press, 1997)。王斌也认为将欧洲的模型运用于其他非欧洲的国家，比如中国时，会存在很多问题。

的方法也会有助于我们研究美国的国家发展。同时，研究美国的国家发展也给我们提供了一个极好的机会去检验以欧洲为研究对象而创立的理论与模型。当然，在评价这些理论和模型时，我们不能脱离广泛的历史事件和背景。最终，抽象的理论必须要基于历史，并和历史联系在一起。就像迈克尔·基梅尔(Michael Kimmel)所忠告的，“脱离了历史的社会学是空洞的社会学，会被人们谴责为只是夸夸其谈的理论或只是抽象的经验主义”。[①] 对国家的发展进行比较性的研究会使抽象的理论变得更加丰满。

我们是否可以不管那么多，先借用欧洲的国家发展理论框架来分析美国的政治制度再说？基于欧洲的经验而形成的国家发展模型能否揭示美国的国家发展进程呢？不得不承认的是，用不同的历史实例去支持或验证一项机制，而这项机制又是基于对不同时期不同国家进行观察而得出时，这样的做法是非常危险的。休·赫克劳(Hugh Heclo)在其一本研究英国和瑞典的社会福利制度的经典著作中承认了这种比较研究方法的困难：“英国不是瑞典。不同的历史长河孕育出了不同的国家。尽管分析人士可能会发现某些共同的变化趋势和相似的没落和停滞，但是泰晤士河仍是泰晤士河，而不是于默河。无论这些共性是如何突出，都是因为它们根植于本国独特的历史。”[②]尽管如此，对不同的案例进行比较性的研究还是能有助于我们找到共性(在我们这本书中就是国家发展的共同模式)。这样的共性能很好地解释呈现在我们眼前的现象，同时我们将预见，同一机制在不同的历史背景下(比如早期现代的欧洲和 18 世纪后期的美国)会演绎出完全不同的结果。[③]

英国不是瑞典。同样，18 世纪晚期的美国也不是早期现代的欧洲。两个世纪的跨越让社会、经济和政治条件发生了翻天覆地的变化。首先，在 18 世

---

① Michael S. Kimmel, *Absolutism and Its Discontents: State and Society in Seventeenth-Century France and England* (New Brunswick, NJ: Transaction, 1987), ix.

② Hugh Heclo, *Modern Social Politics in Britain and Sweden: From Relief to Income Maintenance* (New Haven: Yale University Press, 1974), 17.

③ “将一些特殊的案例进行两两比较时，最大的挑战在于揭示出同样的机制是如何在历史变迁的独特轨迹上，以不同的方式与各种各样的外部环境结合在一起的。”Doug McAdam, Sidney Tarrow, and Charles Tilly, *Dynamics of Contention* (New York: Cambridge University Press, 2001), 83。这几位作者认为“将特殊的案例进行两两比较”以探究完全不同的结果，要优于选择传统的“共同基础”来进行研究的方法。

纪晚期，虽然眼前已有欧洲的先例，包括集中的行政权力、受过教育的文职官员、稳定的官僚机构和职业化的常备军，但是当时的美国政治精英们仍执意要设计一个新的宪法框架。他们不希望效仿欧洲国家的组织结构和权力安排。与之相反，他们要努力开辟出一个新的方向，避免在北美复制欧洲国家。除极个别人之外(最突出的就是亚历山大·汉密尔顿)，1787 年在费城聚首的那些人都期望建立一个全新的、权力有限的联邦政府。政治领袖们一致决意要组建一个弱势的国家政治机构，这并不是一个巧合——这是大部分参加制宪会议代表们的意愿。即使有些人认为联邦制有诸多弊端，想要坚决捍卫联邦政府的权力，并将其置于州政府之上，他们也不支持在美国建立一个欧洲大陆传统意义上的强大的中央政府。即使是那些最狂热的国家主义者，他们想要建立的国家，与 18 世纪晚期的欧洲国家对比，其权力也是极其有限的。[①] 最后，在代表们通过集体协商和妥协所设计出的方案中，地方所保留的权力之大，史无前例。这样设计出的美国显然和欧洲有着天壤之别。颇具讽刺意味的是，政治精英们所建立的美国却最终变得比他们曾惧怕和轻视的欧洲强国更加强大。

欧洲和美国的国家构建还有一个根本性的区别就是所发生的时间。美国所经历的国家构建要远远晚于欧洲，而这影响到了美国这个国家的形成及其性质。在美国，代议制机构在联邦政府成立之前就已建立，民主观念也已深入人心。欧洲则恰恰相反，当民主制开始在欧洲生根发芽时，强大的中央政府早已出现。在选举、普选权和政党竞争这些民主制度诞生之前，欧洲大陆就已经有了强大的民族-国家。就像阿里斯蒂德·左尔伯格(Aristide Zolberg)所指出的那样："以前的大国在自由民主时代到来之前就获得了这种高高在上的地位，而且还设法让自己的对外决策机构免受问责的压力。然而，美国在成为全球领袖之前，它的问责制就已确立。"[②]在美国，这些事件所发生的次序不同(先有民主制度，后再进行国家构建)造就了一个完全不一样的国家——虽然相较于其他国家来说，它是强大的，但是就其领土内所能行使的权力而言，它

① 《联邦党人》的作者宣称他们发现了新的"政治科学"。Alexander Hamilton, Paper No. 9, in Madison, Hamilton, and Jay, *Federalist Papers*, 72。这门政治科学对美国设计出一个独一无二的宪法制度大有裨益——这套制度能抑制国家的权力，而不是像欧洲那样去巩固国家的权力。

② Aristide R. Zolberg, "International Engagement and American Democracy: A Comparative Perspective," in *Shaped by War and Trade*, 30.

是弱势的。

在美国，政治领袖们在建国时所做的决定是关键的，它影响了制度发展的进程，也带领着美国走上了一条不同于欧洲的道路。道格拉斯·诺斯(Douglass North)曾认为，对于长期发展所呈现的不同结果，其实可以追根溯源到当初的“制度”中那看似微不足道的差异(所谓的制度，在诺斯看来，就是“游戏的规则”，包括正式的法律制度与非正式的习俗和文化等)——比如17世纪的英国和西班牙在经济上的巨大差异。[①] 近年来，社会学家将诺斯对经济现象的观察运用于很多社会现象的分析上，其中就包括政治发展。保罗·皮尔森(Paul Pierson)将诺斯的理论转化为一种基本的认识，即制度的发展会遵循着“正反馈”。这也是所谓的路径依赖理论的基本前提。路径依赖理论认为最初的决策会对之后的制度发展产生至关重要的影响。[②] 正反馈和路径依赖这两个概念对于解释国家发展的差异极为有用——比如可以用来解释美国与欧洲国家构建的不同。正如路径依赖理论预测的那样，美国在建国时所做的选择会随着时间的流逝被不断强化，从而在一个世纪之后，成为一个独一无二的制度。在发展的后期要想颠覆当初的选择可并非易事，哪怕有强烈的政治愿望也无济于事。[③] 18世纪晚期，当建国者们选择了一个高度分权的联邦构架时，美国就开始走上了一条与众不同的国家构建之路。由于当初的这个选择，后来的国家建设者们在19世纪想要改变国家的发展方向并建立一个更加强大

---

① 关于该问题的论述，请参阅 Douglass C. North, *Institutions, Institutional Change, and Economic Performance* (New York: Cambridge University Press, 1990), 115-116。

② 皮尔森认为路径依赖理论解释了那些“对于社会学家来说可能非常重要的问题，比如制度的出现、持续和变迁”。Paul Pierson, *Politics in Time: History, Institutions, and Social Analysis* (Princeton: Princeton University Press, 2004), 27。关于正反馈和制度依赖理论的联系，请参阅 “When Effect Becomes Cause: Policy Feedback and Political Change,” *World Politics* 45 (July 1993): 595-628; “Increasing Returns, Path Dependence, and the Study of Politics,” *American Political Science Review* 94 (June 2000): 251-267; “Not Just What, but When: Timing and Sequence in Political Processes,” *Studies in American Political Development* 14 (2000): 72-92。

③ 就像玛格丽特·列维所说：“如果说路径依赖意味着什么的话，它便是一旦一个国家或地区开始步入正轨，那么颠覆它的成本将非常高。其他的选择也许会存在，但是那个根深蒂固的制度安排会阻碍他们，让他们无法轻易地去改变当初的决定。”Margaret Levi, “A Model, a Method, and a Map: Rational Choice in Comparative and Historical Analysis,” in *Comparative Politics: Rationality, Culture, and Structure*, ed. Mark I. Lichbach and Alan S. Zuckerman (New York: Cambridge University Press, 1997), 19-21, 28。

的政府就变得异常困难。从此，美国不得不走上了一条联邦制的发展道路。

美国和欧洲的确有着巨大的差异。尽管如此，但曾发生于欧洲的因果机制同样会在美国上演。毕竟在18世纪晚期，美国的政治领袖们所面临的问题与欧洲的统治者是一样的。比如组建一支强大的陆军和海军、建立更加高效的行政部门、镇压“私人暴力”、维护公共秩序，并确保征收到开展这些行动所需的收入。经年之后，同样的因果机制造就了一个强大的美国，就像在欧洲曾发生的那样。颇具讽刺意味的是，虽然国家发展的长期趋势是向外扩张的，但是许多政治领袖并不愿意让联邦政府变得强大。美国享受远离欧洲大陆及其军事冲突的静谧，因此大部分时间里只要有州政府就够了。在和平时期和国内一片安稳的年代，大规模的常备军并不是必需的。但是，这种无国家状态的黄金年代在南北战争打响之后，就戛然而止了。政治领袖们不得不组建强大的军事机构，让美国具备行政国家最基本的要素，以此来应对政权所面临的制度性危机。然而战争结束后不久，在战时北方建立的财政-军事大国还是被解散了。直到50多年后，当美国参加第一次世界大战时，才再次需要一个强大的国家。而后在20世纪20年代，当世界迎来一片和平与繁荣时，战时的机构再一次被解散。总之，美国的国家发展模式就是在战时进行扩张，然后紧接着在和平时期进行收缩。一直到第二次世界大战爆发后，财政和军事的集权化才成为美国的永久特征。这样重建后的美国开始有能力发动全球战争，同时也有能力从社会汲取巨额的收入来支撑这一切。

本书的安排如下。作为基础，第一章先对国家发展理论进行概述。其出发点是马克斯·韦伯对国家所下的最权威的定义，即国家是社会中对领土内的暴力拥有合法垄断权的一个组织。韦伯把国家作为强制性工具的思想在社会学领域已深入人心，它是对欧洲和美国的国家发展进行比较研究的核心。从这个角度来看，国家不是私人利益集团或社会各阶层争夺政府控制权的“竞技场”，而是作为一个具有自主性(或在国家中心论者看来，是“相对自主性”)的政治组织，拥有强制性的权力。国家官员运用这强制性的权力(“国家权力”)向各团体、社会阶层和个人施加自己的政策偏好，取得了不同程度的成效。这其中还包括统治者的收入策略。本书的中心观点就是国家的自主性最终有赖于国家的财政权力——从社会汲取收入的能力。

第二章主要关注早期现代欧洲的国家发展。当代学者提出的主要理论解释了欧洲的国家发展。他们得出的一个最重要的结论就是，在欧洲，战争是国家发展的主要推动力。从 14 世纪晚期至 15 世纪早期开始，欧洲大陆上的地缘军事竞争就几乎未曾间断过，而早期现代欧洲的国家发展就是对此做出的一种反应。连年不断的战争导致国家机构的扩张。同时，统治者也需要越来越多的收入来发动战争并建立更加强大的国家。战争、收入与国家发展在早期现代欧洲就这样被紧紧地连接在了一起。

军事国家演变为社会福利国家这一历史性的转变在第三章进行了论述。从 19 世纪晚期开始，西欧国家承担的职能超出了传统的军事职能——向工人提供收入来维持政策和退休计划。第一次世界大战之后，原先只面向工人的福利制度普及到了所有公民。发端于欧洲的现代社会福利国家随后又被世界上的其他民主工业国家效仿，其中就包括美国。同时，现代国家必须维持着一定的军力以面对地缘军事竞争的重压。对于那些既要保持强大的军力同时又要实施一套慷慨的社会福利政策的国家来说，财政压力是无比巨大的。但是，如果能成功化解这种财政压力，那么政权的合法性将进一步提高，社会也将更加稳定和繁荣。

从第四章开始，重点从欧洲转向美国。在余下的章节里，我将通过追溯美国的发展来揭示制度发展与各个历史时期的联邦领导人所能获取的收入来源之间的联系。美国的建立是由那些希望在北美建立一个新的政治秩序的政治领导人发动的。为了从英国赢得独立，13 个殖民地的领导人结成了军事联盟，共同听命于同一个中央权威。美国国家构建的首次尝试就这样取得了成功。第五章审视了这一政权的弊端，尤其是邦联制下联邦政府的财政和军事权力，它们羸弱不堪。根源可能在于当初采用的联邦宪法结构。在美国建立初期，政府的财政和军事权力的羸弱源于共和国的第一部宪法——《邦联条例》的设计缺陷。

第六章讲述了政治领导人在 1787 年是如何通过制定一部新的宪法来重建美国的。州政府授予了联邦政府一些额外的权力，由此，联邦政府能更好地从社会汲取收入。坚实的财政基础提高了美国的国家能力，在战争年代尤为如此。然而，政治领袖们仍花费了数十年的时间才将新宪法的蓝图一一变为现实。与欧洲一样，战争在促进美国国家发展过程中起到了至关重要的作用。

第七章探讨了美国的战争、收入与国家发展之间的关系。在南北战争期间，政治领袖们第一次建立了一个强势的国家。但是，在战后，大部分的国家机构都被解散了。随后几代的政治领袖再也未曾进行过内战时期那样的国家构建和采取过内战时期那样积极的收入汲取策略。一直到第一次世界大战，当所得税成为联邦政府最重要的收入来源时，19 世纪 60 年代的制度创新才再次出现。在第二次世界大战期间，类似的国家扩张模式再次盛行。“二战”后的美国税收制度可以追溯到 20 世纪 40 年代战争危机时期的创新之举。

现代美国的财政组织是第八章的主题。除履行传统的军事职能外，如今的美国联邦政府还提供了各种各样的社会福利政策，包括向退休工人提供收入保障以及为穷人和老年人提供医疗福利。这些项目开销不菲，联邦政府主要是通过所得税和社会保障工资税来筹集所需的收入。像美国这样的现代民主国家，不再通过掠夺和领土扩张，或依赖殖民主义和帝国主义来获取收入。曾经是国家重要收入来源的保护性关税也因为贸易自由化而被抛弃。现代美国是一个“税收国家”，是一个仁慈的“保护费勒索者”——先索取“贡金”，然后作为回报，保护民众免于犯罪分子和外国侵略者的戕害，给他们提供自由的市场、稳定的货币和“法治”保障(如通过求助于法院来执行合同)。

联邦政府的年度预算超过 3 万亿美元。长期以来，它的支出一直远超收入。数十年来，联邦政府一直依靠外国的投资和借款来弥补每年的预算短缺。这样的结果是国家的债务日积月累，规模之大令人吃惊。因美国在社会保障方面做出了长期承诺，医疗保险、医疗补助、退伍军人年金和其他所谓的福利项目让其背负着巨大的资金短缺的负担。为了刺激国内经济的增长和资本市场的发展，政府出台了一些新的支出项目，这又进一步加剧了财政赤字。国家债务如此之大，美国的财政安全程度如何？最后，本书在思考这样的财政失衡是否会阻碍美国的未来发展中画上了句号。

第一章　国家：强制与进贡

国家是一个在给定的领土上，能（成功）宣称对合法使用武力拥有垄断权的人类共同体。

——马克斯·韦伯，《政治作为一种职业》

（*Politics as a Vocation*，1921）

国家的收入史就是国家的演变史。

——玛格利特·列维，《规则与收入》

（*Of Rule and Revenue*，1988）

如今，国家是世界上最主要的政治组织形式。就像普拉塔普·布哈努·梅赫塔（Pratap Bhanu Mehta）所说："国家无论好坏，作为现代社会最关键的政治组织形式，它使得诸如帝国、联盟、城邦、共和国等对手都黯然失色。"①为什么是国家统治着世界？这是因为长期以来，国家在发动战争和汲取社会财富方面上被证明是最有效率的政治组织。汲取来的财富被用来建立强大的陆军和海军，而后者又被用来保护和助长着国家机构。国家是财政和军事强有力的结合体。现在，在人类生活最重要的方面，即使有，也很少是不被国家控制着的。只有那些最原始的社会才不需要某种形式的国家，而无国家的社会更是凤毛麟角。大多数的社会都是由国家统治着的。

就国家自身来说，其形式也是多种多样的。有些国家强大又有效率，有些

① Pratap Bhanu Mehta，*The Burden of Democracy*（New Delhi：Penguin Books India，2003），105－106.

则弱小且无力承担最基本的职能。是什么导致了它们的不同？是什么促使国家变得强大？这些问题对于那些研究政治和社会制度的人来说至关重要。因此，当我研究美国国家的发展时，会先回顾有关国家发展的理论文献，特别是那些基于欧洲的理论研究。尽管这些理论是以欧洲为中心的，但是它们的思路和框架同样可以运用于美国。可以假设的是，虽然北美与欧洲之间存在着巨大的差异，但是那些诠释了欧洲国家发展的分析术语，同样有助于我们理解美国的国家发展。比较分析法可以让我们发现欧洲与美国国家发展的差异和共性。

一、对国家的政治分析

颇具讽刺意味的是，第二次世界大战（有史以来对国家最具破坏力的冲击）之后的数十年来，国家就从政治学者们的理论研究中渐渐淡出了。人们不再关注国际关系和比较政治之类的领域，而之前国家在这些领域里具有举足轻重的地位。总的来看，这样的趋势是明显和普遍的。正如 20 世纪 60 年代一位著名的理论学家所哀叹的："如今国家这个概念在社会研究领域已经不再流行了。"[①]美国却还不止于此。囿于美国在战后推崇的稳定，国家不仅不再流行，而且几乎被人遗忘。居于重要地位的是政党、政策和以利益集团竞争为主导的多元政治制度。战后的行为政治学更关注过程的研究，将国家视为一个不甚重要的概念——仅仅是利益集团通过施加压力进而产生公共政策的黑箱。

尽管在过去人们并不热衷于研究国家，但近数十年来，随着新一代的政治学家、社会学家和历史学家致力于让"国家回归"[②]，对国家的研究又渐渐成了一门显学。当代的政治分析刮起了研究国家的旋风。自 20 世纪 70 年代以

---

① J. P. Nettl, "The State as a Conceptual Variable," *World Politics* 20 (1968): 559。J. P.内特尔(J. P. Nettl)认为在当代的政治分析中缺少国家这个概念，源于美国相对的"无国家状态"(比如弱小的国家机构)。斯蒂芬·克拉斯纳(Stephen D. Krasner)曾写道："从 20 世纪 50 年代末期到 70 年代中期，国家一词实际上从专业的学术词典中消失了。政治学家论述政府、政治发展、利益集团、投票制度、立法行为、领导权和官僚政治以及其他所有的一切，唯独没有国家。"Stephen D. Krasner, "Approaches to the State: Alternative Conceptions and Historical Dynamics," *Comparative Politics* 16 (1984): 223。

② 该词引自一本很有影响的论文集的标题：Peter B. Evans, Dietrich Rueschemeyer, and Theda Skocpol, eds., *Bringing the State Back In* (New York: Cambridge University Press, 1985)。

来，有越来越多的学者开始遵循以国家为中心的研究思路，并且这种现象越来越兴盛。然而，虽然以国家为中心的理论研究已有30年，但是时至今日，我们仍不清楚国家是如何形成并发展的。我们不甚明了国家发展的前提条件以及国家衰落的背后因素。① 更重要的是，就本书关注的主题——国家发展与公共收入之间的关系来说，我们所知的更是寥寥无几。一个国家的制度能力归根结底依赖于它从社会汲取收入的能力。但是，国家能力和政治发展是如何与公共收入息息相关的呢？为了回答这个问题，我们必须要知道是什么力量促进了国家的形成和发展。

尽管政治学家们在战后对未来持有乐观的态度，但是很多学者还是相信政治发展之路并非只有一条，也并非只是简单地从“落后”走向“现代化”。② 数十年前，白鲁恂(Lucian Pye)就曾警告说，社会学家对*政治发展*一词的使用并不准确，甚至常常自相矛盾。③他要求谨慎使用“政治发展”一词的警告往往被人置若罔闻。如今，“政治发展”一词在学术领域仍是相当流行，只是剔除了战后著作中有关政治现代化的标准含义。在本研究中，*政治发展*一词指的是政府职能的日益分化以及为执行这些职能而设计和建立的专门机构的逐步成熟。因此，政治发展也意味着政治组织的复杂程度及其政府官员与官僚们履

---

① 很多著作研究了国家的衰落，请参阅 Paul Kennedy, *The Rise and Fall of the Great Powers: Economic Change and Military Conflict from 1500 to 2000* (New York: Random House, 1987); Mancur Olson, *The Rise and Decline of Nations* (New Haven: Yale University Press, 1981); Jean-Marie Guéhenno, *The End of the Nation-State* (Minneapolis: University of Minnesota Press, 1995); Martin van Creveld, *The Rise and Decline of the State* (New York: Cambridge University Press, 1999); Jared Diamond, *Collapse: How Societies Choose to Fail or Succeed* (New York: Viking Press, 2005)。为什么有些国家始终能铁板一块，有些国家最后则分崩离析了，相关论述请参阅 Joel S. Migdal, "Why Do So Many States Stay Intact?" in *State in Society: Studying How States and Societies Transform and Constitute One Another*, ed. Joel S. Migdal (New York: Cambdge University Press, 2001), 135-169。

② 有些以前出版的关于国家在促进经济发展中所起的作用的研究仍值得阅读。请参阅 A.F.K. Organski, *The Stages of Political Development* (New York: Knopf, 1965); Daniel Lerner, *The Passing of Traditional Society: Modernizing the Middle East* (Glencoe, IL: Free Press, 1958)。

③ 请参阅 Lucian W. Pye, "The Concept of Political Development," *Annuals of the American Academy of Political and Social Science* 358 (1965): 1-13。塞缪尔·亨廷顿(Samuel Huntington)也有类似的观点：“政治发展的概念有很多。”Samuel P. Huntington, "Political Development and Political Decay," *World Politics* 17 (1965): 386。塞缪尔·亨廷顿把政治发展和现代化进行了区分，他认为政治发展就是“政治组织和程序的制度化”。

行职能的专业化程度。此外，国家的日益发展往往伴随着的是制度能力的日益提高，通过某种行政方式对各行政机关进行更好的协调，由“中心”（比如中央政府机构）对“外围”（地理腹地）和“社会”（包括各种形式的自愿性社会生活、公民组织以及私人经济活动）进行更强的渗透。渗透的手段有很多，包括汲取资源（最典型的就是中央政府的征税和收费）、规范经济活动和传统的“治安权”。国家发展也指官员通过颁布的法规、规章和法律影响或操控非国家行为者行为（比如普通公民）的能力。发达的国家能履行复杂的职能，因而能通过复杂的法律体系来实施官员颁布的法规和规章。相应地，复杂的法律体系和官僚机构往往与先进的国家发展联系在一起。

上述国家发展的概念意味着政府官员执行和完成国家职能的能力在提高，不管那些职能是什么。[①] 从历史上来看，战争是国家最重要的活动，相应地，由官员领导下的专业军事人员所指挥的精良军队是一个评价国家发展程度的重要指标。而诸如邮递信件、修建公路、处理垃圾和维持公共秩序只是现代国家最普遍的职能。许多现代化的民主国家，特别是那些经济发达的国家，也要承担向公民提供社会福利的义务。有些独特的国家职能与本文研究的国家发展概念无关，就好像不同国家间意识形态的差异与本文的研究不相关一样。[②] 重要的是政府官员是否有能力并成功履行了政府选择的职能，而不是政府提倡的那些特殊职能或政策。道格·麦克亚当（Doug McAdam）、西德尼·塔罗（Sidney Tarrow）和查尔斯·蒂利认为这就是“国家能力”。他们将其定义为“国家代理人对其领土管辖范围内的人员、活动和资源的控制程度”。[③]

---

① 肯·奥甘斯基（Ken Organski）和雅赛克·库格勒（Jacek Kugler）认为政治发展指的是“政治系统执行任务的能力，这些任务可能来自该系统的掌权者，或者是其他重要的人物，又或者是来自国际政治环境的压力”。A. F. K. Organski and Jacek Kugler, *The War Ledger* (Chicago: University of Chicago Press, 1980), 72。

② 想想亨廷顿那本经典著作的开场白：“国家间在政治上最大的区别不在于政府的形式，而是政府的级别。”Samuel P. Huntington, *Political Order in Changing Societies* (New Haven: Yale University Press, 1968), 1。虽然语出惊人，但是亨廷顿对自由民主国家和专制国家的不同并没有视而不见，只是这些差异与他当下关注的主题无关而已（比如政治稳定）。

③ “随着国家能力的增加，它会通过以下四个相互补充的过程来做到这一点：用直接统治代替间接统治；中央政府对边缘地区的渗透；政府的运作及其本身更加规范化；执行政策时采用更多的手段。”Doug McAdam, Sidney Tarrow, and Charles Tilly, *Dynamics of Contention* (New York: Cambridge University Press, 2001), 78。

国家的职能总是委托专门的官员和机构来履行，而他们能否很好地执行这些职能和实施政府制定的政策(国内和国外的政策)，是衡量国家能力和制度发展的一个标准。发达国家的官僚机构能执行诸多繁杂的任务，而且与发展中国家相比，发达国家也往往执行得更好。发达国家的官僚机构在其决策过程中拥有一定程度的自主权，有能力让政府内部的其他人和政府之外的私人利益集团接受他们的决定。[①] 与此同时，发达国家还有一个特点就是政府官员在其管理范围内征集收入的能力。[②] 税收收入越多意味着政府越积极，也意味着制度发展越完善。[③]

米格尔·森特诺以同样的标准来评价拉丁美洲国家的发展，这些国家通常被认为在政治上既垄断又集权，压制民主和公民社会。[④] 但是，在森特诺看来，这些国家都是纸老虎。大多数拉丁美洲国家连控制中心区域之外的地方都困难重重(即中央都无力掌控偏远地区)，并且这些国家只能对社会进行最简单的管理。[⑤] 在履行那些基本的国家职能时，比如进行基础设施建设(道路、

---

① 丹尼尔·卡彭特(Daniel Carpenter)认为，“官僚自治”需要一些条件，包括政治差异、组织能力和政治上的合法性。“当一个政治上比较分化的机构自行决策，而这些决策即使不被政治家和利益集团认同，他们现在和将来也都不能将其撤销时，官僚自治就会大行其道。”自治不等于自由裁量权，后者是基于机构处理复杂技术问题的专业性而被授予的。Daniel P. Carpenter, *The Forging of Bureaucratic Autonomy: Reputations, Networks, and Policy Innovation in Executive Agencies, 1862-1928* (Princeton: Princeton University Press, 2001), 14-17。

② “政治发展意味着政府能力的提高，而政府能力在政治方面主要体现在以下两点：一是中央政府的掌权者对社会的掌控——在其政治管辖范围内控制尽可能多的公民；二是政府从社会汲取收入的能力……税收是反映政府存在的确切指标。”Organski and Kugler, *The War Ledger*, 72。

③ Organski and Kugler, *The War Ledger*, 74。税收和GNP构成了衡量国家发展的指标。在另一本著作中，J.蒂莫西·约翰逊(J. Timothy Johnson)和优素福·科恩(Youssef Cohen)提出“在衡量政治系统的汲取能力时，可以首先考虑税收这个指标……考虑到国家对收入的需求几乎是无止境的，因此，通过观察税收进程是否合理，至少可以勾勒出一个国家的发展和中央权力的兴起”。A.F.K. Organski, Jacek Kugler, Youssef Cohen, and J. Timothy Johnson, *Births, Deaths, and Taxes: The Demographic and Political Transitions* (Chicago: University of Chicago Press, 1984), 48。在第二次世界大战期间，英国的国防支出惊人得占到国民生产总值的54%，而北越在东南亚战争的顶峰时期所汲取的收入达到了国民生产总值的45%。Ibid., 68。

④ Miguel Angel Centeno, *Blood and Debt: War and the Nation-State in Latin America* (University Park: Pennsylvania State University Press, 2002).

⑤ 迈克尔·巴尼特(Michael Barnett)也是这样看待埃及的。虽然埃及经常被看作是一个强有力的专制国家，但是在巴尼特看来，埃及甚至都难以对其社会进行管理或组织，因此，从根本上说，它是一个弱小的国家，“埃及看似强大，实际上却无能为力”。Michael N. Barnett, *Confronting the Costs of War: Military Power, State, and Society in Egypt and Israel* (Princeton: Princeton University Press, 1992), 14。乔尔·米格代尔解释了为什么许多第三世界国家在执行领导人的政策时(转下页)

桥梁、污水处理厂、发电厂),提供基本的医疗服务和邮寄等,它们都表现得不尽如人意。同时,从历史上来看,拉丁美洲国家汲取自社会的财富远远小于那些富裕的国家——他们所征到的税仅仅只有西欧、北美和日本这些富有国家的1/3。这种不足之处很能说明问题,正如森特诺所说:"税收是衡量政治的实际权威和制度发展的最佳指标。如果以对领土及其人民施加集中统治的能力来衡量一个国家的实力的话,那么税收既体现了国家的实力,同时又增强了国家的力量。"①受限于收入,在拉丁美洲,国家的军事开支很少,当然也远远无法满足进行大规模现代战争所需的经费。拉丁美洲国家远不是什么"贪婪的利维坦",而是财政侏儒。

不管在拉丁美洲、北美还是欧洲,国家的形态都是各式各样,它们的发展路径也是多样又独特,并且最终都实现了不同程度的制度发展和自治。每个国家都或多或少具有"国家性"(stateness)的特征——"强大"和发达国家的特征。②这些特征包括:与社会有清晰的边界(比如说国家机构有更大的自主性);由一个统一的权威领导来实施高度集中的管理;由更专业和复杂的官僚机构对领土上的财产和人进行强有力的渗透和控制;能对行政分支机构进行有效的内部协调;拥有一支服从于中央行政权威的强大军力。③ 国家从社会汲取收入

(接上页)都是那么的低效,尽管他们做了很多的计划,付出了很多的努力。像埃及一样,这些国家只是无法很好地"运作"。Joel S. Migdal, *Strong Societies and Weak States: State-Society Relations and State Capabilities in the Third World* (Princeton: Princeton University Press, 1988), 9。

① Centeno, *Blood and Debt*, 103.

② 内特尔在他的一篇经典的论文中提出了一个观点,认为发达或"强大"的国家才具有"国家性"的特征。"The State as a Conceptual Variable," *World Politics* 20 (1968): 559。内特尔的国家概念往往被误解为国家是从"弱小"到"强大"进行排列的。实际上,内特尔认为应从四个方面来评价国家。一是要关注"权力的制度化";二是国家对私人集团施加权威的力度;三是国家在文化构建中的地位;四是国家在国际舞台上所展现的能力。内特尔关于国家分类的论述请参阅 Ira Katznelson, "Rewriting the Epic of America," in *Shaped by War and Trade: International Influences on American Political Development*, ed. Ira Katznelson and Martin Shefter (Princeton: Princeton University Press, 2002), 11-14。克拉斯纳认为"强大的国家"能够"重塑和培养自身所处的社会——能改变经济制度、价值观和私人集团间的合作模式"。Stephen D. Krasner, *Defending the National Interest* (Princeton: Princeton University Press, 1978), 56。

③ 米格代尔认为国家的"长处"在于"它能掌控社会、规范社会关系、汲取资源及以确定的方式征用或使用资源"。Migdal, *Strong Societies*, 4。埃里克·A.诺德林格(Eric A. Nordlinger)根据国家所具有的独立于社会的自主性程度将其分为"强大的"和"弱小的"。强大的国家具有自主性——让社会接受自己的政策。Eric A. Nordlinger, *On the Autonomy of the Democratic State* (Cambridge: Harvard University Press, 1981), 22。

的能力是衡量一国制度发展的重要标准，同时也是推动国家发展的重要力量。具有完善的政治制度且又有独立收入来源的强大国家能保持社会的高度稳定和自治，因此，从长远来看也会有更好的发展前景。

相对于强大国家而言，位于谱系末端的是弱小国家。这些国家的制度进步甚微、权力分散、行政职能的专业性微乎其微、中央对偏远地区无力掌控、汲取社会资源的能力不足，甚至政府也不能保持相对于社会的自主性。不发达的国家相对较少具备"国家性"的特征。在这些弱国中，最突出的就是所谓的联盟，这些联盟往往只是些鼓吹贸易或进行共同防御的组织。① 松散联邦制的国家注定是短命的，出于各种原因，最后这些国家要么走向中央集权之路，要么与强大的国家合并，要么就从历史舞台上消失。②

处于《邦联条例》(1777—1788)时期的美国显然属于弱国的行列，因为依新共和国这一部条例成立的"友好联盟"仅仅只是一个代表国家的组织。我们看到，联邦政府汲取收入的能力弱得让人不可思议，因此，国家制度的发展也裹足不前。1787 年的宪法进一步巩固了联邦政府的权力，但是，一直到"内战"爆发后，国家构建才进入最频繁的时期，联邦政府的权力才真正大规模地集中起来。当时，美国拥有了一支强大的常备军，汲取收入的能力也得到了有效提高，这些收入支持了北方政府的扩张。但是，在"内战"期间建立起来的诸多机构随着军事冲突结束后不久就被解散了。直到第一次世界大战，这些强有力的机构才再次复苏。19 世纪末的美国在众人眼中是弱小、破碎又极其分权的——斯蒂芬・斯科夫罗内克(Stephen Skowronek)将其描述成一个"只有法院和政党"的国家。③

---

① 现在经常被引用的一个弱国的例子，就是几个岛国的政府打着"所罗门群岛"的旗帜，结成一个松散的联盟。请参阅 Peter Dauvergne, "Weak States and the Environment in Indonesia and the Solomon Islands," in *Weak and Strong States in Asia-Pacific Societies*, ed. Peter Dauvergne (Canberra, Australia: Allen and Unwin, 1998), 135 - 157。

② 威廉・H.赖克(William H. Riker)强调了在松散的联邦结构(联盟)朝更加集权的联邦结构推进过程中，外部的军事压力起到了非常重要的作用。他认为军事打击是集权式的联邦结构形成的关键因素。William H. Riker, *Federalism: Origin, Operation, Significance* (Boston: Little, Brown, 1964); Riker, *The Development of American Federalism* (Boston: Kluwer Academic Publishers, 1987)。

③ Stephen Skowronek, *Building a New American State: The Expansion of National Administrative Capacities, 1877 - 1920* (New York: Cambridge University Press, 1982), 24.

国家的发展既不会静止不变，又不会单向发展。即使是那些有着极其完善又稳定的制度的国家，支持着这些制度的潜在联盟也会经历阶段性的转变，并且假以时日，现行的政治秩序将发生变化。所谓的“政治秩序”，就是“法律、制度、实践和思想长期碰撞形成的一个集合体。不管周遭发生了什么变化，它总会保持着一致性和可预测性”。[①] 尽管它本身经历了一些改变，但其内部总是一致和稳定的。政治秩序内部的冲突往往通过常规的政治程序来牵制和解决。[②] 否则，就只能在一个只允许存在单一的国家政治组织的领土上进行竞争。在美国，南方和北方的政治秩序（经济制度）的争斗就贯穿了整个 19 世纪。[③]

在美国，除一些特例外（最明显的就是“内战”），即使政权经常发生变更，政治秩序也一直保持着稳定和一致。对于那些研究美国政治发展的学者——一个松散的群体来说，诠释诸如“内战”这样的事件对美国政治秩序结构的影响是他们最为关注的。[④] 政治学这个分支中最杰出的两个理论学家把政治发展视为根本性的政治变革，因此，他们把政治发展定义为“统治权威的持续改变”。[⑤] 统治权威指的是国家对人和物的控制。持续改变指的是改变之后的状态存续

---

① Stephen Skowronek and Karen Orren, *The Search for American Political Development* (New York: Cambridge University Press, 2004), 14 - 15。罗伯特・利伯曼(Robert Lieberman)将政治秩序定义为是“有规则的、可预测的、相互关联的制度和意识形态的安排，它们构成了特定时间特定地域上的政治生活”。Robert C. Lieberman, “Ideas, Institutions, and Political Order: Explaining Political Change,” *American Political Science Review* 96 (December 2002): 702。

② Lieberman, “Ideas, Institutions, and Political Order,” 702.

③ 美国存在着多样的政治传统（有些明显是属于不自由的政治传统）的观点，请参阅 Rogers M. Smith, “Beyond Tocqueville, Myrdal and Hartz: The Multiple Traditions in America,” *American Political Science Review* 87 (1993): 549 - 556。

④ 斯科夫罗内克的《建设新美国》(*Building A New American State*)是一本颇有影响力的关于美国政治发展的著作。有关美国政治发展的其他重要著作还有 Richard F. Bensel, *Sectionalism and American Political Development, 1880 - 1980* (Madison: University of Wisconsin Press, 1984); Bensel, *Yankee Leviathan: The Origins of Central State Authority in America, 1859 - 1877* (New York: Cambridge University Press, 1990); Karen Orren, *Belated Feudalism: Labor, the Law, and Liberal Development in the United States* (Cambridge: Cambridge University Press, 1991); Martin Shefter, *Political Parties and the State: the American Historical Experience* (Princeton, Princeton University Press, 1994); Katznelson and Shefter, eds., *Shaped by War and Trade*; Elizabeth Sanders, *Roots of Reform: Farmers, Workers, and the American State, 1877 - 1917* (Chicago: University of Chicago Press, 1999)。

⑤ Skowronek and Orren, *American Political Development*, 123。斯蒂芬・斯科夫罗内克和凯伦・奥伦(Karen Orren)将发展诠释为根本性的政治变革，这不同于“发展”一词的传统用法。在传统上，政治发展往往关注政治组织的复杂性和国家机构的专业化程度。

久远。这一政治变迁过程定义了在美国盛行的“常规政治”的范围，我们必须将其与那些更基本的政治变革形式——社会和政治制度的改革区分开来。[①]

研究美国政治发展的学者往往关注政权在时间顺序上的变化，如分裂、转型、背离和突然崩塌。为此，他们通过识别那些决定了常规政治制度的范围和框架的事件，以阐明在正常和稳定时期应该通行的正常的政治制度。[②] 同样，他们也关注政治制度和实践的长期演变。[③] 因此，研究美国的政治发展时，关键是要采取历史描述法。政治长期发展的连贯性至关重要，但是，它们本身显示的可辨认性和周期性的“断裂点”也并非无关紧要。[④] 这些断裂点往往出现在发生制度危机时，能够戏剧性地改变政治体制的特征。正如斯蒂芬·克拉斯纳所指出的，“危机的出现往往会成为一个国家制度发展的分水岭……在危机时期，政治就往往演变成为争夺基本游戏规则的制定权，而不是在一组给定的规则中进行抉择”。[⑤] 如果没有发生破坏性的危机，制度安排及其进程就会持续很长时间，并且随着时间的流逝，正常的政治制度最终会获胜。这样来看，稳定正常的政治制度往往会有阶段性的危机爆发——沃尔特·迪安·伯纳姆(Walter Dean Burnham)将其称为“间断性平衡”。[⑥] 这种模式一直是美国

---

① “社会变革具有急剧性，意味着国家和阶层结构发生了根本性的变化；社会变革往往伴随着阶级自下而上的反抗。”政治革命、起义和叛乱“改变了国家结构，但没有改变社会结构”。Theda Skocpol, *States and Social Revolutions: A Comparative Analysis of France, Russia, and China* (New York: Cambridge University Press, 1979), 4。社会变革往往伴随着自下而上的反抗与起义，它不是上层政治精英们精心策划与安排的产物。社会变革的结局往往是推翻了原先的统治阶级。具有讽刺意味的是，通过社会变革，国家往往会变得更加强大——比如发生在法国、俄罗斯的那些革命。

② 斯科夫罗内克认为危机就是“突然发生的、极具破坏性的事件，它们会在瞬间颠覆国家的控制权，改变国家合法使用强制性权力的边界”。Skowronek, *Building A New American State*, 10；还可参阅 Skowronek, “Order and Change,” *Polity* 28 (fall 1995): 91 - 96。

③ 保罗·皮尔森(Paul Pierson)很注重用这样一种历史性的方法来研究政治制度。请参阅 Paul Pierson, *Politics in Time: History, Institutions, and Social Analysis* (Princeton: Princeton University Press, 2004)。

④ 斯科夫罗内克和奥伦认为周期性的模式会“时不时爆发，彻底改变政治面貌，对将来产生深远的影响”。Skowronek and Orren, *American Political Development*, 10。

⑤ Krasner, “Approaches to the State,” 234.

⑥ 伯纳姆将“间断性平衡”(该词最早出现在20世纪70年代的生物进化研究中)一词用于美国政治发展的研究中。Walter Dean Burnham, “Constitutional Moments and Punctuated Equilibria,” *Yale Law Review* 108 (1999): 2237 - 2277。据伯纳姆的研究，美国的政治具有“长期的惯性”，在这期间盛行的是“常态的政治”，但是，它会有规律性地被“突然爆发的变革”打破。克拉斯纳用间断性平衡一词来描述“短期内制度发生突然性的变革，随后又迎来了长时间的稳定”的状态。Krasner, “Approaches to the State,” 242。

政治制度长期发展的特征。①

虽然政治变革至关重要，但政治发展的另一面却经常被忽视。政治变革只是等式的一端，另一端则是政治稳定或制度稳定。毕竟政治变革总要在现行的政治秩序里发生。金伯利·约翰逊(Kimberley Johnson)曾提醒我们说："虽然对于美国的政治和社会而言，诸如战争和经济之类的危机是重要的关口，但是这些重要的关口都是在之前的所谓稳定时期形成的。"②理解政治变革固然重要，但与此同时，我们也必须要重视那些促成政治秩序形成并长久保持的因素。我们必须要知道一开始是什么将人、机器、设备、建筑以及所有构成一个国家所必需的东西集合在一起，又是什么使这样的政治组织不会分崩离析。第一个问题涉及国家的形成，第二个问题涉及如何维持国家并使其具有合法性和保持政治秩序的稳定。诸如文化、宗教和政治意识形态都与我们的问题有关。而对于美国来说，成文宪法意义非凡。

19 世纪晚期 20 世纪初期的形式主义政治学围绕着美国宪法进行了研究。美国宪法被认为是体现了美国政治的基本组织原则。但出于种种原因，政治学慢慢抛弃了这种简单的分析模式，并最终意识到政治不仅仅只是那些以宪法文本的方式规定出来的规则和程序。而我们的研究不是以宪法为起点，因此，我们也抛弃了那样的分析方法。为了更好地诠释美国的国家制度，我们的研究从成文宪法开始。成文宪法规定了政治秩序中的制度和程序，以及赋予这些规则实质性内容的最高法院的判决，由此确立了"游戏的规则"。这些并非无关紧要。在美国，1787 年的宪法(还有之前的《邦联条例》)是重要的制度遗产，它们一直影响着美国的国家发展。③ 与欧洲和其他地方相比，宪法文本

---

① 政治学家往往将美国的政治历史分为五个阶段，包括从"政党制度"到所谓的关键选举。V. O.基(V. O. Key)首先提出了这些术语，他重点关注了决定性选举中投票人的投票。V. O. Key Jr.，"A Theory of Critical Elections，" *Journal of Politics* 17 (1955)：3－18。伯纳姆将关键选举的概念拓展为有关政治重组和制度发展的理论。请参阅 *The American Party Systems: Stages of Political Development* (New York：Oxford University Press，1967)；and Critical Elections and the Mainsprings of American Democracy (New York：Norton，1970)。

② Kimberley S. Johnson，Governing the American State：Congress and the New Federalism，1877－1929 (Princeton：Princeton University Press，2007)，7.

③ 从建国者们所采用的政府构架可以看出，宪法是如何塑造了美国的传统制度并深深地渗入到美国当代的政治中。在美国的政府构架中，行政机构和立法机构是分立而不是一体的(就像在议会制中一样)。结果是总统与国会之间的关系被破坏了，政府的中心充斥着争吵与不和谐。

界定了美国政治制度、政治机构和政治程序，而正是这些组成了美国这个国家及其盛行的政治秩序。①

研究美国政治发展的学者往往将所有重要的政治变化都视为政治发展。在他们看来，组织的压缩与国家机构的扩张一样，都是政治发展。同样，由1787年宪法所确立的民主的政治秩序也促成了美国的政治发展。政治规则和程序上的改变所带来的政治秩序更加民主化就是一种政治发展，即使国家的能力没有发生改变。相反，本研究的主要重点聚焦于那些提高了国家的能力和让制度变得更加完善(不仅仅只是更加民主)的政治变动上。此外，伴随着国家能力提高的是更加强大的军事力量(即大规模的常备军)和更强的从社会汲取资源的能力。不得不承认的是，这种国家发展的概念有很大的局限性，它忽视了一些非常重要的问题，比如代议制、民主制度、竞选制度、政党制度和政府各部门之间的互动。但是，为了更好地理解美国的政治，这些问题并不在本研究的范围之内。

二、国家发展理论：结构与领袖

尽管在欧洲和美国，制度发展的路径各不相同，但是所有国家都会拥有一些共同的特征，而这些特征恰恰是国家概念的核心。既然凡是国家都或多或少地具有这些共同的特征，那么不同国家的发展模式总会拥有一些相似性。事实上，要想每个国家的制度发展路径都不同于其他的国家，这基本上是不可能的。尽管有"美国例外论"的说法，但其实美国也是一个政治组织，它的制度特征类似于其他现代化的国家，包括欧洲国家。② 因此，采用比较的分析方法

---

① 关于宪法和政治之间是如何相互影响的，请参阅 Michael Vorenberg, "Bringing the Constitution Back In: Amendment, Innovation, and Popular Democracy During the Civil War," in *The Democratic Experiment: New Directions in American Political Development*, ed. Meg Jacobs, William J. Novak, and Julian E. Zelizer (Princeton: Princeton University Press, 2003), 53 - 54。

② 关于所谓的美国例外论的文献有很多。详细论述请参阅 Ian Tyrrell, "American Exceptionalism in an Age of International History," *American Historical Review* 96 (1991): 1031 - 1055; Byron E. Shafer, ed., *Is America Different?: A New Look at American Exceptionalism* (Oxford: Clarendon Press, 1991); Michael Kammen, "TheProblem of American Exceptionalism: A Reconsideration," *American Quarterly* 45 (March 1993); Seymour Martin Lipset, *American Exceptionalism: A Double Edged Sword* (New York: W. W. Norton, 1996)。对于美国例外论的批判请参阅 Aristide R. (转下页)

是最理想的，它能向我们揭示所有的国家——这些庞大的官僚政治组织都具备的基本共性。通过细察各个国家的结构及其发展，我们能找到这些共同的特征，揭示重复出现的模式。通过集中研究位于同一地理位置和同一时期（比如早期现代欧洲）的一些国家集群，我们更有机会发现国家发展的共同特征。与此同时，我们也没有理由认为，某一特定集群之外的国家（比如非欧洲国家）就不具备那些共同的特征与相似的发展模式。在研究美国的国家发展时，我们可以使用那些曾用来解释欧洲国家发展的分析工具和模型。

当运用比较的分析方法时，目标并不是创设一个放之四海而皆准的国家发展理论，如果考虑到国家间的多样性，这样的尝试注定就要失败。乔恩·埃尔斯特（Jon Elster）认为，"社会科学的进步不在于创设一个通用的理论……通用理论的目标是要建立一个普世的和恒久不变的思想。但不管是现在还是将来，这都只是一个白日梦。虽然很多人反对，但是替代法则思维的不应是那些描述性或叙述性的表意方法。位于这两个极端中间的，也是为我们所需的，有必要对机制进行研究"。[①] 因此，目标是确定国家作为政治组织的一些基本特性，并揭示国家发展的主要"机制"。所谓的机制，就是那些"频繁发生且其中的因果关系易于辨认的模式"，即"法则和描述事实之间"。[②] 既然我们不可能创设一个放之四海而皆准的理论，那么我们可以去研究那些较常发生的国家发展模式。机制刚好落在了普遍性的法则和描述性的案例研究之间。

关于国家发展的相关机制，就是国家变成更加集权的政治组织的过程，通过创立强大的官僚机构和军队，以及颁布法规更深地渗入社会，从社会汲取大量的收入，扩大对其领土的管辖范围和权限，规范私人的经济活动，最终发展

（接上页）Zolberg, "How Many Exceptionalisms?" in *Wording-Class Formation: Nineteenth-Century Patterns in Western Europe and the United States*, ed. Ira Katznelson and Aristide R. Zolberg (Princeton: Princeton University Press, 1986), 397 - 455。

① Jon Elster, *Political Psychology* (New York: Cambridge University Press, 1993), 2 - 3.

② Jon Elster, "A Plea for Mechanisms," in *Social Mechanisms: An Analytical Approach to Social Theory*, ed. Peter Hedstrøm and Richard Swedberg (Cambridge: Cambridge University Press 1998), 45 - 73。在其他的著作里，埃尔斯特认为，"机制提供了一种连续不断、前后相连的因果链，或是有意图性的联系"。Jon Elster, *Explaining Technical Change: A Case Study in the Philosophy of Science* (Cambridge: Cambridge University Press, 1983), 24。保罗·皮尔森以令人信服的方式提出，揭示"机制"应该成为社会科学分析的目标。Paul Pierson, Politics in Time, 5 - 6, 99。

成为更加强大的组织。要想明白这样的机制是如何发生的，我们必须要了解统治者（政治角色）是如何获得收入来支持国家活动，比如维持公共秩序、修建公路、提供社会福利以及供养陆军和海军。对此进行研究时，我们要避免对国家发展进行结构性的分析。因为这样的分析到最后只会下结论说，结构中的特定条件会产生特定的政治结果。其实，结构只是为行为设立了约束条件和提供了一些机会，它们并不会导致某个预设的结果，或是产生偏好的政策。特定的国家发展模式并不是由单一的经济和社会因素决定的。

埃尔斯特和具有同样想法的批评家们都很惋惜地认为，结构主义就其本质而言，是一种过度的决定论和机械的因果关系。[①] 他们强调，结构化模式无视个人领导（比如他们的行为和意图）的作用，而个人领导对国家发展机制的运作起着关键性的影响。[②] 结构主义和结构化的解释忽视了人类行为的意图性，也就是说，他们忽视了人类本身在创造历史中的作用。优素福·科恩是一位有洞见的学者，他也对结构化的解释持批评意见，认为"结构化的解释假设了社会经济和政治结构决定偏好和行为，换言之，这些假设结构就能直接解释政治结果，而不用考虑诸如价值观、信仰、思想、态度、意图和战略思维等意识现象"。[③] 遵循科恩的建议，本书将"意识现象"糅合其中，通过对"统治者"（或更准确地说是政治领袖）和他们扩张联邦政府权力的策略——特别是联邦政府的军事权力和收入权力，以分析美国的国家发展。政治领袖管理着国家建设，指挥战争并制定维持国家机构运转的收入策略。因此，为了解释美国的国家发展，我们必须要重视政治领袖们的"价值观、信仰、思想、态度、意图和战略思维"。

---

① 对结构主义的批评请参阅 Margaret Levi, *Of Rule and Revenue* (Berkeley: University of California Press, 1988), 184 - 204; Gabriel A. Almond, "The Return to the State," *American Political Science Review* 82 (1988): 853 - 874; Michael Taylor, "Rationality and Revolutionary Collective Action," in *Rationality and Revolution*, ed. Michael Taylor (Cambridge: Cambridge University Press, 1988), 63 - 97; Youssef Cohen, *Radicals, Reformers, and Reactionaries: The Prisoner's Dilemma and the Collapse of Democracy in Latin America* (Chicago: University of Chicago Press, 1994), 9 - 22; Lieberman, "Ideas, Institutions, and Political Order," 697 - 712。

② 芭芭拉·格迪斯(Barbara Geddes)抱怨说，我们面对的"是在缺乏个人基础的结构主义和缺乏深厚理论基础的个人层面解读间做出选择"。Barbara Geddes, *Politician's Dilemma: Building State Capacity in Latin America* (Berkeley: University of California Press, 1994), 6。

③ Cohen, Radicals, *Reformers, and Reactionaries*, 3.

三、韦伯的国家概念

国家最基本的特征是什么？马克斯·韦伯曾对国家下过一个影响深远的定义。根据他的定义，国家就是那种能够在其领土上对合法行使“暴力”（比如强制性武力）拥有垄断权的组织。这种对暴力的合法垄断就是国家最基本的特征，它使得国家有别于其他组织：“一个拥有连续性组织的强制性政治联合体，只有当其管理人员成功地坚持主张使用武力去维持秩序，拥有合法性的垄断权时，才能被称为‘国家’。”[①]在这里，韦伯认为国家不仅仅只是一些实物性的基础设施，比如建筑物、设备、机器和军备，虽然这些设施都是国家机构不可或缺的重要部分，但是事实上总会由某些人来代表国家行使权力（作为代理人），并成立自己的组织机构，因此人和这些机构也是国家的一部分。[②] 实际上，所谓的国家权力就是统治者、官员和公职人员在其宣称拥有主权的领土上对非国家行为实施强制性的权力。[③] 就像贾恩波兰科·波齐（Gianfranco Poggi）所认为的，“最好把国家视为一系列复杂的制度安排，它仰赖于占据权势要位的个人持续而受管制的行动来达到运作的目的。国家就是作为所有机构的总和来治理领土范围内的社会”。[④]

---

① Max Weber, “The Fundamental Concepts of Sociology” (1913), in Max Weber, *The Theory of Social and Economic Organization* (New York: Free Press, 1947), 154。在20世纪60年代和70年代，韦伯一篇被翻译过来的论文在美国学者间广为传播。在这篇论文中，韦伯认为现代国家是“为了实施统治的一种必要的联合”。Max Weber, “Politics as a Vocation,” in From Max Weber: *Essays in Sociology*, ed. H. H. Gerth and C. Wright Mills (New York: Oxford University Press, 1946), 82。合法性问题在韦伯的分析中是一个基本问题，但在本研究中基本不涉及。

② 彼得·斯坦伯格（Peter Steinberger）的比喻能让我们更好地理解国家作为一个组织的复杂性。Peter J. Steinberger, *The Idea of the State* (New York: Cambridge University Press, 2004), 17。斯坦伯格让我们想到很多人都非常熟悉的一个组织——大学。大学（比如康奈尔大学）里有建筑物、图书馆和设备等。当然，它还有学生、教员、管理员和工人。久而久之，建筑物会被推翻重建，人会离开。尽管如此，但我们仍认为这是康奈尔大学，即使原先的建筑物和人都不复存在。原因在于康奈尔大学指的并不是大学里某个时期的建筑物和人——就好像美国不仅仅只是那些大楼、政治组织和领袖人物的总和。当然，与国家一样，建设出色的大学也需要大量的收入。

③ 菲利普·戈尔斯基（Philip Gorski）将国家权力定义为“捍卫和扩张自己的领土，并管理其中的人力和自然资源”。Philip S. Gorski, *The Disciplinary Revolution: Calvinism and the Rise of the State in Early Europe* (Chicago: University of Chicago Press, 2003), 35。

④ Gianfranco Poggi, *The Development of the Modem State: A Sociological Introduction* (Stanord: Stanford University Press, 1978), 1。用韦伯的话来说，国家就是一个“基于领土的强制性联合体”。Weber, *Fundamental Concepts of Sociology*, 156。

社会学家普遍接受了韦伯的国家概念，认为国家是在一定的领土上强制实施"一系列复杂的制度安排"。查尔斯·蒂利把国家定义为"一个使用强制权的组织，它不同于家庭和亲属群体，而且在某些方面会很明显地拥有凌驾于其他所有组织之上的优先权"。① 阿尔弗雷德·斯捷潘(Alfred Stepan)认为"国家是连续性的行政、法律、官僚和强制性的制度，这些制度不仅试图要管理国家机构，而且还要构建公民和政治社会中许多重要的关系"。② 西达·斯考切波(Theda Skocpol)将国家视为"集行政、治安和军事为一身的组织"，它由行政权威来领导，把某些决策施加于非国家行为者上。③ 通过国家权力的运作，国家控制了社会中的其他群体和组织(家庭、部落、氏族、教会、跨国公司等)，使生活在这片领土上的人们和平相处。虽然这样的努力不会永远都成功，但国家作为一个强制性组织，它的本质就在于能够在其领土上实施暴力的垄断权。国家利用其垄断性的强制权力从社会汲取收入，而汲取来的收入又用来维持和发展国家机构。没有这些收入，国家就会"消亡"。

伟大的英国哲学家托马斯·霍布斯(Thomas Hobbes)曾描绘了国家若缺乏暴力的垄断权，这个社会将面临的遭遇，由此也说明了强大国家的不可或缺。在他伟大的著作《利维坦》(1651)一书中，霍布斯阐释了如果没有强大的国家，人类社会就将如何从"自然状态"退化为"战争状态"。这种因政治制度上的失败而引发的悲剧也一再被历史见证。比如黎巴嫩的内战使得国家血流成河。在哥伦比亚和墨西哥这些地方，私人武装和势力强大的犯罪集团靠非法的毒品贸易获取巨额收入，并极大地侵蚀了国家的权力。在意大利，政府一直在争夺西西里岛的主权(对暴力的垄断权)，这实际上就是一场战争。在巴基斯坦，伊斯兰堡的中央政府甚至都不能控制该国西部偏远的山区。阿富汗、索马里和伊拉克也面临着同样的问题，那里的中央政府尚无统治经验又缺少军队，无法在全

---

① Charles Tilly, *Coercion, Capital, and European States: AD 990–1990* (Cambridge, MA: B. Blackwell, 1990), 1。米格代尔指出："我们对国家的看法，契合马克斯·韦伯的国家观念，他把国家看成是一个机构——一种实施管制的组织，至少一部分是通过垄断暴力来进行。" Migdal, *Strong Societies*, xiii。

② Alfred Stepan, *Rethinking Military Politics* (Princeton: Princeton University Press, 1988), 4.

③ 西达·斯考切波认为国家的"行政和强制性组织"构成了"国家权力"的根基。Skocpol, *States and Social Revolutions*, 29。

境实施“垄断性的暴力”。在这些国家,政府的触角很少伸及首都之外的区域。因为缺少一个强大的国家,那些私人武装和强盗给老百姓带来了无尽的浩劫。

事实上,没有一个国家能对暴力拥有完全的垄断权。在世界各地,中央都在奋力控制边缘地区。维持暴力的垄断权是一个让人望而却步的任务。最好的情况是国家在其领土上能达到权力的主要核心地位,即便处于次级地位的权力也总能在国家形成过程中生存下来,并在社会和经济的基础结构中持续存在。安东尼·吉登斯(Anthony Giddens)解释道:“实际上,总会有为数不少的实际的或潜在的军事力量是国家无法控制的。”①在国家发展之初,必须先要制服和平定社会中那些强大的组织、利益集团和个人,然后是普通的犯罪集团。这就要求国家建立一定的警力以及通过监狱系统来控制和惩罚这些犯罪行为。② 就像欧洲一样,平定和征服之路会持续数个世纪。实话实说,这个过程永远没有尽头。

国家的形成就是一个征服社会的过程,与此同时,它还要与社会中最强大的利益集团和组织达成和解,默许它们的存在。在很多地方我们都会看到,国家通过暴力垄断权,不断地对私人团体施威。乔尔·米格代尔详细叙述了在20世纪20年代的土耳其,穆斯塔法·凯末尔及其支持者们是如何与地方当局因是否该戴有帽檐的帽子而爆发了持续的冲突。在这场冲突中,至少有70个人因为“戴错”了帽子而被绞死。正如米格代尔观察到的那样:“其实这场冲突是在争夺到底谁有权力和能力来制定社会的规则。”③国家是否有能力制定一

① Anthony Giddens, *The Nation-State and Violence* (Berkeley: University of California Press, 1987), 57.

② 在国内布置警力是很晚才出现的创举。法国一直到18世纪60年代才组建了警察部队,而且在一个拥有2 600万人口的国家中,只有3 000名警察。Creveld, *Rise and Decline of the State*, 166。在18世纪晚期,维也纳有一支300人的警察部队在维持公共秩序。在19世纪,欧洲出现了听命于平民(而不是军队)的地方和国家警察部队。Michael Mann, *The Sources of Social Power*, vol. 2, *The Rise of Classes and Nation States 1760 - 1914* (New York: Cambridge University Press, 1993), 404。关于警察职权在欧洲的发展,请参阅 David H. Bayley, “The Police and Political Development in Europe,” in *The Formation of National States in Western Europe*, ed. Tilly, 328 - 379。监狱制度作为社会控制工具的演变研究,请参阅 Michel Foucault, *Discipline and Punish: The Birth of the Prison* (New York: Pantheon Books, 1977)。关于米歇尔·福柯(Michel Foucault)的法律和权力理论的讨论,请参阅 Gerald Turkel, “Michel Foucault: Law, Power, and Knowledge,” *Journal of Law and Society* 17 (summer 1990): 170。

③ Migdal, *Strong Societies*, 31.

套权威且有强制性的规则（比如法律）非常关键。当官的亦明白，具备制定这些规则的能力对维持国家暴力的垄断权至关重要。青年土耳其党不愿意看到权力的妥协，哪怕是面对这样微不足道的事情。

在17世纪前半期的法国，路易十三蓄意推倒了反叛领主们的城堡和堡垒，并且一再声明禁止私人之间的决斗，即使他们拥有的武装是合法的。[①] 从中我们看到了国家试图垄断暴力的努力。决斗其实是一种属于私人间的战争，它挑战了君主的暴力垄断权。同样，当亨利七世根据《仆从法》（1504）督促英国议会禁止家臣拥有私人军队时，他其实是在主张对英国的暴力行为进行垄断，并且试图组建一支完全隶属于国王而不是地方领主的军队。[②] 对于16世纪初期的英国人来说，与其让兰开斯特家族和约克家族两大贵族的私人军队持续作战30年，还不如让国王来垄断暴力。玫瑰战争时期，在没有一个被公认是该岛国拥有法主权的强大的国王出现前，私人暴力曾一度非常猖獗。当英国王权得到巩固后，猖獗于玫瑰战争时期的“私人暴力”才画上了休止符。[③]

国家内部强制性的权力统一会出现什么结果呢？首先，国家能运用这样的垄断权意味着其统治的合法性已被普遍承认。当公民不再被允许持有私人武器时，其领土上的“私人武装”就逐渐没落了。当然，这也要求国家的警备力量和军事机构需得到相应的增强。有证据表明，在早期现代欧洲，随着国家的扩张和王权掌握了军队，国内的暴力（相对于国家间的战争）在日益减少。[④] 随着权力集中在中央权威之下，私人间的暴力冲突逐渐让位于公共秩序。在权力积累的早期阶段，当国家逐渐统一权力时，暴力反而会增加。一旦权力得到

① A. Lloyd Moore, Louis XIII, The Just (Berkeley: University of California Press, 1989), 118, 185-186.

② 关于亨利七世对暴力的垄断，请参阅 Michael Van Cleave Alexander, *The First of the Tudors: A Study of Henry VII and His Reign* (London: Rowman and Littlefield, 1980), 132-134, 189, 201。

③ G. R.埃尔顿（G. R. Elton）对英国都铎王朝的研究很具代表性。他认为亨利七世只是在亨利八世对英国的君主制进行更加根本性的改革之前，即在托马斯·克伦威尔的诸多帮助下，重新统一了这个古老的中世纪国家。G. R. Elton, *The Tudor Revolution in Government: Administrative Changes in the Reign of Henry VIII* (Cambridge: Cambridge University Press, 1953), 19-35。埃尔顿还指出，在亨利七世漫长的统治时期，国家的财政、枢密院的运作以及克伦威尔等宫廷官员的行政职能都得到了改善。

④ William H. McNeill, *The Pursuit of Power: Technology, Armed Force, and Society Since A.D. 1000* (Chicago: University of Chicago Press, 1982), 140.

巩固，国家就会通过镇压私人暴力来维持公共秩序，国内的暴力也就随之减少。国内的暴力呈现先增后降的态势源于两种广为接受又针锋相对的观点。其中，一种观点认为，强大的国家本身就会抑制暴力；另一种观点则认为，随着国家愈加腐败，暴力也会与日俱增。[①] 事实其实远比其中的任何一种观点所认为的都要复杂。腐朽的国际秩序也会导致暴力事件的增加。罗伯特·贝茨(Robert Bates)曾非常敏锐地观察到，随着苏联的解体和"冷战"的结束，民主与猖獗的暴力在曾经的全球两大超级大国中都有所增加。[②]

如果国家没有垄断暴力，那么又会发生什么样的事情呢？黎巴嫩在经历长期内战期间，国家权力的衰落带来了悲剧性的后果：国家崩塌，人们不断地遭受来自武装民兵、宗教狂热分子和犯罪集团之苦。自1991年摩加迪沙的中央政府被推翻后，乍得、苏丹、海地以及刚果、索马里也有同样的遭遇。[③] 在历史上，"失败的国家"——就是那些不能垄断暴力权的国家，俯首皆是。[④] 这些国家总能让人想起霍布斯的警告：当君王的权力衰落而私人的暴力兴盛时，人们的生活就会陷入"肮脏、野蛮和贫瘠"。在政治世界里，中央政府"控制"不力的地方，混乱就会乘虚而入。[⑤]

当然，在中央政府垄断了暴力变得集权时，另一些问题又会随之出现。强大的国家有能力做"好事"(比如保护民众，修建道路、高速公路、学校和医

---

① Youssef Cohen, Brian R. Brown, A. F. K. Organski, "The Paradoxical Nature of State Making: The Violent Creation of Order," *American Political Science Review* 75 (1981): 901。罗伯特·尼斯贝特(Robert Nisbet)发现，当把社会连接在一起的传统纽带被打破后，国家使用武力的情况就会增加——他把这种情况称为"权威的暮期"。Robert A. Nisbet, *Twilight of Authority* (New York: Oxford University Press, 1975)。

② Robert H. Bates, *Prosperity and Violence: The Political Economy of Development* (New York: W. W. Norton, 2001), 97-100.

③ 当索马里的中央政府被埃塞俄比亚的军队扶上位(在美国的支持下)之后，由于不断遭受伊斯兰叛乱分子的攻击而处于崩溃边缘，导致试图恢复索马里秩序的努力只能以失败告终。中央政府一年只有1 800万美元的收入来维持整个政府的运转——包括军队。没有收入，索马里将注定是一个"失败的国家"。请参阅Jeffrey Gettleman, "In Somalia, Government Once Hailed as Best Hope Is Teetering on Collapse," *New York Times*, March 29, 2008, A6。

④ 《外交政策》(*Foreign Policy*，由卡耐基国际和平基金会出版)在其年度失败国家指数中对最容易失败的国家进行了排名。"The Failed States Index for 2007," Foreign Policy (July/August 2007), 54-63。

⑤ "事态崩塌；中央无力控制；世界一片混乱。"William Butler Yeats, "The Second Coming," in *Selected Poems and Two Plays of William Butler Yeats* (New York: Macmillan, 1962), 91。

院），但与此同时，它亦有可能给人类带来恐怖和灾难性的后果。只有高效率的官僚国家才能做到纳粹德国犯下的种族大屠杀。[①] 发生在卢旺达、波斯尼亚、柬埔寨和达尔富尔的种族屠杀就远不如纳粹德国，只因为不管是国家机构的完善程度还是其办事效率，都远逊于第三帝国这架强大的杀人机器。种族屠杀与战争一样，都是强大国家才能做得到的。

让人困惑的是，人类社会的繁荣在于国家既不能过于“弱势”（国家能力不足），又不能太“强势”（国家进行高压统治），但是，我们很难找到那个恰当的中间地带。最近伊拉克发生的事证明了这一点。在伊拉克，随着复兴党和萨达姆·侯赛因恐怖政权的倒台，由于新政府无力保护他们免受私人暴力的祸害，伊拉克民众又遭受了暴力的冲击。因此，当萨达姆·侯赛因的继任者上台后，第一个任务就是组建一支新的军队并加强国家的警备力量，这并不是一种巧合。在伊拉克，我们能很清晰地看到，政府若想为民众提供哪怕最基本的现代生活的设施（比如学校、医院、干净的饮用水、污水处理厂和铺设道路），它首先要有必要的财力以维持其领土上的公共秩序。

解决社会中的动荡、无序、暴力、疾病与传染病、饥荒和贫穷等问题的方法通常是需要有一个强大的国家——但并不永远都是。在对关于国家发展的深入研究中，塞缪尔·亨廷顿很痛惜地发现，有如此多的国家“没有进行治理”。[②] 像霍布斯一样，他也将人类的悲惨遭遇归根于政府的无能（比如国家没有足够的能力去维护社会秩序），解决之道在于完善国家制度。这在很多时候是对的，但同时我们也发现了一些惊人的例子，有些国家反而由于治理的太多，以至于国家本身就是这片领土上诸多不幸的根源。想想朝鲜、古巴和缅甸。这些国家不受社会制约，社会深受国家过于强势之苦。找到处于国家过于强势和过于弱势这两个极端的中间点，是一个巨大的挑战。我们的任务是设计出一套制度，它能有效地抑制政府野蛮与致命的行动。国家是把双刃剑，它既能

---

① 历史学家劳尔·希尔伯格（Raul Hilberg）通过详尽的描述，向我们揭示了一个高效的官僚机构对于执行“最终解决计划”是多么的关键。Raul Hilberg, *The Destruction of the European Jews* (Chincago: Quardrangle Books, 1961)。国家权力与种族大屠杀之间的关系请参阅 Irving Louis Horowitz, *Taking lives: Genocide and State Power* (New Brunswick, NJ: Transaction Publishers, 2002)。

② Huntington, *Political Order*, 2.

伤人，亦能救人。它给人类带来了和平与安宁，但也会给人类带来痛苦和灾难。在英国内战爆发期间，霍布斯是如此着迷于君王对暴力的垄断(可用于压制私人的暴力)，认为这会给人类带来极大的益处，以至于他没有意识到君王手中的权力就像劫匪的匕首一样，能置人于死地。其实，君王的权力更危险，因为它可能会造成大规模的死亡和破坏。自 1688 年的光荣革命以来，自由主义的政治思想就一直致力于该如何限制王权。

在这场崇高的追求之旅中，英美的自由主义政治思想创造了"社会契约论"的神话，以此来美化国家的历史渊源。这样的社会契约论掩饰了"最初的征服"，增强了国家存在的合法性。事实上，国王与其臣民之间根本就不存在什么社会契约论——只有野蛮的武力和征服，这样政治权力在国家内部才能得以巩固。① 这就是为什么大卫·休谟(David Hume)警告我们不要太细究任何国家的历史起源的原因。休谟明白，在王室的家谱中，总能找到原罪——以小偷和强盗的行径篡夺权力，"几乎所有现存的政府或那些曾在故事里有过蛛丝马迹记录的政府，它们的建立最初靠的都是篡夺或是征服，抑或是二者兼有之，而不是假借取得民众的同意或民众自愿臣服"。② 与古罗马一样，现代国家是通过暴力和征服建立起来的，强制就是其最基本的特征。

四、国家："保护费的勒索者"

强制是国家最基本的特征，这种观点与古典自由主义政治理论中的"社会契约论"神话背道而驰。社会契约论把国家视为个人为了保护人身和财产的安全而自愿与社会达成协议的产物。在一篇颇有挑衅性的文章中，查尔斯·蒂利对这种历史上的虚构提出了质疑。③ 根据他的观点，国家更像是一个"勒

① 即使威廉三世和玛丽二世的王权是由议会授予的，但他们仍明确表示他们的统治并不有赖于议会的同意，也不认为他们是根据"契约"来继承王位的。虽然他们接受了 1689 年《人权宣言》的条款，但那也是在他们登上了宝座之后才这样做的，以免人们认为他们的统治是建立在契约协议上的。

② David Hume, "Of the Original Contract," in *Hume's Moral and Political Philosophy*, ed. Henry D. Aikem (New York: Hafner, 1968), 360.

③ Tilly, "War-making and State Making as Organized Crime," in *Bringing the State Back In*, ed. Evans, Rueschemeyer, and Skocpol, 169 - 191.

索保护费”的犯罪组织，而不是个人为了自身的利益而达成合约并建立起来的政治组织。我们很难反驳蒂利的基本观点。尽管国家为其民众带来了“众多益处”，但我们也不能忘记，国家是通过武力来控制社会，然后通过控制社会来充盈国库的。即使是在最民主的国家，那些逃税并不幸被抓的人，也会面临着起诉和牢狱之灾。而在更专制的国家，其后果可能是致命的。这在本质上类似于保护费的勒索。就像弗雷德里克·莱恩(Frederic Lane)所认为的，“政府最明显的一个特征在于，它会通过使用武力及其他各种手段去限制他人使用武力来维护法律和秩序。一个政府越是能成功地垄断某一区域里所有的武力，它就越能维持法律和秩序”。[①] 一个对暴力拥有控制权的国家，能够从其领土上生活和工作的人们那里收取“保护租金”。莱恩把这种盈收比作“贡金”。[②]

在曼库·奥尔森(Mancur Olson)最近出版的一部著作中，他阐述了国家作为一个保护费勒索者的逻辑和其合理性。奥尔森认为，对于当地人来说，那些隔三岔五来偷盗的“坐寇”式军队头头(或“军阀”)要远远好于那些抢光即走的“流寇”。流寇的掠夺方式是抢走所有他能带走的东西。[③] 坐寇则会意识到，对自己最有益的做法是把他的掠夺维持在一种“可预期的征税水平”上，也就是说，“每次只抢走一部分”，然后让受害者“有动力继续从事生产以创造更多的收入”——他可以征税的收入。坐寇还会意识到，如果他有兴趣去保护私人财产、执行合约和维持货币的稳定，以鼓励商业活动和长期投资，这样做就会让他获得最多的税收收入。此外，坐寇最终会发现，把其他强盗从自己的地盘上赶走，独占暴力的垄断权对自己是有利的。久而久之，军阀对“保护费的勒索”就演变成了常规的税收和公共秩序。一个地方的头目如果信守诺言，以提供保护来换取贡金，那么他从其制服者那里攫取收入就会变得更容易。[④] 提供

---

① Frederic C. Lane, “The Economic Meaning of War and Protection,” *Journal of Social Philosophy and Jurisprudence* 7 (April 1942): 254.

② 当国家拥有了暴力行为的垄断权之后，“它就可以将价格提高到提供保护所花费的成本”，也就可以从支付保护租金的人那里汲取到“剩余的”收入。Frederic C.Lane, “The Role of Governments in Economic Growth in Early Modern Times,” *The Journal of Economic History* 35 (March 1975): 8。

③ Mancur Olson, *Power and Prosperity: Outgrowing Communist and Capitalist Dictatorships* (New York: Basic Books, 2000), 6 - 12.

④ 正如玛格丽特·列维所说：“如果纳税人的意愿被统治者违背，他们就不会自愿纳税。”Levi, *Rule and Revenue*, 60。

保护的坐寇不久就变成了所谓的“国王”。

久而久之，国王会慢慢地通过专业的行政机构来行使权力，这样，权力的运用就变得更加规范和制度化，让他的统治披上了合法的外衣，有别于那些仅仅依靠权力和暴力进行统治的组织，比如黑手党。现代国家最主要的特征在于只有依其对规则和程序（比如法律）的遵守，才能判定它对权力的使用是否合法。韦伯强调，现代国家必须要根据合法的规则来使用强制性的权力。这个规则由立法机构颁布、官僚机构执行，并要接受独立的司法机构的审查。① 然而，即使现代国家的存在是合理、合法和官僚化的，但究其本质，它仍然是一个依靠强制和以贡金为基础的组织。现代国家要求分享私人商业活动的一部分利润，以此作为交换条件来提供人身保护、维持公共秩序、提供社会福利和法律制度。税收只是一种更隐蔽的索取贡金的方式。即便如此，我们也还是赞同霍布斯所说的，给国王纳贡来换取他的保护总好过生活在战乱中。反过来说，国王统治的合法性也在于他提供了多少保护——这是国民社会的前提。威廉·布莱克斯通（William Blackstone）爵士曾大力赞扬了“辉格党”的国家理论：“忠诚是一条纽带，它将国王和其臣民紧密地连在了一起。而作为回报，国王会为其臣民提供保护。”②

不可否认，大多数国家不仅仅只是在勒索保护费。他们还完善了法律体系和政治制度来限制统治者的恶性，使其不成为暴君。当然，仍有一些统治者，他们无视法律、违抗传统，最后只剩孤家寡人一个，丧失了统治的合法性。他们为了自己的利益和目的，利用国家机构去攫取私人财富，致使经济发展停滞不前、公共部门资源短缺。让人悲痛的是，在后殖民地的非洲，坐寇勒索保护费的隐喻恰恰是其混乱的政治历史的真实写照。凯瑟琳·布恩（Catherine Boone）将 19 世纪 60 年代在塞内加尔出现的统治阶层描述为联盟，“其权力源于控制了国家本身，而不是直接掌控了财富和生产”。③ 就像非洲其他国家那

① 关于韦伯“合法又合理的权威”这一观点的讨论，请参阅 Gerald Turkel, *Dividing Public and Private: Law, Politics, and Social Theory* (Westport, CT: Praeger, 1992), 129 - 166。

② William Blackstone, *Commentaries on the Laws of England* (Oxford: Clarendon Press, 1765), vol. 1, book I, chapter 10 ("Of the People, Whether Aliens, Denizens, or Natives"), 354.

③ Catherine Boone, *Merchant Capital and the Roots of State Power in Senegal 1930 - 1985* (New York: Cambridge University Press, 1992), 4。关于非洲国家失败的文献综述，请参阅（转下页）

样，塞内加尔的统治阶层联盟利用国家机构来攫取财富，结果抑制了国内经济和资本市场的发展，并阻碍了外国投资的流入。在那里，国家正在从事一种特别丑陋的勒索保护费形式的勾当——抢劫本国的“国民”，却只提供给他们极少的保护。

幸运的是，这些都只是极端的例子。为了维持权力，大多数的统治阶层都要想方设法从利益集团和社会团体那里赢得支持和合作。就像大卫·沃尔德(David Waldner)指出的那样，只要存在工业资产阶级和工人组织的地方，就会因为要同时考虑到这两个团体的利益而达成协议——国家以补偿性支付的形式给两个集团好处。[①] 这种多边安排（比如收入上的联盟）增加了统治的合法性，也使国家的政体显得更加温和。但是，即使是民主的国家，也是以提供保护来换取贡金的，而要想提供保护，其前提条件就是要掌握国家权力。与此同时，滥用国家权力永远都会存在，因为国家本身就是制度化了的强制和进贡。

五、收入和国家的自主性

当一个政治组织成功地垄断了某一领土上的暴力后，一个独立于社会的国家就出现了。随之，国家也有了自己独特的利益。通过行使强制性的权力来实现自身的利益，国家在一定程度上获得了相对于社会的自主性。[②] 正因为国家的这种强制性权力，政府可以把它的决策强加于非国家行为者身上（这是

（接上页）John R. Heilbrunn，“Paying the Price of Failure：Reconstructing Failed and Collapsed States in Africa and Central Asia，” *Perspectives on Politics* 4 (March 2006)：135 – 150。关于非洲国家治理的紊乱请见以下两篇论文：William Reno，*Warlord Politics and African States* (Boulder，CO：Lynne Rienner，1998)；Jeffrey Herbst，*States and Power in Africa：Comparative Lessons in Authority and Control* (Princeton：Princeton University Press，2000)。关于非洲的经典农业政策和压迫了经济发展的失败政治，最经典的描述请参阅 Robert H. Bates，*Markets and States in Tropical Africa：the Political Basis of Agricultural Policies* (Berkeley：University of California Press，1981)。

① David Waldner，*State Building and Late Development* (Ithaca：Cornell University Press，1999)，35.

② 斯考切波描述了国家自主性的可能：“国家作为一个宣称对领土和人拥有控制权的组织，可以制定自己的目标并会努力去实现，但这些目标并不是简单的对社会各团体、各阶层或社会本身的需求和利益的反映。” Theda Skocpol，“Bringing the State Back In：Strategies of Analysis in Current Research，” in *Bringing the State Back In*，ed. Evans，Rueschemeyer，and Skocpol，9。

国家自主性的本质)。当然,国家和社会的精确边界是变动不居的,“国家并不是一个精巧设计出来对社会进行公正管理的组织,而是由盘根错节的权力关系网组成的”。[①] 此外,国家和社会的界限不是不可渗透,也不是永恒不变,私人利益和公共权威并不总是分开或独立的。

在一个国家,政治家与强大的经济利益集团之间的关系会对公共政策产生极大的影响。这里的影响是双向的,私人利益集团会影响公共决策的过程,“公共政策也会促成私人利益的形成”,而“国家会以各种方式将它所控制的社会组织起来”。[②] 也就是说,国家可以独立于社会和经济利益集团。与马克思主义的观点不同,国家不一定是被社会中占支配地位的经济利益集团所控制、操纵或俘获。就像斯考切波所认为的,国家拥有“自主性的结构——它有自己的逻辑和利益,并不与社会中占统治地位的经济利益集团或政体里的所有成员利益相融,国家和它们并不是一体的”。[③] 当然,国家只拥有潜在的相对于社会的自主性,而实际的独立程度在各国间差异甚大,甚至一国之内不同官僚机构的独立程度也有所不同。[④] 此外,由于私人利益集团和社会团体与政治精英和政治机构之间有着千丝万缕的联系,以至于国家不可能完全独立于社会。当国家处于战争或危机时期,私人利益集团出于压力会屈从于国家,国家由此可以加强自治权。在这样的时期,当权者“会牺牲统治阶级的经济利益,要求他们让步”,由此也增加了国家相对于社会的自治权。[⑤]

---

① Pratap Bhanu Mehta, *Burden of Democracy*, 116.

② Peter J. Katzenstein, ed., *Between Power and Plenty: Foreign Economic Policies of Advanced Industrial States* (Madison: University of Wisconsin Press, 1978), 18 - 19。彼得·J.卡赞斯坦(Peter J. Katzenstein)强调了国家人员与“主要的利益集团和政治团体”之间的关系对发达工业国家的对外经济政策的影响:“在每一个工业发达的国家,社会力量所形成的执政联盟都能在不同的政策网络中建立起有利于自己的组织,而这些政策网络在执行外交政策时将公共部门与私人部门连接在了一起。”

③ Skocpol, *States and Social Revolutions*, 27.

④ 丹尼尔·卡彭特(Daniel Carpenter)研究了联邦政府内各官僚机构的自主性。他认为官僚机构的技术、专业知识和特定部门(比如邮局、农业部)解决问题的能力越强,“官僚的合法性”也就越大,而这种合法性是这些部门独立于政治家和私人利益集团的基础。Carpenter, *Forging of Bureaucratic Autonomy*; and “The Political Foundations of Bureaucratic Autonomy,” *Studies in American Political Development 15* (spring 2001): 113 - 122。

⑤ Skocpol, *States and Social Revolutions*, 30.

这里存在非常关键的一点，如果国家想要取得哪怕一点点的独立于社会的自主性，它就必须有能力从财政上支持自己。这就要求国家要有充足的且完全受控于政府的收入来源。换言之，制度上的自主性依赖于财政上的自主性，而后者取决于政府从社会汲取收入的能力——不管是取之于本国（像贡金），还是取之于国外（像掠夺）。有了收入上的保障，国家才能独立于那些原本主导社会的私人利益集团和其他社会阶层。若国家的收入依赖于某一阶层或经济部门，它的独立性就不可能存在。与传统的马克思主义思想相反，我们认为一个拥有独立收入来源的国家会在一定程度上获得相对于经济和社会团体的自主性。[①] 同样，与多元主义理论不同的是，我们认为一个在财政上独立的国家，可以将自身的偏好加在非国家行为者及其私人利益集团的身上。[②]

六、民族国家的世界

韦伯认为国家就是拥有暴力垄断权的组织，这通常被认为是指国家在它统治的疆域内行使强制权和国家权力。其实韦伯的概念还可以延伸为国家能够动用武力去抗击来自疆域外部的势力。[③] 国家间的边界其实和国家与社会的边界一样重要，而且国家往往要费尽心血才能维持疆土的边界。菲利普·博比特（Philip Bobbitt）曾说过："在一个社会里，当占统治地位的组织宣称只有

---

① 虽然从马克思研究政治和历史的著作中，我们能总结出一些他的国家思想，但是马克思本人其实并没有提出一套完整的国家理论。而这正是新马克思主义学者们努力的方向。请参阅 Immanuel Wallerstein, *The Modem World System* (New York: Academic Press, 1974); Nicos Poulantzas, *Political Power and Social Classes* (London: New Left Books, 1974); Ralph Miliband, *The State in Capitalist Society* (New York: Basic Books, 1969)。关于马克思主义和新马克思主义的观点，请参阅 Alfred Stepan, *The State and Society: Peru in Comparative Perspective* (Princeton: Princeton University Press, 1978), 17-26。

② 对于政治体制，有些适用于多元模型分析，有些适用于新马克思主义的阶级分析，还有些则需要用统计（管理）模型。该观点请参阅 Robert R. Alford and Roger Friedland, *Powers of Theory: Capitalism, the State, and Democracy* (New York: Cambridge University Press, 1985)。

③ 就像约翰·布鲁尔（John Brewer）所说的，"国家有两张脸：一张脸朝内，盯着它所统治的社会；另一张脸朝外，盯着经常与它爆发冲突的国家"。John Brewer, *The Sinews of Power: War, Money and the English State, 1688-1783* (London: Unwin Hyman, 1989), xvii。

它可以在国内和国外合法地使用武力时,国家才真正存在。”①通过维护其与他国的边界,国家就可以实现自治。② 韦伯经典的国家概念可以延伸为国家是一个能够向其他国家发动战争的政治组织,这也意味着国家存在的前提条件是这样的政治组织有能力发动战争以回击相邻的对手国家(从而保持独立性和自主性)。地缘政治竞争在以自我利益为中心的国家间是不可避免的,而这又会进一步导致地缘军事竞争。对于全球竞争来说,战争是代价最高又最致命的表现方式。③

国家和战争的关系既不单单属于如今以国家为中心的理论研究领域,又不属于国际关系领域,尽管在之前的研究中我们只关注了关系等式的一边——战争是国家的一项原始行为。这点在希罗多德、修昔底德、波里比阿、色诺芬和约瑟夫斯等人的著作中,得到了很好的诠释。他们对古代历史的研究就是以编年史的方式来记录国家间的战争。同样,在过去五个世纪里研究过世界历史的人都不应该忽视战争的重要性。人类的历史就是战争史,战争对人类文明的形成至关重要。就像埃德蒙·伯克曾精辟阐述过的,“战争充斥着人类的整个历史”。④ 当然,这并不是说文化、思想、阶级、经济不重要,但只有战争才是人类历史最重要的推动力。这就是为什么对国家的研究如此重要,因为随着暴力使用的制度化,国家由此诞生,而国家的诞生又会带来战争,战争则塑造了人类的历史。同时,战争会让国家变得强

① Philip Bobbitt, *The Shield of Achilles: War, Peace, and the Course of History* (New York: Knopf, 2002), 6.

② 斯蒂芬·克拉斯纳将国家拥有的领土上的权威和控制权定义为国内主权:“国内主权指的是正式的权力机构和公共当局在领土边界内行使有效控制的能力。”克拉斯纳称国家将“外部势力”排除出领土范围之外的能力为“威斯特伐利亚主权”。Stephen D. Krasner, *Sovereignty: Organized Hypocrisy* (Princeton: Princeton University Press, 1999), 4。

③ 所谓国际关系中的现实主义运动,就是从自利行动者的角度来解释民族国家间的地缘政治竞争(无论是通过战争还是通过不那么暴力的其他竞争形式)。现实主义者认为,为了取得地区霸权、保护自身利益,冲突(包括战争)是不可避免的。John J. Mearsheimer, *The Tragedy of Great Power Politics* (New York: W. W. Norton, 2001)。有些现实主义者则更加乐观,他们认为国家间可以实现权力的平衡,从而达到平衡与和平共存。请参阅 Kenneth N. Waltz, *Man, the State, and War: A Theoretical Analysis* (New York: Columbia University Press, 1959)。

④ Edmund Burke, *A Vindication of Natural Society or, A View of the Miseries and Evils Arising to Mankind From Every Species of Artificial Society: In A Letter To Lord By A Late Noble Writer* (1757), ed. Frank N. Pagano (Indianapolis: Liberty Fund, 1982), 20.

大，让它比和平时期需要更多的收入。在接下来的章节中，我们将揭示战争、收入与国家发展之间的关系，看这种关系是如何在早期现代的欧洲和美国上演的。

第二章　战争与欧洲国家的发展

战争是内生于国家组织之中的。从历史上来看，国家是通过和他国的关系来确定自己，通过使用武力或内在的武力威胁来证明自己的存在和确定国家的边界。

——迈克尔·霍华德爵士，《战争的原因》

(*The Causes of Wars*, 1983)

一种新的疾病已在欧洲蔓延；它传染了我们的君主，使他们保留了非常庞大的军队。这种疾病势必会更加严重和更具传染性，因为一旦一个国家增加了所谓的军队，其他国家必定会紧随其后，立即增加自己的军队，结果各国除共同毁灭之外什么也得不到……这种情况的结局就是税收会永远不断地增加。

——孟德斯鸠，《论法的精神》

(*The Spirit of the Laws*, 1748)

当一个政治组织宣称拥有某片领土上的暴力垄断权时，其实它是依赖于军队和武器来征服与平定该地的居民，同时也是依赖于军队和武器来界定它和其他相竞争国家的边界。其实，在中世纪的欧洲，国家仅仅只是战争的工具。就像德国历史学家奥托·欣策曾敏锐观察到的，“所有的国家最初都是军事化的组织，即为了战争而组建起来的组织”。[①] 无可否认，很多国家至今还是

① Otto Hintze, “Military Organization and the Organization of the State,” in *The Historical Essays of Otto Hintze*, ed. Felix Gilbert (New York: Oxford University Press, 1975), 181.

军事化的组织——人和机器都献身于致命的战争艺术。

当国家准备战争时，它必须先集聚社会资源，组织国内民众，使二者都朝向一个共同的目标："为了赢得战争，国家必须……聚拢人力资源，动员人们参加战争。"[①]在战争期间，当统治者建立起更强大的陆军、海军和执行军事行动的行政部门时，国家的政治机构也将随之不可避免地膨胀。因此，与和平时期相比，战争期间的国家将经历快速发展。战争使国家变得更加强大，而国家也将更善于发动战争。就像查尔斯·蒂利所说："战争催生了国家，而国家发动了战争。"[②]

虽说战争与国家的发展紧密相连，但是并不是所有的战争对国家都有同样的影响。可以说，有些战争更能促进国家的发展。在研究欧洲 16 世纪到第二次世界大战的相关战争和国家决策中，卡伦·拉斯拉(Karen Rasler)和威廉·汤普森(William Thompson)强调了"全球战争"对制度发展的影响。全球战争指的是"那些决定了世界领导权归属的战争……虽然全球战争并不由其波及的范围、参加国的数量或战争的成本来界定，但是全球战争往往波及的范围很广，卷入的国家很多，是人类为此付出生命和资源的代价最高的战争"。[③]也有人认为，关键的区别是"局部战争"和"全面战争"。全面战争指的是"动员了全社会所有的资源来对敌方进行致命的打击，以至于没有参战者和非参战者之分"。[④] 米格尔·森特诺认为拉丁美洲基本上没有受到全面战争的破坏。

---

① Uri Ben-Eliezer, "From Military Role-Expansion to Difficulties in Peace-Making: The Israel Defense Forces 50 Years Later," in *Military, State, and Society in Israel*, ed. Daniel Maman, Eyal Ben-Ari, and Zeev Rosenhek (New Brunswick, NJ: Transaction, 2001), 142.

② Charles Tilly, "Reflections on the History of European State-Making," in *The Formation of National States in Western Europe*, ed. Charles Tilly (Princeton: Princeton University Press, 1975), 42.

③ Karen A. Rasler and William R. Thompson, "War Making and State Making: Governmental Expenditures, Tax Revenues, and Global Wars," *American Political Science Review 79* (1985): 494; 还可参阅 Rasler and Thompson, War and State Making: *The Shaping of Global Powers* (Boston: Unwin Hyman, 1989)。关于拉斯拉和汤普森的全球战争理论，请参阅 Meyer Kestnbaum and Theda Skocpol, "War and the Development of Modern National States," *Sociological Forum 8* (December 1993): 665。

④ David A. Bell, *The First Total War: Napoleon's Europe and the Birth of Warfare as We Know It* (Boston: Houghton Mifflin, 2007), 7。在贝尔看来，人类历史上的第一场"全面战争"是发生于 18 世纪晚期的拿破仑战争。贝尔认为，虽然"全面战争"一词不乏分析之用，但实际上战争并不能完全动员一个社会的"全部"资源。

有些地方发生的局部战争并没有刺激强大国家的发展，比如说欧洲那些强国，那里的战争很频繁，持续的时间很长，波及的范围也很广。[①]

与拉丁美洲不同，从15世纪开始，在欧洲持续近五个世纪的战争导致了政府权力的稳步扩张，国家权力逐步集中于国家机构之手。但是，战争与国家发展的关系并不是如此的简单和直接。毕竟几千年来，世界上有如此多的国家经历了战争，但是都未能像早期现代欧洲那样实现制度变迁。如今，在非洲一些经济落后的地区，国家间的战争经常发生，但并没有带来类似的政治变革。战争若想对国家发展产生影响，还需要有其他的因素，其中最基本的就是收入。

当一国身陷战争时，它会比和平时期需要更多的收入。军队和武器都耗资巨大，建立一支强大的军队需要有大量的收入。统治者们总会面临收入的压力，而身处战争的国家统治者面临的这种压力更甚。他们汲取收入的能力决定了国家能否在地缘军事竞争中获胜，进而存续下来。战争和国家发展的前提都是政府要有稳定的、源源不断的收入。没有这些的话，长期作战和国家发展都只能是纸上谈兵。就像两千年前的西塞罗所观察到的，“无尽的财富”是“战争的支柱”。[②] 或许可以说，国家的发展依赖于无尽的财富！

一、军事变革和国家

现代民族国家发源于早期现代欧洲。在欧洲，国家的发展出现于16世纪中期，这一时期用菲利普·博比特的话来说，就是兴盛于14—15世纪的“封建诸侯国家”已让位于16—17世纪的“封建国家”。而到了18世纪，“封建国家”慢慢演变成了“领土国家”——一个管辖特定地域范围的制度化政

---

① Miguel Angel Centeno, *Blood and Debt: War and the Nation-State in Latin America* (University Park: Pennsylvania State University Press, 2002), 24, 47。森特诺认为，拉丁美洲这些国家是在19世纪早期西班牙帝国崩塌之后才纷纷成立的，因而从来都“不存在集权，当然也无法垄断领土上的暴力”。在拉丁美洲，暴力往往发生在国家内部，而不是国家之间的战争。

② 拉丁原文是：*nervos belli*, *pecuniam infinitam*（“战争的支柱，无尽的财富”）。Marcus Tullius Cicero, “Philippic V,” in *Cicero: Philippics* (Cambridge: Harvard University Press, 1926), 15: 261。

治组织。[①] 18 世纪的“领土国家”是 19 世纪民族国家的前身，其最典型的代表就是拿破仑时代的法国和德皇统治下的德国。[②] 所谓的民族国家，就是在某片地域上统治某些特定的“人”或民族的领土国家。[③] 不是所有的国家最后都会演变成民族国家，但早期现代欧洲的所有国家都做到了。

14—15 世纪的封建诸侯国家和 16—17 世纪的封建国家有何区别呢？它们同中世纪欧洲的先驱们又有何区别呢？起初，封建诸侯国家也是采用“强制性制度”，只是与封建国家相比，规模更小而已。同时，与中世纪诸多权力归属于地方相比，14 世纪的封建诸侯国家已是更加的集权和强势。在中世纪的欧洲，国家并不拥有甚至都不能宣称垄断了暴力，地方的精英们通常是自己使用武力来解决冲突。中世纪的国家也没有能力从社会汲取收入。中世纪的国王像封建领主一样，以自己的收入来支付家用和家臣的开支，其收入往往来源于土地租金、封建特权收入和佃户的各种惯常收入。[④] 中世纪的国王只能自食其力——靠王室的土地和封建的特权收入养活自己。[⑤] 即使在战争期间，地方的掌权者也不会把家仆和军队拱手相送，而只会暂借给国王。中世纪的统治者所要做的是“协调”好各地封建领主暂时出借的步兵、骑兵和炮兵。[⑥] 中世纪的战争也不是一个国家的

---

① 文中的专业名词引自博比特。他对国家在战争中的起源和它的宪法秩序演变深有疑问。Philip Bobbitt, *The Shield of Achilles: War, Peace, and the Course of History* (New York: Knopf, 2002), 334。

② 大卫·贝尔(David Bell)认为法国的民族主义可以追溯至发生在更早时期的 18 世纪的欧洲运动。在法国大革命期间，当“民族”代表了大部分法国人民成为“一切合法权威的来源”时，法国的民族主义就蔚然成风了。David A. Bell, *The Cult of the Nation in France: Inventing Nationalism, 1680 - 1800* (Cambridge: Harvard University Press, 2001), 8。其他学者认为，19 世纪末当俾斯麦领导着普鲁士统一了德国时，欧洲才出现第一个伟大的民族国家。

③ “随着法国大革命和后来拿破仑统治的到来，民族和民族国家的概念在那些有着相同目标、权利和利益的共同体以及拥有自我决定权的‘特殊人群’中开始大行其道，国家构建也重新受到重视。”Samuel E. Finer, “State- and Nation-Building in Europe: The Role of the Military,” in *Formation of National States in Western Europe*, ed. Tilly, 144。

④ 欧洲中世纪统治者的收入非常有限。关于此的具体论述请参阅 Richard Bean, “War and the Birth of the Nation State,” *Journal of Economic History 33* (March 1973): 2013。

⑤ Margaret Levi, *Of Rule and Revenue* (Berkeley: University of California Press, 1988), 99。欧洲的君主很难靠“王室的领地”为生。关于此处论述请参阅 Niall Ferguson, *The Cash Nexus: Money and Power in the Modern World, 1700 - 2000* (Basic Books, 2001), 53 - 57。

⑥ 关于中世纪军队的指挥构架，请参阅 Jan Glete, *War and the State in Early Modern Europe: Spain, the Dutch Republic, and Sweden as Fiscal-Military States, 1500 - 1660* (New York: Routledge, 2004), 10 - 11。

人们与另一个国家的人们进行战斗，而是“仅代表上层阶级自身利益和所谓的正义感，在需要的时候，穿上盔甲，相互作战”。[①] 不管中世纪国家的统治者是如何制定战略、指挥战役，抑或进行和平谈判，军队都不属于他，而且军队也不是一个永久性的组织。当战争结束时，军队也会随之解散——从哪里来，就回到哪里去。[②]

尽管与中世纪的国家相比，14—15 世纪的封建诸侯国家在权力上更加集中，但是与现代国家相比，它仍是一个弱小的组织。封建诸侯国家只是那些“强大的个人与他的追随者和共事者之间结成的松散联盟。它的边域不甚清晰，还变动不居”。[③] 诸侯国的君王是一个“没有国民和国家”概念的统治者，他所统治的是一个王国，而不是一片国土或一些国民。[④] 它只有些最简单的管理机构。诸侯国是王室（遵循世袭制）的延伸，且在界定并不清晰的领土上行使其统治。[⑤] 从现代意义上来看，这并不叫统治，其统治的领土边界也没得到很清晰的界定。就像安东尼·吉登斯所说的，封建诸侯国家的领土“只有边陲，没有国界”。[⑥] 封建诸侯国家“是统治者个人及其王朝的特定权力与利益的彰显和延伸”。[⑦] 在封建诸侯国家，“政治特权即意味着特权社会地位中未分化的组成部分。作为统治者家族权力的延伸，封建诸侯国家深深地植根于社会，但并不独立于社会”。

与此相反，在 16 世纪欧洲出现的封建国家则拥有更多的国家权力，并且其统治的范围也更广、更清晰。封建国家将权力授予来自非统治者个人家庭

---

① Martin Van Creveld, *The Rise and Decline of the State* (Cambridge: Cambridge University Press, 1999), 155 - 156.

② 简·格里特(Jan Glete)这样来总结中世纪的统治者和地方掌权者在战争期间的松散关系：“只有地方上的当权派，比如地主、城镇、地方民兵甚至是教会的各机构才能使用武装力量。掌权者控制了地方的权力，没有他们的积极合作，国家就不能开展军事行动。”Glete, *War and the State*, 12。

③ Gianfranco Poggi, *The State: Its Nature, Development and Prospects* (Cambridge, England: Polity Press, 1990), 25.

④ Bobbin, *Shield of Achilles*, 78.

⑤ 国家没有正式和固定的边界，其原因之一就是那时的地图极为不准确。一直到 1472 年，法国才有了一张描绘其整个国土的地图，但这张地图仍有很多的错误，也不合比例。到了 17 世纪 90 年代，路易十四统治的王国都没有一张准确的地图。关于欧洲地图和测绘不精确的有趣讨论请参阅 Creveld, *Rise and Decline of the State*, 143 - 145。

⑥ Anthony Giddens, *The Nation-State and Violence* (Berkeley: University of California Press, 1987), 4.

⑦ Poggi, *The State*, 25.

的官员。通过把权力授予名副其实的国家机构，使得权力被制度化，尽管其规模和程度还不及 18 世纪的君主制，也不及 19 世纪强大的民族国家。国家机构不再是统治者个人家庭的一部分。[①] 公民将他们的忠诚献给作为政治组织的国家，而不是恰巧坐在王位上的那个人。封建国家开始和教会争夺收入，最后甚至将教会踩在脚下才确保了独立的收入来源。随着国家掌控了自己的收入来源，16 世纪的封建国家才发展成为一个独立于社会的组织，获得了一定的自主权。例如，在法国，主教黎赛留统治下的国家一旦获得了独立的收入来源，它就从一个中世纪的王国变成了一个独立于法国社会的集权君主国。但是，以现代标准来看，封建国家的权力还是非常有限。国家对社会的“渗透”很轻微，只要臣民缴纳了税收，国王便对他们置之不理。国家控制地方的努力一直受到抵制，1648 年法国爆发的投石党运动就是明证。中心越是集权，边缘就越是波浪起伏。

是什么原因导致了封建诸侯国家演变成封建国家，以及封建国家进一步演变成领土性的民族国家？这里的制度转换是什么时候开始的？学者间对此众说不一。现代欧洲诞生于何时何地，历史学家也是众说纷纭。更何况，在欧洲，各国制度转变的步伐也不一致；在意大利和德国，封建诸侯国家一直存续到 19 世纪。然而，人们一致公认的是，欧洲的新国际秩序是随着 1648 年《威斯特伐利亚和约》的签订而建立的。17 世纪 60 年代，随着欧洲各国开始互派代表或者“使者”到对方的宫廷里，国际外交制度才开始慢慢建立。[②] 这种国际秩序在接下来的 350 年里一直盛行着。是什么因素促使了这种国家新秩序的诞生呢？答案就是，战争。从 15 世纪开始，战争一直贯穿整个 16—17 世纪，欧洲几乎硝烟弥漫。欧洲大陆在 16 世纪时，仅仅只有不到 10 年是和平的，在 17 世纪则只有 4 年。[③] 连年的战争改变了社会和政治制度，也

---

① 据博比特的研究，兴起于 16 世纪的封建国家有 6 个典型的制度安排：常备军（或海军）；官僚集权制；国家税收；常驻的外交代表；促进贸易和国民经济的系统性国家政策；国王成为国家教会的首脑。Bobbitt，*Shield of Achilles*，118。

② Creveld，*Rise and Decline of State*，134.

③ 战争年数与和平年数的计算请参阅 Geoffrey Parker，*The Military Revolution: Military Innovation and the Rise of the West*，*1500 - 1800* (Cambridge: Cambridge University Press，1988)，1 - 2，176 fn 2。

改变了早期现代欧洲国家的结构及其发展。

在欧洲，战争是如何影响国家的结构及其发展的呢？15世纪末期，封建诸侯国的统治者想要在激烈的地缘军事竞争中通过军事征服来扩张其领地，他们就必须要在战争中使用新的发明和技术。其中最重要的就是更先进的军队和武器。箭和火枪取代了长矛和长枪，在封建骑士和骑兵团手中，这些武器发挥了巨大的杀伤力。到了16世纪中期，步兵开始普遍使用小型兵器。在这个时期，一项有决定意义的发明是把火药用于军事作战中，特别是与大炮一起使用。[①] 这些武器可以帮助步兵击垮阵容庞大的枪兵和骑兵，也使“炮火替代了骑兵的冲击，成为战场上决定胜负的关键因素”。[②] 大炮可以轻易地攻破封建领主的城堡，使得新的防御方法应对而生。城市(特别是在意大利)开始采用新的“堡垒防御”来自卫。但是这些防御方式只能抵挡传统的军事攻击，对全面的军事围攻，则作用甚微。[③] 堡垒防御有赖于先进的建造设计(如意大利的建筑)和厚重的围墙。这些新的防御工程往往耗资巨大，只有财力最雄厚的统治者才能承担得起。受人尊敬的军事历史学家杰弗里·帕克(Geoffrey Parker)认为，随着不断完善的防御工事的出现，军队结构也发生了巨大的变化，因为攻破这些新的防御工程需要大量的士兵，而城市也需要更多的人来抵御不断壮大的军队。[④] 在这种趋势下，最占优势的就是那些实施集中管理且能动员大量民众的国家。

早期现代欧洲的一个大趋势是，大量的人员被投入到防御及攻破新防御的工程中。军事组织上的改进使得统治者可以组建大规模的常备军。[⑤] 常备军是战争中最强大的武器，因此，它也成为国家权力强有力的工具。封建时期

---

① “主要的革命是在攻城和野战炮兵中越来越成功地使用火药。”Bruce D. Porter, *War and the Rise of the State: The Military Foundations of Modern Politics* (New York: Free Press, 1994), 31。火药是先由中国发明，然后传到了欧洲。在欧洲，最早提到火药的历史可追溯至13世纪的下半叶。Creveld, *Rise and Decline of the State*, 156。

② Bobbit, *Shield of Achilles*, 69.

③ Thomas Ertman, *Birth of the Leviathan: Building States and Regimes in Medieval and Early Modern Europe* (New York: Cambridge University Press, 1997), 95.

④ Parker, *Military Revolution*, 156.

⑤ William H. McNeill, *The Pursuit of Power: Technology, Armed Force, and Society since AD 1000* (Chicago: University of Chicago Press, 1982), 133–139.

的军事组织根本无法与新的庞大军队相提并论，后者组织优良、装备先进、训练有素且纪律严明。凭借更加先进的军事组织方式，瑞士兵团在14—15世纪通过更胜一筹的组织、战略技能以及“战术”运用——能够“根据统一的作战计划和为特定的军事目的调动庞大的军队”，击败了奥地利和勃艮第的封建军队。[①]

封建欧洲的统治者很难建立常备军，即使其国家规模（人口规模）堪比古罗马帝国或拜占庭帝国。[②] 但是，从1500年到1700年，一切都发生了改变。在欧洲，军队的人数开始剧增，有些甚至增长了10倍。[③] 同样的变化还发生在海上。国王们建立了规模庞大且装备精良的皇家海军，在国外耀武扬威。[④] 到了17世纪的最后一个10年，法国拥有了一支120 000人的军队，西班牙的军队人数达到70 000人，荷兰有120 000人，瑞典有63 000人，俄罗斯有130 000人。一个很显著的例外是英国，它的常备军只有15 000人。[⑤] 欧洲大陆的庞大军队中还有为数不少的外国雇佣军，他们由步兵和骑兵组成，往往被雇用来参加特定的军事战役。有些统治者不敢武装和训练当地的农民，他们更愿意选择外国的雇佣军来为他们效劳。[⑥] 因为外国雇佣军往往有更高的训练水准和高超的作战技术。一般而言，用新的更复杂的军事作战技术去训练职业士兵，远比拉壮丁入伍凑成一支军队来得实际。在16世纪末17世纪初，荷兰和瑞典的军队开始引进步兵训练、骑兵和战队训练以及统一的垂直指挥等新技术。瑞典的军队凭借着组织优良的步兵和高超的作战技术，击退了强大的对

---

① Hintze, “Military Organization,” 197.

② Bean, “War and the Birth of the Nation State,” 211。据理查德·比恩(Richard Bean)估计，罗马帝国的军事开支占国家收入的6%，而在中世纪的欧洲，这个比例不到1%，到16世纪，这个比例升到了2%，到18世纪又升到了6%～12%。与之相较，这个比例在战后的美国为10%。

③ Parker, *Military Revolution*, 1, 24, 162-163。帕克相信，在中世纪的欧洲，国家能够供养的军队规模是有限的。据他计算，在16—17世纪，国家最多只能供养150 000人的军队。一直到1670年，法国军队的人数才超过200 000人。到1695年，路易十四军队的规模才达到这个数字的两倍。随着法国的对手也建立了自己的军队，到1710年，欧洲整个军队的人数据估计达到130万人。军队兵力的估计数据请参阅ibid., 45-46; and Glete, *War and the State*, 30-36。

④ 海军的扩张请参阅Paul Kennedy, *The Rise and Fall of the Great Powers: Economic Change and Military Conflict from 1500 to 2000* (New York: Random House. 1987), 46。

⑤ 数据来自Geoffrey Parker, “The ‘Military Revolution,’ 1560—1660—a Myth?” *Journal of Modern History 48* (1976): 206。

⑥ 使用外国雇佣军在16世纪并不是一件新鲜事，它最早可以追溯至中世纪的欧洲。征服者威廉的军队中就有雇佣军。

手，从而声名远扬。[①] 最关键的是，瑞典的军队掌握了最先进的军事技术，这在战场上意义重大。在17世纪前，瑞典还是一个弱小的波罗的海国家，但在古斯塔夫·阿道夫（1611—1632）的统治下，瑞典凭借最新的军事组织技术，成为波罗的海地区一支主要的军事力量，并占据了主导地位。[②]

总的来看，这些新的战争技术和工具就是迈克尔·罗伯茨（Michael Roberts）所指的早期现代欧洲的“军事革命”。[③] 随着这场军事革命的深入，封建领主小规模且又分散的军队开始退出历史舞台，取而代之的是规模庞大且能“集中筹资和供给”的军队，这样的军队还配备了“更加精密和昂贵”的武器。[④] 罗伯茨认为，这场军事革命使得欧洲开始出现规模庞大的军队，而这种有组织的军事力量的兴起又导致了欧洲30年的战争（1618—1648）。这场恐怖的战争破坏性极大，参战国投入的兵力达到100 000～200 000人。[⑤] 即使在中世纪，比如1415年百年战争时期（1337—1453）的阿金库尔战役也未曾上演过这样的灾难和恐怖，那时候的战争所带来的死亡和破坏要小得多。[⑥] 最有深

---

① Parker, *Military Revolution*, 23 - 25。瑞典军团由民兵征集而成，这与欧洲大陆盛行的雇佣军相反。

② 古斯塔夫·阿道夫完成了一系列重要的改革，包括实施集中的税收制度、国库制度和教育制度。他的军队人数超过175 000人。Bobbitt, *Shield of Achilles*, 70, 112。

③ 罗伯茨最早是在1956年他的一场闻名遐迩的演讲中提出了早期现代欧洲的“军事革命”观点。“The Military Revolution 1560 - 1660,”发表于爱尔兰的贝尔法斯特。罗伯茨后来将该篇演讲改编成一篇文章，即“The Military Revolution, 1560 - 1660,” in *Essays in Swedish History*, ed. Michael Roberts (Minneapolis: University of Minnesota Press, 1967), 195 - 225。罗伯茨的许多观点受到后来军事历史学家的批评，包括他以前的学生杰弗里·帕克爵士。批评者们质疑的问题有很多，从一场跨越了一个多世纪的变化还能否用革命一词，到对所谓军事革命发生的时间和地点的吹毛求疵。帕克本人强调了发展更强的防御工程以抵抗大炮攻击的重要性。尽管遭到众多的批评，但是罗伯茨的基本前提还是无可置疑的，那就是军事技术、军事战略、军队规模、军队组织和武器上的剧变极大改变了早期现代欧洲的战争性质，而这又进一步影响了国家的发展。

④ Brian M. Downing, *The Military Revolution and Political Change: Origins of Democracy and Autocracy in Early Modern Europe* (Princeton: Princeton University Press, 1991), 10.

⑤ Roberts, “Military Revolution,” 215.

⑥ 英国历史学家安妮·库里（Anne Curry）认为，莎士比亚和其他的历史学家要么是为了产生戏剧性的对比，要么是出于爱国心，才夸大了法国在阿金库尔战役中投入的兵力。据库里自己的估计，在这场战役中，法国投入的兵力大约为12 000人，而交战的另一方，英国和威尔士的军队则为9 000人。Anne Curry, *Agincourt: A New History* (Stroud, UK: Tempus, 2005), 187。之前有人估计，在这场战役中，英军投入了6 000～7 000人，而法国投入的兵力达到10 000～200 000人（最可靠的数字是25 000人）。John Keegan, The Face of Battle: A Study of Agincourt, Waterloo, and the Somme (New York: Penguin, 1978), 88。

远影响的是，战争的变革导致了前现代欧洲国家的发展也随之发生了改变。

在15—16世纪，战争的性质发生了变化，这种变化对国家的发展产生了深远的影响。那么，战争的性质到底发生了什么样的变化呢？答案是，不管是新的军备、海军，还是大规模的常备军（以及与之相抵抗的防御工程），都要比之前的战争耗资更多。战争的高昂成本需要有巨额的收入来支撑，而这又进一步导致了国家的扩张和王权的集中。对地方上的贵族来说，成本如此之高的军事支出对其是非常不利的，他们无力负担最先进的军备，更别说供养庞大的常备军了。只有高度的集权才能管理如此庞大的军队，也只有巨额的收入才能供养得起他们。慢慢地，当在中世纪时期曾由地方贵族履行的军事职能逐渐归于王权时，地方的势力就变得无足轻重了。在新的战争形式下，拥有更多人口且集中管理的大国，就开始显示出优越性。[①] 用迈克尔·霍华德爵士那句令人难忘的话来说，就是欧洲的战争促成了"官僚制度和财政制度的形成，这些制度把分散的地方性权威统一成了高度组织化的集权国家。在这样的国家里，虽然其军队规模不一定庞大，但肯定是永久、有纪律和有偿的"。[②]

随着权力的集中和统一，欧洲国家开始发生了根本性的变化。其中最明显的就是法国。在法国，国家的政治权力通过持续了数个世纪且代价高昂的战争而逐渐集中，国家也得以发展。这一切不是通过一蹴而就的"革命"，而是经历了一个漫长的过程。战争有时发生在国王和地方贵族之间，有时又发生在国王和平民之间。但最主要的是法国与其他欧洲国家之间的长期战争——其中最频繁的就是与英国作战。就像拉斯拉和汤普森所说的："法国是历经了数百年的战争缔造而成的，它最主要的但又不是唯一的战争对手就是英国。"[③]

---

① 布鲁斯·D.波特（Bruce D. Porter）这样来总结战争和国家之间的关系："从1350年到1500年，军事技术和战术的转变大大提高了军队的供养成本。而高昂的成本反过来对于那些集权的大国是非常有利的，它们仅凭借一己之力就能打得起这样的战争，也能应对这样的战争。"Porter, *War and the Rise of the State*, 31；还可见：McNeill, *Pursuit of Power*, 117-143。

② Howard, *Causes of Wars and Other Essays*, 16-17.

③ Rasler and Thompson, *War and State Making*, 64。发生于1648年到1653年（在路易十四年轻时）的投石党运动是巴黎的贵族最后一次对王权进行重要的抵抗。但结果是贵族被击败，王权得到了加强。1667年，巴黎成立了永久性的警察机构来维持秩序、镇压暴乱。在路易十四统治时期，军队的人数从50 000人增加到了500 000人。Perry Anderson, *Lineages of the Absolutist State* (London: Verso, 1974), 102。

意大利和西班牙也同样是通过欧洲封建国家间几个世纪的战争，才得以巩固，使政治权力得到集中。

二、军事国家收入的筹集

大规模常备军的形成、战争中的技术革新和高昂的新军备对于那些统治者来说，意味着他们若想要扩张统治的范围，或是保卫国家免受外敌的入侵，就将面临巨大的收入压力。而那些成功地征集到足够的收入来支付常备军和新式军备支出的国家，也确实达成了这些目标。那些未能筹集到必要收入的国家，则在席卷了早期现代欧洲的这场地缘军事竞争中苦苦挣扎，但最终还是被远远地抛在了后面。由于这场持续了数个世纪的竞争，许多封建诸侯国家未能存续到现代。四个世纪以来，欧洲独立国家的数量急剧下降。在1500年，欧洲大约尚有500个诸侯国、独立的城邦国家和无争议的领土；到了1900年，欧洲的国家数量则跌到只有25个左右。[①] 在这场达尔文式的竞争中，唯有“能适应”最新军事和财政现实的国家生存了下来。至于其他国家，它们要么从历史的舞台上消失了，要么就被更强大的邻国吞并了。它们是“一场所有国家对所有国家的持久战中的失败者”。[②]

一个国家能否在新的地缘军事竞争中存续下来并繁荣昌盛，这很大程度上有赖于这个国家在其辖内所能调动的经济资源和人力资源，并把这些资源用于军事的能力。这点对于那些权力比较集中且设置了诸多机构的国家来说，是不难做到的，特别是当这些机构完全是为了军事或为了支持军事而设置的时候。由于行政权力的集中和扩张本身就需要额外的资金支持，此时统治者就会面临更大的收入压力。中世纪的统治者之所以能在土地上活得轻松，凭借的是其在封建制度中的地位，他可以征收封建特权收入和税收。封建诸侯国家的统治者们需要的收入已超过他们凭领主的权力可以征收到的数量，而国家需要的收入就更多了。那么，16—17世纪的国家是如何征到新式昂贵

---

① Bobbitt, *Shield of Achilles*, 96; Poggi, The State, 22.

② Youssef Cohen, Brian R. Brown, and A.F.K. Organski, “The Paradoxical Nature of State Making: The Violent Creation of Order,” *American Political Science Review 75* (1981): 902.

的军备和常备军所需的巨额收入呢？因为在早期现代欧洲，国家本身并不是一个经济实体，它不能产生收入，因此，统治者们只能向本国的人民和社会上的其他组织索取收入，或者从被征服的国家或殖民地那里获得收入。在欧洲，不同的国家经历了不同的发展，原因就在于国家汲取收入的能力各有差异、社会可供汲取的财富各有不同，以及统治者为了军事目的调集社会资源时采取了不同的收入策略。

封建国家从社会汲取收入的方法不同于中世纪的欧洲国家。中世纪统治者们仰赖于封建制度的收入汲取方式，以供养他们那规模有限的军队。封建的君王就像他下面的领主一样，让领地上的人们进贡、履行兵役，以及仰赖着封建制度中的社会组织和等级制度来收取各种各样的特权收入。一直到都铎王朝时期，封建特权收入仍是英国王室重要的收入来源。与议会授予国王的巨额收入相比，埃尔顿把这样的特权收入称为“王室一项古老的收入”。[①] 中世纪统治者的收入主要仰赖于封建制度中的等级制和下级的忠诚，但是对于早期现代欧洲国家来说，它们有庞大的军队，而这些军队可以用来掠夺财富。通常，统治者是使用部署在自己领土之外的军队来掠夺其他国家。在补给线之外，即使是相对庞大的军队也都可以以抢夺来的战利品为生。在欧洲三十年战争期间，古斯塔夫·阿道夫统领下的瑞典军队就是这样干的。在17世纪，军队以掠夺他国领土的财富为生——尤其是德国那些弱小的封建诸侯国。[②]

但是，如果一个国家的收入总是来自封建特权收入和掠夺他国，那么也不是长久的安邦之计。士兵们总要回国，而除非应急，掠夺本国人民也不是一个良策。一方面，统治者在本国巧取豪夺总是会招致地主、庄园主、贵族和教士们的反对。另一方面，城市里有钱的商人同样反对政府染指他们的财富，居民也总是抵制政府的征兵。要想征集到收入，需要一些更巧妙的办法。在那些城市人口繁盛和商业繁荣的国家，统治者们逐渐地开始规范他

---

① G. R. Elton, *The Tudor Revolution in Government: Administrative Changes in the Reign of Henry VIII* (Cambridge: Cambridge University Press, 1953), 161.

② Downing, *Military Revolution and Political Change*, 196。布莱恩·唐宁(Brian Downing)提醒我们说，古斯塔夫·阿道夫所持的第一条战争理念就是冒险“应该得有所偿”。

们的收入行为：只对富人、土地和商业活动征税，然后把征到的收入用于军事。面对日益增加的军队开支，法国国王开始向其附庸和国民（包括农民）临时加征各种各样的税。而这些税，其实是根据早在封建时期就已确立的法则、关系和责任向国王上缴收入和承担义务的一种延续。近代法国还有一些重要的收入来源，比如售卖官职、包税制、包关税、房屋租金以及“内部”借贷（向官员借款）。[①] 但是，随着军队的日益壮大，即使征收各种封建的税、附加费和其他五花八门的收入，对热衷于军备革新和大兴土木工程的君主来说，这些收入仍然是捉襟见肘。考虑到军队中还雇用了外国士兵，这笔支出更是庞大。因此，这种基于东拼西凑的封建收入制度，根本无力支撑规模庞大的职业常备军。[②]

为了供养开销巨大的新军队，统治者们不得不另辟新的财路。有时候他们能成功，但有时未必。亨利八世（他只从他的父亲那里继承了一小笔钱）一直在想方设法另辟财路。就像欧洲大陆的其他君主在宗教改革之后剥夺了教皇的财富一样，在16世纪30年代，亨利八世没收了修道院的大量财产并将其解散。[③] 但是，修道院的财产没收了就没了，而且其中大部分的收入在16世纪40年代与法国的作战中被亨利挥霍一空。与法国作战的开销远远超过了英格兰从这场冒险中掠夺来的收入，国库因此亏空殆尽。最后，都铎王朝身陷巨额债务，国力也因长期的收入匮乏而日益衰落。伊丽莎白女王死后给斯图亚特王朝留下了一个强大的英格兰，但同时，也给斯图亚特王朝留下了一屁股的债。据观察，“窘困的财政状况只是更深层原因的表象”。[④] 在这种情况下，更深层的原因在于都铎王朝未能给它的军事扩张行动提供稳定和源源不断的收入。其结果是，英格兰就像其他的欧洲君主国一样，转而靠借贷度

---

① Ertnian, *Birth of the Leviathan*, 76, 91-105, 140-142。法国国王一直试图禁止官职的非法买卖，但在这个时期结果以失败告终。

② “是什么导致了军事部门的逐渐商业化，从而给国王汲取必要的收入以支持军队带来了更大的压力。”Rasler and Thompson, *War and State Making*, 64。

③ 勃兰登堡的选帝侯约阿希姆二世没收了教会的土地。请参阅 Diarmaid MacCulloch, *The Reformation: A History* (New York: Viking, 2004), 220。拿破仑没收了教皇国的所有财产，并把反抗他的庇护六世投入了监狱。

④ Barrington Moore, Jr., *Social Origins of Dictatorship and Democracy: Lord and Peasant in the Making of the Modern World* (Boston: Beacon Press, 1966), 244.

日，而后又不断深陷债务危机。① 西班牙的国王也面临着同样的财政问题，在16—17世纪，西班牙国王也总是拖欠来自金融家们的私人借款(1557年，西班牙国王宣布破产，致使一批著名的私人银行也关门了)。1575年，当西班牙再一次拖欠还款时，低地国家的菲利普二世就率军叛变了，而这也结束了西班牙对荷兰的统治。② 在17世纪80年代，由于未能支付士兵的军饷，荷兰的军队会定期地发生叛乱。1633年，驻扎在德国的瑞典军队也因同样的原因发生了叛乱。③

不管是供养庞大的军队，还是连年作战，都需要动员国内大量的资源。为此，君主们需要找到更多增加收入的有效方法。他们最需要的是充足的收入，而这就意味着要建立一种正规的征税制度，并根据这一制度让当地人民以缴纳贡品的方式来换取保护。这样的制度(如果曾经有，那么也是种保护费的勒索)最先在意大利北部的城市出现。在那里，向商人和市民征的税用来支付给士兵，以换取他们的保护。在这样的制度安排下，士兵也不再靠掠夺为生，士兵这种职业亦变得更加规范。就像威廉·麦克尼尔(William McNeil)总结的，"在意大利北部那些更富裕和治理得更好的城市里，有足够多的市民更愿意被征税，而不是被掠夺。这使得将有组织的暴力商业化变得可行。对于那些士兵而言，他们同样也希望有一个固定的回报，而不是过着完全仰赖掠夺的冒险生活"。④

"有组织的暴力"商业化完整体系的出现就是以税收和其他收入方式获得贡金，以换取职业士兵(通常是外国雇佣军)对公民的护卫。这样的军事组织制度为尼科洛·马基雅维利(Niccolò Machiavelli)所激赏，因为它以给公民提供和平与安宁来换取贡金。⑤ 这样的制度安排运行良好，并很快被其他

---

① Bean, "War and the Birth of the Nation State," 216.

② Parker, *Military Revolution*, 153；还可参阅 Kennedy, *Rise and Fall of the Great Powers*, 47。

③ Parker, "The 'Military Revolution,'" 212.

④ McNeill, *Pursuit of Power*, 74.

⑤ "虽然我在其他地方已说过，一个良好的军事组织是国家的基础，但这里仍有必要再说一次，没有这样的一个军事组织，我们就不可能有好的法律，或其他任何好的东西。"Niccolò Machiavelli, *The Prince and The Discourses*, trans. Luigi Ricci (New York: Random House, 1940), 503。

国家采用。1439年，法国在百年战争期间开征了*王室人头税*。这是法国第一笔正规的国家税（对土地征税），最初该税用来支付效力于查理七世的苏格兰雇佣军。[①] 这种新式的税收形式促进了封建国家向民族国家的逐渐转变。在随后的数个世纪里，民族国家将在欧洲大行其道。在15世纪下半叶，国家的收入开始剧增，国民人均负担至少增加了两倍。[②] 到了16世纪晚期，*人头税*占了法国国王收入的半壁江山。人头税是一种直接税，它由*属物税*（根据土地的评估价征税）和*属人税*（根据个人财产的评估值征税）组成。从1523年到1600年，法国国王的收入增加了4倍，这足以证明人头税和其他税在收入征集上的高效性。在亨利八世统治时期，英格兰王室的收入增加了3倍。[③] 在16—17世纪，欧洲的封建国家能成功地转为君主统治的领土国家，其中，能产生稳定、丰厚且充足的税收体制功不可没。[④] 新的"权威和权力"是君主国家用自己的国家税来资助其军事扩张。

为了征到关税来支持新的职业军，统治者会仰赖于团体性参与的会议（等级会议、议会、三级会议、邦联会议）以达成共识并支持开征新税，而这样做也使得征集收入变得容易。随之，政治权威也更加集中了，虽然不一定是集中于王权之下。统治者召开会议主要是为了给军事冒险活动筹集资金（通常是临时把税加征在财产和土地上）。几个世纪以来，这就是英国议会最重要的职能。在15世纪，国王要仰仗议会的权威才能征到税。据说，都铎王朝在初期召开议会的主要目的就是为了获得征税的准许。国王需要议会的授权才能向其臣民开征直接税，而通常只有在发生战争和紧急情况时，国王才被准许征税。在一份研究都铎王朝税收的权威报告中，罗杰·斯科菲尔德发现，从1485年到1547年，除有

---

① Anderson, *Lineages of the Absolutist State*, 32。国王先确定税收总额，然后再分摊给各个省。教士、贵族、国王的官员、士兵、法官和特定的公民（比如巴黎）一般是不用交税的。

② Bean, "War and the Birth of the Nation State," 217.

③ 国王的收入数据请参考 Michael S. Kimmel, *Absolutism and Its Discontents: State and Society in Seventeenth* Century France and England (New Brunswick, NJ: Transaction, 1987), 58-59。

④ "通过征税——也就是管理税收的权力，领主或世袭的凌驾于人们之上的权威就演变成了领土的统治权，也由此，封建的各种权威和权力，包括各方的权利和义务，都变成了性质全然不同的权威和权力。" Rudolf Braun, "Taxation, Sociopolitical Structure, and State-Building: Great Britain and Brandenburg-Prussia," in *Formation of National States in Western Europe*, ed. Tilly, 244。

三次例外，议会都是“在发生战争或战争迫在眉睫时”，才允许国王征税。① 后来，为了反对斯图亚特王朝无视议会的批准自行征税，英国终于爆发了内战。

在欧洲大陆上，这种团体性参与的会议从来都未能控制住钱袋子，国家的军权与征税权紧密结合更是显而易见。国王会按惯例征得国民议会的同意来使新的征税合法化。在 15 世纪中期，法国国王撇开三级会议，自行决定增加税收。在这期间，三级会议只偶尔召开了几次。② 西班牙国王也同样控制了征税权。在 16—17 世纪的欧洲大陆上，即使王国的统治者们比之前的君王有更好的条件能绕开议会或私人财产自行征税，他们也不会因此变得很专制。社会是不会任其掠夺的。

为了征集到收入来支持日益壮大的常备军，统治者们需要建立更加强大的行政机构。就像布莱恩·唐宁认为，“在战争中，从封建时期的小规模民兵转变到使用大规模的雇佣军和常备军，这就要求建立新的上层建筑机构以保证资金和人力的投入。为了从不情愿的人们那里获得这些投入，就需要一个更加集权和更加强制的国家”。③ 在欧洲，军事上的这种转变并不是同时发生的。各国在转变的时间和次序上有所差异，以至于战争对国家发展的影响在整个欧洲也各不相同。④ 在这里，英格兰的经历又与其他欧洲大陆国家有所不同。因为远离欧洲大陆，英格兰避免了欧洲大陆上无处不在的地缘政治竞争，这使其不必为了供养一支庞大的常备军而背负着巨大的负担和高昂的费用。直到 1645 年新模范军成立，英格兰才正式拥有了一支真正意义上的常备军。

---

① “征税只是偶尔为之，并非是永久的。国王只有征得议会的同意才能征税，如果国王宣布国家处于紧急状况时，议会必须要对此同意。事实上，在都铎王朝时期，不管是国王还是议会，双方极少有不遵守这样的规定。”Roger Schofield, *Taxation under the Early Tudon 1485 - 1547* (Oxford: Blackwell, 2004), 202。斯科菲尔德得出结论，在都铎王朝时期，“战争与议会授权征税是密不可分的”。Ibid., 4 - 5。

② 1302 年，法国的腓力四世(1285—1314 年在位)首次召开三级会议，其目的是为了在与教皇的争斗中获得三级会议的支持。自此以后，他不时召开会议以支持他增加税收和开征新税的决定。但在和平时期，三级会议往往并不支持这些税收举动，尽管在百年战争期间会同意国王征税。阿金库尔战役败北后，三级会议再次召开，通过了一项永久性的税收。15 世纪末期之后，法国国王通常撇开三级会议，自行决定开征税收。Ertman, *Birth of the Leviathan*, 72 - 74, 91 - 110。

③ Downing, *Military Revolution and Political Change*, 57.

④ 埃特曼认为欧洲各国的政体和制度构架各有差异，是源于在国家形成的关键时期，地方政府的组织方式各有不同和各国经历“地缘军事竞争”的时期不一致。Ertman, *Birth of the Leviathan*。

到了 1660 年斯图亚特王朝复辟时，常备军的数量又减至 6 000 人以下。1688 年光荣革命后，情况又发生了巨变，英格兰卷入了与欧洲大陆国家的地缘政治竞争中。从那以后，英格兰海军开始崛起。① 到 1774 年西班牙的王位继承战结束时，英格兰军队的人数超过了 144 000 人——和法国军队的人数相当，但当时法国的人口几乎是英格兰的两倍。② 可以说，因为在 17 世纪之前英格兰并不需要建立庞大的常备军，战争对国家结构并没有产生影响，在欧洲大行其道的专制也没有在英格兰出现。议会制约了王权，这使得英格兰能一直维持着古老的政治结构。后来，这种结构又和自由民主的价值观融合在了一起。③ 从本质上来说，与国际上其他的竞争对手相比，虽然英格兰是一个强国，但是其政府却是虚弱的。

到了 18 世纪初期，英国的商业开始繁荣起来。在安妮女王当政时期，政府的大部分收入来源于商业，也慢慢地确立了君主立宪制。这是一个深思熟虑的决定，就像 1714 年安妮女王在议会开幕式上发表的精彩演讲中所表述的那样："贸易会让我们在海外令人生畏，还会让我们满载而归。这正是上帝和自然根据我们所处的境况给我们指明的方向，是我们真正的利益所在……我将把它作为政府的信条……通过贸易，辉煌自己，这就是国家的利益所在。"④长期来看，这种一直把自己与商业阶层捆绑在一起，一荣

---

① Glete, *War and the State*, 40。地理位置使得英格兰长久以来一直不需要建立常备军。就像刘易斯·纳米尔(Lewis Namier)爵士所说："英国历史上诸多的特殊性，都源于它是一个岛国。" Lewis Namier, *England in the Age of the American Revolution* (New York: St. Martin's Press, 1961), 7。最近，认为英国的安全归于它是一个岛国的观点发生了些改变。请参阅 John Brewer, *The Sinews of Power: War, Money and the English State, 1688 - 1783* (London: Unwin Hyman, 1989), 10 - 11。

② Brewer, Sinews of Power, 7 - 8.

③ "从 1600 年到 1688 年，英格兰从未被卷入到激烈又耗时且由大规模和现代化的军队参加的战争中，它远离欧洲大陆硝烟弥漫的战场，因此，立宪政体(constitutional government)占据着主导地位。" Downing, *Military Revolution and Political Change*, 179。遵照《权利宣言》，威廉和玛丽若要建立常备军就需要得到议会的同意。

④ 引自 Geoffrey S. Holmes and William A. Speck, eds., *The Divided Society: Parties and Politics in England, 1694 - 1716* (New York: St. Martin's Press, 1968), 96。这些观点是贸易和商业的拥护者丹尼尔·笛福(Daniel Defoe)所赞同的："英国不是通过战争和征服成为世界上最强大的国家，它也不是靠刀和剑去扩张它的版图，或强迫他国的人民屈服于自己的威力；它只是提倡贸易，鼓励国内贸易，并将其扩展到海外。"Daniel Defoe, *The Complete English Tradesman* (London, 1724), chap. 25; reprinted in Eugen Weber, ed., *The Western Tradition: From the Ancient World to Louis XIV* (Lexington, MA: D.C. Heath, 1995), 476 - 481。

俱荣、一损俱损的安排运作得异常良好，国家和社会都赚得盆满钵满。虽然政府占有的社会财富远远小于欧洲大陆国家，但英国已成为欧洲最强大的国家。与之相反，到了18世纪，法国的经济却一落千丈。[①] 西班牙也有相同的境遇。[②]

甚至在安妮女王当政之前，英国就已经着手改革，在光荣革命后开始实施，而这些改革使国家具备了汲取国内巨大财富的能力。旧的包税制被废除了，取而代之的是国家创设了新的征税机构。[③] 新设的行政机构有征收机构和中央国库，后者主要是控制政府的预算开支——特别是军事开支。最重要的改革也许是重建了公共财政制度。英国政府不再只是向一小撮有钱的资本家借钱，而是直接面向普通的大众进行融资。[④] 而在18世纪的这场财政革命之前，英国政府通常是向“各式各样的人”和来自伦敦的小团体贷款人借钱。在18世纪，股份公司开始出现，巨额资金已形成，国外的投资者也愿意借钱给英国政府，公共财政制度的运作变得长期化。国家不用再盯着一小撮有钱的个人和银行家，它可以在新的公开市场上募集到大笔的资金。这在英国的财政-军事国家发展史上是一个重要的事件。[⑤] 当然，英国政府之所以能创立一个现代的公共借贷体系，有赖于它有能力征收到税收来偿还债务。就像约翰·布鲁尔(John Brewer)所说的：“一个高效的征税制度为政府提供了大量固定的收入，而这是新的信用制度得以建立的必要条件……新的信用制度的建立使18世纪的公共财政发生了翻天覆地

---

① 从1685到1688年，法国和英格兰政府的支出占国民生产总值的近7%。在法国路易十四发动战争期间，这个比例攀升至13%或14%，到了1774年又维持在12%左右。而在英格兰，这个比例一直只有4%。这些数据引自Frederic C. Lane, “The Role of Governments in Economic Growth in Early Modern Times,” *The Journal of Economic History 35* (March 1975): 8－17。

② 在查理五世和哈布斯堡王朝的统治下，西班牙渐渐衰弱。详细论述请参阅Kennedy, *Rise and Fall of the Great Powers*, 50－55。

③ Brewer, *Sinews of Power*, 92.

④ Victoria Tin-bor Hui, *War and State Formation in Ancient China and Early Modern Europe* (New York: Cambridge University Press, 2005), 124.

⑤ 关于18世纪英国证券市场的建立，请参阅P. G. M. Dickson, *The Financial Revolution in England: A Study in the Development of Public Credit, 1688－1756* (New York: St. Martin's Press, 1967)。就像迪克逊所说的：“金融革命最新奇的一个特征就是为国家战争提供了长期的资金上的支持。”Ibid., 341。

的变化。”[①]换言之，18 世纪的财政革命只有在英国政府获得了源源不断的税收收入之后才有可能发生。

用于军事的开支（包括用于作战、备战和偿还之前战争的欠款）比其他开支的加总还要多。[②] 在欧洲，大量的资源都被投入到军事中。迈克尔·曼（Michael Mann）曾观察到，“仅仅从国家财政的角度来看，英国的国家职能具有明显的军事性和地缘政治性，而不是经济性和只面向国内。在长达 7 个多世纪的时间里，约有 70%～90%的财政资源投入到了军事中”。[③] 从一开始，欧洲国家的军事和征税权就密不可分。税收支持了军事机构，军事则是征税的保障。

这并不让人奇怪。当国家宣称在领土上独占强制权时，这也意味着它有权力以征税的方式从社会汲取资源。[④] 国家的军事仰赖于国家的收入，而国家的收入仰赖于国家的强制权。国家是一个依靠强制权来获取收入的政治组织，获得的收入用于支持越加高昂的军事开支。对于早期现代欧洲国家的构建来说，这是一个完美的公式。有了稳定又充足的收入资源，欧洲国家的统治者就可以尝试更新式和更昂贵的战争方式。而随着设立更多的部门来征集税

---

① Brewer, *Sinews of Power*, 89。布鲁尔认为，大不列颠能成为一个“独特”的财政-军事国家，其高效的税收管理制度起着至关重要的作用：“大不列颠能高效地向其国民征税，在很大程度上是直接源于 18 世纪中期恢复的财政改革。这场改革使得英国的财政逐渐地由散乱、不专业变为主要以专业的部门和人员来进行有序的征税。”Ibid.，91。

帕特里克·K.奥布赖恩（Patrick K. O'Brien）和菲利普·A.亨特（Philip A. Hunt）也持有类似的观点，“大不列颠成为一个强大又具备经济职能的国家有赖于两个相关财政制度的发展：首先是长期公共债务的建立；其次是拥有源源不断的收入（主要来自间接税）来支付日常的利息支出。这是大不列颠在战时债务不稳定但能快速积累的前提条件”。Patrick K. O'Brien and Philip A. Hunt, “England, 1485-1815,” in *The Rise of the Fiscal State in Europe, c. 1200-1815*, ed. Richard Bonney (New York: Oxford University Press, 1999), 65。

② Bean, “War and the Birth of the Nation State,” 216。比恩估计，在 14—16 世纪，英国将 60%～75%的预算投入到了与军事相关的支出中。

③ Michael Mann, *The Sources of Social Power*, vol 1, *A History of Power from the Beginning to A.D. 1760* (New York: Cambridge University Press, 1986), 511.

④ 诺贝特·埃利亚斯（Norbert Elias）曾观察到：“只有某种集中的权威而不是个人，才可以使用军事武器。同样，也只有一个集中的权威才能对个人的财产和收入征税。资金集中到了某个权威的手中，这使得他拥有了对军事的垄断权，而军事上的垄断又反过来维持了税收的垄断权。在这两者之间，没有哪个先于哪个，它们只是垄断权的两个方面。”Norbert Elias, *Power and Civility* (New York: Pantheon, 1982), “The Civilizing Process,” 2: 104。

收，国家的行政能力也将逐步扩大。

在16世纪中期的欧洲，那些发达国家（比如法国、英格兰、西班牙和瑞典）为了应对巨额的军事支出，无不设立了永久的官僚机构来集中征税。新式的战争促进了近代国家的发展，而近代国家也对收入有着更高的需求。这种拥有更多收入的需求一直持续到19世纪伟大的民族国家在欧洲出现。在拿破仑的统治下，来自财产的税收增加了2.5倍。此外，他还为法国的军火库开征了一系列新的税。[①] 在英吉利海峡的另一边，为了支持英国对法国的作战，小威廉·皮特在1799年率先实施了所得税（对超过200英镑的收入征5%的税）。[②] 在拿破仑战争期间，英国政府征集到的收入达到了国民收入的30%多。[③] 其中大部分是累退性的"间接"税（比如消费税和关税）。到了19世纪，这些间接税就成为国家最首选的收入来源。在欧洲，无不是税收在滋养着国家的发展。就像在英国一样，经济繁荣之处，税收就是汲取社会财富最好的方式。

分析至此，其实问题主要集中在为什么有些国家发展的结果是变得更加强大，政治组织随着国家能力的提高变得更加集权，而有些国家则不能。同样意义重大但也让我们深感疑惑的是，为什么有些欧洲国家最后走向了民主和自由，而有些国家依旧停留于专制和不自由？对于这个问题，布莱恩·唐宁认为，在16世纪军事革命的关键时期，有些统治者拒绝将国家军事化。在这样的国家里，诸多宪法安排得以存续，并在随后的几个世纪里，为自由和宪法治理（constitutional rule）奠定了基础——这点在英格兰尤为明显。[④] 根据唐宁的理论，如果在一个国家，军事革命压倒一切，那么国家就会走上"军事-官僚的专制"和不自由的政治之路。这也是亚历西斯·德·托克维尔（Alexis de Tocqueville）的观点。托克维尔在其研究的旧制度瓦解的经典著作中，认为法国君主制的集权消除了封建制度的残余，打击了贵族阶层，破坏了中世纪的

---

① Credveld, *Rise and Decline of the State*, 151.

② 英国议会在1799年通过了世界上第一个所得税（被称为"战争所得税"），而后又在1816年将它废止。关于该税的论述请参阅 Levi, *Of Rule and Revenue*, 122 - 144。

③ Michael Mann, *The Sources of Social Power*, vol. 2, *The Rise of Classes and Nation States 1760 - 1914* (Cambridge: Cambridge University Press, 1993), 115.

④ Downing, *Military Revolution and Political Change*.

地方社会结构，由此也为大革命的肆意滥用扫清了道路。[①] 托马斯·埃特曼(Thomas Ertman)则试图解释不同政府或政体的区别（"专制"相对于"宪法治理"），以及国家机构的不同"特征"（"世袭制"相对于"官僚化"）。[②] 他认为，在欧洲国家的军事和工业经济发展史上，那些关键因素发生的"时机"或"次序"能解释它们之间发展的不同——尤其是能让我们更好地区别那些立宪国家(constitutional regimes)和专制国家。埃特曼曾写道："地缘政治竞争发生时间的不同，能很好地解释在18世纪末期的欧洲大陆上看到的国家基础设施的特点。"[③]地方代议机构的独立程度也能解释欧洲国家间的一些差异。那些在15世纪中期之后才经历了重大制度变革的国家，比在15世纪中期之前就建立了国家机构的国家，更有可能在其立宪政体(constitutional regime)框架内建立一个现代和法治型的官僚机构。[④]

政体的性质是否会影响国家从社会汲取收入的能力，这点我们还不甚明了。但可以说，由于立宪政体的合法性得到了代议机构的支持，执政者就更容易开征税。这样来看，代议制会更有利于收入的汲取。与之相反，如果没有代议制，征税就极有可能受到强大利益集团的抵制。但是，事实并不一定如此。毕竟代议机构也会将分散的社会和经济利益集团组织起来，使它们更有能力抵制加到它们头上的税。相对来说，专制政体就不受制于这些必须要顾及的利益。这使得专制政体下的统治者更像一个收入的掠夺者。因此，我们必须要更深入地讨论代议机构到底是有利于还是限制了国家对收入的汲取。我们

---

① Alexis de Tocqueville, *The Old Regime and the Revolution* (New York: Harper and Brothers, 1856), chap.5 ("How Centralization Crept in Among the Old Authorities, and Supplanted Without Destroying Them"), and chap. 11 ("Of the Kind of Liberty Enjoyed Under the Old Regime").

② 埃特曼将政权分为以下四种类型：世袭专制型（法国、西班牙、意大利）；官僚专制型（普鲁士）；世袭立宪型(patrimonial constitutionalism)（波兰、匈牙利）；官僚立宪型(bureaucratic constitutionalism)（英格兰、瑞典）。

③ Ertman, *Birth of the Leviathan*, 26。约翰·布鲁尔(John Brewer)认为，一个规模庞大的财政-军事国家在英格兰出现的时间影响了这个国家的性质和结构。由于在16世纪和17世纪初期，英格兰不需要建立一支庞大的常备军，并且置身于欧洲大陆的军事冲突之外，因此，英格兰的财政-军事国家就与法国大相径庭。Brewer, *Sinews of Power*, 24。

④ 那些在1450年以后建立了官僚制的国家更有能力采用新的方法管理国家。这些国家还有一个优势，就是那时欧洲的大学教育体系刚刚形成，并培养出了一批懂法律的人，而这些受过培训的人刚好可以被国家雇用。而在1450年之前，国家往往采用的是封建世袭制，并且在接下来的几个世纪里都难以摆脱这种制度。Ibid., 27-28。

对美国政治发展的研究会使这个问题变得清晰。目前，我们必须赞同尼尔·弗格森(Niall Ferguson)的观点，他曾得出一个非常恰当的结论："代议制和税收的关系并不具有普遍性。"①

三、战争、收入与国家发展

并不是所有的统治者在面对战争开支的需求时，都会采取相同的策略。根据蒂利的"强制、资金和国家发展"理论，那些拥有大量人力和"充裕资金"的欧洲国家具有明显的优势，并且因为有了可持续的收入汲取模式(比如筹集收入的手段)，它们建立了更加稳定的国家结构。② 地缘军事竞争与经济条件间的相互作用至关重要。一国的经济性质和水平限制了统治者可采取的战争动员策略。当国家的资金都集中于城市时，国家发展就会遵循一条"资本密集型"的路径，像热那亚、瑞士和荷兰这些商业国家就属于这种类型。对于那些资金匮乏且人口稀少的国家，它们就难以获得这样的收入来源。在广袤的土地上，"地主绅士"阶层只能靠征兵的方式，才能把那些农夫编成军队。而这些国家逐渐就变成了像俄罗斯、波兰、匈牙利、瑞典和普鲁士这样的"贡金-索取"帝国。

在欧洲，最成功的国家遵循的是资本-密集型的发展路径。一方面这些国家能在本国的城市商业活动中获取财富，另一方面能从农业人口那里召集军队，就这样，在 17 世纪之后，它们就成为欧洲最发达和最主要的国家。后来到了 19 世纪，这些国家又演变成了伟大的民族国家。在欧洲，这些国家成为最强势的政治组织就因为它们拥有超越于竞争对手的优势(财政上的和军事上的)。这些国家拥有"大量的农业人口、雄厚的资金和较发达的商业"，因而奠定了它们的军事优势地位。欧洲的民族国家后来成为各国效仿的对象，正是因为其"强制与资金"的完美结合。③

在历史上，从国外汲取收入(通过战争的掠夺、开拓殖民地或者实施帝国政策)，也是获取收入的重要渠道。在 16 世纪下半叶，新世界帝国转移的贵金

---

① Ferguson, *The Cash Nexus*, 83.

② Tilly, *Coercion, Capital and European States*, 65.

③ Ibid., 30.

属源源不断地流入西班牙，占其国家收入的20%～25%。[①] 到了后殖民地时代，由于外国和“受保护国”通常会对母国造成财务流失，征服和殖民对国库的贡献开始变得微乎其微。[②]

如果说在15—16世纪的欧洲，国家发展的最初动力来自高昂的军备支出和常备军支出，那么如何为新的军事力量筹措资金将是一个要永久面对的问题。问题在于该如何去维持国家机构和军事组织的扩张和永久化。对于封建统治者和14—15世纪的君主来说，要供养规模小且又是临时的军事组织，靠的是封建特权收入和征服得来的财富——这就是蒂利所指的“强制-密集型”的收入征集模式。[③] 然而，君主制国家若要供养规模庞大且又是永久的军事组织，就需要更加规范和制度化的收入汲取模式——其中最主要的就是对私人财产、土地和商业活动征税。如果收入需求得不到满足，国家就会发生制度性危机，更糟的甚至会“崩溃”。在斯考切波看来，对此最好的诠释就是18世纪的法国。路易十四无法征集到足够的收入来维持军队与英国作战，这迫使波旁王朝提高了对国内农业、消费以及富裕的特权贵族的税收。他的这一举动招致了强势集团（比如拥有大量土地的贵族）的疏远和反对，从而进一步引发了社会革命。[④]

---

① Anderson, *Lineages of the Absolutist State*, 71.

② 继续保留海外的“财产”对于英国来说代价太高了。请参阅 James Ferguson, *The Power of the Purse: A History of American Public Finance, 1776 - 1790* (Chapel Hill: University of North Carolina Press, 1961), 19 - 20。虽然失去了美国让英国在心理上深受打击，但由于扔掉了一个巨大的财政包袱，这让英国在经济上获益不少。战后的英国与前殖民地国家的贸易往来无须成本。回想亚当·斯密（Adam Smith）早就督促过英国放弃美国这块殖民地，因为在和平时期，英国要为此付出巨大的成本，而在战争期间，它会让人望而却步：“在目前的骚乱开始之前，英国在殖民地维持和平的费用已是相当可观。如果不能从这些殖民地获得财政收入的话，这些费用应该全部节省下来。不过，虽然这些和平时期的经费已非常巨大，但是与英国同殖民地作战所耗费的相比，微乎其微。”Adam Smith, *The Wealth of Nations* (New York: The Modern Library, 1937), book 5, chap. 3 (“On Public Debts”), 899。

③ Tilly, *Coercion, Capital, and European States*, 30.

④ Skocpol, *States and Social Revolutions*, 61。杰克·A.戈德斯通（Jack A. Goldstone）将发生于1787年至1789的财政危机归因于法国国王实施的税收制度。这套税收制度过于依赖土地和农业（一个处于衰退的产业），而抑制了制造业和商业的发展。Jack A. Goldstone, *Revolution and Rebellion in the Early Modern World* (Berkeley: University of California Press, 1991), 198 - 228。保罗·肯尼迪（Paul Kennedy）将大国的衰落归因于太多的社会资源被投入到军事中，以及在战略上过度地扩张国家。长期来看，这都是有伤国力的。Kennedy, *Rise and Fall of the Great Powers*, xvi。

那些能依靠借贷和有着发达商业经济的国家，总是比没有这些条件的国家——比如农业经济国家，有更强的优势。[①] 拉斯拉和汤普森认为，在欧洲，从1500年到1800年，海运发达、商业繁荣的国家（比如葡萄牙、英格兰和荷兰）要比诸如法国、西班牙这样的大陆国家更有优势。在海运发达、商业繁荣的国家，金融制度往往更完善，政府也更容易借到钱。有钱的政府不仅仅建立了常备军，还有能力建立耗资更大的海军。总之，他们有更多的优势来为国家的活动筹措资金。在全球战争中，公共财政在推动海运和商业繁荣上功不可没："在世界领导权的争夺中，那些最早的获胜者往往把胜利归功于他们能获得低廉的借贷和有能力承受巨额的债务，他们通常利用初期有限的财富来举债从而满足难以置信的军事开支需求。"[②]那些有能力建立高效的行政机构并从商业经济中汲取收入的海运国家，最终蓬勃发展起来了，比如18世纪时期的英国——世界上第一个伟大的财政-军事国家。

即使在欧洲现代国家崛起之后，战争仍是国家发展最强的推动力。同时，欧洲国家除提供军事保护之外，还要承担一些新的职能。"保护费的勒索"在进一步延伸。从19世纪晚期开始，欧洲国家除提供军事保护之外，还要向公民提供社会福利。结果是政治领导人不得不面临更大的收入压力。伴随着现代民族-国家出现的是高昂的军事和社会福利开支，这也是我们第三章的主题。

---

① 布鲁尔总结了发达的商业国家（比如英格兰）相对于农业经济国家（比如法国）的优势："征税者所面临的三大问题是：衡量——基于财产或产出对纳税人的纳税能力进行评估；征收——劝说或强迫臣民或公民缴纳税收；划款——将钱从征收者手里划到国库里。如果一个国家的经济比较落后，或者经济以农业为主，生产分散且规模又小，只有地方市场，交通不便，盛行物物交换而不是通过现金或信用进行交易，那么这三个问题的解决是极其困难的。相反，如果一个国家有着发达的商业经济、集中或大规模的生产、区域和国际的市场、完善的货币和信用制度，那么征税就会容易得多。"Brewer, *Sinews of Power*, 182。

② Rasler and Thompson, *War and State Making*, 89。蒂利认为"随着战争规模和成本的增加，那些能够获得借贷，且国家的经济商业化程度较高又容易征税的统治者在战争中会有更大的优势"。Tilly, *Coercion, Capital and European States*, 189。

第三章　欧洲社会福利国家的兴起

单靠压制社会民主党，并不能解决我们这个社会的问题。我们还应该采取一些更积极的措施来提高工人阶级的福利。

——德皇威廉一世，"在国会的演讲"

(*Address to the Reichstag*, 1881)

我们应该将社会保险视为综合性的社会进步政策的一部分……只有国家与个人进行合作，社会保险制度才能建立起来。国家应为个人的服务和贡献提供安全保障。

——威廉·贝弗里奇爵士，"社会保险和相关服务"

(*Social Insurance and Allied Services*, 1942)

战争是国家最初的职能，也是最永久的职能。为了履行这一古老的职能，统治者们数个世纪以来不惜投入巨大的资源，只为得到昂贵的战争装备来武装自己的陆军和海军。对于那些战争国来说，军事开支无疑是座压在它们头上的大山，逼着统治者们殚精竭虑，苦思收入良策。如今，到了现代社会，统治者们开始面临着另一种更大的收入压力。从 19 世纪末开始，西欧各个国家逐渐开始肩挑重任，给工人们提供社会福利和退休金。数十年后，这些福利覆盖到了所有人。继西欧之后，福利政策开始在世界上的很多民主国家盛行。澳大利亚、新西兰和斯堪的纳维亚在这方面尤为慷慨，提供了从"摇篮到坟墓"的福利。虽然美国在这方面的步伐相对较晚，但也做出了类似的承诺。即使美国的福利政策与欧洲及斯堪的纳维亚有所不同，甚至也显得不那么慷慨，但所耗费的成本与这些国家几乎是一样的。

当提供社会福利替代了战争成为现代国家最重要的职能时(尤其是对于那些宣称其合法性是基于民众支持的国家),国库的财政压力更是急剧增加。实际上,社会福利的高成本运作,加上现代军队的高成本维护,逼得西欧和北美最繁荣的民主国家濒临长期破产。如今,这些国家不仅仅要筹集到足够的收入来供养一支依赖于昂贵的新技术和武器的军队,还要兑现承诺给民众的各种社会福利。统治者如何应对如此巨额的资金需求,对未来国家的进一步发展至关重要。为了能筹集到数万亿美元的预算款,政府必须要采取新的收入策略。但是在讨论这些收入策略之前,我们要先明了,国家这个在最初几乎只致力于战争和护卫领土的政治组织是如何演变成现代福利国家的。

一、国家的伟大转变

在欧洲,第一个现代社会福利政策诞生于 19 世纪晚期。不夸张地说,这标志着“国家本身、国家结构、国家职能和国家的合法性都发生了根本性的改变”。[①] 国家的这种根本性重构体现在长久以来的公共支出和资源配置模式的巨变上。公共支出是国家承诺的有力指标之一。一个国家是如何配置和分配预算资金,就表明了它是一个什么样的政体。通过考察一国的财政状况,我们能了解这个国家的本质。[②] 就像鲁道夫·葛德雪(Rudolf Goldscheid)曾观察到的,“抛开一切误导性的意识形态,预算才是一个国家的骨骼”。[③] 通过考察西欧国家的预算开支发现,到 20 世纪中期,除了战争期间,这些国家在社会福利和退休金上的开支都高于其在军备、军队和国防上的支出。一个在历史上曾属于制度化了的“暴力”政治组织,在很短的时间内就转身变成了一个主要

① Peter Flora and Arnold J. Heidenheiner, “Historical Core and Changing Boundaries of the Welfare State,” in *The Development of Welfare States in Europe and America*, ed. Peter Flora and Arnold J. Heidenheiner (New Brunswick, NJ: Transaction Books, 1981), 23.

② “简而言之,一个国家征集收入,这些收入如何征集以及如何使用,决定了国家的性质。”Terry Lynn Karl, *The Paradox of Plenty: Oil Booms and Petro-States* (Berkeley: University of California Press, 1997), 13。

③ 葛德雪的格言经熊彼特的翻译后,在英语国家广为人知。“The Crisis of the Tax State” (1918), reprinted in *International Economic Papers* 4 (1954): 5-38。

致力于提高民众福祉的组织。

是利维坦被驯服了吗？在一定程度上可以说是的，但是它的尖牙并没有被拔掉。现代国家依然保留着规模庞大、战斗力强盛和耗资昂贵的军事力量。即使是那些已经享受了半个多世纪相对安宁和繁荣的西欧民主国家，也依旧保留着小规模的军队（这应该是用来抵御外侵势力的）和一定的国内警备力量，在自己境内行使着国家的暴力垄断权。但毋庸置疑的是，西欧国家的预算和资源配置表明，如今这些国家最主要的职能是提供社会福利，而不是发动战争。这种国家义务的巨大转变在人类历史上是个不朽的事件——即国家的“伟大转变”。① 在愤世嫉俗者看来，这种国家义务上的根本性转变，其实只是国家作为“保护费勒索者”的一种改头换面。统治者现在索取贡金时，必须要以提供保护和社会福利作为交换条件。但这种变化并非不值一提。在仅仅一个多世纪里，保护费的勒索就演变成了一种惊人地类似于“社会契约”的制度安排。当然，如今仍有一些国家的统治者依旧是坐寇，他们利用国家的权力来中饱私囊，而给民众提供的保护和其他的好处则少得可怜。但是，这些国家往往被视为流氓国家，其统治者的统治也不具有合法性，被整个世界所唾弃。现代民主国家确实在承担着向全体民众提供社会福利和退休金的义务，而广泛的公共财政制度的制定则在为这些收入转移项目埋单。用霍姆斯大法官(Justice Holmes)的话来说，税收就是我们现代人为了获得退休金和社会福利项目所支付的代价。②

是什么导致了国家的伟大转变呢？对于这一至关重要的制度发展，我们可以追溯至欧洲历史上的一些重大事件——尤其是法国大革命和之后的拿破仑统治，以及第一次世界大战后欧洲政治的民主化。回想一下我们会

① 菲利普·博比特把这种转变描述成是19世纪宪法秩序下的“国家民族”（“要求人民服务于国家”）转变为“民族国家”（“国家服务于人民”）。Philip Bobbitt, *Terror and Consent: The Wars for the Twenty-First Century* (New York: Knopf, 2008), 193。国家的“伟大转变”这一概念来自卡尔·波兰尼(Karl Polanyi)。他认为19世纪的欧洲发生了一次变革，旧的经济秩序正在瓦解，新的市场经济正在兴起。Karl Polanyi, *The Great Transformation: The Political and Economic Origins of Our Time* (New York: Rinehart, 1944)。

② 小奥利弗·温德尔·霍姆斯(Oliver Wendell Holmes, Jr.)当然不是一个盲目乐观的人。他曾经写道：“税收是我们为文明社会所付出的代价。”*Campania General de Tabacos v. Internal Revenue Service*, 275 U.S. 88, at 100 (Holmes, J., dissenting)。

发现，法国大革命不仅是给法国，同时还给全欧洲的古老政权敲响了丧钟。这场剧烈的革命也最终促成了第一次世界大战后西欧大众民主的诞生。法国的革命是如何导致欧洲社会福利国家的兴起呢？继《巴黎和约》(1814)和维也纳会议(1814—1815)之后，历史悠久的欧洲国家深受法国大革命之苦，欧洲大陆上大国的统治者越发关注该如何保持政权的稳定和合法性。在法国大革命期间，被18世纪的“等级社会”所不容的人(包括法国犹太人)，也开始拥有了公民的权利。“普通公民权”的观点开始在欧洲大陆盛行。当拿破仑和他的军队败北后，欧洲19世纪的民族-国家的统治者开始意识到，他们必须要公开呼吁其领土内更多的人和群体来支持他们，而不仅仅是那些传统上占统治地位的阶级代表。他们要公开寻求支持的这些群体，包括新兴的中产阶级和工业阶级。欧洲公民权的扩大要求必须采用一种新的统治方式，这种方式可以接纳那些能动员下层阶级的利益集团和政党。夏尔·莫里斯·德·塔列朗预见到了这种新的政治秩序。他明智地警告刚刚复辟的法国国王路易十八，要他当心在民主萌芽阶段统治国家存在的一些危险：“即使权力是合法的，但其运用也要依其治理的对象进行变动……如今，在伟大的文明国家，时代的精神要求只有经过人民拥护的代表的同意，国家才能行使至高无上的权威。”①

在欧洲，当19世纪的统治者发现，他们必须要努力赢得民众的支持以增加其统治的合法性时，国家存在的理由就悄然发生了改变。他们还发现自己不再只是一个军事组织的指挥者(虽然他们现在还是)，而是治理着普遍持有公民权利的民族-国家。统治者们必须与广大社会阶层建立持久的关系，要给予刚刚获得选举权的阶级一些好处，以换取旧制度的存续。从此以后，政权的合法性必须经由民众的“同意”(至少部分是这样)才能真正建立起来——如果不通过正常的选举(20世纪第一次世界大战之后，欧洲才开始正式选举)，那么至少也要得到民众的普遍认可。为此，有至高无上权力的统治者必须要对社会福利有更广泛的构想，而不仅仅只是提供军事保护。

---

① “Report Presented to the King During His Journey From Ghent to Paris, June 1815,” in *The Correspondence of Prince Talleyrand and Louis XVIII During the Congress of Vienna*, ed. M.G. Fallain (New York: Charles Scribner's Sons, 1881), 540.

政权的合法性要基于民众的同意，欧洲大陆这一观念一直到 19 世纪早期才成为一个严肃的命题姗姗来迟——在时间上远远晚于美国。尽管如此，但到了 19 世纪末期，整个西欧都奉行了这一原则。公民作为独立个体，而不是旧的等级地位，渐渐成为国家政治共同体的“基本单位”。随着公民阶层的扩大，以及随之而来的激进的社会党登上政治舞台，欧洲的统治者开始面临着巨大的政治压力。因此，我们可以将 19 世纪晚期颁布的第一个社会福利政策视作统治者为了应对自下而上的压力而采取的一种策略。

二、社会福利国家的建立

学者们往往将现代社会福利国家的起源追溯至 19 世纪末德国发生的一些重大事件。那时，随着普鲁士在 1870 年的普法战争中获得胜利，奥托·冯·俾斯麦策划统一了德国。[①] 在德皇威廉一世的统治和首相俾斯麦的辅佐下，德国为工人们制定了一揽子的社会福利政策。这始于 1883 年，德国当时采用了强制性疾病保险制度。该保险要求雇主支付保费的 2/3，其余部分由雇员支付。在 1884 年和 1885 年，意外保险（保费完全由雇主承担）开始实施。1889 年德国又增加了《老年人和残疾人保险法》(*Old Age and Disability Insurance Law*)，为老年人和残疾人提供养老金和补助金。此外，德国还出台了一系列的工厂管理法规，以规范劳动者的工作条件。[②] 全国性的失业保险一直到 1920 年才有，而在这之前，德国许多市政府会为失业者提供一定程度的救济。[③] 这些项目的直接目标是让工人们获得稳定的收入，给处于变幻莫测的工业经济风险中的工人提供最基本的服务。德国所颁布的一系列的社会保险方案代表着国家对社会的另一种渗透。在这期间，铁路实现国有化，一支规模庞大的军队也建立起来了。

虽然以今天的标准来看，这些福利政策远非完善，但它们毕竟迈出了将政权

---

① 德国统一的故事请参阅 Christopher Clark, *Iron Kingdom: The Rise and Downfall of Prussia, 1600 - 1947* (Cambridge: Belknap Press, 2006), 556 - 567。

② Thomas Katsaro, *The Development of the Welfare State in the Western World* (New York: university Press of America, 1995), 210 - 211.

③ Ibid., 211.

的合法性与公民的社会福利分配结合在一起这一关键过程的第一步。这些新的社会福利政策不同于原先欧洲对穷人的救助，比如说济贫法(*Poor Laws*)、天主教慈善会和发给军队老兵的零星优抚金。[①] 加斯顿·里姆林格(Gaston Rimlinger)比较了欧洲第一时期的济贫法和“自由”时期的济贫法。前者最早出现于16世纪的某些地方，并且一直存续到了19世纪晚期；后者则始于19世纪晚期并一直到第一次世界大战：

> 旧的救济制度和济贫法主要是用来帮助社会底层的人。但这样的制度从来都不仅仅是在救济，它的出发点是假设人们是由于某种性格上的缺陷而需要帮助，提供救济一部分是为了弥补过去的失败，另一部分是为了预防未来的失败。社会保障的理念则完全不同……它的好处并不在于满足受济者的需要……一般来说，社会保障项目是对收入的再分配……它涉及的是个人间的公平和公正。[②]

西欧新的社会福利的主要特征是，国家借由一部部法律将利益分配给个人。就像莱因哈德·班狄克斯(Reinhard Bendix)所强调的，在西欧，诸如社会福利这样的“公共产品”，是由个人凭借其“公民”身份而获得的，而不管他是否具有某种社会地位或继承了某种特权。[③]

俾斯麦颁布了这些社会福利政策和社会保障项目，其动机为何尚不清楚，而且至今，学者对此也有诸多争议。主流观点认为，俾斯麦和德皇一起共谋的这些政策，是为了消解“对传统父权家长统治的社会主义挑战”。[④] 根据这种观

① 在现代福利社会国家建立以前，欧洲是如何致力于救助穷人和年老体弱者的，详细论述请参阅 Abram de Swaan, *In Care of the State: Health Care, Education, and Welfare in Europe and the USA in the Modern Era* (New York: Oxford University Press, 1988), 13－51；还可参阅 Anton C. Zijderveld, *The Waning of the Welfare State* (New Brunswick, NJ: Transaction Publishers, 1999), 15－36; Hugh Heclo, *Modern Social Politics in Britain and Sweden: From Relief to Income Maintenance* (New Haven: Yale University Press, 1974), 46－64。

② Gaston V. Rimlinger, *Welfare Policy and Industrialization in Europe, America, and Russia* (New York: John Wiley, 1971), 3－4.

③ Reinhard Bendix, *Nation-Building and Citizenship: Studies of Our Changing Social Order* (New York: John Wiley, 1964), 106.

④ Edward Crankshaw, *Bismarck* (London: Macmillan, 1981), 378; Alexander Hicks, *Social Democracy and Welfare Capitalism: A Century of Income Security Politics* (Ithaca: Cornell University Press, 1999), 19.

点，社会立法是由保守派颁布的，其目的是为了拉拢工人阶级，抑制日益强大的社会民主党、全德工人联合会和激进的社会党的力量，从而有利于新德国的稳定和统一。[①] 有相当多的人支持这种观点。俾斯麦亲眼见证了1871年法国的巴黎公社革命，他害怕德国也会步其后尘。1877年的选举结束后，俾斯麦对刚刚萌芽的社会主义运动和工联主义运动进行了严厉打击。但之后，他的政策突然发生了戏剧性改变——可能是因为之前的努力都以失败告终的缘故。自那以后，俾斯麦开始提倡向工人提供社会福利，保障他们最重要的利益。俾斯麦的措施在一定的社会秩序框架内迎合了工人的需求，大大削弱了激进党的吸引力。俾斯麦的政策被很恰当地描述为"父权家长制国家对日益增长的社会主义工人运动的战略应对"。[②] 在里姆林格看来，俾斯麦的"核心政治意图不是为了创造新的权利，并符合对公民权的新解释，而是要保留传统意义上的国家与个人的关系……他的措施的主旨是维持传统的不平等政治制度"。[③]

即便如此，俾斯麦的目的也并不仅仅只为了吸引工人，平息他们心中的不满，他真正想要的，是把工人的利益与德国这个父权家长制国家捆绑在一起，从而有效地削弱社会党和激进工联主义者的吸引力。1881年，德皇在国会的一次开幕式上道出了玄机："单靠压制社会民主党并不能解决我们这个社会的问题。我们应该采取一些更积极的措施来提高工人阶级的福利……那些因年老或伤残而无力生活的人，完全有理由要求国家给予比任何时候都要多的社会救济。"[④]请注意，德皇并没有宣称要放弃压制社会民主党，他只是宣布从此以后，对社会民主党进行压制的同时还要挖它的墙脚——也就是通过给工人阶级提供福利让他们为德国效忠。

实际上，德国在19世纪80年代建立的社会保障体制迎合了多方的利益诉求（国家的、政客的、工人的和社会主义政党的），所以，凡是当权的政治派都会采用这样的政策。就像亚历山大·希克斯（Alexander Hicks）所说的："公共保险所秉持的公共收入从属于劳动市场分配的原理符合了自由主义者

---

① "俾斯麦试图通过具有划时代意义的社会立法方案来统一第二帝国。" Polanyi, *Great Transformation*, 175。

② Hicks, *Social Democracy and Welfare Capitalism*, 43.

③ Rlmlinger, *Welfare Policy and Industrialization*, 112.

④ Kaiser Wilhelm I, quoted in ibid., 114.

的胃口，同时又能以其合法性及在资金方面的易于管理迎合了政府-官僚集团的利益。”①从一个国家主义者的角度来看，社会福利政策和退休保险项目能平息人们在政治上的不满，有利于加强国家的稳定，进而增进和巩固政府和政客的利益。这些制度（特别是退休制度，工人要长时间地做出贡献，才能在生命的最后时光享受到它）会让人们对现行制度产生很强的依恋。毕竟，如果改朝换代了，工人的退休福利也就打水漂了（苏联解体时就是如此。在后共产主义政体下，支付给退休人员和领取养老金的人的福利都被大大削减了）。中世纪或早期现代欧洲并不存在将公民与国家捆绑在一起的制度安排（尽管这些国家有着紧密的亲属关系），因而当国家灭亡或某个统治集团下台时，农民和工人的经济状况并不会直接受到影响。在前现代欧洲，公民和工人并不像现代社会福利国家的人们那样依赖于任何特定的政体。这就是俾斯麦的福利政策受到的来自保守主义的影响。与此同时，不可否认的是，这些早期的社会福利政策确实为工人提供了有价值的福利，缓解了新工业经济时期的人们所面临的收入压力，让他们没有断粮之忧。以阶级的观点来看，工会和左翼政党发动的工人运动推动了政治体制对社会福利进行分配。② 因此，国家和受益者都认为社会福利是一项成功的政策，这其实不是一种巧合。这也就解释了为什么无论在哪儿实施福利政策，它都能广受欢迎，其魅力也经久不息。

德国的成功经验具有可复制性。随后，欧洲的其他国家也都效仿德国实施了社会福利政策。比如说在英国，一开始自由党和工党之间有很多公开的争议，但在 1906 年的选举结束之后，双方就达成了政治上的和解。随后在 1908 年，新自由党政府颁布了英国历史上的第一部全国性《养老金法案》（*Old Age Pensions Act*）。③ 到了 1913 年，英国有 100 万人从政府那里领取了养老金。④ 1911 年，自由党政府又推出了医疗保险和失业保险，为工人设立了最低工资标

① Hicks, *Social Democracy and Welfare Capitalism*, 13.

② 对福利国家所进行的理论性阐述请参阅 Hicks, *Social Democracy and Welfare Capitalism*, 13 - 34。

③ 关于英国和德国的社会福利政策的综合性比较，请参阅 E. P. Hennock, *The Origin of the Welfare State in England and Germany, 1850 - 1914: Social Policies Compared* (New York: Cambridge University Press, 2007)。

④ Katsaro, *Development of the Welfare State in the Western World*, 229.

准，并通过了一项关于工人赔偿的法案，要求雇主为工人投保，使其免受大多数工业和工作场所事故的伤害。[①] 在欧洲，其他国家也纷纷颁布了福利制度。最开始加入这个行列的是丹麦、瑞典、比利时、法国、瑞士和意大利。[②] 到了 20 世纪 20 年代，西欧所有的国家都实施了一些福利政策，给人们提供了最低程度的保障和收入上的救助，它们往往采取以下一种或多种的保障措施：老年人、残疾人、幸存者和失业者的收入保障方案，健康保险，以及工人的工伤赔偿。后来，还有了对在职母亲的补助——意大利和法国是在 20 世纪 30 年代出台，英国、瑞典和加拿大则是在 20 世纪 40 年代。[③] 亚历山大·希克斯把从 1880 年到 20 世纪 20 年代实施的社会福利政策描述为"工业密集扩张、普选和社会改革"时期的一个特征。[④] 通过更深入的研究我们会发现，这些福利政策往往是由国家而不是工会或左翼政党推动的。就像胡·赫克洛(Hugh Heclo)所描述的，英国在 1911 年实施的失业保险并不是工会或政党不停地向政府请愿才得以颁布的，相反，它是"政府为了将此政策顺利推行下去而去说服利益集团，而不是利益集团去说服政府"。[⑤] 这点至关重要。彼得·斯温森(Peter Swenson)也提出了类似观点，"政府的官僚和政策专家有理想、抱负和权力，能自主选择问题，私人利益集团最终只是被他们战胜了"。[⑥]

---

① 自由党政府颁布这些措施的原因请参阅 Katsaro, *Development of the Welfare State in the Western World*, 228 - 29; Hicks, *Social Democracy and Welfare Capitalism*, 43 - 44。

② 关于这些国家社会福利政策的发展请参阅 Peter Flora and Jens Alber, "Modernization, Democratization, and the Development of Welfare States ln Western Europe," in *Development of Welfare States in Europe and America*, ed. Flora and Heidenheiner, 37 - 80。

③ 请参阅 Robert T. Kudrle and Theodore R. Marmor, "The Development of the Welfare State in North America," in *Development of Welfare States in Europe and America*, 83; Margaret S. Gordon, *Social Security Policies in Industrial Countries: A Comparative Analysis* (New York: Cambridge University Press, 1988), 6 - 7。

④ Hicks, *Social Democracy and Welfare Capitalism*, 45。胡·赫克洛把从 19 世纪 80 年代到 20 世纪 20 年代这一社会福利政策初步实施的时期称为"实验时代"。Hugh Heclo, "Toward a New Welfare State?" in *Development of Welfare States in Europe and America*, 383 - 385。

⑤ Hugh Heclo, *Modern Social Politics in Britain and Sweden: From Relief to Income Maintenance* (New Haven: Yale University Press, 1974), 84.

⑥ Peter A. Swenson, *Capitalists against Markets: The Making of Labor Markets and Welfare States in the United States and Sweden* (New York: Oxford University Press, 2002), 294。有人认为，一国的福利政策惠及多少人以及人们能享受到多少，取决于该国左翼亲工党的力量；也有人简单武断地认为商业集团都是反对社会福利政策的。斯温森对此提出了批评，他强调资本家和政客对于劳动力市场的形成和构建社会福利政策方面功不可没。当然，不得不承认的是，这样做也符合他们的（转下页）

第一次世界大战摧毁了欧洲残留的等级制度和那些古老的社会制度。在战后，社会福利政策也进入了第二个发展阶段。从 20 世纪 20 年代早期开始，原先的社会福利项目被归并，提供社会福利也开始成为政府长久的职能。这种情况发生在全球战争以后的原因有很多。布鲁斯・波特曾解释道：

发生在欧洲"家门口"的这次全面战争有力地促进了福利国家在整个欧洲大陆的诞生。这种经历是一个非常重要的影响因素，同时，对于影响福利国家诞生的其他潜在因素而言，它还是一种催化剂……工业化战争催生了福利国家，其动力不仅来自以福利换取稳定的社会秩序，还源于这种战争所需要和带来的热切的社会合作。①

既然公民在第一次世界大战中选择支持国家，那么在随后的和平时期，国家势必要给他们提供更多的公共产品。很难说这是否也算一种保护费的勒索或社会契约。但无论如何，到了 20 世纪 30 年代初期，欧洲国家在社会福利和公共产品上的支出都远远高于其军备开支。然而，到了第二次世界大战前夕，随着军备支出的增加，这种状况发生了改变。但在之后的和平时期，国家总体开支减少了，社会福利支出又超过了战前水平。②

之前我们已经讲到，在战争期间——不管是"全球战争"还是"全面战争"，政府的开支都会急剧增加。20 世纪两次世界大战时的高昂军备支出在战后都被较高水平的社会福利支出取代了。艾伦・皮科克(Alan Peacock)和杰克・怀斯曼(Jack Wiseman)曾下结论说，战争往往会永久性地提高政府公共支出的总体水平。他们的理论是对瓦格纳的"政府活动扩张法则"的一种修正。瓦格纳法则是由德国经济学家阿道夫・瓦格纳(Adolf Wagner)创立的，他认为

(接上页)利益。尽管如此，但这些政策也同样有利于工人。"在瑞典，就像在美国一样，雇主能欣然接受社会福利政策，不是因为他们不得不接受这样的政策，而是因为这样的政策对他们大有裨益。" Ibid.，293。

① Bruce D. Porter, *War and the Rise of the State: The Military Foundations of Modern Politics* (New York: Free Press, 1994), 180 - 181.

② 在英国，经济学家和社会改革家威廉・贝弗里奇爵士首先公开表示，工党政府承诺"二战"后国家将增加社会福利的支出。所谓的贝弗里奇报告(*Beveridge Report*，1942)勾勒出了使英国成为"福利国家"的主要项目。这些项目能为所有公民提供从摇篮到坟墓的福利。William H. Beveridge, *Social Insurance and Allied Services* (London: H. M. Stationery Office, 1942)。

工业国家的政府开支的增速会快于其国民经济的增速。[①] 皮科克和怀斯曼精炼了瓦格纳的逻辑，认为在战争危机期间，普通公民往往反对降低税收，他们愿意接受政府提高税率和扩大税基的政策，且支持国家增加军备开支："当国家处于危机时，人们更愿意接受政府增加收入的措施，而在这之前，这些措施往往是为人们所抵制的。在危机过后，人们依然能接受这些增加了的税收。"[②] 他们分析了 20 世纪英国政府的支出后发现，政府的开支会在战争时期达到顶点，而在战争过后，开支(包括非军事开支)会开始下降。但即便如此，它们仍会高于战前的水平。这种永久性的"替代效应"(通常被称为"棘轮效应")解释了 20 世纪民主、民族-国家的政府开支为何都会超过经济增速的问题。

如果说在 20 世纪的全球战争后，这种替代效应导致了欧洲整体上出现了更大规模的公共支出的话，那么其中大部分支出是用在了社会福利和退休保险项目上。到 20 世纪中期，大部分西欧国家在这两方面的支出都至少占到了国内生产总值(GDP)的 10%——远远高于美国。到了 20 世纪 70 年代中期，西欧国家在社会福利和退休保障上的支出平均占到国家收入的近 25%，在军备上的支出则不到 2%。[③] 这些国家在战后能在社会福利项目上大把大把地花钱，得益于经济的扩张、通货膨胀和战后长达数十年的繁荣。[④] 在那些最"慷慨"的国家(奥地利、丹麦、瑞典、挪威、爱尔兰和英国)，社会福利支出平均占到了 GDP 的 23%。从 1960 年到 1990 年，在那些西方民主国家，社会福利和退

---

① 1863 年，瓦格纳提出了政府活动扩张法则。他提到"增加公共活动，特别是政府活动扩张的法则"，换言之，就是"财政需求的扩张"。请参阅 Adolf Wagner, "Three Extracts on Public Finance," in *Classics in the Theory of Public Finance*, ed. Richard A. Musgrave and Alan T. Peacock (New York: MacMillan, 1958), 8。

② Alan T. Peacock and Jack Wiseman, *The Growth of Public Expenditure in the United Kingdom* (Princeton: Princeton University Press, 1961), xxiv。后来他们修正了方法，请参阅 Alan T. Peacock and Jack Wiseman "Approaches to the Analysis of Government Expenditure Growth," *Public Finance Quarterly* 7 (1979): 3 - 23。

③ 26 个国家 1980 年的社会保障支出占 GDP 的比例有很大的差异。最高的比例达到 24%～28%(如斯堪的纳维亚和西欧国家)，处于中间的为 14%～17%，最低的仅为 10%。请参阅 Gordon, *Social Security Policies in Industrial Countries*, 21; B. Guy Peters, *The Politics of Taxation: A Comparative Perspective* (Cambridge: Basil Blackwell, 1991), 75 - 81。

④ 关于从 20 世纪 50 年代中期到 1990 年的社会福利发展，请参阅 Hugh Heclo, "Toward a New Welfare State?" in *The Development of Welfare States in Europe and America*, 393 - 398；还可参阅 Neil Gilbert, *Transformation of the Welfare State* (New York: University Press, 2002), 23 - 24。

休保障支出占 GDP 的比重最高达到 96%，最低的也至少有 84%。① 但是，这样的趋势到了 20 世纪 90 年代就戛然而止了。很多国家开始削减支出，普遍实施“程序性缩减”政策。在经济不景气时期，即使是那些曾向民众承诺要提供一篮子福利政策的西欧国家，也被迫重新审视这些项目，甚至有时要砍掉一些福利项目。不过，即使在这样的紧缩时期，对于西欧、斯堪的纳维亚、澳大利亚和新西兰这些民主国家而言，它们的社会福利和退休保险项目也早已根深蒂固于它们的传统中，其预算不仅没被削减，甚至还得到了更好的完善。②

如果说战后西欧国家用于社会福利的支出在不断增加的话，那么与之形成对比的则是其在军备支出上的降低。2005 年，英国在军事上的预算开支只有 490 亿美元，而法国只有 400 亿美元。近年来，这两个国家在国防上的支出分别只占其支出总额的 7%和 14%。2005 年，德国在国防上的支出不到 300 亿美元，意大利为 175 亿美元，西班牙为 99 亿美元，比利时为 33 亿美元。在这些国家，国防支出占总支出的比例甚至比法国和英国还要低。与此相反，在 2006 财政年度，美国的总支出为 2.58 万亿美元，其中用于军事开支的达到 4 190 亿美元。③ 现代社会福利国家往往只保留了一支小规模的军队用以应付紧急之需——但美国是个例外，它既维持着社会福利政策，同时又维持了规模庞大且耗资巨大的军队。

---

① 数据来自：Hicks, *Social Democracy and Welfare Capitalism*, 153。11 个西欧国家、英国、4 个东欧国家和美国的支出情况（占 GDP 的比例）请参阅 Gordon, *Social Security Policies in Industrial Countries*, 12 - 19。

② “程序性紧缩”请参阅 Hicks, *Social Democracy and Welfare Capitalism*, 194 - 229；还可参阅 Paul Pierson, “Post-Industrial Pressures on the Mature Welfare State,” in *The New Politics of the Welfare State*, ed. Paul Pierson (New York: Oxford University Press, 2001), 80 - 104; Peter Starke, *Radical State Welfare Retrenchment: A Comparative Analysis* (New York: Palgrave Macmillan, 2008)。1993 年以后，社会福利支出的增长率普遍放缓，然后又出现逆转。Gilbert, *Transformation of the Welfare State*, 23。

③ International Institute for Strategic Studies, U.S. Department of Defense; Center for Arms Control and Non-Proliferation; Office of Management and Budget, *The Budget for Fiscal Year 2007*, historical table 3.2 (“Outlays by Function and Subfunction: 1962 - 2011”); *The Europa World Year Book*, 2005 (London: Routledge, 2005)。美国和欧洲对于在国际外交中使用军事力量的不同态度见于罗伯特·卡根（Robert Kagan）一篇颇有挑衅性的论文，“Power and Weakness: Why the United States and Europe See the World Differently,” *Policy Review* 113 (June/July 2002): 3 - 28。

不同的国家实施了哪些不同的社会福利政策，这并不属于本书的研究范围。我们想要关注的是，既然现代民族-国家担负着提供社会福利和退休保险的重任，那么这些重任势必会迫使他们去获取大量的收入，而且还因为要同时供养依赖昂贵的高科技武器的军队而变得更加不堪重负。这双重的收入压力(社会福利和军事)对于“冷战”期间的美国和苏联来说，更为强烈。那时西欧的民主国家纷纷降低了军备开支，而这两个国家仍在大幅增加这种开支。在苏联，中央计划控制着军需产品的生产和配置，也控制着大部分的社会福利和生活必需品。[①] 结局是灾难性的。一边要应付社会福利开支，一边又要与美国进行军事对峙，苏联根本就无力在经济上承担这一切。其结果是政权崩溃、国家瓦解，而这一切都是骤然发生的。一个政权若想存续下去并变得更加强大，关键是要筹集到足够的收入来支持社会福利项目。苏联未能解决这个问题，随着中央的倒台，旧联盟下的几个国家也欣然独立出来了。[②]

虽然美国的社会福利政策实施的较晚些，但自 20 世纪 60 年代以来，国家对收入的需求也是与日俱增。近几十年来，美国在社会福利项目上的开支甚至已经超过了军事开支。与此同时，美国的人口结构正在发生变化。对于政府的社会保障计划——一个为全国老年人提供收入支持的项目来说，这种变化打破了其资金的完整性。美国国家的财政状况一直受制于所谓的应得权益计划(特别是社会保障和医疗保险)。应得权益计划的开支超出了正常的国会预算和拨款程序的控制范围。为了应付巨额的军事和社会福利支出，政府官员能否继续通过税收和借贷来筹集到足够的收入，我们拭目以待。美国的进一步发展将有赖于此。在考察完 18—19 世纪美国的历史起源及其财政和军事权力的发展之后，我们将在第八章中再回到这一重要主题上来。

---

① 根据苏联一位著名学者的观点：“在医疗、教育、住房、文化和娱乐领域，国家实际上是社会福利分配的独家经销商。”Neil Harding, “Conclusion,” in *The State in Socialist Society*, ed. Neil Harding (Albany: SUNY Press, 1984), 309。

② 丰富的天然气和石油资源给俄罗斯带来了巨额的收入，正因此，俄罗斯最近对苏联成员国采取了更加强硬的姿态——这从 2008 年 8 月俄罗斯对待格鲁吉亚的态度中可以很明显看出。

第四章　美国的起源

建议向大不列颠议会谦卑地请求一项法案，将上述所有的殖民地联合起来，在北美洲组建一个统一的政府。在这样的政府构架中，每个殖民地仍可保留现行的宪法，除了一些例外，而这些例外将遵循该法案的指引变更。

——序言，《奥尔巴尼联盟计划》
（*Albany Plan of Union*，1754）

这样看来，北美洲乃是明日的国土，那里，在未来的时代中，世界历史将启示它的使命。

——格奥尔格·威廉·弗里德里希·黑格尔，《历史哲学》
（*The Philosophy of History*，1837）

在接下来的章节中，我们将目光从欧洲转移到新世界，以追溯美国的发展足迹。在 18 世纪晚期，美国还是一个弱小又高度分权的联邦国家，一直到 20 世纪，它才成为一个强大的财政-军事国家。想想刚建国时，美国既不握有重兵，在汲取收入方面又乏善可陈，因而这种制度上的转变格外引人注目。在 19 世纪晚期，国家既不提供任何社会福利，又没有履行常规的监管职能。实际上，最初的美国联邦政府仅仅只是独立的十三个州联合起来抗击英国而成立的共同防御联盟而已。甚至到了 19 世纪前半期，美国的政治环境已发生巨变（尤其是民主政治制度和竞争性政党制度的建立），但在 1787 年宪法所奠定的联邦构架内，联邦政府仍显得异常弱小。而如今，美国政府却拥有了世界上最强大的军事力量，建立了非常高效的税收体系，对国内经济进行全面监管，并且给民众提供的福利也堪比那些西欧社会民主国家。

众所周知的是，美国的建立是那些政治领袖们的功劳，他们发动独立革命，建立了共和国。然而，在这里，我们要关注的是他们所创设的国家机构存在的缺陷，特别是在衡量国家的传统指标方面，比如行政能力、军事力量、对社会和经济的管理以及收入的征集。从这些指标来看，早期的美国是非常失败的。因为过于分散的宪法结构和长期的收入匮乏，美国一直停滞于国家发展的初期阶段，裹足不前。联邦政府官员无力征集到足够的收入，折射出了早期美国宪法设计的独特性——它将大量的政治权力授予了地方政府，其程度为欧洲所无法想象。这种政治上的高度分权是美国最显著的一个特征。

美国所采取的联邦宪法架构(federal constitutional structure)对之后的国家发展影响深远。我们会发现，美国具有的一个显著特征是“政府的运作是凌乱的”和“权威的使用没有清晰的界限”。[①] 这些缺陷很大程度上是由 18 世纪时期古老的宪法设计所致。[②] 尽管最初的宪法设计有严重缺陷，但是那些政治领袖们最终成功地扩大了联邦政府的权力，提高了政府的能力。他们还采取了新的征收策略，建立了强大的军队。美国是如何做到这一切的，这是我们接下来要论述的主题。

一、美国：一个非国家的国家

如今的美国一片繁荣景象，可当初的它并没有稳固的经济根基。在 18 世纪晚期刚刚成立时，国家拥有的财权微乎其微，而且还不稳定。实际上，根据美国

---

① Stephen Skowronek, *Building A New American State: The Expansion of National Administra-tive Copacities*, *1877－1920* (New York: Cambridge University Press, 1982), viii。金伯利·约翰逊(Kimberley Johnson)发现现代美国存在的两个根本性问题是：“制度的不连贯和制度的优势很不和谐地交织在一起，以及公共政策缺乏一致性和整体性。”*Governing the American State: Congress and the New federalism*, *1877－1929*(Princeton: Princeton University Press, 2007), 5。

② 塞缪尔·亨廷顿发现一个很具讽刺性的现象，美国的建国者们所采用的政治制度恰是当时已为英格兰所抛弃的 16 世纪时期的政治制度：“英格兰 16 世纪时期的宪法精髓出口到了新大陆，并在那里生根发芽，获得新生，而在本国，它却遭到了抛弃。这些制度实际上就是都铎王朝的制度，因此具有很多中世纪的特征。”Samuel P. Huntington, *Political Order in Changing Societies* (New Haven: Yale University Press, 1968), 96。

第一部宪法——《邦联条例》(1781—1788)的规定,联邦政府所拥有的全部权力都极其有限。虽然在1787年的夏天,政治精英们在费城构思出来的新政治制度有很大的进步性,但它仍遗留下了一些根本性的问题。联邦政府履行着相对较少且极其有限的职能,掌控着一支规模最小的军队,行政机构十分简陋,政府对其领土内的社会和经济活动的控制可以忽略不计,还有最重要的是,政府缺乏征集收入的能力,哪怕是征集到一些能维持无足轻重的政府机构正常运转的收入。在接下来的两个世纪里,政治精英们竭力扩大联邦政府的权力,并为建立一个更加统一的政治秩序而奋斗。但结果证明,这是一项让人望而却步的任务。

只要研究美国的国家发展,都会产生一个疑问:为什么那些政治领袖们会选择这样一个权力如此弱小、破碎且高度分散的宪法架构?北美未曾出现过封建制度,因而那些政治领袖想要在18世纪末建立一个中央集权的民族-国家,美国是不会像中世纪的欧洲那样予以反抗的。在欧洲,君主们历经数个世纪,才终于平定了地方势力,消灭了在那个时期盛行的封建等级制度。考虑到北美未曾有过封建制度,我们可以预想,只要从英国那里独立出来,美国完全可以轻而易举地建立一个新的中央集权国家。但这一切并没有发生。甚至与此相反,民族主义者们遇到了强烈的抵抗。那些难以撼动的地方利益集团对联邦政府机构的政治权力和权威抱有敌意。这些地方上的利益集团和派系已深深地扎根于当地的经济和社会结构中,他们的政治领导人(非常准确地)意识到,任何一个想要重构现行政治制度的人,都是要付出代价的。他们抗议打着国家的旗帜来实施集权,而且这种抗议还因为民众有着只忠诚和依恋于州政府的传统而变得更加强烈。梅里尔·詹森(Merrill Jensen)曾观察到:"民众相信州具有国家的性质……这一信念对于中央集权而言是一个强大的阻力。在民众心中,自己的州就是一个国家。"[①]既然人们将忠诚献给了州政府,那么在美国就基本上不可能建立一个像欧洲那样强大的民族-国家。[②]

共和国成立后,对政治集权化的抗议又持续了数十年,及至19世纪中期

---

① Merrill Jensen, *The Articles of Confederation: An Interpretation of the Social-Constitutional History American Revolution, 1774 - 1781* (Madison: University of Wisconsin Press, 1940), 12.

② 同样,如今想要建立一个统一的泛欧洲政治组织也是不可能的,只要公民仍忠诚于那个古老的欧洲国家。

爆发了彻底的动乱。虽然北方在内战期间建立了强权政府，联邦主义者也最终在这场战争中大获全胜，但权力分配的问题仍未得到解决。到了 20 世纪，这个问题甚至变得更加严峻。实际上，外围对中心的抵制一直在持续。如今，即使权力的天平自 20 世纪 30 年代以来已倾向于联邦政府，但仍有大量的权力留在了地方手里。冲突持续不断，政令前后不一，这一切都要归因于 18 世纪晚期的立宪运动，它奠定了如今联邦政府和州政府的统治权力分配的格局，这种宪法安排曾被称为"二元主权"。① 当时做出这样的制度设计，可能是出于实用主义，也可能是一种应对之策，但它将美国引领上了一条与众不同的国家构建之路。这样一份独特的制度遗产也将对美国政治制度的发展产生深远又持久的影响。

在 18 世纪晚期，刚刚诞生的美国选择了一个独特的宪法构架，这是 13 个英国殖民地的政治领导人讨价还价和相互妥协的产物。最终，他们只愿意让出一点点的权力给新成立的联邦政府，而自身仍保留了大部分的传统权力和权威，俨然成为一个自治的机构。最关键的是，州政府还保留了历史悠久的军队和对收入制度的管辖权。《邦联条例》所构建的高度分权的联邦制度授予了联邦政府微不足道的权力，而这样的权力安排实际上也让这个政治联盟岌岌可危。收入匮乏，军力薄弱，联邦政府一直在奋力挣扎。虽然在接下来的 1787 年费城所设计的新政体中，州政府又让渡了更多的(列举的)权力，包括更大的军事权力和收入征集权力，但与 18 世纪末的欧洲国家相比，宪法授予联邦政府的权力还是不算多，国家的政治机构依旧羸弱不堪。

高度分权的联邦制度保留了州政府的自治权，而留给美国的是一个人所共知的异常弱小的联邦政府。在 19 世纪早期的欧洲人眼里，美国是一个"非国家的"国家——一个极其弱小的政治组织。基于欧洲的经验，人们往往认

---

① "不管分割权力的想法是多么的符合逻辑，又或是不符合逻辑，但它都以某种形式体现了从宪法刚颁布到如今的美国思想。"M.J.C. Vile, *The Structure of American Federalism* (London: Oxford University Press, 1961), 25。将权力进行分割的这种想法，即使在共和国成立的初期，也招来了一些批评。罗阿诺克的约翰·伦道夫(John Randolph)对这种在联邦政府和州政府之间进行权力分割的想法啧啧称奇："要求州政府交出权力，就好像要求一位姑娘献出自己的贞洁。"引自 William Cabell Bruce, *John Randolph of Roanoke, 1773–1833* (New York: G. P. Putnam's Sons, 1922), 2: 203–204。伦道夫其实是在告诉我们，州政府是不会交出任何权力的。

为，一个强大的国家必须要有一个独立的官僚阶级，要进行集中的行政管理，以及拥有规模庞大的常备军，而行政部门能掌控这一切。[1] 但这些条件美国都付之阙如，这也意味着这块新大陆真的就如传说中的一样缺乏国家性。[2] 但是，如果真的这样看待美国，就要谬之千里。其实在美国的联邦构架中，州政府就是一个小的政治权力中心。既然大多数的政治权力都保留在地方政府手中，那么这就意味着美国并不是“无国家”的社会——它只是采取了一种不同于欧洲的国家形式而已。[3]

没有一个强大的中央政府，这对于美国来说，既是一个福音，又是一个祸端。地方保留了诸多的权力，这使得在美国，权力就无法过分地集中于一人之手（比如可能发生的暴政），因此，这样的地方就不可能出现恺撒或者拿破仑。正如阿历克西·德·托克维尔（Alexis de Tocqueville）在《论美国的民主》（*Democracy in America*，1835）一书中曾预言的，他认为美国能避免像欧洲那样的暴政，是因为州政府能有效地抑制联邦政府的集权。[4] 可以这样说，

---

① 黑格尔认为官僚阶层代表的是整个国家的“普遍利益”，而非特定的财产利益：“这个普遍阶层，或者更准确地说，是公务员阶层，必须具有完全的普遍性，其基本的活动必须以实现普遍利益为终极目标。”Georg Wilhelm Friedrich Hegel，*Hegel's Philosophy of Right*，trans. T. M. Knox（Oxford：Oxford University Press，1952），§ 303。关于黑格尔的政府官僚的普遍性理论，请参阅 Shlomo Avineri，*Hegel's Theory of the Modern State*（Cambridge：Cambridge University Press，1972），155－161。

② 马克思遵循了黑格尔的思想，以一种特有的方式宣称，欧洲式国家的消失意味着资产阶级在设计一种国家组织方式，并使之制度化，以保护本阶级的私有财产利益和商业利益：“通过将私人财产从共同体中解放出来，国家就会变成一个独立的个体，它既可能存在于公民社会之中，又可能存在于公民社会之外，是一种资产阶级用以实现海内和海外目标的工具，为了财产和利益而必须采取的政治组织形式……在此方面，最好的例子就是北美的现代政府。”*The Marx-Engels Reader*，ed. Robert C. Tucker（New York：W. W. Norton，1972），151。

③ 威廉·J.诺瓦克（William J. Novak）对美国是一个弱小的国家的观点发起了挑战。“The Myth of the ‘weak’ American State，” *The American Historical Review* 113（June 2008）：752－772。但是，与诺瓦克的主张相反，我们认为，一个强大的国家必须要有中央集权的官僚机构，必须要拥有一支规模庞大的常备军，这些条件并不是基于欧洲的经验而得出的。它是衡量国家权力的客观标准。虽然在美国，权力以其他的方式运作得也很好（比如公共行政管理的分权），但是它并不能改变一个事实，那就是，在 18 世纪末期 19 世纪早期，美国的政府机构是羸弱不堪的，它的权威亦是支离破碎的。

④ Alexis de Tocqueville，*Democracy in America*，ed. J. P. Mayer（Garden City，NY：Anchor Books，1969），87－98（“Political Effects of Administrative Decentralization in the United States”）。就像我们之前曾讨论过的，珥特曼也认为，在欧洲，地方的代议立法机构促进了自由立宪的发展。Thomas Ertman，*Birth of the Leviathan: Building States and Regimes in Medieval and Early Modern Europe*（New York：Cambridge University Press，1997）。

极大的分权能抑制潜在政治权力的滥用。但是,宣称联邦制真的能带来政治上的民主和自由,这是让人怀疑的。我们找不到任何历史上的证据,而且这种阐论本身也缺少让人信服的地方。[①] 实际上,联邦制本身是一中立的宪法构架,它保留了地方精锐和利益集团的自治权力——不管是在自由的政治体制下抑或是不自由的政治体制下。

为什么在美国这个分权国家,地方主义的势头一直如此强盛?为什么在欧洲,权力最终却要归于中央?首先,在18世纪晚期,那些欲成为国家建设者的政治领袖们发现,人们极其地反感集权政府。这种反感可以追溯至一个土生土长的政治思潮,它最初在18世纪50—60年代的北美殖民地出现。英国殖民地政治思潮中的反政府主义来源于17—18世纪时期充满宗教气息的加尔文主义[②],而"新光"教会唯信仰论的新教教义又更加助燃了这种思想。在美国革命爆发前的政治平均主义浪潮中,我们能看到反政府主义思想的影响,甚至在所有重要的历史事件中,包括与英国君主制切断宪法关系(constitutional ties)这样的重大事件中,都能发现反政府主义思想在背后的推动作用。[③] 反政府主义思想深深地渗透到了独立战争中,这种渗透一直持续到建国初期,进而对18世纪70—80年代的政治制度产生了深远的影响。《邦联条例》的设计中就透露着这种反政府的情绪。在1787年宪法所构建的新政治制度中,这种情绪依然清晰可见。对联邦政府和政治集权的敌视在数十年间一直是杰斐逊共

---

① 联邦制诞生于民主和个人自由的运动,这种观点是毫无根据的。请参阅 Carl J. Friedrich, *Trends of Federalism in Theory and Practice* (New York: Praeger Press, 1968); Karl W. Deutsch, *Political Community in the North Atlantic Area: International Organization in the Light of Historical Experience* (Princeton: Princeton University Press, 1957)。这种观点还遭到威廉·H.赖克的严厉批判。William H. Riker, "Federalism," in *The Handbook of Political Science*, *Volume V: Government Institutions and Processes*, ed. Fred I. Greenstein and Nelson Polsby (Reading, MA: Addison Wesley, 1975), 131。

② 殖民地政治思想的起源有很多,而且与宗教密不可分。关于18世纪美国的宗教教义与民主政治思想之间的关系,最好的论述请参阅 Perry Miller, *Life in the Mind in America From the Revolution to the Civil War* (New York: Harcourt, Brace and World, 1965); Perry Miller, *Errand into the Wilderness* (Cambridge: Harvard University Press, 1956); Alan Heimert, *Religion and the American Mind: From the Great Awakening to the Revolution* (Cambridge: Harvard University Press, 1966)。

③ 关于美国独立战争时期和独立战争之前的政治思想,最好的描述请参阅 Bernard Bailyn, *Ideological Origins of the American Revolution* (Cambridge: Harvard University Press, 1967); Gordon S. Wood, *The Creation of the American Republic*, 1776 - 1787 (New York: W. W. Norton, 1972); and Wood, *The Radicalism of the American Revolution* (New York: Knopf, 1992)。

和主义的信条。在19世纪,它还渗透到了在南方大行其道的拥护州政府权力的理论中。如今,反政府主义的幽魂在美国一直不散,在自由主义运动、极右翼、共和党保守派中,我们都能看到它的影子。[①]

有人认为"美国政治思想的中心就是,反对权力,怀疑政府是最邪恶的权力的化身"。[②] 鉴于这样的一种政治文化,它产生了一种独特的立宪观。只要让中央政府不拥有任何根本性的权力,只要不让它具备国家性的基本要素,专制就无立足之地。置身于这样的一种政治文化中,美国是如何在20世纪成为世界上最强大的民族-国家?是如何建立起一个强大的征收体制来支持它在全世界部署军队?是如何在20世纪30年代以后支撑它高昂的一揽子社会福利项目?那些国家政治精英们是如何建立起一个强大的联邦政府?他们是如何征集到巨额的收入来供养急速扩张的国家机构?

在回答这些关键问题之前,我们必须要记住,在独立战争爆发时,英国的13个殖民地即使不是真正意义上的独立政府,也已然是一个"相当自治"的政治组织。因此,首先,我们必须要明确,在与英国的政治纽带被切断后,是什么样的一种力量推动了13个独立州的领导人加入这样的一个政治联合体,哪怕这是一个很弱小的联盟。然后,我们还必须要明了18世纪晚期的美国存在的一些结构上的缺陷(特别是军事能力和汲取收入的能力),必须要找出所有能影响之后国家发展的因素——比如在联邦制的构架中保留了州政府半自治的地位。我们的研究从《邦联条例》开始。这是美国的第一部宪法,是政治领袖们最开始想要以此为基础尝试来缔造美国的宪法。可后来,他们又突然弃之不用,采用了一部新的宪法蓝图来重构美国,重构一个有着更加强大的联邦政府的国家。在接下来的两个世纪里,美国经历了许多偶发事件(即"间断平衡"时期)。每一个都是不平凡的事件,通过这些事件,国家的政治制度被完全重

---

① 在20世纪,反政府主义出现在很多畅销作家的作品中,比如安·兰德(Ayn Rand),一本畅销小说《源泉》(*The Fountainhead*, 1943)的作者,又比如阿尔弗雷德·杰伊·诺克(Alfred Jay Nock),他是流传最广的反政府宣言《我们的敌人——国家》(*Our Enemy, the state*, 1935)的作者。同样的观点还可参阅 Murray Rothbard, *Man, Economy, and State* (1962) and Robert Nozick, *Anarchy, State, and Utopia* (*1974*) and Milton Friedman, *Capitalism and Freedom* (1962)。

② Samuel P. Huntington, *American Politics: The Promise of Disharmony* (Cambridge: Belknap Press, 1981), 33.

构了。但与此同时，早期宪法设计的缺陷又会在之后的政体中不断显现，而这阻挠了美国成为一个有着连贯制度的国家。地方主义的势力并没有被击败，反而是新的联邦国家接纳了这种势力，而这种势力本身也很好地融合进了这个新的联邦国家。

欲使联邦政府变得强大，美国的政治领袖们就必须要直面和解决宪法设计上固有的结构性缺陷。说得更实际些就是，他们必须要克服从《邦联条例》中继承下来并延续到1787年宪法中的制度遗产。但是，要改革一个根深蒂固的政治制度谈何容易！这已被路径依赖理论所明示。那么，什么时候这些政治领袖才能改变和重构美国呢？我们将看到这个国家的政治制度会在战争期间发生最巨大和最根本性的转变。想想欧洲也曾有同样的经历，因此，我们认为这应该不是一种巧合。战争催生了早期现代欧洲国家。伴随战争而来的系统性危机会迫使国家的政治权力变得更加集中，国家能力随之提高，中央的权威与日俱增，并担负起更加复杂的职责，同时中央政府对社会的“渗透”程度全面提高，尤其在收入征集上。与欧洲一样，在美国，是战争缔造了国家！

当然，美国并不会径直走上一条权力集中和巩固联邦政府的道路。相反，战时的扩张之后，随之而来的总是机构的减缩，在此期间，国家能力也随之退回到战前水平。美国注定会成为一个强大的国家吗？不！在历史上每一个关键时刻，政治领袖们都会设法扩张军事力量，攫取收入来源。可是他们能否实现这些目标，其能力总是让人心有疑虑。能否征集到必要的收入，取决于联邦政府管理范围的扩大和它对社会更深入的渗透。然而，联邦政府的扩张行为总会遭到强大的地方经济利益集团的抵制。只有与重要的利益集团不断地进行“谈判”和妥协，政治领袖们才能解决国家收入匮乏的困境。最终，他们采取了一个高效的收入征集策略来有效地支持美国的持续发展。但是，国家的构建从来都是困难重重，且代价高昂。及至今天，政治领袖们仍在为筹集维持现代美国所需的巨额收入而殚精竭虑。

二、揭示美国的起源

对于美国国家的发展研究是基于以下观点，即政治精英们是政治变革（即政治发展)的推动者,于是,如果我们想要理解美国的政治发展,就必须要先弄清楚"建立"了美国的政治领袖们的动机。这里的"建立"不是指政治领袖们在为国会大厦的建设添砖加瓦,而是指他们先为新的共和国构思了宪法蓝图,然后依此蓝图成立了机构和部门,制定了规则和程序,最后建立了美国。因此,本研究与当代史学关于美国独立战争和国家建立的许多观点是不一致的。近几十年来,不管情愿与否,学院派历史学家们都接受了所谓的新历史和与之相关的方法论,并将其恰当地描述为书写"草根历史"。[①] 当面对重大的历史事件时,这些新历史的实践者总会考察"普通"民众(包括工人、移民、妇女和黑人奴隶)的生活和他们所处的境况,考察殖民地社会的结构和等级制度,以及考察冲突背后的社会力量。他们对于美国什么是最重要和最独特的(不平等、社会阶层、种族主义、性别歧视)观点完全不同于前几代学者,前几代学者总是(经常不加辨别地)歌颂"建国者"的人生和成就。[②]

如今,新历史学的一个基本前提是没有争议的:要想理解美国的历史就必须要考虑普通民众的生活——那些男人和女人们(自由的人和被奴役的人)为了建设美国而辛苦劳作,他们在华盛顿建造国会大厦、履行兵役、递送信件,并且为了联邦政府的正常运转而做了种种的努力。但本文研究的不是美国的整个历史,而是分析美国政治制度的发展和政治秩序的重构,因此,新历史学的方法并不适合。新历史学忽视了政治领袖及其政治思想的作用,转而注重社会和文化因素。由于我们研究政治制度时是基于这样的一种观点,即思想"至关重要",政治精英是政治变革(即政治发展)的推动者,所以双方的视角显然并不一致。要想理解美国的历史,理应要关注文化、宗教、阶级和社会等级制度,这些因素是否重要,取决于它们在多大程度上加强或削弱了美国的政治秩序,或者是在多大程度上影响了建国者建立美国的动机。

不管你是否认同,那些建立了美国的人们(同样是比喻意义上的)是他

① 请参阅 Jim Sharpe, "History From Below," in *New Perspectives on Historical Writing*, ed. Peter Burke (University Park: Pennsylvania State University Press, 2001), 25-42。

② 如今,学者们都用建国者一词来指代那些被称为"国父"的人。在本文中,我遵照现在的惯例,也用了"建国者"一词,但这并非没有异议。我同意哈维·曼斯菲尔德(Harvey Mansfield)的观点。他反对用"建国者"一词,认为这样会让我们的政治领导人沾上"不当特权的污点"。Harvey C. Mansfield Jr., *America's Constitutional Soul* (Baltimore: Johns Hopkins University Press, 1991), 3。

们团体中最杰出的政治领袖。因此，为了明晰美国构建的背后逻辑，我们必须要了解建国者们的动机、意图和思想。与此同时，我们还要谨记，建国者们还是一批注重实践的政治家，而不仅仅是国家的建设者。这点有时让人难以接受，因为我们往往折服于建国者们所取得的伟大成就。戈登·伍德(Gordon Wood)曾敏锐地观察到，当下一代的美国人“想起独立战争的领袖们和美国宪法的起草者时，无不心怀敬畏，敬畏于他们思想的光芒，敬畏于他们的政治创造力，敬畏于他们取得的丰功伟绩”。[①] 尽管建国者们才华卓绝，但他们是政治掌权者，就他们的目标——建立一个新的美国而言，他们的行动是理智的，目标是明确的，并且他们的所作所为是可以解释的。当然，外国的军事势力会影响到他们想要采取的行动，也限制了他们的决策，但最终他们所采取的行动和建立的政治制度，反映了建国者个人的目标、偏好和对外部政治世界的理解。[②] 就这样，一代创始人凭借着这样的权威政治视野创造了一项制度遗产，这项制度遗产至今仍对美国政治产生着深远的影响。

当然，了解政治精英们的意图从来都不是易事。更令人困惑的是，在独立战争爆发前的关键时期，各殖民地领导人的动机和意图混杂在一起，让人无法辨明。在当时，大约有 1/3 的人反对战争——其中大部分是支持英国的托利党人。1774 年后，在那些成为“主流”的革命家中，很少有人明确表示要削弱在 18 世纪晚期盛行的社会等级制度，更别说将其消灭了。但是随着战争的爆发，事态马上就变得无法控制。人们对共和主义的热情空前高涨，其最坚定的拥护者所追求的已不仅仅是从腐朽的欧洲帝国那里脱离出来。在殖民地的各个角落，人们普遍赞成平等，反对君主制和社会等级制度。而在那些激进分子掌控的州立法机构里，民主的倾向更是公开和强烈——比如宾夕法尼亚州。1776 年，宾夕法尼亚州的州会议通过了一项被称为“独立战争时期最平

---

① Gordon S. Wood, *Revolutionary Characters: What Made the Founders Different* (New York: Penguin Press, 2006), 4.

② 制度设计如何体现个人的意图和目标，请参阅 John Ferejohn (“Practical Institutionalism”) and Rogers M. Smith (“Which Comes First, the Ideas or the Institutions?”) in *Rethinking Political Institutions: The Art of the State*, ed. Ian Shapiro, Stephen Skowronek, and Daniel Galvin (New York: New York University Press, 2006), 72 - 90, 91 - 113。政治制度一旦建立，它就开始拥有自己的生命、逻辑和利益。

等的宪法”。[1] 这些事件和人们的情感在短短两年之内就有如此之快的发展，这让曾经为之而努力的托马斯·杰斐逊都惊讶不已。对此感到惊讶的不仅仅只有杰斐逊一人。让杰斐逊沉思的是，如此多的美国人在摒弃任何与“君主制”有关的东西转而支持共和党政府时，就“好像是在抛弃旧装换上新衣一样轻而易举”。[2]

即便美国的独立战争具有如此的突发性和戏剧性，但它仍只是一场政治革命，而非社会革命——这与席卷了法国和俄罗斯的动乱不可同日而语。美国社会底层并没有发生阶级动乱。嵌入到13个殖民地的人们生活中的社会等级制度并未因独立战争而被撼动。伯纳德·贝林(Bernard Bailyn)曾说：“独立战争改变了美国人的生活，开创了人类历史的新纪元。但是，它最主要的目的并不是推翻或是改变那时的社会秩序，而是想保留当时自由的政治生活，使之不受腐朽的英国宪法的威胁。”[3]以此来看，切断与英国的关系，对美国而言，只是为了摆脱英国国王的统治，保留英属北美的人们的权利和自由。在那些“忠于英国”的州(比如在英国内战期间支持保皇党的弗吉尼亚州)，军事冲突“对社会结构的影响很小，对政府的影响更是微乎其微”。[4] 即使是在颁布了最激进宪法的宾夕法尼亚州，社会也没发生天翻地覆的变化，只有政治制度进行了改革，而且只是对州首府所在地的政治机构进行了重组——这一重组在不到14年的时间里又被推翻和撤销了。这点至关重要，因为社会革命会取代并摧毁传统的社会等级、习俗、制度和根深蒂固的利益，为权力的集中和巩固扫清道路，就像热月政变一样。这在俄罗斯和法国都发生了，由此两国都成为非常集权的民族-国家。但是同样对现有社会等级制度的破坏并没有在美国发生，因此，美国在战后并没有出现政治权力的集中和巩固。

---

① Sean Wilentz, *The Rise of American Democracy: Jefferson to Lincoln* (New York: W. W. Norton, 2005), 14。1776年，激进的宾夕法尼亚宪法规定建立一个一院制议会(它的成员每年选举一次)和一个审查委员会，目的在于评估政府的行为，并“谴责”任何被指控为违宪的行为。这部宪法于1790年被取代。关于独立战争时期的宾夕法尼亚州的激进政治改革，请参阅 Wood, Creation of the American Republic, 83 - 90。

② 引自 Wood, *Creation of the American Republic*, 92。

③ Bailyn, *Ideological Origins of the American Revolution*, 19.

④ Robin L. Einhorn, *American Taxation*, *American Slavery* (Chicago: University of Chicago Press, 2006), 52.

可以说,这场政治革命给美国带来了巨大的变化,而不仅仅是推翻了欧洲君主的统治,赶跑了英国的法院,由一批本土的人来对国家进行治理。美国的独立战争有激进之处。如果这是一场政治领域而非社会领域的革命,它就势必会给美国的政治实践、社会规范和之后的政治制度发展打上激进的民主烙印。但有些学者并不赞同如此来界定这些历史事件。[①] 原因是"在美国独立战争时期,实际上同时爆发了多场革命。当时各种牢骚频发,社会压力激增,在无以复加的时刻爆发了这些革命"。[②] 面对英国的统治,民众情绪的总体转变从一开始的顺从,然后变成反抗,最后到独立。在整个过程中,各种观点充斥其间,让后来的历史学家晕头转向。世界-历史性事件难以做简单的解释和归类,而美国独立战争正是这样一个复杂的世界-历史性事件。

在 1787 年的夏天,费城突发了一件戏剧性的事件。美国的建立很大程度上与这件事件息息相关。显然,1787 年宪法的通过奠定了美国新政治秩序的基础,也对美国之后的发展产生了深远的影响。但是这一切离 13 个殖民地宣布独立的时刻已过去 11 年,离 1783 年国会通过《巴黎条约》并宣告美国正式独立已过去 4 年。[③] 在解读美国的建国之路时,我们不能无视大陆会议——独立战争中的一个临时指挥机构。还有一个令人不安的问题是新共和国的第一部宪法——短命的《邦联条例》,它经常轻易地就被人遗忘和忽视。这部有瑕疵的宪法以及依此建立的政治制度,深深地影响着美国的后续发展。

---

① 对于历史学家间关于美国独立战争的争论,梅里尔·詹森(Merrill Jensen)曾给了一个貌似合理的解释。他认为,由于发动革命的建国者们对于革命的性质和目的都莫衷一是,所以如今人们就可以"对革命做出自己的解释"。Merrill Jensen, *The New Nation: A History of the United States During the Confederation, 1781 - 1789* (Boston: Northeastern University Press, 1950), viii。关于美国独立战争的各种解读(包括经济的、社会的、思想的),请参阅 Charles A. Kromkowski, *Recreating the American Republic: Rules of Apportionment, Constitutional Change, and American Political Development, 1700 - 1870* (New York: Cambridge University Press, 2002), 40 - 47。

② Wood, *Creation of the American Republic*, 75。美国独立战争的当事者们并没有忽视这些政治事件的复杂性。约翰·亚当斯(John Adams)就曾发现,"美国独立战争爆发的原因是多样的。可以说,有多少个州参加战争,就有多少个原因。甚至从某种意义上说,有多少个人参加战争,就有多少个原因"。引自书信"John Adams to Mercy Warren, Quincy" (July 20, 1807), in *Massachusetts Historical Collection* (Boston, 5th series 1878), 4: 338。

③ 到 1782 年 3 月,国会已宣布要停止使用武力来反抗英国对殖民地的统治。这一宣布是在 1781 年 10 月华盛顿于约克郡大捷后做出的。1784 年 1 月 14 日,邦联国会批准了《巴黎条约》,这意味着殖民地与英国之间的战争正式宣告结束。

在制定 1787 年宪法时,政治领袖们已敏锐地意识到,他们并不是在一块空白的石板上刻字。邦联时期遗留下来的制度遗产已是如此的根深蒂固,更别说殖民地时期的政府遗产了——在很多地方,它都存在了一个半世纪以上。我们必须要考虑这些制度遗产是如何影响 1787 年制宪会议上政治领袖们的决策的。我们还必须要弄明白,为什么《邦联条例》会如此迅速地被弃置不用,并取而代之的是一个全新且让国家的政治制度变得更加强大的宪法安排。在重建美国的关键性阶段,是什么力量在背后起着推动作用?为什么在保留联邦制的同时,政治领袖们还要致力于建设一个更加强大的国家——特别是加强联邦政府的权力?最重要的是,我们要弄清楚,政治领袖们是如何获得必需的收入以支持共和国每个阶段的国家扩张?

很少有国家是完全脱离于社会的。玛格丽特·列维曾提醒我们说,国家往往是由那些"已履行部分政府职能的组织合并或被接管"而成的。[①] 总会有最初的动力或诱发性事件开启"合并"的进程,从而导致某个弱国被一个更强大的政治组织"接管"。在欧洲,这就是国家发展的典型范式。一些野心勃勃的统治者动用军队,将中世纪的小国合并成更大的政治组织。一些小的封建诸侯国往往被大的领土国家征服和吞并。在早期现代欧洲,连年的战争,武器和战争方式的变革,这一切无不促使着政治权力归于王权之手,也使得 14 世纪的中世纪国家慢慢演变成了 19 世纪强大的民族-国家。至此,我们不得不思考的是,在美国独立战争时期,是否也有同样的力量在推动着国家的形成,以及之后又促使着权力向依 1787 年宪法而成立的新联邦政府集中。

在美国,战争对国家的形成至关重要。与此同时,美国的国家发展也有赖于政治领袖们所制定和实施的收入策略。到了 18 世纪晚期,武器和各种军备都越加昂贵,只有掌握了重要收入来源的民族-国家才有希望在这样的战争中获胜。如果没有收入,美国就根本不可能超越最初的宪法设计来进行国家的扩张和发展。为了建设国家、发动战争和扩张机构,美国政治领袖们采取了什么样的收入策略,这将是我们的研究目标。

---

① Margaret Levi, *Of Rule and Revenue* (Berkeley: University of California Press, 1988), 41.

第五章　共和国初期的国家形成

基于共同安全，确保自由与增进各州彼此间及全民福利，各州一致同意成立坚固之友谊联盟。

——第三条，《邦联条例》

(*Articles of Confederation, 1781*)

无论是在立法权、行政权还是司法权方面，邦联都不具备一个主权国家的特征。它只不过是一个由大使们组成的国会，被授权代表不同国家处理彼此共同关注的问题。

——罗杰·托尼，斯科特诉桑福德案

(*Dred Scott v. John F. A. Sandford, 1857*)

在 18 世纪晚期，那些设计并建立了美国的政治领袖们并不是在一块空白的石板上刻字。早在独立战争爆发之前，也早在 13 个殖民地正式切断了与英国王室的关系之前，殖民地上就有了运转正常的政府。实际上，13 个殖民地都有自己独特的历史、传统和政治制度，因此，在某种程度上都是“相当自治”的政治组织。到独立战争爆发时，殖民地的这些政治遗产其实已存在一个半世纪多。此外，在殖民地的历史上，一直都有代议制立法机构和自治的传统。这些因素都影响着 18 世纪晚期建立的联邦政府的性质。开国者们在建立美国时，进行了诸多的制度革新，尤其是在加强联邦政府的财政和军事权力方面。但是与此同时，这个重建的国家也是北美这块土地上存在了近 150 年的政治发展的产物，因而深受这种传统的限制。

一、殖民地的遗产：立法机构和税收

英属北美殖民地虽然受英国王室的统治，但实际上，殖民地对当地事务拥有很大的控制权。殖民地都有自己的政治机构、立法系统、宪法(或宪章)、军事力量和征税体制。在脱离英国独立之前，也早就有了代议制政府。例如，在殖民地弗吉尼亚州，政府设立了一个代议制机构，这就是后来的弗吉尼亚众议院。众议院的第一次会议于1619年7月在詹姆斯敦召开。[①] 该立法机构在殖民地的治理上发挥了举足轻重的作用。斯坦利·埃尔金斯(Stanley Elkins)和埃里克·麦基特里克(Eric McKitrick)曾写道："与1760年以前的其他殖民地的立法机构相比，弗吉尼亚众议院在财政、军事、人事任免、选举、分区及公共事务方面，拥有一系列的控制权。与此同时，它也建立了自身的威望，掌控了诸多的特权。"[②]马里兰州也是如此，它在1637年召开了第一次代表大会。在马萨诸塞殖民地，地方自治的历史更是悠久，公民通过其设立的代议性机构广泛地参与到政治活动中。该机构可以追溯至1634年，这一年，常设法院被改组成由20多位议员、总督及其副手组成的选举性机构。其他几个殖民地(佐治亚、新泽西、纽约、卡罗来纳和新罕布什尔)虽然在表面上是受英国王室的统治，但是它们也都保有很大的独立性。立法机构在殖民地一直享有很高的权威，拥有很大的控制权。久而久之，殖民地政府就替代英国王室任命的总督，履行了越来越多的政府职能。随着这一切的发生，殖民地就慢慢成为一个半主权的政治组织，只偶尔受国王的大臣们的监督。

在17—18世纪，各殖民地的立法机构所拥有的独立性相差甚大。[③] 尽管

---

① 一开始，所有的自由人都有权通过投票来选举弗吉尼亚众议院的代表。后来又规定了只有拥有土地所有权的人才有投票权。但即使如此，在弗吉尼亚州，选举权也是很普遍的，因为拥有土地所有权在这个地方本身就是一件很普遍很平常的事。

② Stanley Elkins and Eric McKitrick, *The Age of Federalism: The Early American Republic, 1788–1800* (New York: Oxford University Press, 1993), 39.

③ 殖民地立法机构所遵循的制度和程序请参阅 Calvin C. Jillson and Rick K. Wilson, *Congressional Dynamics: Structure, Coordination, and Choice in the First American Congress, 1774–1789* (Stanford: Stanford University Press, 1994), 24–38。关于代议性政治集会在北美殖民地的起源，最权威的研究请参阅 Michael G. Kammen, *Deputyes & Liberties: The Origins of Representative Government in Colonial America* (New York: Knopf, 1969)。

如此，但到了18世纪中期，13个殖民地都或多或少地具备了主权国家的基本特征。它们都拥有立法权，执行法律的则是本地的法院。法院的法官也是来自当地，不听命于英国王室。[①] 殖民地的立法机构有权管理本地的事务，包括民兵和法院。[②] 由于与大洋彼岸的英国远隔数千里，殖民地政府也有权对本地居民征税。当然，由于各殖民地拥有不同的政治制度、历史和传统，再加上各地区经济发展的不平衡，它们的税收体制也大不相同。尽管有这些差异，但是毫无疑问的是，在英属北美殖民地，公共收入与政治发展之间是密切相关的。

关于殖民地政府，我们所知的不算少。历史学家们详细描述了殖民地的税收制度及其运作。[③] 英属北美殖民地并没有统一的税收制度，它们都依赖于自己的关税和收费制度，并根据不同的税基进行征税。在殖民地这块土地上，各利益集团之间不断地进行博弈和妥协（比如农夫与商人、港口城市与内陆城市、新城与旧城、奴隶主与非奴隶主），长此以往，就形成了独特的税收制度。殖民地政府会采取适宜的收入策略，通过不同的方式来迎合各利益集团的诉求。

尽管殖民地的状况各异，但有些区域的征收制度却有着共同的特征。例如，南方殖民地的税收制度从整体上来说就相对比较简单。虽然弗吉尼亚州

---

① 关于殖民地法律和法院的描述，请参阅 Lawrence M. Friedman, *A History of American Law* (New York: Simon & Schuster, 1973), 29 - 90。关于殖民地法官的独立性，请参阅 Bernard Bailyn, *The Ideological Origins of the American Revolution* (Cambridge: Harvard University Press, 1967), 105 - 108。

② 关于殖民地立法机构的组织形式及其运作，请参阅 Donald S. Lutz, "The Colonial and Early State Legislative Process," in Kenneth R. Bowling and Donald R. Kenyon, eds., *Inventing America: Origins and Establishment of the First Federal Congress* (Athens: Ohio state University Press, 1999), 49 - 75。

③ 关于殖民地税收史的综合性新研究，请参阅 Alvin Rabushka, *Taxation in Colonial America* (Princeton: Princeton University Press, 2008)。这项研究提供了很多珍贵的税收史资料。最近另一本在这方面有卓越贡献的是：Robin L. Einhorn, *American Taxation, American Slavery* (Chicago: University of Chicago Press, 2006)。关于殖民地时期和邦联时期的税收史，请参阅 Robert A. Becker, *Revolution, Reform, and the Politics of American Taxation, 1763 - 1783* (Baton Rouge: Louisiana State University Press, 1980); Roger H. Brown, *Redeeming the Republic: Federalists, Taxation, and the Origins of the Constitution* (Baltimore: Johns Hopkins University Press, 1993); Edwin R. A. Seligman, *The Income Tax: A Study of the History, Theory, and Practice of Income Taxation at Home and Abroad* (New York: Macmillan, 1911), pt. 2, chap. 1, 367 - 387。关于独立战争时期的公共财政史，请参阅 E. James Ferguson, *The Power of the Purse: A History of American Public Finance, 1776 - 1790* (Chapel Hill, NC: University of North Carolina Press, 1961)。关于殖民地经济状况的详尽描述，请参阅 John J. McCusker and Russell R. Menard, *The Economy of British America, 1607 - 1789* (Chapel Hill: University of North Carolina Press, 1985)。

经济发达、人口繁盛，也有着悠久的自治历史，但它的税收制度在所有殖民地中是最原始的。它的收入大部分来自每年按人课征"十分之一的税"（针对自由人、男女奴隶）。弗吉尼亚州也对出口的烟草和进口的奴隶征税（根据他们的购买价来征税）。在法印战争时期，它又开征了马车税。弗吉尼亚州所开征的这些税在南方殖民地具有一定的代表性。南方殖民地的税收制度有一个明显特征，就是不对征税对象的价值进行评估。要想做到这一点，政府一定要具备很高的管理能力，而这种能力在南方则付之阙如。同时，南方的腐败还很猖獗，征税的人往往由任命产生，而不是通过地方利益能参与其中的公开政治程序选举出来。但这些情况在北方的殖民地——尤其是马萨诸塞州，并不多见。总之，南方殖民地的税收制度远比北方殖民地薄弱。

在论及殖民地的税收时，罗宾・艾因霍恩（Robin Einhorn）认为，北方殖民地有着更高效的征收体制，这要归功于它们有着更完善和更民主的政治制度："在独立战争爆发之前，北方殖民地就拥有了复杂的税收制度，以及一批能干老练的地方官员，再加上它们长期以来一直都有民主博弈的传统来解决利益集团之间的冲突，包括由谁来承担税负。在南方，实施的则是一套原始的税收制度，地方官员（他们往往是被任命而不是由选举产生的精英）没有能力去执行复杂的行政任务。"[①]北方殖民地有着更完善的政治制度和更强的管理能力，这使得他们可以实施一套复杂的税收制度，从而也使当地政府获得了更多的收入——尽管其经济发展的繁荣程度远不如南方。北方殖民地复杂的税收制度会带来更多的收入，而更多的收入又支持其政府变得更加先进。殖民时期的美国，与早期现代欧洲一样，收入的汲取和国家的发展是彼此依赖又相互促进。

殖民地的经济状况也有利于当局征集收入。在整个 18 世纪，殖民地的经济一片繁荣，远甚于当时的英国。[②] 法印战争时期（1754—1763），英国的支出

---

① Einhorn, *American Taxation*, *American Slavery*, 27。本文对弗吉尼亚州和马萨诸塞州的税收制度的论述都来自罗宾・艾因霍恩和阿尔文・拉布什卡（Alvin Rabushka）的研究成果。

② 据估计，从 1690 年到 1785 年，殖民地的经济增速是英国的两倍。McCusker and Menard, *Economy of British America*, 55；同时请参阅 Charles A. Kromkowski, *Rcreating the American Republic: Rules of Apportionment*, *Constitutional Change*, *and American Political Development*, *1700 -1870* (New York: Cambridge University Press, 2002), 47。"到 18 世纪 70 年代，殖民地白人家庭的平均生活水平超过了英国，可能在世界上也是最高的。"

急剧增加，这使得新英格兰殖民地的经济也突然繁荣起来。在这场全球的军事战争中——被欧洲称为“七年战争”，英国债台高筑，让人难以置信。[①] 在这场战役中，虽然新英格兰殖民地的政府背负着巨额债务，但经济仍是一片繁荣，税收收入也颇丰，这使得殖民地政府到1775年时就还清了所有债务。只有英国还在苦于应付战争带来的巨额债务。于是，英国议会决定不仅在其国内加征税收，还向北美殖民地开征了一堆新的重税，包括《印花税法案》(1765)、《汤森法案》(1767)和《不可容忍法令》(1774)。议会的这些扰民法案直接威胁到殖民地立法机构的收入来源，也激起了人们对英国君主的反抗。[②] 具有讽刺意味的是，尽管开征了这些令众人反感的王室税，但殖民地从1763年到1774年的税收从整体上来说在下降，税收未被征过头。[③]

到18世纪70年代，新英格兰殖民地都采取了某种形式来对“能力”进行征税，也就是对个人的技能或职业征税(比如对律师、医生、商人和技工)。[④] 对能力征税意在可以获取那些非农公民阶层的财富(农民的土地和产量很容易衡量和评估，因此也很易于征税)。因为这样的征税是基于这些专业人员的所谓“收益”，所以北方殖民地的这种税收制度被认为要远远优于南方的制度。与之相反，南方的税收收入几乎完全依赖于“统一”的人头税(就像弗吉尼亚州的什一税)，它们的税收制度带有很大的累退性。公平问题我们先置之不谈，至少，累进税制可以向更多的社会财富征税，也会给国家带来更多的收入。但这是单一比例税(累退性)，比如人头税，所具有的一大局限性。[⑤] 如果提高了这类单一比例税的税率，那么最后其实是穷人承担了更多的税收，而这通常会

---

① Becker, *Revolution*, *Reform*, 19, 33-35.

② 议会颁布的这些法案对殖民地的影响，请参阅 Dall W. Forsythe, *Taxation and Political Change in the Young Nation*, *1781-1833* (New York: Columbia University Press, 1977), 10-13。

③ Becker, *Revolution*, *Reform*, 34, 37-38。罗伯特·A.贝克尔(Robert A. Becker)认为，税收之所以如此的少，是因为殖民地政府的运行成本很低。官员的薪酬很少，或者说根本就没有。官员的收入一般都来自佣金或回扣。

④ 能力税的概念请参阅 Seligman, *The Income Tax*, pt. 2, chapel, 367-387;还可参阅 Becker, *Revolution*, Reform, 11。

⑤ 尼尔·弗格森指出，在英国，数个世纪以来，累退性人头税引起过无数的反抗——最近一次是在1990年。那年，政府推行了一套糟糕的人头税，这导致了玛格丽特·撒切尔政府的倒台。Niall Ferguson, *The Cash Nexus: Money and Power in the Modern World*, *1700-2000* (New York: Basic Books, 2001), 64。

招致当地征税员的不满和反抗。累退性人头税主要由穷人和工薪阶层承担，未能实现对富有阶层征税，因而也就不能给国库带来最多的收入。

不管是在北方的殖民地还是南方的殖民地，政府都缺少真金白银，难以应付日常支出并维持自身的正常运转。为此，政府通常会发行信用凭证[①]或其他形式的纸币，以解燃眉之急。[②] 有了信用凭证，地方政府就有了弥补赤字的手段，其支出就可以超过当前的税收收入。但是，长此以往，货币越来越贬值，进而促使议会相继于 1751 年和 1764 年颁布了《货币法案》，限制各殖民地自行发行纸币。[③] 各殖民地政府只有在下列条件约束下才可发行纸币：不得用作法定支付手段而且确保在合理时间内征集到足够的税款来清偿。[④] 各殖民地政府也以票面价值接受纳税人用信用凭证来缴税，这有助于维持该官方货币（即信用凭证）的价值。

对于殖民地政府来说，这样的金融体系一直运行良好，直到独立战争爆发后，政府支出开始剧增，国库不堪重负。随着战争的爆发和对收入需求的激增，南北方在税收制度上的差异也越加明显。各州的立法机构突然意识到它们必须要征集到更多的收入以支持军力的扩张。为了战争，所有的州都在殚精竭虑增加收入，但南方的殖民地显得更为被动，因为它们的政府比较弱小，税收制度也不如北方有效率，而这又进一步阻碍了南方政治制度的发展。最终，面对艰巨的收入任务，因为拥有比南方殖民地更完善的政治制度，北方殖民地能征集到更多的公共收入，所以能更好地完成征集收入这一重要任务。南北方的这种差异在 13 个殖民地的政治联盟成立之后，依然存在。

---

① 信用凭证指的是，由政府发行的，类似于钞票，可以像货币一样流通的一种凭证。主要盛行于《邦联条例》颁布之前。资料来自维基百科。——译者注

② 关于殖民地的硬币、纸币和其他货币的一项比较综合性研究，请参阅 John J. McCusker, *Money and Exchange in Europe and America, 1600 - 1775: A Handbook* (Chapel Hill: University of South Carolina Press, 1978)；还可参阅 Margaret G. Myers, *A Financial History of the United States* (New York: Columbia University Press, 1970), 6 - 12。

③ 英国的议会和王室颁布这些限制性条例意在“保证他们的海外投资和经济布局不受货币快速贬值的影响”。James D. Savage, *Balanced Budgets and American Politics* (Ithaca: Cornell University Press, 1988), 61。

④ 尽管英国议会禁止殖民地政府印刷纸币，但马萨诸塞州政府还是在 1692 年 12 月宣称其发行的信用纸币具有法定纸币的作用，可以用来清偿公共和私人债务。关于这种重要的“货币创新”，详细阐述请参阅 Rabushka, *Taxation in Colonial America*, 364。

二、国家的形成和联邦制

在美国，殖民地的领袖们试图建立的第一个政治联盟可以追溯至独立战争爆发之前。反抗运动爆发后，为了指挥民众有组织地反抗英国，一开始，殖民地的领袖们都组建了自己的州政府，颁布了新章程，建立了新制度。直到后来，他们才想要成立一个政治组织，即独立于13个殖民地的政府。其实，在切断与英国的关系之前，这些殖民地就已拥有相当大的自治权，经济上也是足够的独立，因此，我们不得不思考的是，为什么殖民地的政治领袖们会同意建立一个政治联盟？为什么他们会同意将部分的权力和权威让渡给新成立的联邦政府？既然这样做会让他们自身付出巨大的代价，那么对这些理性又重利的政治参与者来说，其背后一定有强烈的动机。[①] 所以，接下来，我们要思考的是，是什么促使着殖民地的政治领袖们决定结成一个政治联盟？是什么让他们做出这个对美国今后的发展产生深远影响的决定？

从1774年开始，随着与英国的冲突越加激烈，13个殖民地成立了治理委员会。面对民众的群起反抗，旧的殖民地政府纷纷瓦解。这些委员会也就取代了旧的殖民地政府，并拥有了实际上的政治权威。不久，新成立的政治当局就开始颁布自己的宪法，公开宣称拥有领土上的主权。在马萨诸塞州，随着殖民地政府的崩解，这个进程开始得更早。趁着权力的真空时期，政治领袖们想抓紧时机成立新的政府，但是很快就发现，在该如何取代已不存在的殖民地政府的问题上，他们并没有一致的想法。对于马萨诸塞州的民众来说，完全采用一部新的宪法未免太极端，因为这意味着正式推翻了英国的统治。要向英国发出这

---

① 政府这个组织是由那些理性又重利的“政治参与者”组成的，他们揣着各自的目的，也追求共同的集体目标。这种观点请参阅 Barbara Geddes, *Politician's Dilemma: Building State Capacity in Latin America* (Berkeley: University of California Press, 1994), 7－11。在理性选择理论和公共选择理论的著作中，这种观点也是很普遍的。例如，约翰·海萨尼(John Harsanyi)就认为，在解释政治变革时，我们就应该思考一个问题，为什么“有些人会认为在新的制度安排下他们获益将更多”。John Harsanyi, “Rational-Choice Models of Political Behavior vs. Functionalist and Conform Theories,” *World Politics* 21 (July 1969): 532。凯斯·多尔蒂(Keith Dougherty)构造了一个集体行动的理性选择模型来分析在《邦联条例》下政治领袖们的决策。Keith L. Dougherty. *Collective Action under the Articles of Confederation* (New York: Cambridge University Press, 2001)。

样的反抗和挑战，他们还未做好充分的准备——当然，他们也不像天生谨慎的约翰·亚当斯所认为的那样，还有时机与英国达成和解。[①] 到了1774年秋，人们一致认为应该恢复旧殖民地时期颁布的《宪章》(*Charter of 1691*)。与颁布一部全新的宪法相比，显然，这样的做法没那么激进，威胁也小很多，因而能很快在殖民地获得支持。[②] 随后，1691年《宪章》的修订版就成为马萨诸塞州的“新”宪法。

在1776年的整个春天和夏天，殖民地民兵在与英国交火之后，其他殖民地也跟随着马萨诸塞州的脚步，纷纷制定了新的宪法。[③] 由于康涅狄格和罗德岛早在17世纪中期就已根据殖民地的《宪章》成立了共和政府，因此，它们就只需对当时的宪法和法律进行一些小修订(非常小的修订)，比如不再向英国国王和殖民地总督征求意见。在这些州，总督一直是通过选举产生的。但宾夕法尼亚州、特拉华州、马里兰州，一直是世袭的业主殖民地，因此，它们完全有必要制定一部全新的共和制宪法。这项工作是由专职于制定新宪法的特别大会完成的。[④] 在

---

① 亚当斯一直捍卫英国的宪法，直到军事冲突爆发。但即便如此，他也只是极不情愿地抛弃他对共和主义的信仰，转向革命。1776年7月3日(这天亚当斯和所有的代表通过投票宣布正式独立)，亚当斯还说，他被“革命之突然，革命之伟大”震惊到了。“John Adams to Abigail Adams” (July 3, 1776), *in The Book of Abigail and John Adams: Selected Letters of the Adams family*, ed. L. H. Butterfield, Marc Friedlaender, and Mary-Jo KLine (Cambridge: Harvard University Press, 1975), 139。

② 恢复旧殖民地的《宪章》这一想法刚开始只在西部地区出现，之后才在东部地区传开。这个问题摆在大陆会议的面前，但大陆会议对此犹豫不决，直到1775年6月列克星敦和康科德战役过后，大陆会议才重新批准了这一计划。请参阅 Jerrilyn Greene Marston, *King and Congress: The Transfer of Political Legitimacy, 1774－1776* (Princeton: Princeton University Press, 1987), 254－261。

③ 1776年5月10日，大陆会议通过一项决议，表明支持马萨诸塞州的做法，并授权“那些至今为止没有合适的政府机构来处理紧急事务的殖民地立法机构和大会，可以采取同样的做法。以人民代表的眼光来看，这样做既有利于各殖民地选民的幸福和安全，从总体上看，又有利于美国”。Worthington C. Ford et al., eds., *Journals of the Continental Congress, 1774－1789* (Washington, DC: Government Printing Office: 1904－1937), 4: 342。

④ 对1775年到1777年通过的新宪法情况的描述，请参阅 Marc W. Kruman, *Between Authority and Liberty: State Constitution Making in Revolutionary America* (Chapel Hill: University of North Carolina Press, 1997); cf. Gordon S. Wood, *The Creation of the American Republic, 1776－1787* (New York: W. W. Norton, 1972), 127－143。马尔克·W.克鲁曼(Marc W. Kruman)强调了特别大会在新宪法制定过程中的作用，并对戈登·伍德的观点持批判态度。戈登·伍德过分强调立法机构的作用(据克鲁曼的描述)。克鲁曼这样总结特别大会的作用：“第一部宪法的制定者们相信，他们所写的每一个字都会影响到将来的一代……宪法是最基本的法律，因此，他们在立法机构及其他地方写下的是权利的宣言，他们制定的是约束和限制统治者的方案。他们也制定了限制宪法的修订程序来维护他们的宪法。”Kruman, *Between Authority and Liberty*, 59。

其余的殖民地中,它们的总督是由英国王室任命的——纽约是个例外,它的总督是选举产生的。随着军事冲突的爆发,有些王室殖民地一直被迫推迟至1777年才颁布新宪法。

由于有了自己的宪法、立法机构、法律制度、军队和征税体制,前殖民地现在已具备了主权民族-国家最基本的特征。[①] 是的,虽然以现在的标准来看,它们都是"弱小的"国家,但毕竟它们都享有自身领土上的主权——当然,那些被英国军队占领的地区除外。在这个短暂的时期,13个殖民地实际上都是各自为政。与几十年后意识形态驱动的权利声明不同(这些声明在导致美国内战的那些灾难性事件中由辉格党与共和党提出),伦敦的王室并没有直接授权大陆会议颁布《独立宣言》。[②] 然而,尽管脱离联邦的声明并不十分让人信服,但在19世纪,南方诸州拥护自身权力的声明,意味着在这个曾经很短暂的时期,即在联邦层次上的联盟成立之前,13个殖民地其实是一个个独立的民族-国家。当然,这样的时期并未持久。当邦联成立之后,13个殖民地的独立就终结了。不过,州政府还是保留了大部分的特权和权力。

其实早在18世纪70年代以前,殖民地之间就曾有结成联盟的尝试,其中还不乏非常重要的联盟,但它们全都以失败告终。1643年,新英格兰殖民地的领导人(包括马萨诸塞、普利茅斯、康涅狄格、纽黑文)成立了一个"牢固而永久的友好和睦联盟",一起对印第安人部落和荷兰进行"还击和防卫"。这个联盟的

① 当人们的独立意识被唤醒时,他们对英国的制度是如此的唾弃。在许多州,立法机构禁止在普通法庭上提及英国的案例。但在实践中,由于地方缺乏权威,也没有先例可供遵照,人们还是会使用英国的普通法。原则被遵循了,但不引用英国的案例。为了说明州法院是如何抛弃英国法律的,请参阅 Lawrence M. Friedman, *A History of American Law* (New York: Simon and Schuster, 1973), 93-100。

② 南方的州宣称它们有权脱离联邦,因为在自愿加入联邦之前,它们本身就是独立的。对此,林肯反复做出了几次并不令人信服的回应。在他的首次就职演说上以及后来在1861年7月4日的国会演讲中,林肯提出:"我们每一个州拥有的权力,它既不多,又不会少于它们在联邦中所保留的权力,根据宪法——没有一个州脱离过联邦。在每一个州脱离英国之前,其实它们就已经是联邦的一部分了。" President Abraham Lincoln, "Message to Congress in Special Session" (July 4, 1861), in Abraham Lincoln, *Speeches and Writings 1859-1865* (New York: Library of America, 1989), 254。杰克逊在反对南卡罗来纳州宣称要废除联邦立法的声明中,也表达过类似的观点。他说,美国这个"国家"并不由拥有主权的各州创立,它在1787年宪法颁布之前就已经存在。President Andrew Jackson, "Proclamation Regarding Nullification, December 10, 1832," in *A Compilation of the Messages and Papers of the Presidents, 1789-1897*, ed. James D. Richardson (Washington, DC: Government Printing Office, 1896), 2: 640-656。

官方名字为新英格兰联合殖民地,但更为人所熟知的名字是新英格兰联盟。[①]让建立者始料未及的是,1684 年,当马萨诸塞州拒绝加入抗击荷兰的军事行动之后,这个"永久"联盟就瓦解了。另一个结成政治联盟的尝试是在 1754 年。那一年,北部的 7 个殖民地代表在奥尔巴尼举行会议。会议的初衷是探讨如何应对法国对西北部的威胁和解决与印第安人部落交恶的问题。但与会代表们所做的事情不止于此。他们越过权限,批准了一项结成联盟的提议。该提议由本杰明·富兰克林起草,后来马萨诸塞殖民地的总督托马斯·哈钦森又对此做了修正。这就是所谓的《奥尔巴尼联盟计划》。[②]《奥尔巴尼联盟计划》规定,只有联盟的总统可以向印第安人宣战与讲和,以及对外缔结谈判合约、治理西部地区。联盟自身则有权组建军队、征集税收,以充盈联盟的国库。虽然与会的代表们批准了《奥尔巴尼联盟计划》,但是这项计划遭到了英国政府和参会的 7 个殖民地立法机构的否决。它们不能容忍联盟侵犯自己的政治自主权——尤其是征税的权力。[③]

殖民地之间尝试成立的最成功的集体组织就是 1765 年的"印花税法会议"(*Stamp Act Congress of 1765*)。该会议召开的一个目的就是应对英国的税收政策,它严重侵蚀了殖民地的税收资源,并激起了极大的民愤。1765 年,英国议会通过《印花税法》后,马萨诸塞州的议会就一致决议召开殖民地代表

---

① 新英格兰联合殖民地的《邦联条例》第二条宣布:"为了我们自己,也为了我们的后代,上述的联合殖民地将联合起来,成立一个牢固、永久和友好的联盟,大家共同出兵和防御,在所有合适的情况下都共同商议和相互共助,以维持和弘扬福音的真理和自由,以增进彼此的安全和共同的福利。"

② 《奥尔巴尼联盟计划》序言指出:"建议向大不列颠议会谦卑地请求一项法案,将上述所有的殖民地联合起来,在美国组建一个统一的政府。在这样的政府构架中,每个殖民地仍可保留现行的宪法,除了一些例外,而这些例外将遵循该法案的指引。"关于《奥尔巴尼联盟计划》的重要性讨论,请参阅 Samuel Eliot Morison, Henry Steele Commager, and William E. Leuchtenburg, *The Growth of the American Republic* (New York: Oxford University Press, Seventh Edition, 1980), 1: 114 - 115。

③ 如果《奥尔巴尼联盟计划》能成功实施的话,也许接下来的事态发展就将完全不同。回顾 1789 年发生的这些事件,富兰克林反思说:"如果《奥尔巴尼联盟计划》成功的话,殖民地就不会这么快从英国那里独立出来,双方也不必遭受如此大的损失,也许这一切要到下个世纪才会发生。如果殖民地真的联合起来的话,就像计划和殖民地自己所设想的那样,完全可以相信它们确实是有能力来自卫的。如果真是这样的话,英国也就没必要派军队过来,并且也就没有理由向殖民地开征印花税,也不会存在其他通过议会法案从美国获得收入的计划。正是这些税,导致了殖民地与英国的决裂,并让双方付出了生命与金钱的代价。如果这一切都未发生的话,对于英帝国而言,它依旧可以保持和平与统一。""Benjamin Franklin to Matthew Carey" (February 9, 1789), in *Papers of Benjamin Franklin* (Philadelphia: American Philosophical Society, unpublished), 5: 368。

大会。大会(就是所谓的“印花税法会议”)于10月7日至25日在纽约联邦大厅举行,有来自9个殖民地的代表参加了会议。会议产生了三份请愿书,要求英国议会撤销法案以平息民愤,并发表了一份殖民地的权利声明(即所谓的“权利和冤情声明”),宣称不经过它们的同意而加在它们身上的税收是属于违宪的。随后,会议就宣布永久休会。因此,当时没有人认为它会成为一个永久的政治组织。由于殖民地和英国的商人一致反对《印花税法》,英国的议会于1766年3月撤销了该法案。①

美国成立之前的这些事件我们先铭记于心。现在,我们要再次回到关乎美国在18世纪晚期成立时最重要的一个问题:英属13个殖民地都有自己的宪法和代表大会,以及军队和税收制度,那为什么它们的领导人还是愿意将自己的一部分权力永久地让渡给一个新的中央政府?在回答这些问题之前,我们首先必须要明晰,在18世纪70年代,是什么在阻碍着政治联盟的形成,而这些阻碍力量又是为什么在建立政治同盟的努力都归于失败后自行消失了?另外,我们必须要考虑殖民地领导人的动机和利益,毕竟他们所做的一切都是出于自愿。在这里,没有外国势力的“征服”,没有外国势力迫使他们这样做。同样,也没有一个强大的州胁迫一个弱小的州与之结成政治联盟,而这正是1871年普鲁士统一德国时所行之法。在美国,各州的领导人深思熟虑后决定成立一个新的邦联国家。对于这些理性又重利的政治家来说,既然他们为此要做出的牺牲是显而易见的,那么其背后必有强烈的动机。②

对于这种种的疑问,给出最有说服力回答的是威廉·赖克。他回答了在什么情况下,那些独立的州会结成联邦,以及在什么情况下,那些“弱小的”联邦会选择走上更强大、更集权的联邦之路。③ 如今,联邦制度不再是当代政治学

---

① “印花税法会议”的情况,请参阅 Jillson and Wilson, *Congressional Dynamics*, 38–42。

② 各州领导人自愿让渡出部分权力给新成立的中央政权,其背后有个人或集体的目标在推动着他们,这些目标使他们克服了保留现行政治制度下固有地位的自私想法。集体行动的理性选择模型为分析独立的各州结成联邦的行为提供了一个潜在的富有成效的起点。同时,它也提供了一个有效的视角来解释为何立法机构在独立战争和1787年宪法通过之后,仍致力于加强联邦政府的权力。

③ 在赖克漫长而又杰出的学术生涯中,他最重要的贡献是将博弈论和理性选择理论运用到政治研究中。他用博弈论解释了政治联盟的形成。William H. Riker, *The Theory of Political Coalitions* (New Haven: Yale University Press, 1962)。赖克用博弈论和结盟理论来分析各州是如何决(转下页)

的前沿话题，因此，有关于它的诸多研究都是前代学者做出的。[1]赖克所面对的正是这些学者未曾回答的——为什么那些小州的统治者要组成联盟或成为联邦国家？赖克极其排斥那些凭空的理论，其中一个主张就是，那些有着共同的语言和文化，属于同一个种族的国家，才能建立联邦。[2]只要粗略看看当今世界上的那些联邦国家和单一国家，这种简单的理论就会被摒弃。但是，如果不是种族、宗教和共同的文化，那么又会是什么促成有独立主权的州结成联邦制国家呢？作为一个将独立且自主的州联合在一起的一种立宪安排，联邦制度的历史渊源又在哪里呢？

联邦制是一种立宪安排，在这样的安排下，位于中心的政治组织对组成联邦的领土享有一定程度的权威，而各个联邦成员（不管它们被称为州、省或邦等）又都在各自的区域里行使权力。[3]在一个"弱"的联邦制下（通常指的是联盟或邦联），位于中心的政治组织只对一些特定的事情拥有决定权。这通常指的是一些国家结成的贸易合作伙伴关系和军事同盟。对于军事同盟来说，它是将独立的国家组织在一起，使其在统一的指挥下开展军事行动，但除此之外的职能，都无权执行。在这样分权的联邦制下，大部分的权力是保留在联邦成员的手中。[4]相反，在一个"强"的联邦制下，几乎所有的权力和权威都归于中央政府，而其联邦成员只享有极其有限的决策和权力。在一个高度集权的立

（接上页）定加入联邦的。William H. Riker, *Federalism: Origin, Operation, Significance* (Boston: Little, Brown, 1964); and *The Development of American Federalism* (Boston: Kluvver, 1987)。

① 请参阅 Kenneth C. Wheare, *Federal Government* (New York: Oxford University Press, 1947); William Livingston, *Federalism and Constitutional Change* (London: Oxford University Press, 1956); A. H. Birch, *Federalism, Finance, and Social Legislation in Canada, Australia, and the United States* (London: Oxford University Press, 1955); A. H. Birch, "Approaches to the Study of Federalism," *Political Studies* 14 (1966); M. J. C. Vile, *The Structure of American Federalism* (London: Oxford University Press, 1961); Daniel J. Elazar, *Exploring Federalism* (Tuscaloosa: University of Alabama Press, 1987)。

② 请参阅 Wheare, *Federal Government*, 38 - 39。很奇怪的是，肯尼思·C.惠尔（Kenneth C. Wheare）自己将加拿大和瑞士作为"尽管存在着语言和种族上的差异，但仍能形成联邦体系"的例子。

③ Riker, Federalism, 11.

④ 这就是欧盟的现状。在布鲁塞尔（被认为是欧盟的首都），欧盟成立自己的中央行政机构和代议机构，以对25个成员国的经济进行统一的管理，此外，它还制定了一系列统一的公共政策，包括环境、贸易、农业等方面。虽然各成员国国内的安全防卫已经进行了一些整合，并采用了共同货币，但是在一些重要的领域，比如国防和外交，各成员国仍保留了自己的权力。

宪安排下(比如苏联),正如法国和意大利这些单一国家,中央政府拥有所有的权力和权威,地方政府仅仅只是中央政府派出的行政单位而已。

是什么样的动力和动机促使着那些相互独立的国家结成联邦国家?又是什么样的动力和动机,使得结成的联邦国家始终铁板一块?根据赖克的理论,当面临战争和外敌入侵时,那些独立国家的领导人(有自己的军队和征税权力)会愿意将权力拱手让渡给一个新的中央政治组织。[①] 但是,这些军事攻击或外敌入侵又往往不足以让这些国家完全放弃自己,并融合成一个单一制国家——对所有领土和公民拥有绝对管辖权,握有军力,能够集中征集税收。只有极其残暴的武力和军事侵略,才可以实现这种极端的集权。在赖克的眼里,联邦制是"帝国的替代品",没有一个国家能完全征服邻国,但它们又有强烈的动机进行联合与协作。"为了聚集领土,更好地征税和供养军队"[②],未来的国家领导人与成员国的统治者们理性协商,就这样诞生了联邦制国家。当那些独立国家的领导人发现,一个更大的政治组织在执行最基本的国家职能方面将更加有效,他们就会联合起来——比如发动战争。[③] 贸易和商业的增长带来的潜在经济利益也许足以使独立的各个国家结成贸易联盟。但要想让独立国家的统治者交出更多的权力,必有更强大的推动因素,比如遭遇战争或受到共同的外敌侵略。入侵和征服的威胁会让理性又重利的政治领导人放弃权力,交于一个中央组织,只要他们意识到,结成一个统一的军事组织是抵御外敌的唯一出路。[④]

通过考察那些联邦制国家,赖克发现,对于很多国家而言,它们采取联邦制都是为了抵抗外敌的军事入侵。其中,最典型的国家之一就是加拿大。加拿大与美国一样,位于北美大陆,两国居民有着相同的文化背景,加拿大也同

---

① 因抵抗外敌的军事入侵而形成联邦国家的有瑞士、加拿大,还有南斯拉夫。Riker, *Development of American Federalism*, 3-16。

② Ibid., 12.

③ 1871年,在普鲁士的重压之下,德国就是这样实现了统一。请参阅 Otto Pflanze, *Bismarck and the Development of Germany: The Period of Unification, 1815-1871* (Princeton: Princeton University Press, 1963)。

④ 有人认为,除战争威胁以外,还有一些其他因素也促使了联邦的形成,包括成员国之间有共同的经济利益和类似的意识形态。请参阅 Wheare, *Federal Government*, 35-44; Birch, "Approaches to the Study of Federalism," 15-33。

样选择了联邦宪法结构。因此,加拿大是美国最理想的跨国比较对象。[①] 根据1867年《英属北美法案》(在1982年,它又被称为1867年宪法法案),新斯科舍省、新不伦瑞克省和加拿大省——英国在北美仅剩的三个殖民地[②],创建了一个凌驾于殖民地政府之上的机构("加拿大自治领")。是什么促使这些独立的殖民地结成一个联邦呢?在1864年9月,英属北美殖民地的代表们在爱德华王子岛的夏洛特敦会议上首次碰头商议联邦事宜时,他们的目的只有一个,那就是建立一个更强大的政治组织以抵御来自美国的军事威胁。美国入侵(在内战期间拥有世界上最大的常备军)加拿大,促使这些独立殖民地的领导人在1867年成立了加拿大联邦。

在18世纪晚期,面对英国强大的海军和职业军的威胁,13个殖民地的领导人决议结成联盟,与英国王室抗衡。这13个殖民地有着共同的文化背景,使用同一种语言,同属共和政府,这决定了它们的联邦之路是可行的。即使共同的文化、宗教、政治信仰、语言和相邻的地理位置等因素不足以让它们结成一个联邦,它们也会选择另一种更实际可行的非政治联盟方式。这些因素在联邦成立和外部军事打击不复存在之后,仍对联邦的存续影响重大。当宗教的教义、思想的火花和哲理的辩论助燃着的独立运动终于在18世纪60年代爆发时,这一切就在美国发生了。然而,上述几个因素还是不能解释,为何在1776年那些州会做出结成政治结盟的决定。我们要知道,独立运动是一回事,而独立的州愿意结成联盟是另一回事。独立运动背后有着鲜明的政治意识形态。历史学家们孜孜不倦地研究美国独立战争的"思想起源"。但是,对于殖民地的领导人而言,让他们做出加入联邦决定的,不是某种思想,而是他们此时此刻正

---

① 关于加拿大和美国的比较有很多,请参阅 Seymour Martin Lipset, *Agrarian Socialism; the Cooperative Commonwealth Federation in Saskatchewan, a Study in Political Sociology* (Berkeley: University of California Press, 1950); and *Continental Divide: the Values and Institutions of the United States and Canada* (New York: Routledge, 1990)。关于加拿大和美国的法学比较研究,见下列论文: Stephen I. Newman, ed., *Liberal Constitutionalism in Canada and the United States* (Albany: State University of New York Press, 2004)。

② "加拿大自治领"最初由四个省组成,分别是:新斯科舍省、新不伦瑞克省、安大略省和魁北克省。其他的殖民地和西北地区也在不同情况下加入了加拿大联邦。1949年,纽芬兰成为加拿大的第十个省份。关于加拿大联邦制的简史和描述,请参阅 Peter W. Hogg, *Constitutional Law of Canada* (Toronto: Carswell, 1985), 79-105。

关注的事情——如何对付英国派到北美来镇压叛乱的军队。美国的起源可追溯至这些政治领导人为了应对迫在眉睫的战争威胁而做出的战略反应。

没有哪个事件可以清楚地表明是在什么样的时刻，13 个殖民地的政治领导人第一次决定要结成政治联盟，也没有这样的事件可以明确界定或标记出来这一时刻。[①] 我们至少可以说，这种决定是非正式的，也是顺其自然的。其实，早在 1775 年 4 月 19 日与英国正式交战之前，建立联盟的步伐就已经迈出了第一步。然而，结盟运动还是与迫在眉睫的军事冲突直接相关。从 1773 年开始，各州立法机构的领导人就通过了一个所谓的通信委员会来进行初步接触。在 1774 年，随着战争的爆发，委员会也开始更多地讨论军事危机问题。《不可容忍法令》激起了民愤，而英国议会在 1774 年颁布的一系列法案，更是让殖民地的抗议声不绝于耳。受之影响，通信委员会决定成立一个由各殖民地代表组成的正式会议来共商这些事情。12 个殖民地共派出了 70 位代表来参会。这个会议被正式称为第一届大陆会议。[②] 虽然第一届大陆会议并不具备至高无上的权力，但从历史上而言，它是现代美国政府的前身。[③]

第一届大陆会议于 1774 年 9 月 5 日至 10 月 26 日在费城召开。[④] 虽然当时的美国还缺乏民族-国家的基本属性，但是第一届大陆会议为最终的联邦政

---

① 同样，也没有一个事件标志着美国独立运动的开始。虽然人们根据习俗将美国的独立日定为 1776 年 7 月 4 日，但实际上，那天并没有发生什么重大的事情。而第二届大陆会议是在 7 月 2 日那天才接受了理查德·亨利·李关于《独立宣言》的决议。在 7 月 4 日，官方的独立宣言才正式在费城出版，但是签名一直到 8 月才附上。关于这个历史事件的日期问题，请参阅 Gary Wills，*Inventing America: Jefferson's Declaration of Independence*（New York：Vintage Books，1978），334 - 344；PauLine Maier，*American Scripture: Making the Declaration of Independence*（New York：Knopf，1997），44 - 45，160 - 170。

② 佐治亚州没有派代表参加第一届大陆会议。直到 1775 年 7 月召开第二届大陆会议时，它终于派了一位代表参会。

③ 杰里林·格林·马斯顿(Jerrilyn Greene Marston)解释了 1774 年后殖民地的效忠对象是如何从英国国王转变为第一届大陆会议的。既然英国王室的合法性不复存在，殖民地就转而视大陆会议为合法的政府。当英国国王断然拒绝了大陆会议递呈的要求和解的请愿书后，这种忠诚转变的速度就更快了。Marston，*King and Congress*。

④ 关于第一届大陆会议在独立战争中的作用，请参阅 Jack N. Rakove，*The Beginnings of National Politics: An Interpretive History of the Continental Congress*（New York：Knopf，1979）。大陆会议的程序和组织形式，请参阅 Jillsonand Wilson，*Congressional Dynamics*；同时，还可参阅 Marston，*King and Congress*，75 - 99。这段历史在下面的书中也有涉及：Merrill Jensen，*The Founding of a Nation: A History of the American Revolution，1763 - 1776*（New York：Oxford University Press，1968）。

府奠定了重要的基础。会议闭幕后不久，大会就成立了两个委员会来开展工作：一个是申诉委员会。申诉委员会起草了一份申诉文件，并向乔治三世索求赔偿。另一个是贸易和制造业委员会。第一届大陆会议的主要功绩在于组织民众抵制英货和提议在来年的春天再召开一次会议，即第二届大陆会议。早在第一届大陆会议召开期间，北美这块土地上就已经弥漫着军事冲突的威胁了。及至 1775 年 5 月召开第二届大陆会议时的上个月，在马萨诸塞州的列克星敦和康科德就爆发了流血小冲突。有感于即将爆发的战争，乔治·华盛顿作为弗吉尼亚州的一位代表，在未被任命为美军总司令之前，就身穿军队制服参加了第二届大陆会议。迫在眉睫的战争迫使各州的政治领导人结成一个政治联盟，以维护他们共同的国防利益。

与之前那些曾昙花一现的组织一样，没有人认为第二届大陆会议会成为一个永久的政治组织，更别说它会成为一个强大的民族-国家的中央政府了。美国抵抗运动的领导人只能顾及眼前的事情——为独立而奋战，他们根本无暇去思考独立之后要成立什么样的政府之类的问题。13 个独立的殖民地结成了军事联盟，而第二届大陆会议就是这个军事联盟的指挥中心。各州的领导人深知，各自作战，其战斗力肯定远不如接受统一指挥。《独立宣言》宣布后，第二届大陆会议承担了指挥全军的重任。此外，它还履行了一些基本的政府职能，比如设立邮政局、管理贸易、指导印第安事务，有时还会调停各州之间的纠纷。①

第二届大陆会议很好地诠释了赖克的观点，那就是在遭遇外部的军事攻击时，它们会联合起来，结成联邦，以应对外部军事威胁，即使这打击不足以让拥有独立主权的国家融合成一个单一国家。在这种情况下，与英国的交战迫使美国成立一个统领战事的组织来庇护自己。尽管有个别领导人反对结盟，但是普遍的想法仍是要万众一心，赢取独立。当然，至于要让渡多少权力给中央政府，对此仍有很大的争议。最后，让渡给大陆会议的权力是极其有限的。说实话，第二届大陆会议几乎未建立任何体制机构，它其实也就是由几个州的代表组成的一个委员会而已。它既不设置官僚机构，又没有人员供其差遣。

---

① 大陆会议履行的少数政府职能请参阅 Maier，*American Scripture*，13。

联邦政府几乎没有多少官员、行政人员和代理人来执行其命令。最关键的是，它没有常备军，也没有能力征集收入。如果这是一个国家政府的话，那么它并不具备政府的任何基本特征。

话说大陆会议是联邦政府唯一的机构（没有行政机构，也没有司法机构），可它甚至都没有容身之处——这再一次表明这个组织是多么的羸弱不堪。[①]从1775年5月10日到1777年9月，第二届大陆会议一直借用费城的宾夕法尼亚州议会大厦，如今这个地方被称为独立大厅。大陆会议还一度和刚刚选举出的宾夕法尼亚地区会议（它取代了被遣散的殖民地议会）以及宾夕法尼亚大会的代表共用一处。代表们在那里聚集一堂，起草宾夕法尼亚州宪法。当英军的铁蹄逼近费城时，大陆会议被迫迁至不远处的约克。之后大陆会议又落脚到巴尔的摩和兰开斯特，直到英军撤退，才又回到费城。[②] 没有首都，甚至没有开会的容身之处，只有少得可怜的政治权力，我们很难将第二届大陆会议和拥有最高统治权的政府画等号。想想我们之前描述的政府和政治发展的标准，我们只能下结论说，第二届大陆会议是一个异常弱小的政治组织——维持自身尚且勉强，更不用说将其触角伸向社会来汲取收入或规范私人经济了。受制于这些制度构架上的局限性，第二届大陆会议能在战争中取得那样的功绩，已属大放异彩。

从1775年秋开始，第二届大陆会议开始设立一些委员会（特设的和常设的）来助其开展工作。[③] 委员会中有管理军事事务的，有处理外交事务的，也有打理国库的。为了对大陆会议的开支规模进行估算，第一个财政委员会于1775年6月成立。这是一个常设机构，它的职责是监督并管理国库。它一直

---

① 那时，一些私人俱乐部和社会组织都有自己聚会和商讨事宜的场所（如麋鹿俱乐部或国际扶轮社的分会）。许多教会也有自己的建筑。而美国的联邦政府——大陆会议，却连最基本的基础设施都没有。

② 战争结束后，国会相继在费城、普林斯顿、安纳波利斯和特伦顿开过会。在这段颠沛流离的时期，我们得不到确定的参会人数。后来在1784年12月，国会迁往了纽约。在邦联时期，它一直在纽约。请参阅 James Sterling Young, *The Washington Community*, *1800 - 1828* (New York: Columbia University Press, 1966), 13; Rakove, *The Beginnings of National Politics*, 334 - 336; Richard B. Morris, *The Forging of the Union*, *1780 - 1789* (New York: Harper and Row, 1987), 90 - 95。

③ 关于委员会制度和第二届大陆会议的程序，最好的描述请参阅 Jillson and Wilson, *Congressional Dynamics*, 59 - 67, 91 - 131。

存续到 1776 年 2 月，直到一个更长久的机构成立。在这期间，委员会的人数从 5 人增至 10 人，它的权力也随之得到了扩张。[①] 这也反映出国家领导人一直在致力于扩大大陆会议的权力。从本质上而言，委员会就是在替代尚不存在的官僚组织行使职能。也正是有了这些委员会，大陆会议才得以完成其使命。虽然与即将到来的 19 世纪相比，这只意味着美国的政治发展迈出了一小步，但毕竟是一个开始。

在这段羸弱不堪又颠沛流离的时期，第二届大陆会议一直在勉为其难地做着两件它意欲为之的事：协调战事（基本上只有各州的民兵在参战）和筹集社会资源。可问题在于它并不握有权力，哪怕是履行一些简单的职能所需要的权力。[②] 第二届大陆会议没有自己的常备军，也没有能力汲取社会资源。在各州都没有放弃独立主权的情况下，大陆会议要求各州完成的收入、武器和军队人数的指标，对它们而言，并没有约束力。既然各州不会被迫去服从这些要求，它们就公然对此置之不理，这导致大陆会议总是捉襟见肘（不管是人、设备，还是资金），不得不通过对外举债来购买武器和弹药以装备自己的军队，最后又通过印钞票来还债。[③] 然而，这又导致在整个独立战争时期，美元急速贬值，物价不断飞涨。[④] 大陆会议又能怎么办呢？它没有征税的权力，它只能这样做。它没有征税官，也没有海关人员，更没有能力从社会汲取资源，就连当初各州结成联盟以求共同防卫的这唯一的目标，它都无法实现。收入掠夺根本是空想。

---

① 关于大陆会议财政委员会的详细描述，请参阅 Albert S. Bolles. *The Financial History of the United States, from 1774 to 1789* (New York: D. Appleton, 1879), 10 - 18。

② 从所谓的新制度主义的角度来看，加尔文·C.吉尔森（Calvin C. Jillson）和瑞克·K.威尔逊（Rick K. Wilson）认为“大陆会议的规范、规则和组织构架……应为其失败负责”，因为它使得大陆会议的权力远不如州政府的权力。Jillson and Wilson, *Congressional Dynamics*, 3, 162。

③ 大陆会议在 1775 年 6 月发行了第一笔信用凭证——总共是 2 万西班牙元。西班牙元在当时是本位货币。Bolles, *Financial History of the United States*, 31 - 33。从 1776 年到 1780 年，大陆会议印刷的纸币达到 241 550 美元。一直到 1778 年大陆军队在萨拉托加取得胜利后，对外借债才受到一些限制。之后，从 1778 年到 1783 年，法国断断续续借给了美国 450 多万美元。Dougherty, *Collective Action*, 56。

④ 随着货币的贬值，大陆会议开始在 1777 年对物价进行管制，但是这并没有奏效。对此详细的描述请参阅 Ferguson, *Power of the Purse*, 25 - 105；还可参阅 Curtis P. Nettles, *The Emergence of a National Economy, 1775 - 1815* (New York: Holt, Reinhart and Winston, 1962), 23 - 34。

没有征税权，大陆会议的领导人们根本就无计可施。没有独立的收入来源，大陆会议不得不靠举债和印刷纸币来备战。从军事冲突爆发伊始到1781年春天，大陆会议的收入来源渠道有三：发行信用凭证（主要是被称为大陆美元的纸币）；从国内贷款（有钱的美国人愿意掏腰包购买债券，一开始利率是4%，后来升至6%）；向国外借债（主要是向法国和荷兰）。1780年2月，大陆会议开始向各州征用战争物资（有牛肉、猪肉、朗姆酒、面粉）。其实这是一种非常有效的间接征税方式。[①] 然而，要想维持政府的正常运转，要想及时供应军队之需，硬通货还是不可或缺的。在战争期间，当国内的经济一片繁荣，店主们、商人们和投机者赚得盆满钵满时，联邦政府却无法从中分得一杯羹。

大陆会议手中的军力与它用来备战的资金一样，少得可怜。通过对早期现代欧洲的研究我们发现，国家的军力与公共收入息息相关，互仰鼻息。对于大陆会议而言，它在汲取收入能力上的不足，也致使它无法组建一支自己的军队，并为其提供良好的装备。1775年6月，为了进行共同防御和统一作战，大陆会议授权乔治·华盛顿组建大陆军队。[②] 1776年，大陆会议投入到战场上的兵力达到了89 600人——就战争期间单个年份投入的兵力而言，这已是最大规模。其中，有42 700人来自各州的民兵，剩下的则直接服役于大陆军中的“正规军”。1777年，在大陆会议处于权力的最巅峰时，它曾要求各州调集80 000人加入大陆军，结果各州只调配了34 820名民兵。这样，华盛顿的麾下就集结了一支68 720人（各州的民兵加正规军）的军队。但是，资金上的严重短缺让大陆会议供养这样的军队极为费力。[③] 到1781年战争最激烈时，在战场上与英军正面交锋的兵力还不到30 000人。其中，属于正规军的不到13 300人，当中还有相当数量的非正规民兵，他们与正规军一起，被编到同一

---

① 关于战争物资的征用制度，请参阅 Ferguson, *Power of the Purse*, 48。

② 关于大陆军的描述，请参阅 Robert K. Wright. *The Continental Army* (Washington, DC: Center of Military History, 1986)。

③ 华盛顿在1778年曾哀叹道：“这场战争我们还能坚持多久呢？恐怕不会很久，除非我们能尽快采取措施，恢复货币的信用……如果做不到这点，我们还能从哪里筹到钱来支付当前的军事开支呢？” “Letter to Gouveneur Morris” (October 4, 1778), in *The Writings of George Washington From the Original Manuscript Sources, 1745 - 1799*, ed. John C. Fitzpatrick (Washington, DC: U. S. Government Printing Office, 1931 - 1944), 13: 21。

个营里，一起听命于大陆军军官的指挥。[①] 在独立战争时期，掌控了主要兵力的其实是各州的立法机构。

在整个独立战争期间，服役于大陆军中的人数大约为 232 000 人(包括正规军和民兵)。[②] 他们来自 250 万生活在殖民地的人。[③] 参加独立战争的人数比例大约为 10.4%。[④] 然而，就任何时候而言，这样的军队规模都不算大。作为大陆军的总司令，华盛顿在战场上指挥过的人数从未超过 17 000 人。[⑤] 与 18 世纪的欧洲国家在战场上投入的兵力相比较，这个数字实在是微不足道。而英国在整个北美驻扎的军队也从未超过 80 000 人——这是为了在从加拿大一直到佛罗里达这片广阔的土地上施加英国王室的权威。[⑥] 对于英国而言，发生于北美的这场战争只是其众多地缘军事冲突中的一个而已。在过去的两个世纪里，英国一直对外战争不休(主要是与法国作战)。[⑦] 对于北美殖民地而言，比较幸运的是，英国把大量的资源投入到与欧洲大陆上最强大的民族-国家——法国的战争中，而不是全力以赴地去镇压北美的叛乱。

---

① 数据来自 Mark Mayo Boatner III, *Encyclopedia of the American Revolution* (New York: David McKay, 1966), 262 - 264。关于正规军数量的不足及华盛顿为何不愿依靠各州的民兵作战，请参阅 Marston, *King and Congress*, 145 - 169。

② Christopher Duffy, *The Military Experience in the Age of Reason*, *1715 - 1789* (New York: Routledge and Kegan Paul, 1987), 17.

③ 人口统计数据来自 U.S. Bureau of the Census, *Historical Statistics of the United States: Colonial Times to 1970* (Washington, DC: U.S. Department of Commerce, 1975), series A 6 - 8 ("Annual Population Estimates of the United States: 1790 to 1970"), part 1, 8。

④ Hugh Rockoff, "Veterans," in *Historical Statistics of the United States*, ed. Carter et al., 5 - 342.

⑤ Boatner, Encyclopedia of the American Revolution, 264。也有人估计，华盛顿指挥的兵力从未超过 13 000 人。请参阅 Duffy, *The Military Experience in the Age of Reason*, *1715 - 1789*, 17。"在战场上，华盛顿指挥的士兵最多也不过 13 000 人。"

⑥ 这个数字还包含了 30 000 名来自德国黑森州的外国雇佣军。当然，英国还有其他的军队，规模也不小。而且在当时，它的海军已是非常了不得。但是，英国并没有将大部分兵力布置在北美战场上。

⑦ 在 18 世纪，发生于北美战场上的英法之战(还有代理人战争)，其实是欧洲列强间斗争的延续，而不是一个独立的事件(正如人们从大西洋这边所看到的)。William M. Fowler, Jr., *Empires at War: The French and Indian War and the Struggle for North America*, *1754 - 1763* (New York: Walker, 2005)。

三、邦联宪法

当意识到自己的权力太过弱小之后，第二届大陆会议的领导人开始筹谋建立一个更加强大也更加永久的政府。1776 年 6 月 7 日，来自弗吉尼亚州的理查德·亨利·李提出了著名的脱离英国独立的提议。[①] 历史注定会让独立运动成为这个民族最伟大的一个传说。就在同一天晚些时候，李又提议："我们应该制定一个邦联方案，递交给各殖民地，供其讨论，获其首肯。"[②]大陆会议马上采纳了为一个早已存在的政治联盟制定宪法的提议，它还任命了一个由各州代表组成的起草委员会来拟定书面的邦联计划。[③] 约翰·迪金森是费城一名有钱的律师，也是一个温和的政治派，他后来作为特拉华州（特拉华州以前是宾夕法尼亚的一部分，人们都知道它是宾夕法尼亚"在特拉华设的郡"）的代表参加了大陆会议，被选为起草委员会的主席。

在中部殖民地，迪金森是一个非同寻常且有影响力的人物。[④] 1762 年，即迪金森 30 岁那年，他就通过选举进入了宾夕法尼亚大会，随后又被任命为代表参加 1765 年在纽约举行的"印花税法会议"。一开始，迪金森还未意识到独立的重要性，但是后来，英国议会一意孤行，执意要根据 1767 年的《汤森法案》接管殖民地关税，这样的笨拙之举让他有所动摇。针对这种不受欢迎的侵蚀殖民地税收权力的行为，迪金森撰写了《宾夕法尼亚农民致英属殖民地居民的信》(*Letters from a Farmer in Pennsylvania to the Inhabitants of the British*

① 国王拒绝做任何的妥协，这让大陆会议的代表们决意要发布一份正式的独立宣言。据杰克·拉科夫(Jack Rakove)所述："代表们不得不考虑独立到底是为了何？对于大多数的意图和目标来说，美国已然是一个独立的国家，它发动战争，成立新政府，发行纸币，还采取了其他有利于自己的措施……最后，独立成为一个合乎逻辑的结论，独立反映了与会的大部分代表所共同认同的信念和主张，与此同时，独立也是他们对自己既不能控制又不能逃避的事态的一种回应。"

② Ford et al., eds., *Journals of the Continental Congress*, 5: 425.

③ 委员会的成员有：约翰·迪金森(主席)、塞缪尔·亚当斯、乔赛亚·巴特利特、巴顿·格威内特、约瑟夫·休斯、斯蒂芬·霍普金斯、罗伯特·利文斯顿、托马斯·麦基恩、托马斯·尼尔森、爱德华·拉特利奇、罗杰·谢尔曼和托马斯·斯通。弗朗西斯·霍普金森后来在 6 月才参加委员会。

④ 关于迪金森有大量的文字记载。他起先作为宾夕法尼亚州的代表参加了大陆会议，后来又变成了特拉华州的代表。关于他的生平及政治思想请参阅 David Louis Jacobson, *John Dickinson and the Revolution in Pennsylvania*, *1764 - 1776* (Berkeley: University of California Press, 1965)。

Colonies, 1767),这封信广受欢迎。信中,迪金森承认,英国议会有权力立法和规范殖民地与母国之间的商业贸易,但是,他同时还指责英国议会为了母国收入不惜向殖民地征收重税。① 后来,迪金森成为大陆会议中温和派的领袖。他忠告说,如果不组建一个强大的联邦同盟,各殖民地终将身处危险之中。迪金森还指明了,在各殖民地因颁布激进的州宪法和组建各自的政府而导致"政治动荡"时,成立一个强大联盟是合理的。②

1776 年 6 月,迪金森和起草委员会肩挑重任,开始着手制定邦联新宪法。由于他们的工作是秘密进行的,因此,宪法文本背后的政治和逻辑,我们基本不得而知。7 月 12 日,迪金森手写的文件《邦联和永久联合条例》被递到大陆会议的案头。据说,迪金森主导着文件中大部分的内容。③ 1776 年夏,全体委员会对迪金森制定的条例争论不休,尤其是联邦立法机构的代表如何在各州间分配?西部地区的边界如何确定?如何在各州间摊派税收?迪金森草案的本意是加强大陆会议的权力。他计划剥夺各州的外交事务,禁止歧视非本州公民,严禁宗教歧视。经 9 个州的一致同意,大陆会议有权对外宣战。具有讽刺意味的是,迪金森的草案中竟然没有涉及征税权,但是支持设立邮政局。各州将依其人口数量(不包括印第安人)向大陆会议上缴收入。迪金森草案经过全体委员会和大陆会议的几次修订后,在最终确定的文本中,大陆会议的权力被大大缩减。④ 由北卡罗来纳州的托马斯·伯克(Thomas Burke)领导的反对派也致力于维护各州传统的自主权。在此后的 16 个月里,争论和讨价还价轮

---

① John Dickinson, *Letters from a farmer in Pennsylvania to the Inhabitants of the British Colonies* (Philadelphia: David Hall and William Sellers, 1768)。在 1767 年和 1768 年,这些信见于《宾夕法尼亚纪事报》,后来,它以小册子形式出版,在殖民地和英国都广为流传。迪金森认为,对贸易进行管制这并不违背英国宪法长期以来一直奉行的原则,但是,为了增加英国王室收入而征税,违背了这一原则。这断然驳斥了英国议会在 1766 年的《公告令》中宣称的:"我们完全有权力制定有效的法律和法规来约束殖民地和美国人民……无论在任何情况下都可以如此。"

② Rakove, *Beginnings of National Politics*, 157.

③ 从 1775 年到 1776 年,还诞生了 6 个联邦宪法草案,但是其中的 3 个已不复存在。有一个是由本杰明·富兰克林制定的,并交给了大陆会议,但从未被正式审议。关于这些早期的宪法草案,请参阅 Rakove, *Beginnings of National Politics*, 136 - 137。

④ 关于迪金森草案中要建立一个强大的中央政府的争论,请参阅 David Brian Bobertson, *The Constitution and America's Destiny* (New York: Cambridge University Press, 2005), 47 - 48; Morris, *Forging of the Union*, 84 - 90; Forrest McDonald, *E Pluribus Unum: The Formation of the American Republic, 1776 - 1790* (Boston: Houghton Mifflin, 1965), 8 - 9。

番上演。1777 年 11 月 17 日，大陆会议终于通过了迪金森草案，但它最初的设想早已被淡化。随后，文本交由各州来批准，上面还附着一段直截了当的文字，透露着各州要结成一个“永久的联盟”将是多么的任重而道远。①

条例还要经过 13 个州的批准和同意，这个过程耗费了 3 年。考虑到这个时期也是美国独立战争最白热化的时期，因此，拖延是不可避免的。1778 年 2 月 5 日，南卡罗来纳率先批准了《邦联条例》，在各州危如累卵之时，为联盟投出了赞成的一票。之后，由于马里兰州和弗吉尼亚州因为西部土地的所有权和边界问题——对那些有土地争议的州来说一直是个悬而未决的问题②，它们之间的争议不断发生，这使得条例的批准又被搁置一旁。争议久而未决，这样，3 年又过去了，直到 1781 年 3 月 1 日，最后一个持反对态度的马里兰州终于就土地问题与弗吉尼亚州达成了和解，批准了《邦联条例》。③ 大陆会议也在同一天的晚些时候，宣布《邦联条例》正式生效。

在很多方面，标志着美国建立的，不是《独立宣言》的签署，不是第一次大陆会议的召开，也不是 1787 年宪法的获批，而是这第一部宪法的正式实施。在长达 7 年的时间里，《邦联条例》一直就是美利坚合众国的官方宪法，而且在漫长的批准期间，大陆会议通常都遵照《邦联条例》的规定行事。这样算来，其实《邦联条例》从 1777 年 11 月 17 日（宪法获批之日）起至 1788 年 6 月 21 日（1787 年宪法正式宣布生效之日）止，就一直充当着邦联宪法的角色。更重要的是，这是一部为一个弱小而又分权的联邦体制量身定制的宪法——这个决定将对之后的国家发展产生重要而又深远的影响。

---

① 大陆会议将文本交给各州批准时，还附上了一段建议：“当我们重看这一文本时，请坦率地考虑，将大陆上如此众多的利益和情感统一于一个共同体下，这是多么的不易。它们原本都属于各自拥有独立主权的团体。我们相信，将我们的力量组织起来是很有必要的，这样能维护和捍卫我们共同的自由：接受考验吧！危机就在眼前，让我们彼此宽容，亲如兄弟，同胞相连，为同样的辉煌成就而奋斗，让这个世界上最牢不可破的纽带将我们永远连接在一起；最后，让我们的立法者用他们的智慧禀赋和宽大的爱国心来对我们的文本进行修订吧。虽然这些立法者更关心自己的利益，但是我们相信，当地方上的势力在行事有悖于整个邦联的安全、幸福和荣光时，他们是有能力予以应对的。”Ford et al., eds., *Journals of the Continental Congress*, 9：933。

② 关于马里兰州和弗吉尼亚州（还有其他州之间）就西部土地上的争议，请参阅 Rakove, *Beginnings of National Politics*, 285 - 287。大陆会议代表如何在各州间分配，是另一个长期存在的争议焦点。

③ 后来在 1780 年，弗吉尼亚突然来个 180 度的转变，将俄亥俄河北部的土地交给了大陆会议。此举已让马里兰州大为满足。具体描述请参阅 McDonald, *E Pluribus Unum*, 15 - 16。

四、邦联合众国

《邦联条例》所构建的政治秩序(包括政治制度、政治规则和政治程序)与在当今美国首都创设的制度截然不同。[①] 若想对美国的发展做全面描述,那么这个依《邦联条例》而建立的异样制度是我们不能忽视的。19 世纪的美国是弱小的,我们可以将此归因于在国家建立之初就选择了这一把决定和偏好宪法化的制度。在邦联时期,当国家走上联邦之路的伊始,我们就能看到这个日后塑造了美国政治并影响了接下来两个世纪种种决策的制度遗产。

是什么导致这个依《邦联条例》而建立的国家政治组织如此羸弱不堪?我们要知道,在 18 世纪晚期,欧洲国家已发展得相当先进,而《邦联条例》的制定者们对此也是相当熟稔,可是在他们所设计的宪法构架中,将各州联结成为一体的联邦政府,它的权力则极其有限。当然,我们并不清楚,18 世纪晚期的美国能否像欧洲一样,建立一个强大又"巩固"的国家,但我们能确定的是,这并不是邦联创建者们的目标。

历史无情地否定了《邦联条例》制定者们所设计和建立的政府。这是可以理解的。作为邦联的蓝图,《邦联条例》甚至没有赋予一个中央政府哪怕是最基本的权力。就其本身而言,这份奠基性文件并没有建立起一个民族-国家,而是将各州结成了一个"牢固的友好联盟"。[②]《邦联条例》的制定者们所做的,只是将大陆会议时期就已存在的联邦政府与州政府之间的关系移植到条例中。在他们所设计出的联邦构架中,权力并未从边缘转移到中心,大部分权力依旧留在了原来的地方——留在了州政府的手里。

以治国之道和宪法设计之术来看,不能不说构建政治制度的初次尝试是以失败告终的。邦联的羸弱,众人皆知。在邦联衰落的日子里,约翰·亚当斯哀叹说,大陆会议"既非立法机构,亦非代议机构,它只是一个外交机

① 西奥多·J.洛伊(Theodore J. Lowi)很贴切地将依《邦联条例》建立的政治秩序命名为"第一共和国",而依 1787 年宪法建立的政治秩序命名为"第二共和国"。Theodore J. Lowi, *American Government: Incomplete Conquest* (New York: Holt, Rinehart and Winston, 1976), 90 fn10。

② "基于共同安全,确保自由与增进各州彼此间及全民福利,各州一致同意成立坚固之友谊联盟。"Articles of Confederation, art. III。

构”。[①] 那些任职于大陆会议和给《邦联条例》投赞成票的人，并非不知邦联政治制度的缺陷。在各州只能批准而不能对条例做任何修订的规则下，为了保证条例的顺利通过，他们愿意接受这些缺陷。[②] 他们期望，以后还能通过修正案来增强联邦政府的权力。可惜，他们的期望从未实现，因为修正案要经得大陆会议和各州的一致同意，而这实际上难如登天。大多数重要事宜的立法（包括宣战、组建陆军和海军、订立条约、借债、拨款等），都要 9 个州的一致同意方可通过。[③] 要想获得各州一致的同意，这基本上是不可能的。

既然得不到各州立法机构的支持，大陆会议就设法提高自己的行政能力。1781 年，它成立了四个行政部门：外交部、财政部、陆军部和海军部。这些行政部门虽很简陋，但它们毕竟意味着美国国家机构的发展迈出了第一步。军事行动是在陆军部的指挥下进行的，而财政部的创立是为了解决国家收入的匮乏问题，这个问题对战争多有阻碍。国家公共财政是联邦政府面临的最大挑战。面对如滚雪球般的债务，它们一直束手无策。詹姆斯·萨维奇（James Savage）曾这样描述此境况："独立战争给各州和联邦政府留下了巨额的公共债务，《邦联条例》则给国家留下了一个无力偿还此债务的制度安排。"[④]

即便是那些最强势的政府统治者，也要屈尊与占主导地位的政治组织"协商"，与社会经济利益集团"谈判"，建立收入联盟，并承诺保护它们，许以好处，才得以换取它们的进贡，获得收入。而在美国，宪法明确不许联邦政府直接染指国家的收入，因此，协商就更加费时费力。邦联的建国者们不希望英国的君主被驱走之后，结果取而代之的是一个美利坚利维坦。为此，各州强大的地方利益集团代表们反对授予联邦政府最基本的权力（特别是军事权和征税权）。邦联的宪法设计也直接明示了这一点。毕竟，收入和常备军是强制权最重要的载体，美国宪法的主要目标之一就是要限制强权，抑制其扩张。以此来看，这第一部宪法的设计很"成功"，只是它留下了一个几近无法运转的联邦政府。

---

① John Adams, "A Defence of the Constitution of Government of the United States of America," in *The Political Writings of John Adams* (Indianapolis: Bobbs-Merrill, 1954), 143.

② 在《邦联条例》的起草和表决过程中，有许多修订意见被提出又被否决。具体情况请参阅 Rakove, *Beginning of National Politics*, 186 - 190。

③ Articles of Confederation, art. IX.

④ Savage, *Balanced Budgets and American Politics*, 72.

就这样，过度分权成了美国制度遗产的一部分，在之后的 200 年里，联邦政府的官员们不得不与它苦苦争斗。

自成立以来，联邦政府就面临着入不敷出的困境。1781 年 2 月 3 日，为了缓解收入上的拮据，大陆会议采纳了来自纽约的罗伯特·R.利文斯顿的提议（在同年晚些时候，他被选为外交部秘书），欲对进口商品征 5%的关税。该税由联邦政府征收，征集来的税收主要用于偿还大陆会议为战争所欠的巨额债务（及其累计利息）。[①] 这个提案也反映了大陆会议的代表们已意识到，印刷纸币不是解决战争和联邦财政危机的可行之道——这基本上是当时政府唯一的生财之道。虽然 12 个州批准了大陆会议一项新征税权的修正案，但是罗得岛州的立法机构于 1782 年 11 月全票(53∶0)反对该修正案。罗得岛州资源贫瘠，但其港口商业活动云集，大部分商品汇集此处，然后又销到其他各州。该州的立法机构反对联邦政府对进口商品征税，认为这侵蚀了它们传统的税收权力。不管罗伯特·R.利文斯顿的提议是多么的好，但在《邦联条例》僵硬又不切实际的修订程序下，罗得岛州的这一反对票就足以让扩张大陆会议征税权的提案胎死腹中。

1781 年的关税提案得到了来自费城的罗伯特·莫里斯的支持。在 1781 年 2 月，罗伯特·莫里斯就获得了大陆会议全票的支持，被任命为刚成立的行政部门财政部总监。他通常被人描述成是“革命财政家”，但也不完全是——因为直到 1781 年 5 月他才接受这一任命，而正式上任要到 9 月，离标志着独立战争取得阶段性胜利的约克镇大捷只差 1 个月。[②] 这也意味着在他上任时，

---

① 提议的全文如下：“我们谨向一些州建议，为了应付本国的开支需要，确实非常有必要赋予大陆会议一定的征税权。应允许大陆会议对进口商品征收 5%的税。1781 年 5 月 1 日之后，所有产自外国或由外国制造的商品，只要它们从国外的港口、岛屿和种植园里进口到上述各州，都要缴纳关税。下列商品除外：武器、军火、服装和其他至关重要的物品，或对某个州至关重要的物品。下列的商品亦除外：羊毛、棉花、电线。还有，在战争期间，盐亦可免除关税……征集自关税的收入会用于偿还欠下的债务及其利息，或为了支持战争以合众国的信用为基础签订的债务，直到它们全都清偿完毕。”Ford et al., eds., *Journals of the Continental Congress*, 19：112 - 113。

② 莫里斯被称为“革命财政家”的神话可追溯至 19 世纪晚期。当时的传记作家就是这样在作品中描述他的。请参阅 William Graham Sumner, *Robert Morris* (New York：Dodd, Mead, 1892)；Charles Henry Hart, *Robert Morris: The Financier of the American Revolution* (Philadelphia：Collins, 1877)；还可参阅 Ellis Paxson Oberholtzer, *Robert Morris*, *Patriot and Financier* (New York：Macmillan, 1903)。目前还没有莫里斯传记，他的文章和书信也没有结集出版。关于他担任财政部主管的职业生涯，请参阅 Clarence L. Ver Steeg, *Robert Morris: Revolutionary Financier* (Philadelphia：University of Pennsylvania, 1954)。

军事形势非常严峻，而他也在独立战争的最后阶段，对保证大陆军的军需供给以及组建邦联的财政起到了重要作用。莫里斯为早期国家制度方面（军事和财政）所付出的不懈努力是值得赞颂的。

在担任国家的要职之前，莫里斯在宾夕法尼亚殖民地就是一个经验老到又受人尊重的人物。他曾在通信委员会里任职，后来从1775年到1778年又担任了第二届大陆会议的代表。1776年7月1日，他曾投票反对《独立宣言》，尽管后来又在上面签了字。① 在财政部的最新一职上，莫里斯极力维护年轻共和国的财政权力。面对越加恶化的财政危机，莫里斯在接受任命后的第四天，就向大陆会议递呈了"建立国家银行的计划"。该提议计划成立一家由大陆会议筹划、私人出资的国家银行②，这就是后来的北美银行。北美银行是美国第一银行的前身，也是美国第一家商业银行。通过这个银行，莫里斯给华盛顿麾下已疲惫不堪的军队提供了物资。就这样，在战争的最后时期，以及后来短暂的邦联里，莫里斯为国家出色地完成了最重要的财政使命。③

1781年，莫里斯为救联邦政府于财政危难，他制订了一系列计划，国家银行就是这宏大计划的一部分。该宏大计划还包括：将所有的财政权力统一于财政部；为了稳定物价，发行由他签署并受他监管的新纸币（所谓的莫里斯纸币）来代替在流通中已毫无价值的信用凭证和大陆币；改善大陆军的物资供给；建立国家铸币厂；统一管理战争债务（据莫里斯估计，其规模已达2 500万美元之巨）。④ 统一管理后的战争债务将由国库偿付，而国库的资金来自开征新的联邦税和消费税。在1781年，莫里斯和大陆会议所面临的最大危机是政府信用的几近崩溃。原因倒不是国家经济出了什么问题，而是联邦政府的信誉在不断降低。⑤ 在战争爆发的头五年里，大陆会议发行了约2.26亿

---

① 只有莫里斯和来自康涅狄格州的罗杰·舍曼同时签署了《独立宣言》和《邦联条例》以及宪法（1787）三份奠基性文件的人。

② 在莫里斯的计划中，打算以每股400美元的价格出售股份，这样就可以获得400 000美元的启动资金。该银行有十二位私人董事，从本质上来说，这是一家私人银行，只是"受政府的支持"，服务于政府的金融目标。关于该银行的作用请参阅 Ver Steeg, *Robert Morris*, 66, 84–88, 115–117。

③ 由于银行的资金规模太小，无法发放大笔贷款，它的日常业务主要是进行短期借贷。Ferguson, *Power of the Purse*, 136–138。

④ Ver Steegm, *Robert Morris*, 126.

⑤ Ibid., 57.

美元的纸币，到 1781 年 4 月，这些货币已变得一文不值，最后不得不退出流通领域。① 为了解决眼前的财政赤字问题，1781 年 11 月，国会向各州公布了新估算的收入报告，并要求它们在来年上缴 800 万美元的硬币以支持军事行动。为了尽快征集到这些收入，莫里斯在每个州任命了一位"催收员"(受雇于联邦政府)，他们代表国会来协助各州征集收入。在莫里斯担任财政部总监时期，各州上缴的收入明显增加。② 后来，莫里斯改组了财政部(当时称为财政委员会)，并在财政部的监督下首先引进了预算制度。这些行政改革措施增加了政府的财政能力，也进而有助于联邦政府更好地履行其职责。莫里斯试图通过这场声势浩大的收入策略来巩固这个羸弱又低效的联邦政府。

当莫里斯将越来越多的权力归于他所在的部门时，他手中的权力甚至可以与国会相比肩。特别是考虑到他是一个给国会和大陆军提供资金及物资的官员。③ 尽管莫里斯以一个商人或者说投机商的身份，在战争中发了大财，但是他并没有像那些拼命诋毁他的人所指责的那样，借手中之权来谋私人之利。④ 在担任财政部总监一职期间，莫里斯一直在经营私人生意，但这是在国会完全了解和同意的情况下进行的。实际上，莫里斯也是以此为条件才答应到财政部来任职的。除不懈追求个人的金融利益外，对于邦联的发展，莫里斯也有清晰的思路。在任时，他孜孜以求的就是要在《邦联条例》的框架下，尽力为联邦政府谋得更大的财政权力。但这也表明莫里斯的国家主义意识远比不

---

① Farley Grubb, "The U. S. Constitution and Monetary Powers: An Analysis of the 1787 Constitutional Convention and the Constitutional Transformation of the U. S. Monetary System," *Financial History Review* 13 (April 2006): 46；还可参阅 Grubb, "The Continental Dollar: What Happened to It after 1779?" NBER Working Paper No. 13770 (Cambridge, MA: National Bureau of Economic Research, February 2008)。依法利·格拉布(Farley Grubb)所见，大陆币崩塌的原因极可能在于联邦政府不能通过税收来赎回流通中的货币，而且这些货币的发行往往又不是以金银铸币为基础。在独立战争期间，各州也在发行纸币，但它们的货币贬值没那么大——可能是因为州有征税权吧。

② Dougherty, *Collective Action*, 63.

③ 莫里斯在新政府中的作用请参阅 *Beginnings of National Politics*, chap. 13 ("The Administration of Robert Morris"), 297 - 329。

④ 在独立战争时期，作为一名私掠船船长和国际商人，莫里斯积累了大量的财富。在战后，他的商业冒险(包括投资纽约的土地)依然很成功。可是最后莫里斯却成了邦联最大的债务人。卸任后，他的一家通过高额举债经营的土地公司破产了。从 1798 年 2 月到 1801 年 8 月，他不得不因债务在监狱里服刑。1806 年 5 月，莫里斯在费城与世长辞，死时身无分文。请参阅 Oberholtzer, *Robert Morris, Patriot and Financier*, 349 - 355。

上古弗尼尔·莫里斯(他在财政部的密友和助手)、罗伯特·利文斯顿(他的又一个朋友和商业伙伴)、詹姆斯·威尔逊、詹姆斯·麦迪逊和亚历山大·汉密尔顿。这些人认为《邦联条例》简直是糟糕透顶,毫无改进希望。在这些人当中,汉密尔顿对邦联进行了最强烈的抨击。早在1780年时,他就大声疾呼,抨击《邦联条例》下的大陆会议手不能握牢军权,又掌管不了钱袋子,相反,各州却能控制着本属于中央政府的重要职能。[①] 在如汉密尔顿这般狂热的国家主义者看来,仅改革国家的收入征用制度,不过是在对邦联宪法设计中最要害的问题进行"拼拼凑凑"式的改革而已。麦迪逊也持同样的观点。

邦联的失败在很大程度上应归于当初那些设计者并不十分明了联邦制的实际运行方式。[②] 想想在这之前,人类历史上也未曾出现过集权联邦大国这样的先例,因此,这样的短视也是可以理解的。该如何正确平衡联邦政府和州政府的权力呢?对此,18世纪晚期的建国者并不清楚,及至今天,我们也没有一致的答案。如果我们认为《邦联条例》的制定者们是试图建立一个强大的集权政府而不是创立一个弱小的邦联,那就大错特错了。实际上,当时第一个建立美国的目标仅仅只是为了统一作战,抵抗英国而已。州立法机构通过《邦联条例》授予了联邦政府最微弱的权力,这也反映了当时的政治精英们最普遍的共识——强大的联邦机构并不是他们所想要的。邦联的创立者并不想建立一个强大的美国,也不想成立一个独立于各州的联邦政府——他们想要的只是一个能协调作战的中央权威而已。

1783年,美国终于赢得了独立,迎来了和平,这也意味着当初让各州走到

① "邦联本身弊端重重,需要进行改革;它既不适合于战时,又不适合于和平时期。每个州都想要有不受制约的超越内部管理权之上的主权,这一想法阻碍了各州将权力让渡给大陆会议,也让我们的联盟羸弱不堪和缺乏根基……在军事方面,州拥有更大的影响力,而邦联自身却无所作为……邦联将钱袋子的掌控权完全给了州的立法机构。它本应让大陆会议拥有永久性的收入——土地税、人头税或其他类似的税。"Alexander Hamilton, "Letter to James Duane" (September 3, 1780), in *The Papers of Alexander Hamilton*, ed. Harold C. Syrett et al. (New York: Columbia University Press, 1961), 2: 402-404。

② 本杰明·拉什(Benjamin Rush)这样承认道:"虽然我们对于自由之原则了然于心,但是我们很多人并不知道在共和政体下,权力该采取什么样的形式与结合方式。"Benjamin Rush, "Address to the People of the United States" (January 1787), in *The Documentary History of the Ratification of the Constitution*, ed. Merrill Jensen (Madison: State Historical Society of Wisconsin, 1976), 13: 46;引自Dougherty, *Collective Action*, 131。

一起的理由不复存在了。像乔治・梅森、理查德・亨利・李和帕特里克・亨利这样的政治领袖们都不会去谋求扩张联邦政府的权力。对于邦联这一弱势组织的现状，他们很满意，甚至还乐于看到它被完全解散。对于这些弗吉尼亚人来说，建立一个拥有常备军和征税权的中央政府，无异于刚被他们驱走的英国专制王权又回来了。[①] 因此，在他们看来，《邦联条例》的规定是恰如其分的：在战争期间，各州将权力授予大陆会议，让它可以领导各州共抗英国。但只能仅此而已，大陆会议无须再有别的作为——和平时期更不需要。如果说按《邦联条例》建立联邦政府的目标就是为了统一作战，那么以此来看，它是成功的。只是授予联邦政府的权力实在太小，以致让国家政治领导层完成这一重大的目标都勉为其难。

问题在于，在《邦联条例》的框架下，联邦政府的能力太弱了，难以胜任哪怕是最简单的职能。在有诸多纰漏的宪法设计中，邦联没有司法机构，也没有行政机构。[②] 因为没有司法机构，联邦监狱和法院也就无从谈起。因为没有行政机构，已颁布的联邦法律也就没有行政机构来执行。例如，根据 1783 年《巴黎和约》，英军应从美国境内的边防哨所撤离，但却未能履约。对此，联邦政府只能束手无策。这样的政府几乎无力维护自己领土的完整。

根据《邦联条例》明文规定，各州保留了主权和所有其他未授予大陆会议的权力。[③] 既然授予大陆会议的权力微乎其微，那么重要的权力实际上都留在了各州。最重要的是，各州掌控了各自收入的来源，而且毫不奇怪，地方政府

---

① 殖民地对于联邦政府拥有常备军的恐惧源远流长，可追溯至英国内战。在一封信中，迪金森把常备军和为人唾弃的王室税联系在了一起。在《独立宣言》中，杰斐逊抱怨乔治三世“在和平时期，未经立法机构同意，就在我们中间维持其常备军”，扎营在民宅，在殖民地以各种方式滥用他的常备军。关于常备军对于英国殖民者的思想的影响，请参阅 Bailyn，*Ideological Origins of the American Revolution*，62 - 63；Richard H. Kohn，*Eagle and Sword: The Federalists and the Creation of the Military Establishment in America*，*1783 - 1802*（New York：Free Press，1975），2 - 6。关于反联邦主义者反对在新成立的共和国里建立一支规模庞大的常备军的论述，请参阅 Max M. Edling，*A Revolution in favor of Government: Origins of the U.S. Constitution and the Making of the American State*（New York：Oxford University Press，2003），89 - 115。

② 虽然没有行政机构，但是从第一届大陆会议开始，就一直设有主席一职。从 1774 年到 1789 年，总共产生了 14 位主席。关于大陆会议主席一职存在的缺陷，请参阅 Jillson and Wilson，*Congressional Dynamics*，71 - 90。

③ “各州均保留其主权、自由与独立，凡未经本条款明示授给合众国之各项权力，司法权及权利，均由各州保留之。”Articles of Confederation，art. II。

领导人完全将之“占为己有”，哪怕是在为结盟进行讨价还价时也不例外。[①] 在《邦联条例》下，这样的结果必然是联邦政府丧失了征税权。各州的立法机构不愿意将这基本的权力分之毫厘给联邦政府。与此同时，那些联邦政府的支持者又无力来改变这种现状。为了联邦政府的收入，他们一再和地方政府谈判，但结果证明他们实在太软弱了，因而无法成功实施一个有利于联邦（在他们看来）的收入策略。

《邦联条例》又授予了联邦政府哪些收入权力呢？在收入上，大陆会议要完全仰赖州立法机构之鼻息。遵照规定，大陆会议有权按各州土地及其改良的价值，在各州间分摊“估算”的收入。[②] 这一分摊要求既烦琐、低效又大大限制了联邦政府的收入，但是，如果这一方法能强制实施下去的话，它就还能为联邦政府带来一定的收入。可问题在于，大陆会议不得不依靠各州的立法机构来征集收入，并将这些收入上缴到国库。因此，联邦政府在收入方面基本上要依赖于各州立法机构是否愿意这样做。事实上，各州极少去配合。

1777 年 11 月，大陆会议首次进行收入评估，要求各州于明年上缴总数达 500 万美元的收入。在战争期间要评估土地的价值，其困难可想而知。最后各州根据人口数量来确定上缴的收入。[③] 从 1781 年到 1786 年，国会评定各州需上缴 1 570 万美元，但最后却只有 240 万美元到账。[④] 其实，各州也不是有意这样为之。偿还战争期间欠下的债务已让它们勉为其难，更别提还要为联邦政府筹集收入了。既然各州未能上缴收入，联邦政府也就没钱可花，依然处于财政崩溃的边缘。1787 年，虽然联邦政府的收入有所增加，但其经济状况依旧严峻。从 1786 年 10 月 1 日到 1787 年 3 月 31 日，国库只有 633 美元进账，根本

① 对新成立的政府的征税权进行限制，这是有意为之的。通过对这段时期的公共财政进行研究，弗格森得出结论说，“独立后（18 世纪的美国人），借由《邦联条例》否定大陆会议的征税权，以此捍卫自己的主权”。Ferguson, *Power of the Purse*, xv。

② “所有作战的费用及所有其他为国防或全民福利所招致之费用，经邦联议会同意者，应由国库支付。国库收入由各州依其境内的土地价值比例分摊。各州之土地、建筑物及其改良之价值，应按照议会所规定的方式按时估定。各州按比例应负担的税额，由各州立法机关依其权限及指令在议会议定期限内规定并征收之。”Articles of Confederation, art. VIII。

③ Ferguson, *Power of the Purse*, 33.

④ 数据引自 Savage, *Balanced Budgets and American Politics*, 73.

无力偿还联邦政府的债务。[①] 麦迪逊特意提到，1787 年春天在费城召开的制宪会议上，“公众情绪”一片“失落”，原因之一就在于他们对收入制度的失败颇感绝望。[②]

罗杰・布朗(Roger Brown)对各州上缴的收入进行了统计，从中我们可以看出，其实各州都不愿意如国会所要求的那样征集税收上缴国库，这也证实了邦联的收入体制是失败的。据布朗的统计，从 1781 年 10 月到 1786 年 8 月，各州 6 次上缴的收入平均只达到国会所要求的 37%。其中，纽约州和宾夕法尼亚州上缴的最多(分别是 67%和 57%)，北卡罗来纳州仅上缴了 3%，而佐治亚州分文不纳。[③] 这使得邦联的状况越加糟糕，它被很恰当地总结为：“根据《邦联条例》，邦联的收入汲取能力大受限制。不管是立法机构的权威，还是官僚机构的设置，都未能执行国会的税收要求。”[④]联邦政府远非收入的掠夺者或某种形式的保护费的勒索者，它是个身无分文的贫民和乞丐，它所有的资金都要仰赖州的施舍。[⑤] 邦联国会债务缠身，其境况还不如欧洲 12 世纪时期的君主，他们尚且还能征集收入供养军队呢。

1783 年 4 月 18 日，为了改善自身的经济状况，国会再次对收入制度动刀。在罗伯特・莫里斯的建议下，国会实施了一揽子的改革方案，其中最有争议的就是为了获得独立的收入来源，尤其是为了偿还战争中欠下的债，对商业开征

---

① Brown, *Redeeming the Republic*, 24.

② “为了从州那里争取到足够的权力来征集收入以应付开支，国会殚精竭虑，坚持不懈，但最后还是以失败告终。征用制度实施的结果仅仅表明，国会并不拥有实施这一制度的权威。没有一个州会及时地遵照执行。有些州对此完全置之不理，或基本上置之不理。新泽西州则明确表示拒绝上缴收入。”James Madison, “Preface,” *Notes of Debates in the Federal Convention of 1787 Reported by James Madison* (New York: W. W. Norton, 1966), 13。

③ Brown, *Redeeming the Republic*, table 1 (“Congressional Requisitions”), 14.

④ Forsythe, *Taxation and Political Change*, 14.

⑤ 有人可能会很理智地去想：究竟是为什么有些州会愿意将自己的收入交给联邦政府？这个问题很有意思。对此，多尔蒂在其著作《集体行动》(*Collective Action*)中给出了答案。公共产品理论告诉我们州并没有这样的意愿，但确实又有些州将收入交给了联邦政府。多尔蒂认为，这些州对联邦政府在某种程度上的服从不是出于责任和义务，而是只有当有助于“增加地方的利益”时(比如国会提供的具有排他性的公共产品能直接让地方受益)，州才会为增盈国库做贡献。亚历山大・汉密尔顿也持有同样的观点：“那些邻近战争地点的州，受自卫动机的影响，竭力提供配额，甚至超过自己的能力范围。而那些远离危险的州，多半在行动上消极怠慢，同别人的积极努力恰成鲜明的对比。”Alexander Hamilton, Federalist No. 22, in James Madison, Alexander Hamilton, and John Jay, *The Federalist Papers* (New York: New American Library, 1961), 145 - 146。

税收。该税实际上十分类似于国会在1781年开征的一种税——在25年的有效期内，对进口商品开征5%的从价税。1783年的收入改革方案还包括对诸如盐、糖、朗姆酒、葡萄酒、烈性酒和茶之类的商品征消费税。莫里斯还推荐了另外一些他自己青睐有加的税（土地税和人头税），但都被议会否决了。一揽子的改革方案还包括要求各州对接下来的25年里追加收入评估，同时还对《邦联条例》进行了修订，删除了之前根据各州的土地价值来分摊收入的规定。在战争期间对土地的价值进行评估非常不切实际，而且根本不可能实施，因此，在修正案中，就改用以人口为基础来分摊收入。汉密尔顿和麦迪逊都支持这一修改。当然，这又会触及另一个极易引起争端的政治问题：奴隶。奴隶也要包括在人口数中吗？在一个由南部州和新英格兰代表组成的闭门会议上，出于妥协，国会最终采取了"五分之三"原则，也就是说，五个黑奴按三个人算。[①] 这个臭名昭著的五分之三原则后来为1787年宪法起草者采纳，用来解决南方州和北方州最棘手的问题——代表权和税收问题。[②]

一揽子的收入改革方案获得议会的同意后，随即就交由各州立法机构进行表决。随改革方案一起交由各州立法机构的，还有一封来自弗吉尼亚州詹姆斯·麦迪逊写的支持信。华盛顿将军也声明支持1783年的财政计划。他预测如果不采纳这一改革计划以加强联邦政府的财政权力，"国家必然破产，后果不堪设想"![③] 尽管有这些德高望重的人物支持，但是征税还是遇到了强烈的抵制。弗吉尼亚州、纽约和罗得岛州的反对尤为激烈。在弗吉尼亚州，乔治·梅森、理查德·亨利·李和帕特里克·亨利公开反对授予国会任何新的征税权。在他们看来，要阻止联邦政府的暴行，州必须要完全掌控财权。

---

① 修订的文本如下："所有因为战争及为了共同防御或普遍福利而发生的支出……应由国库统一支付。国库的收入应由各州按照人口总数的比例来分摊。计入人口总数的包括白人、其他自由公民和居民，他们不分年龄、性别和其他条件，还包括按照契约服役几年的人。未提到的人则按五分之三进行计算。各州不被征税的印第安人除外。"Ford et al., eds., *Journals of the Continental Congress*, 24: 260。

② 1787年宪法将五分之三原则运用于代表权和税收问题，这是一种政治妥协的结果，具体请参阅 Bruce Ackerman, "Taxation and the Constitution," *Columbia Law Review* 99 (January 1999): 1-58; see also Einhorn, *American Taxation, American Slavery*, 138-145, 173。

③ "Circular to the States," (June 8, 1783), in Fitzpatrick, ed., *Writings of George Washington*, 26: 489-491.

他们的这一观点后来被人引用来反对 1787 年的宪法。詹姆斯·弗格森(James Ferguson)对这一时期的财政状况进行了最有权威性的研究。在其研究中,他这样说:“殖民地遵循了英国议会反抗君主的传统,举兵起义,从英国手中夺取了征税权。独立后,他们又试图通过《邦联条例》,防止国会染指征税权,以此来捍卫新州的自主权。”①

新泽西州、特拉华州、康涅狄格州和北卡罗来纳州的立法机构很快就通过了 1783 年的财政改革计划,随后其他州也加入了这一行列,甚至连曾经否定了 1781 年关税方案的罗得岛州也于 1785 年 2 月通过了该计划。到 1786 年 7 月,在 13 个州中,已有 12 个州同意开征 5%的新联邦税。但是,纽约的立法机构一再否决了这一方案。这一否决对于这次财政改革来说,是致命的。具有讽刺意味的是,汉密尔顿表示他个人并不支持这次改革。因为他已下定决心要采取更彻底的行动以解决邦联的弊病。由于《邦联条例》规定,要想调整国会的权力必须要征得各州的一致同意,以至于第二次的收入改革又因为一个州的反对而以失败告终。② 最后,国会并没有得到任何新的征税权。莫里斯在绝望中辞去了财政部总监一职,并于 1784 年 11 月离任。1783 年 7 月,汉密尔顿空出了他在国会的议员席位。在同年晚些时候的秋天,麦迪逊也离开了国会,回到了弗吉尼亚。

正因为缺乏独立的收入来源,早期美国的国家制度发展一直停滞不前。就像麦迪逊所总结的:“没有钱交给国库,没有人尊重联邦政府,没有一个州去遵循征收制度;它们要么漠然无视,要么断然拒绝……在这样的境况下,政府不可能存之久远。”③即使邦联的宪法准许有一个更加强大的国家政治机构,也赋予了联邦政府在邦联中一个更加重要的地位,即使人们有这样的政治意愿,也渴求建立一个更加强大的联邦政府,但这一切只能是徒劳,因为议会没有收

① Ferguson, *Power of the Purse*, xv.

② 关于 1783 年收入改革提案背后的政治操控,具体描述请参阅 Merrill Jensen, *The New Nation: A History of the United States During the Confederation, 1781 - 1789* (Boston: Northeastern University Press, 1950), 407 - 417; Rakove, Beginnings of National Politics, 317 - 324; Brown, *Redeeming the Republic*, 22 - 24。

③ "Letter from James Madison to Edmund Pendleton" (February 24, 1787), *The Papers of James Madison*, ed. Robert A. Rutland (Chicago: University of Chicago Press, 1975), 9: 294 - 295.

人来运作这样的政府。最终,这个政府只能执行非常有限的职能:组织兵力,指挥军队,反抗英国。① 然而,鉴于它没有能力从社会汲取收入,因此,即使履行这个职能也非常勉为其难。没有足够的资金,国会手中的军队经常面临物资不足、供给短缺的问题。1783 年春,在纽堡,因为不能支付士兵的薪水,士兵的不满差点演变成公开的叛乱。由于国会没有钱支付曾经许诺给士兵的军饷,军队开始骚动不安。一群驻扎在费城的军官与国会争议此事,发泄他们的不满。最后,在受人尊敬的华盛顿将军的干预下,这场公开的暴动才得以幸免。②

对于那些想要建立一支强大的联邦军队的人来说,资金短缺还不是他们所面临的唯一问题。1783 年《巴黎和约》的签署结束了英美的敌对状态,英军在 11 月撤离了纽约。也在那时,几乎所有的大陆军都被遣散了。1783 年 12 月 23 日,华盛顿在恪尽职守后也解甲归田,回到了他所热爱的家乡弗农山。就这样,联邦政府的手里基本上已没有一兵一卒。1783 年 4 月 4 日,国会任命汉密尔顿为委员会主席(这个委员会的成员还包括奥利弗·埃尔斯沃思、詹姆斯·麦迪逊、詹姆斯·威尔逊和其他国家主义者),以确定共和国在和平时期需要维持的军队规模。汉密尔顿提议要对州民兵和一支 3 000 人的国家军队进行彻底的革新。但是,议会没有实施这一提议。③ 到 1784 年初,美国的人口将近 400 万人,但是,其军队只有 700 人。④ 1784 年 6 月 2 日,大陆军的最后一个团也被遣散了。第二天,议会投票决定成立美国陆军。然而,这支美国陆军也仅仅只有一个团驻扎在西点军校,以及一小撮驻扎在偏远边疆要塞的军队,用来防卫纽约北部和俄亥俄州的印第安人。规模如此小的军队几乎不起什么作用。⑤

---

① 多尔蒂估计,在战争期间,议会的支出中有 95%用于大陆军。Dougherty, *Collective Action*, 10。

② 1783 年 3 月,华盛顿挺身而出,用自身的影响力劝阻了闹事部队的军官。这些军官出于抗议,扬言要踏平国会。纽堡事件的详尽论述请参阅 Kohn, *Eagle and Sword*, 17 - 39;还可参考 Jensen. *The New Nation*, 69 - 72, 76 - 77。1783 年 6 月,由于另一场暴动,国会被迫从费城搬迁至普林斯顿。这次闹事的是宾夕法尼亚的民兵。

③ 委员会的提议请参阅 Eclling, *Revolution in Favor of Government*, 121 - 22; Kohn, *Eagle and Sword*, 42 - 45。

④ Boatner, *Encyclopedia of the American Revolution*, 264.

⑤ 联邦军队的缺陷请参阅 Kohn, *Eagle and Sword*, 68 - 72。

随着与英国交战的结束，原先将独立的各州维系在一起的力量也开始消失。当国家的军队被遣散后，邦联甚至发现自己存在的理由和目的也没有了。联邦政府缺乏一个主权国家必备的两个基本特征：收入和常备军。由于《邦联条例》并没有指定国家的首都所在地，导致与大陆会议一样，邦联也没有一个永久的地理场所[①]，政府甚至都没有自己的大楼或其他基础设施。不过不得不承认的是，既然各州的立法机构授予联邦政府的职能是如此的有限，那么它也不需要那么多的机构。18 世纪晚期的美国不需要履行过多非军事的职能：它不需要修建公路和学校，也不需为公共安全、公共健康和公共福利负责；对于国家经济，也不起什么培养和管理作用。直到 1785 年，国会都没有权力发行国家纸币，到了 1793 年，它才真正发行货币。[②] 在邦联时期，联邦政府几乎不存在对社会进行任何的渗透。1783 年后，国会拥有的权力、威望和合法性还不如革命战争时期。随着战争的结束，将各州结成为一个政治联盟的力量也渐渐消退了。州与地区之间的冲突又慢慢地浮出水面。随着参会代表人数的急剧下降，国会连处理事务所需的法定人数都难以达到。这是一个远离了民众的情感与思想的政府。

国家能力如此之低下，这导致在 18 世纪 80 年代，联邦政府一直深陷财政危机。[③] 从 1781 年到 1786 年，联邦财政部平均每年征集的收入仅为 500 000 美元——这一收入几乎不足以维持政府的运转。[④] 在革命战争期间，议会只能通过发行无担保的信用凭证筹得战款。但这一方式又导致了从 1776 年到

---

① 在根据《邦联条例》成立的第一共和国时期，国会通常在费城、普林斯顿、安纳波利斯、特伦顿和纽约举行。直到 1790 年，国会才授权华盛顿总统为新共和国的首都选址。1800 年，联邦政府终于搬进了位于波托马克河旁的办公场所。不幸的是，华盛顿城花了另外半个世纪也未能建成。关于国家首都诞生的这段精彩历史，请参阅 James Sterling Young, *The Washington Community, 1800 – 1828* (New York: Columbia University Press, 1966)。

② 国家纸币一直等到 1787 年宪法的颁布和 1792 年设立了铸币厂后才发行。在这之前，各州流通的主要是英国、法国和西班牙的货币。

③ 在《邦联条例》时期，关于联邦政府糟糕的财政状况的具体描述请参阅 Savage, *Balanced Budgets and American Politics*, 54 – 84。

④ 1784 年，联邦政府总的债务（包括内债和外债）达到 3 900 多万美元，每年要支付的利息达到 187.5 万美元，比 1785 年和 1786 年联邦政府的收入高出约 132 万美元。这也解释了为什么到 1790 年，联邦的债务就如滚雪球般累积到 5 278 万美元以上。数据引自 Nettles, *Emergence of a National Economy*, 94。

1778年，通货膨胀出现缓慢地上升，然后在1779年出现大爆发。战争结束后，联邦政府都筹不到钱去履行宪法授予它的极其有限的职能，更别说偿还大陆会议在独立战争期间欠下的5 400万美元的债务了。[①] 由于联邦政府不拥有独立的征税权，这使得邦联永远处于财政崩溃的边缘。正因为联邦政府在财政和军事上的这些不足，促使了继约翰·菲斯克(John Fiske)之后的美国早期历史学家将这一时期称为"危机时期"。[②]

当然，对于《邦联条例》下邦联的羸弱以及在18世纪80年代席卷各州的动荡，菲斯克的描述不乏夸大之辞。[③] 但是，即使当时不存在所谓的经济或社会危机，在邦联的中心，政治危机也是显而易见的。[④] 联邦政府对于内部军事危机和动乱的束手无策，让国家主义者忧心忡忡。他们的担心并非毫无根据。1783年6月，宾夕法尼亚的一小团伙士兵发生了叛乱，他们包围了国会在费城的开会之处。宾夕法尼亚的州议会拒绝派出民兵保护国会的议员。最后，国会不得不从费城迁至普林斯顿。这让那些支持建立一个强大的中央政府的拥趸者们倍感失望。1786年8月，发生在马萨诸塞州西部的一场暴动，让人们对联邦政府的信心更是一落千丈。在那里，一群农场主抗议高额的债务、令人厌恶的人头税和立法机构颁布的其他财政政策。暴动持续了数月之久。在丹尼尔·谢司(Daniel Shays)——一位独立战争的老兵的带领下，叛乱军差点就夺取了位于斯普林菲尔德的全国第二大兵工厂。战争部长(陆军部长)亨利·诺克斯要求联邦政府出兵镇压叛乱军，但是手中无兵的国会不得不依赖

---

① 大陆会议的战争债务(不是那些州的债务)由《邦联条例》第十二条成立的"合众国议会"(国会)承担。由于大陆会议同意承担那些已经明确授权了的民兵费用，因此，它还要偿还一些州的战争债务。

② John Fiske, *The Critical Period of American History, 1783－1789* (Boston: Houghton, Mifflin, 1888)。戈登·伍德发现，危机时期一词不是由菲斯克发明的。在18世纪80年代，该词就被广泛使用，而且通常指的是后革命时代充满了不确定性和可感知的危险。1787年在哈佛大学毕业典礼上，约翰·昆西·亚当斯(John Quincy Adams)发表演讲说，在"这个危机时期"，国家"在不堪重负地呻吟着……重疾缠身"。引自Wood, *Creation of the American Republic*, 393。

③ 菲斯克对这段时期的描述也受到了一些批评。请参阅Merrill Jensen, *New Nation*, xi-xiii; Rakove, *Beginnings of National Politics*, 333。

④ 尽管邦联国会的无能是显而易见的，但它还是解决了一个非常重要的问题：如何处理独立后获得的领土。1789年8月7日，《西北条例》获得一致通过。该条例承认了在获得的领土上可以成立新的州，并在实施自由和奴隶制度的区域间划出了界限。

各州出钱出兵。来自各州的代表投票一致同意招兵买马，但最终只有弗吉尼亚州出了钱。[1] 马萨诸塞州的立法机构不愿意掏钱去镇压叛乱军，最后，马萨诸塞州州长詹姆斯·鲍登和波士顿一群有钱的银行家只好筹钱自己组建了一支民兵。1787 年 2 月，在斯普林菲尔德兵工厂展开了一场决定性战役后，暴动最终被镇压了下来。[2] 胜利终于到来，只是联邦政府在其中并不起什么作用。

谢司起义让当时各州的主要政治领导人不寒而栗，也验证了当时人们所普遍怀疑的，邦联已岌岌可危。在这期间，华盛顿多次写信给他的朋友和同事（有拉斐特侯爵、詹姆士·麦迪逊和亨利·诺克斯）诉说他的担忧，对手中没有一兵一卒的联邦政府不能应付马萨诸塞州的暴动感到非常震惊。[3] 也许正是由于这种不安，促使他放弃了退休生活，回归公众，为建立一个强大的联邦政府而奋斗。[4] 让华盛顿和其他国家主义者忧心的，还有另一堆军事问题。首先，虽然英美已签署和约，但是英国仍在西北地区与加拿大接壤的边界上部署了军力。他们还担心，在不停地扩张领土的肯塔基州极有可能会与西班牙结盟，而不是加入美利坚合众国。让弗吉尼亚州人担忧的是，邦联的军队无法维护当地的和平，让他们和生活在佐治亚州西部、弗吉尼亚州和宾夕法尼亚州西部的印第安人友好相处。最后，国家主义者一直在痛惜，北非诸国公然沿着北非沿岸的地中海扣押人质，抢劫商船，而国会对此却束手无策。这一切的担忧都基于一个认识，那就是联邦政府既无筹钱之策，亦无军事之力来应对眼前的安全问题。

汉密尔顿对《邦联条例》下的联邦政府之弊病思量后，这样总结道："一个

---

① 多尔蒂认为，弗吉尼亚州之所以愿意掏钱给联邦军队，是因为它希望在叛乱被镇压后，联邦军能帮助它们对付俄亥俄河沿岸的沃巴什和肖尼族印第安人。他们经常威胁当地的居民。谢司起义这个例子表明，在邦联里，国会根本就没有能力采取集体行动和提供公共货品。请参阅 Dougherty, *Collective Action*, 103 - 128。

② 关于马萨诸塞州暴动的具体描述，请参阅 Leonard L. Richards, *Shay's Rebellion: The American Revolution's Final Battle* (Philadelphia: University of Pennsylvania Press, 2002)。

③ 请参阅"Letter to James Madison" (November 5, 1786), "Letter to Henry Knox" (December 26, 1786), and "Letter to Henry Knox" (February 25, 1787), in *Writings of George Washington*, 19: 50 - 53, 121 - 125, 169 - 170。汉密尔顿警告说要警惕外国的入侵和"国内的叛乱"(谢司起义)。他预见，即使是"和平时期也需要军队"。Alexander Hamilton, Paper No. 25, in Madison, Hamilton, and Jay, *The Federalist Papers*, 162 - 167。

④ Richards, *Shays' Rebellion*, 1 - 4, 129 - 130.

没有联邦政府的国家，在我看来，是非常可怕的。”[①]而汉密尔顿所看到和所担心的这一可怕局面，源于他们未能建立起一个强大的国家。因为这个失败的政府（而不是出于经济利益），汉密尔顿和麦迪逊这些国家主义者提议，邀请各州代表于1786年秋天在马里兰州的安纳波利斯聚首，共同讨论困扰邦联的问题，并针对依《邦联条例》建立起来的政府中普遍存在和潜在的致命缺陷制定补救措施。他们的目标无非是要从根本上重建美国。

① Alexander Hamilton, Paper No. 85, in Madison, Hamilton, and Jay, *The Federalist Papers*, 527.

第六章　重建美国

邦联自身弊病重重，需要进行改革。它既不适合于战时，又不适合于和平时期。每个州都想要有不受制约的超越内部监管之上的主权，这一想法将阻碍把权力授予国会，使我们的联盟脆弱不堪，摇摇欲坠。

——亚历山大·汉密尔顿，“致詹姆斯·杜安的信”

(*Letter to James Duane*, 1780)

几个州要么继续完全独立，各自为政，相互猜忌、争吵，民事纠纷不断，最后自食恶果……要么它们必须组成一个统一的组织，这个组织由各州的代表组成，拥有行使于整个大陆的权力，以执行它的决策。除此以外我们别无选择。

——诺亚·韦伯斯特，《美国政策概述》

(*Sketches of American Policy*, 1785)

到1786年，《邦联条例》所构建的政治秩序之弊病已是众所周知(尤其是联邦政府的财政权力和军事权力)。但是，对于政治改革的出路，人们又莫衷一是。国家主义者欲建立一个比邦联时期更强大的国家政府。早在1780年和1782年，亚历山大·汉密尔顿就想召开会议，讨论颁布一部新宪法的价值。纽约的立法机构也赞同这一解决之道，但其他州不以为然。[①] 一直到邦联的屡

① Jack N. Rakove, *The Beginnings of National Politics: An Interpretive History of the Continental Congress* (New York: Knopf, 1979), 325.

次改革均以失败告终后，人们才产生了重建政治秩序的想法。为了实现这一目标，召开了许许多多地区性会议，讨论诸如州之间的关系、航行水路的管辖范围、外贸的规则和州之间贸易的简化等问题。

1785 年 3 月，在乔治·华盛顿的弗农山庄园就召开了一次这样的会议。在詹姆斯·麦迪逊的召集下，来自 4 个州的代表共聚此处(特拉华州、马里兰州、弗吉尼亚州和宾夕法尼亚州)，讨论长期存在的切萨皮克湾和波托马克河的航行问题以及牡蛎、螃蟹的捕捞问题。但最后，弗农山会议未达成任何协议，也没有解决任何问题。不过来自弗吉尼亚州的一群立法委员不满设在州之间的重重贸易阻碍，继而邀请所有 13 个州派代表参加 1786 年 9 月在马里兰州的安纳波利斯举行的另一次会议，一起讨论更广泛的商贸问题。这次会议表面上的目的是"考虑各州的贸易"，起草"统一的贸易制度"。

如果说在这之前，所有的改革都是因为缺乏广泛的支持而以失败告终的话，那么现在一切都不一样了。近期发生的如谢司起义和日益恶化的联邦政府财政状况，让政治领袖们开始有意于重建《邦联条例》下的政治秩序。[①] 值得注意的是，作为邦联中最富有和人口最多的弗吉尼亚州，它的立法机构表示支持重建之路。弗吉尼亚州的这一举动也吸引了其他州参与到这一行动中来。但即便如此，那年秋天也只有 5 个州(纽约州、宾夕法尼亚州、特拉华州、新泽西州和弗吉尼亚州)派代表去了安纳波利斯。亚历山大·汉密尔顿则是唯一一位到场的纽约州代表。而作为东道主的马里兰州拒绝派代表参会，它认为国会无权召开这样的会议。[②] 会议可能又无果而终。面对此情此景，与会代表们做了一个重大的决定，这个决定于美国意义之重大，远超当时人们的想象。与会代表们担心如果他们再次空手而归的话，只会让国会威信扫地，公众的支持更会一跌千丈。为了避免这种情况发生，他们采纳了汉密尔顿和弗吉尼亚州詹姆斯·麦迪逊的建议，决定另召集一次会议来讨论《邦联条例》的修订问题。

---

① 麦迪逊认为，"发生在马萨诸塞州的谢司起义"是促使安纳波利斯会议和费城制宪会议召开的最主要因素。请参阅 Madison's Preface, *Notes of Debates in the Federal Convention of 1787 Reported by James Madison* (New York: W.W.Norton, 1966), 13。

② Richard B. Morris, *The Forging of the Union, 1780 - 1789* (New York: Harper and Row, 1987), 254 - 255。虽然有 7 个州未派代表参会，但是来自宾夕法尼亚州和新泽西州的代表被授予了最大的权力来解决州之间争议的问题。这也许鼓励了汉密尔顿和麦迪逊再召集一次会议。

我们不知道，在安纳波利斯会议注定无果而终时，与会的代表为什么还会相信第二次的会议会成功举行。就像杰克·拉科夫(Jack Rakove)所说的："我们可将召开第二次会议的决定看成是孤注一掷之举。第二次会议并不见得会成功，只是安纳波利斯会议徒劳无获，后果堪忧，代表们必须要从中挽救出某些有用的东西来。"[①]不管是不是个冒险之举，安纳波利斯的代表们一致同意于来年 5 月的第二个周一在费城再召开一次会议。这将是美国历史上最有意义的一个大事件。

一、费城冒险

1786 年 9 月 20 日，一份安纳波利斯代表的报告呈递给了邦联国会。该报告由安纳波利斯会议的主席约翰·迪金森撰写。报告建议国会召开一次新的会议，商讨改革良策，"使联邦政府的宪法适应联盟的需要"。[②] 一开始，国会并不把这份报告当成一回事，并将它交由一个委员会来处理。一些国会代表怀疑安纳波利斯的代表们意图抛弃《邦联条例》，而不仅仅是对它进行修订。但是那年秋天，弗吉尼亚的立法机构一致赞成派代表前往费城。华盛顿将军踌躇再三，最终也被劝服加入了该代表团，用他巨大的威信去支持全国制宪会议的召开。新泽西州、宾夕法尼亚州、特拉华州和北卡罗来纳州还未等国会对此做出反应，就迫不及待派出了代表。马萨诸塞州的立法机构一开始并不情愿参加会议，但最后也同意了。(只有罗得岛州一直持反对态度并拒绝派代表参会。)这样的情形迫使国会投票接受了安纳波利斯代表要求召开第二次会议的提议。1787 年 2 月 21 日，国会决议要求各州派代表前往费城，共商邦国改革良策，并将此写成一份报告递交给国会。[③]

---

① Rakove, *Beginnings of National Politics*, 375.

② 安纳波利斯代表的报告请参阅 Worthington C. Ford et al., eds., *Journals of the Continental Congress, 1774－1789* (Washington, DC: Government Printing Office: 1904－1937), 31: 678－680。

③ 决议的全文如下："为了对《邦联条例》进行修订，进而让美利坚合众国下的各州永久地联合在一起，我们向组成合众国的各州建议召开一次由上述各州派代表参加的会议。我们还建议，对《邦联条例》所做的修订将分别向国会和各州进行汇报。与会的代表们应当做出适当及必要的判断，以使其足以保存和维持联邦。"Ford et al., eds., *Journals of the Continental Congress*, 32: 72。

各州遵守承诺，在第二年的春天都派出了代表——一群事后被麦迪逊称为“最有经验最有地位的公民”。[①] 麦迪逊的描述恰如其分，参会的确实是一批当时最杰出的人物，包括亚历山大·汉密尔顿、乔治·华盛顿、本杰明·富兰克林、约翰·迪金森、詹姆斯·威尔逊、乔治·梅森、奥利弗·埃尔斯沃思、罗伯特·莫里斯和古弗尼尔·莫里斯(约翰·亚当斯、约翰·杰伊和托马斯·杰斐逊并没有到会)。但是有些历史学家认为，并不是所有的代表都是有身份和地位之人，甚至不得不实说，其实有些人很普通。[②] 尽管如此，但制宪会议上的人们并不乏真知灼见、政治技巧与坚定信念。在 55 位代表的脑海中，前一年的叛乱还清晰可见，他们就这样于 1787 年 5 月聚集在费城，去集思寻找《邦联条例》的改良之策。

来自弗吉尼亚的代表满怀激情，早早就到了费城。有几个州的代表则拖延了很久。在等待其他代表的期间，来自弗吉尼亚的国家主义者们制定出谈判的策略，将实施一部新宪法作为他们公开坚持的立场，并且这部新宪法是基于詹姆斯·麦迪逊最近所阐述的观念。[③] 在他们的方案中，要像麦迪逊原先所设想的那样，联邦政府将足够强大，相当于是一个单一制政府(或是 18 世纪晚期的理论家们所定义的“统一”政府)。联邦政府由三个部门组成。最重要的是，国会有权否决州的立法。但奇怪的是，他们没有赋予联邦政府征税权。国会中的代表席位应根据各州的人口比例来进行分配。国会中参议院人员由众议院通过选举产生，以此来保证国会拥有更多的独立性。

州长埃德蒙德·兰道夫作为弗吉尼亚代表中最杰出的一位，在 5 月 29 日制宪会议的开幕式上，严肃评价了邦联的弊病，并提出了针对《邦联条例》的 15 项决议(就是所谓的弗吉尼亚计划)。据兰道夫所言，为了普遍之福利和防御，为了保障人们的自由，《邦联条例》需要“修正”，联邦政府的权力需要“扩

---

① Madison's Preface, *Notes of Debates*, 12.

② 请参阅 Forrest McDonald, *E Pluribus Unum: The Formation of the American Republic 1776 - 1790* (Boston: Houghton Mifflin, 1965), 162; Rakove, *Beginnings of National Politics*, 377。

③ 在 1787 年秋天起草的一份文件中，麦迪逊详细阐述了邦联的弊病，并指出必须要建立一个凌驾于各州之上强大的联邦政府。这份文件对我们理解麦迪逊在制宪会议上的观点至关重要。James Madison, "Vices of the Political System of the United States," in *The Papers of James Madison*, ed. Robert A. Rutland (Chicago: University of Chicago Press, 1975), 9: 345 - 358。

大"。[①] 众所周知,弗吉尼亚计划遭到那些小州代表的强烈反对,特别是康涅狄格州和新泽西州。尽管如此,但由于弗吉尼亚州一开场就抛出了他们的计划,所以也就定下了制宪会议日后的议程和议题范围,进而影响了会议最终的结果。[②]

表面上,各州代表赶赴费城的目的是为了修订《邦联条例》,但是,经过几天的争论之后,他们就改变了想法,认为应制定一部全新的宪法。这从麦迪逊对会议进程的描述中可看出。据描述,到 5 月 30 日,会议的焦点就转向了要成立一个比《邦联条例》下的国会拥有更多权力的政府机构。[③] 新的宪法将赋予联邦立法机构更多的权力,同时还将设立联邦行政机构和司法机构,而早先在邦联里,这两个机构都付之阙如。从这天以后,再也没有人提及修订《联邦条例》的事,除了 6 月 9 日,来自新泽西州的威廉·帕特森在其演讲中很严厉地警告各位代表,说他们无权废止邦联,无权用一个"强大的联邦政府"去取代邦联。但是,对于他的警告,代表们置若罔闻,就这样,将议会的权限限制在《邦联条例》修订上的问题就不再被提及了。

在华盛顿将军颇有手腕的主持下,代表们各有立场,就许多观点和选择进行了讨论。一些州的问题特别容易引起分歧,而对于一些重要的问题,与会者则无异议。值得注意的是,代表们一致抛弃了邦联成立的原则——那就是各州拥有主权,并保留所有传统的权力。在制宪会议所设计的方案中,联邦政府应被授予特定(通过列举的方式)的权力,从而拥有自身的权威。政治空间将被划分出来,联邦政府将在其中享有更多的主权,而州政府的某些

---

① *Notes of Debates*, 28 – 33。大卫·布赖恩·罗伯逊(David Brian Robertson)以一种新颖的方式解释了在来自康涅狄格州的罗杰·谢尔曼的带领下,那些来自小州的反对者们是如何迫使麦迪逊改变了他原先的观点。David Brian Robertson, "Madison's Opponents and Constitutional Design," *American Political Science Review 99* (2005): 225 – 243。

② 罗伯逊认为,要想理解宪法文本,我们应该要问一个问题,那就是制宪会议上的代表们想要解决什么政治问题。麦迪逊和弗吉尼亚人为了解决他们的政治问题制定了一个清晰的计划,但是其他人对他们要实现的目标持有不同看法。David Brian Robertson, *The Constitution and America's Destiny* (New York: Cambridge University Press, 2005), xi, 116。

③ *Notes of Debates*, 34 – 38。在罗杰·布朗看来,早在制宪会议召开之前,就有人支持要对邦联进行根本性的改革:"许多州的最高领导阶层中的政治精英领袖,即使不是中央政府激进改革的倡导者,也已经对这种改革显示出好感。"Roger H. Brown, *Redeeming the Republic: Federalists, Taxation, and the Origins of the Constitution* (Baltimore: Johns Hopkins University Press, 1993), 30。

传统权力将被削减。虽然代表们一致认为，美国需要一个更强大的联邦政府，但是在制宪会议上，极少有人认为应废除州，或以单一制取代联邦制。[1]

当然，在大会之外，也有少数政治边缘的声音支持单一制。《美利坚合众国政治的建立》(*The Political Establishments of the United States of America*, 1784)这本政治小册子的匿名作者就呼吁"废除州政府，颁布新宪法，让整个国家统一于一个政府之下"。[2] 但是，单一制并不是制宪会议代表们的选择，毕竟他们在会议结束时要向各州的立法机构进行汇报。各州的立法机构最终不得不通过他们起草的所有文件。无论是麦迪逊，还是弗吉尼亚的其他国家主义者，都没有想过要废除州。他们所要寻求的是在其列举的有限范围内给予联邦政府至高无上的权力。[3]

来自特拉华州的乔治·里德是制宪会议上支持单一制的为数不多的代表之一。他极力赞成一个国家里只有一个统一的联邦政府，没有州政府与之争夺公民的忠诚。作为特拉华州大会的成员和安纳波利斯会议的代表，里德主张颁布一部全新的宪法来取代《邦联条例》，他认为"《邦联条例》的修订只是换汤不换药"。[4] 在费城，里德试图说服那些小州的代表接受他的观点——"所有的州必须合并为一体"。他警告说："如果州还被保留着，那些大的州就势必会联合起来，压制小州。"为了避免由大州统治，所有的州"都应该被废除"。[5]

在制宪会议上，汉密尔顿是另一位赫赫有名的主张废除州而采用单一制政府的代表。他出生于英属西印度群岛，在纽约求学(国王学院，也就是今天的哥伦比亚大学)。在独立战争爆发的第二年，他就加入了华盛顿将军的参谋部，后来在约克镇战役中获得了大陆军的战地指挥权并展露才能。[6] 在邦联国

---

① 制宪会议上，关于主权该如何在州政府和联邦政府间进行划分的争论，请参阅 Robertson, *Constitution and America's Destiny*, 166 - 177。

② 引自 Rakove, *Beginnings of National Politics*, 382。

③ 关于麦迪逊的政治观点和中央政府支持者的观点，以及那些反对重构现有政治秩序的人的观点，请参阅 Robertson, *Constitution and America's Destiny*, 18 - 25, 64 - 99。

④ 引自 Robert K. Wright Jr. and Morris J. MacGregor Jr., *Soldier-Statesmen of the Constitution* (Washington, DC: Center of Military History, U.S. Army, G.P.O., 2007), 168。

⑤ *Notes of Debates*, 213.

⑥ 罗恩·彻诺(Ron Chernow)的畅销传记详细描写了汉密尔顿的人生及其职业生涯。Ron Chernow, *Alexander Hamilton* (New York: Penguin Books, 2004)。

会中，作为纽约代表，与那些土生土长的美国人相比，他见识广泛，对州也没有很多的归属感和忠诚。[①] 因此，他更倾向于成立一个统一的联邦政府。在制宪会议刚开始时，汉密尔顿特意保持沉默，以显示对资深同事的尊重。6 月 18 日，他打破了沉默，向代表们做了相当长的演讲，历数软弱的邦联制度在历史上的危险与失败。在他高深渊博的演讲中，汉密尔顿更接近主张联邦政府应拥有常规的主权，而州仅作为其行政单位存在。他警告说，如果主权被分割，危险将不可避免："常规权力不管采取何种形式，若想得以维持，就必须吞并各州的权力……在同一疆域之内，不能并存两个主权。"此外，汉密尔顿还强调，"废止"州而"代之以统一的政府"后，将大大"减少开支"。[②] 其他的代表彬彬有礼，他们洗耳恭听着汉密尔顿的演讲，并报之以温和的掌声。但实际上，对于汉密尔顿的建议，他们全然拒绝。当然，对于这样的反应，汉密尔顿也早有预料。他自己也坦然承认，他的提案会让"公众大为震惊"。[③] 但汉密尔顿是一个很实际的人，他愿意让州成为联邦政府的附属。《邦联条例》主要的失败就在于州完全独立于联邦政府。如果要取得什么成效，汉密尔顿知道，这一问题必须在代表们将要起草的新宪法中加以纠正。同时他也很清楚，代表们绝不会同意一项将各州作为独立自主的政治组织完全废除掉的方案。

在一个新的联邦框架内，州是不是注定只能作为一个半独立的政治组织而存在呢？即使是在这个国家历史的早期，政治权力也仍然深深地扎根于地方州政府，这个国家已沿着这条道路走出了太远，以至于无法做出根本性改变，

---

① 用加里·威尔斯(Gary Wills)的话来说，汉密尔顿"从未考虑该把自己的忠诚献给州或国家，而这个问题在美国独立后一直困扰着像塞缪尔·亚当斯这样的人"。Gary Wills, *Explaining America: The Federalist* (Garden City, NY: Doubleday, 1981), 58.

② *Notes of Debates*, 133 - 134。据罗伯特·耶茨(Robert Yates)对会议所做的记录，汉密尔顿宣称"所有的联邦政府都是软弱无能，且容易产生异心"，为了"克服这些弊病，我们必须要成立统一的全国政府，塑造完整的主权，消灭州之间的区别和州的运作"。Max Farrand, ed., *The Records of the Federal Convention of 1787* (New Haven: Yale University, 1966), 1: 297。后来，汉密尔顿采取了一个更加温和的方法，说他的观点是基于"所有的州都合并为一个完整的主权国家，这意味着各州将完全处于从属地位"。Alexander Hamilton, Paper No. 32, in James Madison, Alexander Hamilton, and John Jay, *The Federalist Papers* (New York: New American Library, 1961), 198。

③ Farrand, ed., *Records of the Federal Convention*, 1: 287.

比如想废除各州并将其合并为一个政府。[①] 1776 年一系列事件最终以各州的独立而告终,再加上邦联这个国家的羸弱性,决定了各州在 1787 年是不可能被废除的。毕竟,与会代表们不是在一块空白的石板上刻字。政治制度、历史传统和社会文化可以追溯到殖民地时期的一切,而这些早已深深地扎根于各州的历史中,是难以轻易抹掉的。还有,《邦联条例》已经为这个国家留下了联邦制这一制度遗产,这决定了费城代表们的选择其实并不多,因为统一的政府显然并不属于这一制度遗产的一部分。尽管如此,但制宪会议的大多数代表们还是认同,在他们所重新规划的这个新国家中,联邦政府这个政治机构应该变得更加强大。正因为如此,马克思·爱德林(Max Edling)准确地指出,发生在制宪会议上的这些矛盾"最好应该被视作关于国家形式的一场争论",而不是民主与贵族力量间的一场争斗。[②]

尽管如此,但该如何让联邦政府变得更加强大,这个问题还是使代表们产生了分歧,并对此争论不休。他们争论的问题有:新的联邦政府的内部结构;行政官员的选拔方法;联邦政府中各州代表产生的依据(比如是各州拥有相同的名额,还是以人口或面积来进行分配);《权利法案》的必要性;政府内部三个部门的关系,以及设置三个部门的理由。最重要的是,当所有的争论和妥协都尘埃落定后,最终一个更加集权的联邦体制蓝图诞生了。这样的宪法设计是一个史无前例的创新。当然,不得不承认的是,代表们的抉择决定了制宪会议的意见和方向。那些拒不接受一个强大联邦政府的代表们并未在场。[③] 而那

① 情况依旧如此,这与那些长期以来认为州将很快消失的预测相反。在《新共和》(*The New Republic*)杂志的一篇封面故事中,编辑主张废除州和联邦制度——这在今天和 1787 年一样都不太可能发生。Michael Kinsley, "The Withering Away of the States," *The New Republic* (March 28, 1981), 17 - 21。

② Max M. Edling, *A Revolution in Favor of Government: Origins of the U.S. Constitution and the Making of the American State* (New York: Oxford University Press, 2003), 11。沿着同样的思路,汉娜·阿伦特(Hannah Arendt)有句名言:"美国宪法的真正目的不是为了限制权力,而是为了创造出更多的权力,是为了以恰当的方式建立一个全新的权力中心。"Hannah Arendt, *On Revolution* (New York: Viking Press, 1965), 152。

③ 据估计,在参加会议的 55 位代表中,大概仅有 6 位是激烈的反联邦主义者。其中还有几位意识到其他代表的目的是为了废除《邦联条例》后,就不再参会了。Keith L. Dougherty, *Collective Action under the Articles of Confederation* (New York: Cambridge University Press, 2001), 146; William H. Riker, "The Lessons of 1787," *Public Choice* 55(1987): 12 - 15。来自弗吉尼亚州的帕特里克·亨利就谢绝了参会,他说自己"感觉不对劲"。就像理查德·莫里斯(Richard Morris)所说的:"反(转下页)

些参加了立宪会议的代表们都致力于创建一个更加强大的联邦政府。

但是,承诺并不意味着会产生实实存在的结果。决策的程序是当场临时确定的,缺乏有条理的观点。它的结果是好是坏,无法确定,至多我们只能说是有些好,有些坏。① 最后代表们所起草和采用的宪法包括了许多独特的制度和程序,也存在很多的内部矛盾。② 对于这个新的国家机构来说,其程序和结构特征的确都是草率建立的,没有完整清晰的思路。毕竟,这部宪法是经委员会制定的。此外,在最后的草案中,各州仍保留了大部分的传统权力。因此,依此而建立的联邦政府,其权力远不如弗吉尼亚代表中的国家主义者最初所提议的方案。尽管如此,但国家主义者们知道,这已是他们所协商出来的最好方案。现在他们可以安心回家,因为新宪法中所呈现的联邦政府已对《邦联条例》的弊病进行了很大的改进。

就加强联邦政府这点而言,这部新宪法最大的特征是什么呢?在重新构建的联邦架构中,最明显的无疑是联邦政府军事权力得到了增强。联邦政府明确被授权建立自己的陆军和海军,终结了它对各州民兵的依赖。在新的联邦制下,联邦政府拥有自己的常备军。③ 此外,在紧急时期,它还有权力统辖各州的民兵:"国会有权……征召民兵,执行联邦法律,镇压叛乱,击

(接上页)联邦主义者们要么缺席会议,要么就干脆退出会议。对于一些有争议的问题和通过妥协解决其他问题,他们避而远之,由此也默许了制宪会议去达成一致的意见。"Morris, *Forging of the Union*, 269.

① "美国宪法不是依某一个计划而诞生的。在很大程度上,我们可以说,它是政治妥协出来的权宜之计,从没有人能预料到它会是怎样。代表们建造了一座未完工的制度大厦,填充了一些有限的政策工具,以待将来的政治家在他们的政治工作中能派上用场,并在其中添加这些工具。"Robertson, "Madison's Opponents and Constitutional Design," 225。

② 美国宪法存在很多矛盾的地方,这是妥协的结果。例如,将联邦政府分成三个相互依赖的部门后,副总统主持参议院表决时,在赞成票和反对票票数相等的情况下,有权投出决定性的一票(这样将行政部门和立法部门的职能混淆了起来),或由最高法院的首席大法官主持参议院对总统的弹劾。这些都是没有逻辑可言的。关于宪法设计中的这些缺陷的论述,请参阅 Sanford Levinson, *Our Undemocratic Constitution: Where the Constitution Goes Wrong (And How We the People Can Correct It)* (New York: Oxford University Press, 2006)。

③ 在《联邦党人文集》中,麦迪逊完全从实用的角度来捍卫这一权力:"征募军队和装备舰队的权力是否需要呢?……在征募军队和设置军队方面是否有必要无限期地给予权力和兵力呢?和平时期是否也需要和战时一样维持这两种权力呢?……如果一个国家一直维持着一支训练有素的军队用以实现自己的野心或用来复仇,这就会迫使受该国威胁的最和平国家也采取相应的预防措施。"James Madison, Paper No.41, in Madison, Hamilton, and Jay, *The Federalist Papers*, 256-257。

退入侵。”[①]当然，各州依然保留了自己的民兵，这被认为是它们传统权力最关键的一部分。在联邦制中，对于军事权力采取了共同管理的模式。毫不奇怪，多年来，联邦政府和州政府的军事权力边界的划定出现了很多问题。从军事战略的角度来说，对军队指挥权和军事权力进行这样的划分，显然有悖于常理和经验。尽管如此，但对于这部新的联邦宪法来说，出于妥协，它不得不这样做，而这也决定了州会作为一个半独立的政治实体而存在。久而久之，在州民兵和联邦军队之间，权力的天平会慢慢地倾向于后者。在独立战争中，参战的主要是各州的民兵，但是从 1792 到 1860 年，它的势力就急速衰退。[②] 如今，州民兵只是联邦的后备部队，由联邦政府提供训练，并仰赖其供给。它受州行政部门的指挥，只有在危难当头时，才会被招募来为国家出力。[③]

在新的宪法中，联邦政府的军事权力得到了很大增强，与此同时，联邦政府的财政权力也得到了扩张。新宪法授权联邦立法机构可向全体公民征税，这也终结了其在收入上对州的依赖。新宪法授予联邦政府广泛的征税权时，只简洁地规定：“议会有权制定和征收税金、关税、进口税和消费税。”[④]联邦政府的这些权力在《邦联条例》中是付之阙如的，而这正是国家主义者所希求重建的国家。尽管宪法授予联邦政府的权力看起来颇大，但它的征税权是由两

---

① U.S. Constitution, art. 1, sec. 8。根据《邦联条例》，各州为一般防务所征召之陆军，所有上校级及以下之军官，由各征召或负责指挥之州立法机关分别任命。Articles of Confederation, art. VII。

② 1790 年 1 月，战争部部长亨利·诺克斯向国会呈递一方案，建议改革民兵制度，由联邦政府对其进行训练，并提供供给。但是该方案被国会忽视了。1791 年 11 月，亚瑟·圣克莱尔（Arthur St. Clair，时任美国陆军高级将领）率领的军队遭到驻扎在沃巴什河沿岸的印第安部落的致命攻击，这让形势发生了变化。沃巴什河战役（又称圣克莱尔的惨败）让美军损失惨重。在这之后，国会将联邦军队改组成了“合众国军团”（由四支小部队组成，每支队伍大约有 1 200 人），并投票决定给这支正规军提供资金。同时，国会还颁布法律，决定由联邦对州民兵进行援助。这部《民兵法》（*Militia Act*，1792 年 5 月 8 日）远不及诺克斯的提案。关于诺克斯的提案和 1792 年的《民兵法》，请参阅 Richard H. Kohn, *Eagle and Sword: The Federalists and the Creation of the Military Establishment in America, 1783 - 1802* (New York: Free Press, 1975), 128 - 138。

③ 州民兵在联邦制中的特殊地位是以下这本书的主题，请参阅 William H. Riker, *Soldiers of the States: the Role of the National Guard in American Democracy* (Washington, DC: Public Affairs Press, 1957)。由于在 1812 年战争中的拙劣表现，后来民兵就被废除了。但是在 1877 年铁路大罢工后，各州又恢复了民兵，用他们来充当国内警察去镇压工人的暴动。

④ U.S. Constitution, art.1, sec. 8。制宪会议对于这一重要的条款（8 月 16 日）争议甚少，只有来自马萨诸塞州的埃尔布里奇·格里投了反对票。他认为立法机构“不该被委以这样的权力”，这样的权力会“毁掉国家”。*Notes of Debates*, 466 - 469。

个令人费解的条件组成的。这两个条件的确切含义及其意图所在，对于没有参加制宪会议的人来说，是茫然不知的；而对于很多参加了会议的人来说，也显然是不甚清楚的。首先，该文本的最终草案规定，国会开征的关税、进口税和消费税在全国范围内，必须是"整齐划一"的。① 就其本身来说，这个条件并不会对联邦政府的征税权构成特别沉重的限制。土地税、人头税、所得税、进口税和消费税当然可以在全国按统一的税率征税——前提是宪法所要求的整齐划一指的就是税率要一致。但是宪法还进一步要求所有的"直接税"(言外之意就是非"间接税")需按人口在"各州进行分配"。② 这就造成了很大的困难。直接税(比如人头税、奴隶税和土地税)如何才能既是"整齐划一"，同时又根据各州的人口进行"分配"呢？这两个规定显然是相互冲突的。该文本人为地(而且站不住脚)将间接税和直接税区别对待，前者必须是整齐划一的，后者则要根据人口在各州进行分配。如果要进行分配的话，直接税在全国就不可能是整齐划一的。宪法中这些隐晦的含义和前后不一致的条款，无论是在起草还是修订时，都是令人费解的，这也导致在其后一个多世纪里，联邦法院不停地上演着联邦征税权的争论大戏。③

尽管在分配和整齐划一这两个条件上如此拿不准，但毕竟以国家未来发

---

① "所有关税、进口税和消费税在美国全境范围内，必须是整齐划一的。"U.S. Constitution, art. 1, sec. 8。

② "直接税应在加入联盟的各州之间按人口比例分配。"U.S. Constitution, art. 1, sec. 2。在制宪会议上，代表们显然并不明白"直接税"的确切含义，但对于这条款他们都投了赞成票。*Notes of Debates*, 494。布鲁斯·阿克曼(Bruce Ackerman)提供了一个貌似合理的解释。他说，这是人口茂密的北方和实施蓄奴制的南方，就奴隶人口的计算问题以确定国会的席位和所分摊的直接税而相互博弈的结果。Bruce Ackerman, "Taxation and the Constitution," *Columbia Law Review* 99(1999): 1-58。

③ 在"希尔顿诉美国"(*Hylton v. United States*, 1796)一案中，最高法院谨慎又明智地绕开了这个问题。从一开始，最高法院就意识到了宪法语言的固有混乱，因此，既然"整齐划一"和"按人口进行分配"这两个条件是无法同时满足的，那么那些有争议的税种(联邦党人在1794年颁布的马车税)就不能把它们界定为是"直接税"，由此它们的征收方式就并不违宪。最高法院的这种做法忽视了宪法文本中的这个矛盾，到了19世纪末期，这个问题再一次浮出水面。在"斯普林格诉美国"(*Springer v. United States*, 102 U.S. 586, 1881)一案中，最高法院裁定在1862年"内战"期间开征的个人所得税不是一个必须按人口进行分配的"直接税"，而是一个"消费税"。在判决书中，最高法院指出，只有对不动产和奴隶征的税才是直接税。在声名狼藉的"波洛克诉农民贷款与信托公司"(*Pollock v. Farmer's Loan and Trust Co.*, 157 U.S. 429c, 1895; 158 U.S. 601, 1895)的重审案中，最高法院又把事情搞得更复杂了。关于这方面判例的演变请参阅 Alan O. Dixler, "Direct Taxes under the Constitution: A Review of the Precedents," *Tax Notes* 113 (Dec. 25, 2006): 1177-1191。

展的角度视之，联邦政府终于获得了普遍的征税权。新宪法授权联邦政府可直接从社会汲取收入，不受州立法机构的掣肘，由此保证了它相对于州的独立性。[①] 同时，对于联邦政府的借款，新宪法也没有直接禁止。因此，联邦的税收和贷款都可以作为常备军和海军的筹款之道，从而创造了一种可能性，即经年之后，在这个崭新的政治秩序框架中，那些国家政治领导人才能创建出一个强大的国家。

由于新宪法规定众议院的代表是由全体公民而不是各州的立法机构直接选举产生，联邦政府相对于州的独立性进一步得到了加强。[②] 这是联邦政府第一次与公民社会之间建立了直接联系。在最初的宪法文本中，这种联系还是局部的，因为作为联邦立法机构的"上层"议院——参议院，其人员是由州立法机构选定产生。这似乎确保了州对联邦政府的控制。[③] 但众所周知，在 19 世纪初的几十年里，试图操控参议员的投票并没有取得成功。于是，到了 19 世纪末期，有些州便另辟他途，尝试让有选举权的公民直接选出参议员。[④] 1913 年，宪法第十七条修正案正式通过，参议员由各州人民直接选举产生。[⑤] 此外，到了 19 世纪初，政党开始出现，这让这个新兴的国家组织与公民之间有了更强的联系，也因此推动了政治制度更加的有序和民主。

最后，在制宪会议上，代表们还不遗余力地建立了国家经济的基本框架来替代与外国进行贸易的 13 个相互独立的地方经济体。在这之前，13 个州就像是 13 个国家那样进行着贸易往来。代表们一致同意联邦政府有权管理对外"贸易"和州际"贸易"，尽管这种权限未能扩展到州的"制造业"。[⑥] 与此同时，

---

① 值得注意的是，宪法禁止联邦政府对出口产品征税："不得对任何一个州的出口产品征税。" U.S. Constitution, art. 1, sec. 9。

② Ibid., art. 1, sec. 2.

③ Ibid., art. 1, sec, 3.

④ 关于州立法机构无法控制参议院代表的投票以及随后出现的参议员普选运动，具体论述请参阅 William H. Riker, "The Senate and American Federalism," *American Political Science Review 49* (June 1955): 452 - 469。

⑤ "联邦参议院由各州人民选举出的两名参议员组成。"U.S. Constitution, 17th Amendment。

⑥ "联邦国会有权制定……对外贸易、州际贸易、与印第安人的贸易规则。"Ibid., art.1, sec. 8。1941 年之前，对于商业和制造业的规则，最高法院一直是区别待之。直到 1941 年，它根据宪法规定的联邦国会有权制定州际贸易这一条款，支持国家对地方经济进行管制，由此推翻了旧规。*United States v. Darby*, 312 U.S.100(1941), rev'g *Hammer v*, *Dagenhart*, 247 U.S.251。

各州还被禁止对进口或出口的商品征收关税①。这一规定虽让州政府痛失了一项重要的收入来源，但它消除了州自设的障碍，为贸易和商业的自由扫清了道路。此外，宪法还规定只有联邦政府才有权铸造货币。② 自殖民地时期以来，各州政府就开始发行信用凭证，用于偿还债务、缴费和纳税。如今州政府被明确禁止铸造货币、发行信用凭证或将金银币以外的物品作为法定货币。③ 经过一阵激烈的辩论后，代表们决定不授予联邦政府发行信用凭证的特别权力。④ 这意味着联邦政府缺乏明确的权力来决定法定货币。通过宣布什么是法定货币，政府就可以要求债权人按票面价值接受官方纸币以偿还债务，这样债权人获得的收入可能低于按实物或交易资产计量的债务的市场价值——至少在货币发生通货膨胀的情况下。在殖民地时期这个问题就最饱受争议，如今在制宪会议上依旧如此。⑤ 最后，这个问题就只能搁置一旁。

还有一个遗留下来未被解决的问题是，联邦政府是否有权设立国家银行。传统上，各州政府有权给企业发放执照，其中就包括州银行。在新宪法中，是否禁止州政府这样做，则只字未提⑥，同时也没有明确授权联邦政府成立国家银行——对于现代国家来说，银行是财政机构的重要组成部分。可以说，联邦政府拥有这种“默许权力”。但问题就出在宪法对此没有直接做出明确的规定。1791 年，在财政部部长亚历山大·汉密尔顿的建议下，华盛顿要求国会批准建立美国第一银行，该银行的资本金达到了 1 000 万美元。联邦政府是否拥有这样的权力是有待争议的。与麦迪逊和杰斐逊等人的观点相反，汉密尔顿

---

① “未经联邦国会的同意，任何一州不得对进出口货物征收进口税或关税。”U.S.Constitution, art. 2, sec 10。

② 即便如此，一直到 1792 年《铸币法案》获得通过时，国会才建立了铸币厂。在 19 世纪的最初几十年里，由外国货币（主要是西班牙货币）作为法定货币在市场上流通。

③ U.S. Constitution, art.1, sec.10。宪法的反对者们抗议禁止州发行信用凭证。

④ 1787 年 8 月 16 日，参加制宪会议的代表们以 9 票对 2 票（这反映出代表们意见不一）的投票结果，删掉了宪法原草案中的一项规定，该规定授予了联邦政府发行信用凭证的权力。*Notes of Debates*, 470 - 471。

⑤ 关于 1787 年的制宪会议上，代表们是如何看待法定货币的法规，请参阅 Farley Grubb, “The U.S. Constitution and Monetary Powers: An Analysis of the 1787 Constitutional Convention and the Constitutional Transformation of the U.S. Monetary System,” *Financial History Review* 13 (April 2006): 47 - 50。

⑥ 马歇尔法院曾判定州无权成立银行，但这一规定随后就被坦尼法院推翻了。

认为，成立国家银行是国会的默许权力，对于执行国会列举的其他权力，比如征税和维持国库的运转来说，设立国家银行是“必要和恰当的”。[①] 1819年，这个问题最终被提交到了最高法院。首席法官约翰·马歇尔（一位高层联邦党人）认同了汉密尔顿先前对国家权威的主张。[②]

与国家银行的规定很不协调的是，最后新宪法既没有规定全国只能流通一种货币，又没有禁止各州发行纸币作为当地通货。对于那些国家主义者来说，他们本想创立一个更强势的联邦政府，以促进国家经济的发展，而这无疑是一个障碍。但即使如此，这一切也为今后一个统一的货币——美元的诞生创造了先决条件。[③] 法利·格拉布对这个问题做了全面研究。他说：“宪法创设了一个法律框架，一个基于现代银行的金融体制将主导着美国。”[④]就这样，宪法的起草者们搭建出了国家经济的基本结构框架，尽管他们仍留下了许多重要的细节问题亟待解决。

邦联被抛弃了，取而代之的是一个全新的政治制度。这也意味着，这十年来，人们对《邦联条例》的不满已到了无以复加的地步。但是，起草一部新宪法仅仅只是第一步。在这之后，还需要得到9个州的批准。这项工作是由政治领袖们领导的。他们是满怀抱负的国家主义者，共同拥护一个强大的联邦政府，尽管这些国家主义者被人挖讽为是联邦党人。他们赞同重建政治制度，以扩张联邦政府的军事权力和财政权力。“制宪会议的代表们希望建立一个全新的、更完美的联盟，这个联盟将催生出一批开明的统治者，他们将着眼于整

---

① “Opinion on the Constitutionality of the Bank,” (1791) in *Reports of Alexander Hamilton*. ed. Jacob E. Cooke (New York: Harper and Row, 1964), 83-114.

② *McCulloch v. Maryland*, 17 U.S. 316 (1819)。关于美国第二银行在政治上的争论，请参阅 Margaret G. Myers, *A Financial History of the United States* (New York: Columbia University Press, 1970), 84-94。

③ 1785年7月6日，国会宣布将银元作为合众国的货币单位，由此替代了西班牙元成为官方货币（虽然西班牙元在这之后仍流通了几十年）。Albert S. Bolles, *The Financial History of the United States, from 1774 to 1789* (New York: D. Appleton, 1879), 341-342。关于18世纪80年代偿债和缴税的各种手段和担保方式，请参阅 Max M. Edling and Mark D. Kaplanoff, “Alexander Hamliton's Fiscal Reform: Transforming the Structure of Taxation in the Early Republic,” *William and Mary Quarterly* 61 (October 2004): 713-744。

④ Grubb, “The U.S. Constitution and Monetary Powers,” 43。格拉布对制宪会议上关于货币和银行业等事项的争论概述。还可参阅 Curtis P. Nettles, *The Emergence of a National Economy, 1775-1815* (New York: Holt, Reinhart and Winston, 1962), 98-101。

个大陆，而不是鼠目寸光、自私自利之徒。”[①]与之相反，那些地方政治领袖对联邦政府权力的扩张并不太赞同——他们认为这个改革必定会让他们付出代价。但是，大部分州的领导人也都明白，《邦联条例》下的联邦政府的确太羸弱不堪了。对于那些身处边界的州来说，尤其如此。这些州常遭到加拿大英军的攻击，也不堪忍受佛罗里达州和西南部的印第安人带来的骚扰。对于这些身处边界的州来说，是来自外部的军事威胁迫使当地政治领导人支持加强联邦政府及其军事力量的运动。

那些反对扩张国家权力的人被他们的对手轻蔑地贴上了反联邦党人的标签。其中大部分人并没有参加在费城召开的制宪会议。待在老家的他们不太可能被那次会议的任何结果说服而改变自己的想法。反联邦党人极其强烈地反对权力向联邦政府集中。在他们看来，这会“颠覆被民众控制的地方机构，而这样的机构可以抵制强权，维护自由”。[②] 对反联邦党人来说，常备军和集中征收（新宪法授予刚成立的联邦政府的权力）与腐败的英国君主制无异，他们刚刚将它抛弃，当然不希望它再次回归。正是这些担心让他们反对重建联邦制度。[③]

尽管在一些关键的州里反对派势力强大，但是在这场有关宪法的政治斗争中，反联邦党人最后还是以失败告终。1787 年 12 月 7 日，特拉华州的立法

---

① Sean Wilentz, *The Rise of American Democracy: Jefferson to Lincoln* (New York: W. W. Norton, 2005), 32.

② Edling, Revolution in Favor of Government, 41。关于反联邦党人的思想，最经典的研究请参阅 Jackson Turner Main, *The Antifederalists: Critics of the Constitution, 1781 – 1788* (Chicago: Quadrangle Books, 1961); Cecelia M. Kenyon, “Men of Little Faith: The Anti-Federalists on the Nature of Representative Government,” *William and Mary Quarterly* 3d ser., 12 (January 1955): 3 – 43; Herbert J. Storing, ed., *The Anti-Federalist* (Chicago: University of Chicago Press, 1985)。那段时期发表的许多重要的文章可参阅 David Wootton, ed., *The Essential Federalist and Anti-Federalist Papers* (Indianapolis: Hackett, 2003)。在争取宪法批准的运动中，联邦党人和反联邦党人所持的立场总结如下：Dougherty, *Collective Action*, 164 – 173; Brown, *Redeeming the Republic*, 200 – 218。

③ 甚至是那些宪法的支持者也有这种担心。麦迪逊就曾警告说：“战争催生了军队，继而又催生了债务和税收；而军队、债务和税收是众所周知的少数人统治大多数人的工具。在战争中，行政部门的自由裁量权扩大了；它在处理职务、授予功勋和支付薪酬方面的影响也成倍增加；为了控制武力和人民，各种诱惑手段也无所不用其极。”James Madison, “Political Observations, April 20, 1795,” in *The Papers of James Madison*, ed. Thomas A. Mason, Robert A. Rutland, and Jeanne K. Sisson (Charlottesville: University of Virginia Press, 1985), 15: 518。

机构全票通过了新宪法，这使得该州成为第一个批准新宪法的州。仅仅6天后，宾夕法尼亚州也批准了新宪法，尽管在投票时出现了分歧票。一个星期后，新泽西州以38票赞同0票反对通过了新宪法。佐治亚州在12月31日那天也以26票赞成0票反对批准了该宪法。这两个州的投票结果无疑给宪法的批准进程打了支强心针。1788年6月21日，新罕布什尔州成为第九个同意该宪法的州，从而确保了对宪法的正式批准。然而，纽约和弗吉尼亚这两个关键的州接下来是否会加入联盟中，仍然至关重要。汉密尔顿、麦迪逊和来自纽约的约翰·杰伊一起撰写了《联邦党人文集》，有力地捍卫了新宪法，也促成了宪法在纽约的获批。1788年夏，两个州的立法机构都投出了相当接近的赞成票和反对票通过了该宪法。在弗吉尼亚州，赞成票和反对票分别是89票和79票，联邦党人险胜过关。弗吉尼亚的胜利鼓舞了纽约。纽约的国家主义者们以3票的优势获得了胜利。在北卡罗来纳州，立法机构曾暂缓批准该宪法，但在1789年11月，他们最终还是通过了该宪法。至此，支持1787年宪法的力量已占了上风，但是事情还没结束。12个州威胁罗得岛州，扬言要像对待外国一样，对进口自该州的商品征收关税。这一经济报复措施足以让罗得岛州重回重组后的联盟的怀抱。1790年5月29日，罗得岛州态度软化，最终批准了这部宪法。这也意味着在这一天，宪法终于得到了所有州的一致通过。尽管如此，但前方并非一片坦途。1788年10月10日，新的联邦政府尚未就位，大陆会议即宣告解散。一个新的美国政府实际上必须从零开始建设。①

尽管在与国家主义者的宪法批准的政治斗争中，反联邦党人败北了，但是1787年的宪法留给联邦政府的政治空间依旧很狭小，让它难以施展拳脚。这仍然是一个权力极其有限（列举的权力）的联邦政府。在制宪会议之后，地方

① 1788年10月10日，最后一次邦联国会的参会人数达到了法定人数，至此之后，便只有零星的会议（每天只有一两个代表在场），邦联国会也不再处理事务。Ford et al., eds., Journals of the Continental Congress, 34：599-601。在邦联的最后一段时间里，整个联邦政府中“外交部只有约翰·杰伊和几个办事人员，由他们负责处理约翰·亚当斯和托马斯·杰斐逊分别从伦敦和巴黎寄来的信；……财政委员会守着空空如也的国库；……战争部只有一支840人的军队……十几个办事员的工资被拖欠着，还有多少债没人说得清楚，未知可怕的债务令人担忧。收入分文不进，信用一塌糊涂”。Leonard D. White, *The Federalists: A Study in Administrative History* (New York: Macmillan, 1948), 1。

政府实际上仍继续存在，基本上是一个完全独立的政治组织。在新的政治秩序下，它们仍保留了大部分的军事权力，并可畅通无阻地攫取那些传统的收入来源。实际上，在共和国最初的几十年里，无论是民兵组织、财政资源，抑或征税体制，州无不远胜于联邦政府。宪法虽已被采纳，但核心的羸弱问题仍不会即刻改变。几十年来，国家主义者其实只是取得了表面上的胜利。在这一新的联邦制下，联邦政府仅仅只具备了极其有限的管理能力。对于行政部门和行政办公室，宪法只字未提。那些政治领袖们历经数十年的努力，才让联邦政府真正掌控国家的权力。那些热衷于建立一个强大的美国的国家主义者亦明白，刚刚通过的新宪法仅仅只是勾画出了一个尚未存在的政治秩序的蓝图。政治领袖们已经采纳了这一蓝图，接下来，它还必须获得民众的支持。要想提高新政府的合法性，确保它拥有超越于前政体的政治权力，并建立起一个真正的有血有肉的政治制度，还需要为之付出不懈的努力。长路漫漫，要想加强联邦政府的财政权力和军事组织，尤是如此。

华盛顿将军广受人民的尊重，也正是这种尊重，将人民团结在了新政权之下。不管是作为国家总统，还是担任大陆军总司令一职，华盛顿都不辱使命。亚历山大·汉密尔顿则比其他任何人都更能理解国家领导人所面临的艰巨任务。身为联邦财政部部长的他，率领着一批同事和联邦党战友，指导他们去建立一个能真正掌控国家实权的政府。对于那些致力于建设一个强大国家的国家主义者来说，汉密尔顿向他们提供了倡议、灵感和兴邦之策。

二、汉密尔顿的设想：把美国建成一个财政-军事国家

在 32 岁那年，亚历山大·汉密尔顿作为建立一个强大的联邦政府的主要支持者之一，代表纽约州参加了 1787 年的制宪会议。在 6 月 18 日的发言中，他巧言善辩，支持应将所有的权力都授予联邦政府的执行官。这名执行官(毫无疑问，这个人就是汉密尔顿所爱戴的华盛顿将军)由选举人选举产生，选举人则由地方选区人民选出。执行官如果“操守良好”，它的任期可以是无期限的。汉密尔顿还斗胆提议，应授予执行官有权否决两院立法机构通过的法律、

协议，且有权任命政府各部门的官员。[①] 汉密尔顿宣称，英国政府是“世界上最好的政府”，并向代表们推荐将其作为新的美国政府所效仿的对象。[②]

对于汉密尔顿要求设立执行官并授以君权的呼吁，与会代表们不为所动。华盛顿作为王位继承者的不二人选，也断然拒绝了在美国实施君主制。甚至连汉密尔顿在制宪会议上的盟友詹姆斯·麦迪逊也反对授予执行官如此大的权力，并最终因为汉密尔顿对君主制的偏好和对英国人的赞同而与他分道扬镳。尽管对于强有力的执行官的提议被否决让汉密尔顿倍感失望，但在纽约是否该批准宪法的关键争论中，他仍不遗余力地捍卫制宪会议上起草的这份宪法——甚至去支持原先他在费城曾公开反对的那些条款。这反映了他经过深思熟虑的估量后，认为新宪法中的联邦政府总体相对于邦联下的政府而言，已改进极大，即使这种改进还未达到他的期望。出于实用主义，他愿意接受这份虽不完美但是在当时之情形下已是最好的宪法。汉密尔顿明白，在将来，那些有着不屈不挠决心的政治家终可以在这份最初的宪法之上添砖加瓦，建立起一个强大的政治制度。

这一切从 1789 年 9 月 2 日开始。那天，国会通过了成立财政部的立法。9 天后，华盛顿总统就任命汉密尔顿为国家的第一任财政部部长(参议院当即予以批准)。再也没有比汉密尔顿更合适的人选了，因为该如何增加国家的财政权力，汉密尔顿有一个清晰且令众人信服的计划。他同时从加强新政府的行政部门和军事权力入手来实现这一目标。为此，他试图效仿英国政府。到 18 世纪中期，英国政府就已具备完善的行政管理能力，成立了财政部，实施了一套高效的征税制度，还建立了中央银行体系，以及在战时通过运作娴熟的公共融资体制，英国政府以将来的税收为担保，筹集到了大笔的资金。与此同时，汉诺威王朝时期的英国军力强盛，军队遍布全球。它们保护着英国在全球的利益，也维护着帝国的殖民统治。这就是汉密尔顿想要复制的一个财政-军事国家。[③]

---

① *Notes of Debates*, 138 - 139。授予联邦政府的总督或执行官这样的否决权，无疑会引起对英国王室否决权的恐惧，因此，许多人都深表怀疑。

② Max Farrand, ed., *Records of the Federal Convention*, 1: 282 - 293; *Notes of Debates*, 134.

③ 就像戈登·伍德曾观察到的：“作为财政部的新任部长，汉密尔顿的目标是要在美国复制英国的成功，把美国变成一个强大的国家，最后在英国和其他欧洲国家发动的战争中，与他们相抗衡。” Gordon S. Wood, *Revolutionary Characters: What Made the Founders Different* (New York: Penguin Press, 2006), 132。

作为财政部部长和联邦党党魁,他是将美国建设成为一个这样的财政-军事国家的理想人选。①

汉密尔顿深知,英国政府的权力背后是大不列颠雄厚的财富在支撑着。因此,他建议联邦政府应积极行事,努力促进国内制造业的发展,通过大修基础设施,促进商业的发展:"所有开明的政治家都已发现也已承认,商业的繁荣是国家最有效的生财之道,因而也是他们政治行事的主要目标。"②法国的重农主义者相信,国家的财富只源于农业。自由主义的经济学家则希望政府在经济发展中是无为而治的(其中最著名的就是亚当·斯密)。但汉密尔顿并不认同这些观点。他认为政府应发挥更积极的作用,并鼓励那些有见识的政治家为国家的经济发展出力。汉密尔顿最崇拜的对象之一是路易十四时期的财政大臣——"伟大的柯尔贝尔"。这并不偶然。柯尔贝尔将法国建成了一个商业国家。汉密尔顿赞同柯尔贝尔的商业哲学,认为政府应发挥更积极的作用,去促进工业和商业的发展。但汉密尔顿的这些观点遭到了杰斐逊和其追随者以及许多联邦党人的强烈反对。对于汉密尔顿来说,积极的政府为繁荣商业经济之先决条件,而后者又会反过来帮助政府获得征税权。

虽然汉密尔顿极力倡导商业与制造业的发展,但是他并不唯"有钱人"和有地产之人马首是瞻。他的目标也不是为了让上层阶级变得更加富有。③ 相反,在他设想的商业共和国里,新兴商业阶级的利益将与整个国家的利益须臾不离,这种利益上的连接能有助于提高联邦政府的能力和合法性。④ 这样做还有一个好处,就是通过鼓励国内制造业和商业的发展,国家不会再像独立战争时期一

① 在汉密尔顿担任财政部部长期间,其建议深受信赖,国会甚至撤掉了之前组建的赋税委员会。在汉密尔顿余下的任期里,国会会直接向他征询财政事宜的意见。一直到汉密尔顿卸任后,赋税委员会才又被重新组建起来。Wood. *Revolutionary Characters*, 129。

② Alexander Hamilton, Paper No. 12, in Madison, Hamilton, and Jay, *The Federalist Papers*, 91.

③ 联邦党人都是贵族党派的这种误解可以追溯至查尔斯·比尔德(Charles Beard)和梅里尔·詹森(Merrill Jensen)的著作中,他们将美国独立战争描写成是一场为控制战后(落到联邦党人手中的)政府而在民主激进派与保守派之间展开的斗争。请参阅 Kenyon, "Men of Little Faith," *William and Mary Quarterly*, 5; Edling, *A Revolution in Favor of Government*, 33–35。

④ 汉密尔顿深知制造业和商业将如何使国家变得强大。具体的研究请参阅 Michael D. Chan, *Aristotle and Hamilton on Commerce and Statesmanship* (Columbia: University of Missouri Press, 2006)。

样，饱受供给短缺之苦。在其著名的“制造业报告”(*Report on Manufactures*)一文的开篇，汉密尔顿就指出，促进美国制造业发展的目的就是“为了使合众国从此以后不再依赖国外的军力和基本物资”。① 之后随着商业和制造业的日益繁荣，联邦政府也将通过税收获取越来越多的收入。

汉密尔顿的商业共和国的图景完全不同于杰斐逊和麦迪逊的理想。“对于弗吉尼亚人来说，他们想要的是奉行自由的贸易政策：美国将依旧是个农业国家，并将土地上的剩余产品出口，用以交换来自欧洲的制造品。”②共和党关于建立一个农业共和国的愿景和汉密尔顿意欲创造的商业和制造业的社会形成了鲜明对比。在杰斐逊著名的《弗吉尼亚州笔记》(*Notes on the State of Virginia*，1781)中，他不吝赞美之词，颂扬了自耕农的高尚品格：“如果上帝有选民的话，无疑就是那些劳作于田间的人。上帝把实在和真诚的美德赋予了他们。”③杰斐逊对农民和在田间劳作之人品德的颂扬被德鲁·麦考伊(Drew McCoy)称为是“共和国文化遗产的核心，完美体现了对简单淳朴之人的自然世俗美德的热情关怀”。④ 杰斐逊将“道德败坏”和其他一系列的社会问题都归因于制造业。他不希望这一切在新大陆发生，于是他向同胞们建议，“让工厂一直待在欧洲吧”。与杰斐逊不同，汉密尔顿对繁荣的商业社会情有独钟。在他看来，这样的社会将使联邦政府拥有英国财政-军事国家的一切基本要素，也会让美国像英国那样繁荣昌盛，以至于称霸全球。在这个方面，汉密尔顿受大卫·休谟(他极力捍卫商业社会)和英国“宫廷”哲学的影响颇深，这与活跃在杰斐逊思想中的共和党的“乡土”主义有着鲜明对比。⑤

在汉密尔顿看来，除要促进制造业和商业的发展之外，联邦政府还应使用

---

① “Report on Manufactures” (1791), in *Reports of Alexander Hamilton*, 115.

② Chan, *Aristotle and Hamilton on Commerce and Statesmanship*, 104.

③ Thomas Jefferson, *Notes on the State of Virginia* (Chapel Hill: University of North Carolina Press, 1955), 164 - 165.

④ Drew R. McCoy, *The Elusive Republic: Political Economy in Jeffersonian America* (Chapel Hill: University of North Carolina Press, 1980), 13。麦考伊对杰斐逊把美国看成是一个农业共和国的思想进行了综合性论述。

⑤ 关于共和主义思想是如何渗入到美国的政治思想中，最经典的论述请参阅 J.G.A. Pocock, *The Machiavellian Moment: Florentine Political Thought and the Atlantic Republican Tradition* (Princeton: Princeton University Press, 1975)。

行政任命权和资助权(被休谟称为“腐败”)来培植一批忠于新政体的阶级,“在各州的内部,培植一些有利于联邦政府的势力”。[①] 为此可以任命一批干部,比如海关官员、税务官员、邮政局长和军官。作为一个庞大的行政部门的主管,汉密尔顿有权任命很多人,由此也在政府内部培养起了众多联邦政府的支持者。“那些被任命者通常就职于合众国的每一个大城镇和部门,能接触到美国经济生活的各个方面,即使其中有些人曾经并不拥护宪法,但他们都是建立支持新政府不可忽视的力量。”[②]

汉密尔顿和他的前任邦联财政部部长罗伯特·莫里斯一样,也意识到联邦政府的成功与存续将系于其自身是否掌控了财政之源,更进一步而言,是系于政府是否拥有切实可行的公共信用制度。为此,汉密尔顿坚持不懈地指出,对于战争期间欠下的债款,联邦政府应义不容辞去承担、合并和最终偿还债务,政府的信用将有赖于此。[③] 为了实现这一点并解决一直困扰着联邦政府的地方性收入危机问题,汉密尔顿提出了一系列制度革新计划。在1789年,当这个联邦党人上任之时,用来自南卡罗来纳州的罗伯特·古德洛·哈珀(Robert Goodloe Harper)的话说就是这个国家“长远的收入为零,财政制度阙如,战争债务缠身……国库中没有足够的钱来应付政府日常开支之需”。而这一切的结果就是“政府公共信用全无”。[④] 为了摆脱这一窘困的财政局面,汉密尔顿提出了一系列改革建议,包括整合战争期间发行的债券,并按票面金额进行偿付(包括在战时投机商以一定的折扣从原持有人那里购买进来的债券);承担各州的战争债务;建立国家银行制度;成立国家铸币厂;

---

① Alexander Hamilton, “The Continentalist No. VI” (July 4, 1782), *The Papers of Alexander Hamilton*, ed. Harold C. Syrett et al. (New York: Columbia University Press, 1962), 3: 105.

② Wood, *Revolutionary Characters*, 131.

③ 汉密尔顿提议,联邦政府应承担起偿付各州战争债务的责任,尽管宪法并没有许可。他警告说,如果不清偿各州的债务,危险和不平等必将由此产生。Alexander Hamilton, Paper No. 7, in Madison, Hamilton, and Jay, *The Federalist Papers*, 60-66。最后,国会通过立法承担了大部分州的战争债务。E. James Ferguson, *The Power of the Purse: A History of American Public Finance, 1776-1790* (Chapel Hill: University of North Carolina Press, 1961), 330。

④ “A Letter From Robert Goodloe Harper, of South Carolina, to his Constituents”(Providence: John Carter, 1801), 11。哈珀是一个来自南卡罗来纳州的联邦党人。1795年,他被选为国会议员,并在第五届和第六届国会中担任赋税委员会主席一职。

推行美元作为国家的通行货币。[①] 作为财政部部长的他，反对各州自行发行纸币，也不愿意让联邦政府独揽此权，而是选择了由国家银行以金银铸币为基础来发行纸币。[②] 在他看来，国家银行还是联邦政府进行资金借贷的一个重要途径。[③] 最后，在汉密尔顿的“制造业报告”中，他提议要大修公共工程(包括修建道路和运河，以“扶持制造业，助力商品运输”)，大力促进国内经济的发展，用“金钱奖励”和对进口商品征收关税这些措施来刺激和保护国内新兴产业的发展。[④]

虽然汉密尔顿的国家主义方案的许多内容招致刚成立的杰斐逊派的坚决抵制，但在华盛顿担任总统的两个任期内，由于联邦党人控制了全国两院，他排在议程上的大多数项目还是以某种形式被采纳了。[⑤] 合众国第一银行在1791年那年成立。[⑥] 新的联邦政府合并了邦联国会的战争债，并承担起了偿还的义务。最终，联邦政府还拥有了征税权，以便能够筹集到收入来偿还债务。但是联邦政府在承担各州债务一事上，还是发生了很多的争议。这使得那些已清偿了所有债务的州(弗吉尼亚州、马里兰州、北卡罗来纳州和佐治亚州)和那些依旧债台高筑的州(马萨诸塞州和南卡罗来纳州)势不两立。由联邦政府来偿还州的债务，这会涉及一些基本问题，比如联邦的经济组织形式、联邦架构中的联邦政府与各州之间的关系。汉密尔顿一再强调说，由联邦政府来承担各州的债务会巩固联邦政府的地位，减少人们对它的反感。他甚至

---

① Alexander Hamilton, “Report Relative to a Provision for the Support of Public Credit” (1790) and “Second Report on the Further Provision Necessary for Establishing Public Credit (Report on a National Bank)” (1790), in *Reports of Alexander Hamilton*。汉密尔顿在关于建立铸币厂的报告中提议，应将金银的铸造自由化，推行美元作为国家通行的货币，禁止外币的流通，划分美元，使用小面额的硬币。“Final Version of Report on the Establishment of a Mint” (1791), in *Papers of Alexander Hamilton*, ed al., 7: 570 - 607。

② “Second Report on the Further Provision Necessary for Establishing Public Credit (Report on a National Bank)” (1790), in *Reports of Alexander Hamilton*, 62 - 63.

③ 用迈克尔·陈(Michael Chan)的话来说：“在汉密尔顿看来，国家银行能对刚刚起步的美国资本市场起到强有力的促进作用，而资本市场对于国家经济的发展又至关重要。”Chan, *Aristotle and Hamilton on Commerce and Statesmanship*, 166.

④ Alexander Hamilton, “Report on Manufactures” (1791), in *Reports of Alexander Hamilton*.

⑤ 联邦的立法程序请参阅 Nettles, *Emergence of a National Economy*, 1775 - 1815, 109 - 126。

⑥ 1791 年 7 月 4 日，银行的股票开始公开申购，并在一个小时之后就全部售罄。股票的定价为每股 400 美元，但是只要支付 25 美元的首付定金就可以购买股票——相当于是购买到了股票的期权。随后该银行的股票就被疯狂炒作。请参阅 Stanley Elkins Eric McKitrick, *The Age of Federalism: The Early American Republic, 1788 - 1800* (New York: Oxford University Press, 1993), 242 - 244。

说这些债务会“让国家因祸得福”，是联邦的“强力黏合剂”。[①] 其目的是为了在政府和那些有钱人之间建立紧密的联系。[②] 由联邦政府来偿还州政府的债务，这样，那些欠钱的富人就会转而向联邦政府效忠。对于这种做法，麦迪逊同样也是坚决反对。

1790 年，杰斐逊促成了一个妥协方案。根据这个方案，联邦政府将承担州的战争债务，但条件是要把国家的首都永久定址在波托马克河沿岸，以安抚那些弗吉尼亚人，首都的具体地点将在以后确定。[③] 在这一妥协方案下，最后联邦政府承担了州 2 150 万美元的战争债务——略低于汉密尔顿原先提出的数额。这样安排之后，联邦政府的债务总额就飙升到了 7 000 多万美元。詹姆斯·弗格森详尽地研究了因战争债务的承担问题而引发的种种争斗，最后得出这样的结论：

> 债务、征税权和主权这三者之间紧密相连，因此，当国会承揽了债务之后，这意味着联邦制度将基本重组，而且还会促使它朝这种方向进行改变。战争过后的几年里，联邦政府的首要任务就是偿还债务。否则它可能连存在的理由都付之阙如。[④]

随后，国会成立了一个机构来监督国债的偿还进程。[⑤] 1795 年，这一机构被命名为偿债基金委员会。国会将剩余的关税收入专门拨付给这个机构。[⑥]

尽管根据新宪法，联邦政府可利用的财政资源已大大增加，但这些收入还是不足以偿付国会在独立战争期间积累起来的巨额公共债务。自 1789 年 4

---

① “国家的债务如果没让我们不堪重负，那么对国家来说，它反而是一件好事，它将是我们这个联盟的强力黏合剂。” “Letter to Robert Morris from Alexander Hamilton” (April 30, 1781), in *Papers of Alexander Hamilton*, ed. Syrett et al., 2: 635。莫里斯本人也曾写道：“由公共收入作为后盾的公共债务，对于邦联的团结来说，是最强有力的黏合剂。”引自 Clarence L. Ver Steeg, *Robert Morris: Revolutionary Financier* (Philadelphia: University of Pennsylvania, 1954), 124。

② “Letter to Robert Morris” (1780), in *The Works of Alexander Hamilton*, ed. John C. Hamilton(New York: John F. Trow, 1850), 1: 125.

③ 1790 年 6 月，杰斐逊在纽约家中安排了一次会议。这一妥协方案就是麦迪逊和汉密尔顿在这次会议的晚餐桌上做出的。关于这一事件，杰斐逊留下了几种未发表过的版本，每个版本都略有不同。具体设想和妥协方案请参阅 Elkins and McKitrick, *The Age of Federalism*, 146 - 161。

④ Ferguson, *Power of the Purse*, 335.

⑤ 1 Stat. 186 (August 12, 1790).

⑥ 偿债基金委员会主要听命于汉密尔顿。具体描述请参阅 White, *The Federalists*, 350 - 352。

月联邦众议院组建成立以来，它的第一项议程就是审议麦迪逊的提案。[①] 麦迪逊提议要对大部分的进口商品征收5%的从价关税——这和1783年夭折的关税方案很相似。在众议院通过后，参议院对此却迟迟不予表决。议员们争论不休，为了维护地区的利益，他们要求修改方案。在这场关于征收进口关税的争议中出现的分歧，与之后一百年的关税政策中普遍存在的分歧相类似：北方的制造业利益集团举双手赞成，南方的州则强烈反对。进口商和制造商针锋相对，新英格兰人再三权衡。尽管如此，但第一届国会还是在7月4日通过了一个妥协方案：对糖、咖啡和茶叶等商品征收5%的关税和各种消费税。[②] 1789年，这些税收收入达到了200万美元，这一数额对于18世纪晚期极简主义的美国政府来说，已足以维持其运转，但对于偿还国家的债务来说，仍是杯水车薪。到来年，加上州战争债务的部分，联邦政府承担的债务已达到7 000多万美元之巨。在华盛顿总统的第二任期接近尾声之际，联邦政府的年收入达到了将近800万美元，每年的财政预算盈余也达到了约200万美元——这已是一个很大的改善，但仍不足以偿付巨额的战争债务。[③] 为了改善联邦政府的财政状况，在汉密尔顿的要求之下，国会中的联邦党人颁布了一套复杂的国内税收制度，具体包括：在1794年开征了马车税，对蒸馏酒(包括威士忌)、鼻烟制造、食糖再加工和食盐销售征收消费税。不仅如此，投资和债券也被列入到消费税的征收范围中。此外，他们还提高了茶和咖啡等奢侈品的进口关税税率。[④] 1797年，国会还通过了联邦印花税——这一决定颇具讽刺意味但又发人深省，因为殖民地人民曾对英国议会颁布的1765年《印花税法》进行过强

---

① 关于美国第一届国会的组织安排情况，请参阅 Charlene Bangs Bickford, "The First Federal Congress Organizes Itself," in *Inventing America: Origins and Establishment of the First Federal Congress*, ed. Kenneth R. Bowling and Donald R. Kenyon (Athens: Ohio State University Press, 1999), 138 - 165。

② 关于第一部关税法案的具体描述，请参阅 Myers, *A Financial History of the United States*, 56 - 60; Dall W. Forsythe, *Taxation and Political Change in the Young Nation, 1781 - 1833* (New York: Columbia University Press, 1977), 63 - 64。

③ James D. Savage, *Balanced Budgets and American Politics* (Ithaca: Cornell University Press, 1988), 86 - 87.

④ 汉密尔顿认为政府不应该对生活必需品征税，相反，对于酒精、茶和咖啡等这些在他看来是"有害的奢侈品"，则应征重税。Chan, *Aristotle and Hamilton on Commerce and Statesmanship*, 178 - 179。

烈的抵制。[①] 第二年，关税的收入出现下降，作为应对之策，国会颁布了第一个由联邦政府征收的直接税——向土地（住房）和奴隶征税。[②] 但即使开征了直接税，在联邦政府的收入中，关税收入仍占到90%以上。

1792年，为了征收这些新的联邦税，税收专员办公室成立。1797年，土地税开始实施。所有的房屋和不动产都要进行评估，这就需要创立更多新的部门来负责此事。[③] 在汉密尔顿的指导下，海关系统建立。海关系统在履行职责上卓有成效，被认为是"令人赞叹的高效行政的典型"。[④] 直接税和间接税双管齐下，这对政府的能力提出了很高的要求——汉密尔顿凭着在邦联时期的经验对此了然于心。反之，一个强有力的政府也势必要求政治领导人愿意并且善于使用国家的强制手段——武装力量——来执行他们的政策，而这也正是汉密尔顿和他的联邦党同仁们乐于为之的。

1794年，新政权迎来了对军事能力的第一次严峻考验。那年，北卡罗来纳和宾夕法尼亚西部的农民发动暴乱，抗议对威士忌酒征收消费税——史称威士忌暴乱。[⑤]

---

① 印花税是根据1797年7月6日法案颁布的，即 the Act of July 6, 1797, 1 Stat. 527(5th Cong. 1stsess)。7月16日，亚当斯总统签署了该法案，但是一直到1798年7月1日，它才正式生效。1799年，作为第一个征收印花税的完整年份，该税的收入达到241 000美元，占当年国内收入的近25%。具体请参阅 Charlotte Crane, "Some Possible Images of Federalism: The 1797 Stamp Act," unpublished paper delivered at conference on "Historical Perspectives on Tax Law and Policy," UCLA School of Law, UCLA, Los Angeles, California, July 16, 2007。

② 所谓的房产税正式名称为《合众国境内土地、房屋评估和奴隶计数法案》(*An Act to Provide for the Calculation of Lands and Dwelling Houses, and the Enumeration of Slaves within the United States*)，它是在1798年7月9日颁布的。这是国会颁布的第一个直接税。虽然各州都征收直接税，但联邦政府之前依赖于间接税（比如关税和消费税）。在这一税收制度下，房屋按评估价的0.1%征税。当房屋的评估价超过30 000美元时，税率为1%，评估价低于500美元的，税率则为0.2%。奴隶则按每人50美分征税——不分年龄和性别，但小孩、老人和体弱者除外。"Valuations of Land and Dwelling-houses and Enumeration of Slaves," Statutes at Large, ch. 70, July 9, 1798, 1: 580-590。关于该税的争议，请参阅 Annals of Congress of the United States, 5th Cong., 2nd sess., 8: 2049-2055, 2058-2061, 2172。

③ 1798年7月14日颁布的法案——《直接税法案》(*Direction Tax Act*)设立了更多新的官方机构来征收房产税。财政部任命了一批评估员及其助手来征收该税。

④ Forsythe, *Taxation and Political Change*, 66。关于汉密尔顿任期内海关系统和财政部的效率，具体请参阅 White, *The Federalists*, 507-516。

⑤ 对威士忌暴乱这段历史最权威的研究来自 Leland Baldwin, *Whiskey Rebels: The Story of a Frontier Uprising* (Pittsburgh: University of Pittsburgh Press, 1939)。最近的研究来自 William Hogeland, *The Whiskey Rebellion: George Washington, Alexander Hamilton, and the Frontier Rebels Who Challenged America's Newfound Sovereignty* (New York: Scribner, 2006)。

宾夕法尼亚的农民给联邦政府地方收税员的身上涂满柏油并粘满羽毛，并扬言要进军匹兹堡。酿酒商拒绝向政府缴纳税款，对此，汉密尔顿一开始就倾向于采取强硬的镇压手段[①]，华盛顿总统则在忍耐了两年之后，终于在 1794 年 8 月做出回应，实施戒严令，并召集起来自宾夕法尼亚和弗吉尼亚的民兵。他绝不允许谢司起义在自己的眼皮底下再次上演。在汉密尔顿和“轻骑兵亨利”李将军的支持下，华盛顿亲自挂帅，率领着一支超过 13 000 人的民兵和联邦官员（这支军队的规模超过了华盛顿曾在独立战争期间指挥过的军队）向匹兹堡进发，他们以压倒性的军事力量将宾夕法尼亚西部的叛乱扼杀在了萌芽中。国家必须要有能力在其领土上征集税收和实施法律，而威士忌暴乱给汉密尔顿和他的联邦党同仁们一个极好的机会，让这个年轻共和国的公民们铭记住了这一重要的教训。[②]

尽管汉密尔顿主义者对国家的结构和组织做出了重要改革，但是眼下的美国，其行政能力仍是极其有限。尽管联邦党人不遗余力地加强了国家的军事力量，但是陆军部只有一名部长和六名职员，以及一些分布在国内储存军令条例的办公室。[③] 总的来看，中央政府对偏远地区的控制仍极其有限。[④] 联邦政府修建了几条公路，征收了关税，维持着最基本的军力，进行着常规的信件邮递，除此以外，再无其他作为。[⑤] 如同中世纪的欧洲国家一样，18 世纪的美

① “我坚信，这是必不可少的……对反抗者使用法律的强制力。在各种情况下都要表明政府强制执行的决心……如果我们不这样做，违抗情绪自然就会越来越严重，政府的威信也将荡然无存。” Alexander Hamilton quoted in Forsythe, *Taxation and Political Change*, 45。

② 4 年后，亚当斯总统动用了州民兵和 500 名陆军士兵驻扎在宾夕法尼亚东部来镇压抗税运动（反抗对土地和建筑物征税）。弗里斯叛乱（1799）很快被镇压了下来，它的领导人约翰·弗里斯（John Fries）也被宣判死刑，但随后又被亚当斯赦免了。对于亚当斯这一仁慈的做法，联邦党内部产生了严重的分歧。有关叛乱的具体描述请参阅 Paul Douglas Newman, *Fries's Rebellion: The Enduring Struggle for the American Revolution* (Philadelphia: University of Pennsylvania Press, 2004)。

③ Kohn, *Eagle and Sword*, 290 - 291。在联邦党人的领导下，从 1794 年到 1789 年，陆军部的规模得到了极大的扩张，但它还是远远无法与 18 世纪晚期的欧洲大陆国家比肩。

④ 1787 年，国会颁布了《西北法令》，这意味着新政府表面上统辖了这片领土，在国内树立了权威。1790 年，俄亥俄河的南部成立了准州政府。印第安纳州也于 1800 年成立。关于这些州政府是如何成立的，请参阅 White, *The Federalists*, 366 - 386。

⑤ 1792 年 2 月 20 日，乔治·华盛顿签署了《邮政服务法》(*Postal Service Act*)，建立了邮政部。在该法的推动下，从大西洋沿岸到新开辟的西部地区都建立了邮政系统。高效的官僚机构，包括那些几乎遍布于每个地方社区的邮局，于 1828 年完全建成。邮政系统的建立及其对美国发展的影响请参阅 Richard R. John, *Spreading the News: The American Postal System from Franklin to* （转下页）

国“过着轻松的生活”，仅从社会汲取一点点的收入来维持自身的运转。1792年，联邦政府所征集的各种收入加起来仅为GNP的2%——“联邦政府的这一收入比例大大低于同一时期的欧洲标准”。[①]联邦政府的办公场地很少。在费城，联邦政府租用一间私人房子来处理公务，总统则借住在罗伯特·莫里斯的家里。华盛顿抱怨说这个地方“远不如自己的家宽敞舒适”。[②] 1800年，联邦政府终于迁入首都办公，但是政府实体仍无足轻重。华盛顿特区建在乔治敦波托马克河沿岸，这里的马路空空荡荡，公共建筑尚未完工，联邦雇员寥寥无几，街道尚未通行。[③] 已完工的部分又被英军在1812年毁于一旦，重建工作极其缓慢。空空如也的首都很难与汉密尔顿所设想的强大国家相匹配，而且这样糟糕的局面还持续了数十年。[④] 这根本称不上是一个伟大的民族-国家的首都。

这个时期的政治也同样的极不成熟和完善。汉密尔顿和高层联邦党人的政策激起了反对党的抗议。与此同时，汉密尔顿的财政改革（最主要的是保护性关税）在联邦党内部也引发了很大争议，分裂由此产生。这一分裂导致了在1800年杰斐逊击败亚当斯当选为美国总统时，联邦党分崩离析。到1816年，这个政党最终退出了历史的舞台，一个全新的政党制度开始形成，并将引领风骚数十年。总的来看，在接下来的数十年里，美国这个国家更像是杰斐逊所憧

（接上页）*Morse*（Cambridge：Harvard University Press，1995）。关于“旧邮政体制”的发展，请参阅Daniel P. Carpenter，*The Forging of Bureaucratic Autonomy: Reputations, Networks, and Policy Innovation in Executive Agencies, 1862－1928*（Princeton：Princeton University Press，2001），65－178。

① Edwin J. Perkins，*American Public Finance and Financial Services, 1700－1815*（Columbus：Ohio State University Press，1994），232.

② 引自White，*The Federalists*，490。宾夕法尼亚的立法机构同意为行政机构的办公场所拨付资金，但一直到亚当斯上任，这笔资金才到位。

③ 国家首都毫无规划的建设，反映了在19世纪早期，政府在公民心中的地位就是如此之低。请参阅James Sterling Young，*The Washington Community, 1800－1828*（New York：Columbia University Press，1966）；也可参阅Elkins and McKitrick，*The Age of Federalism*，163－193。杨（Young）注意到，在1802年，整个联邦机构（包括文官和军队）总共只有9 237人，而联邦政府的预算仅为730万美元。

④ 一直到1842年，一位来自英国且文学声名卓著的游客生动地描写了这个国家的首都令人遗憾的境况：“这座城市有时被人称为是宏伟辽阔之城，但其实称其为宏伟意图之城可能更恰当些。只有站在国会大厦的顶层鸟瞰整座城市，我们才能看出它的设计者——那位雄心勃勃的法国设计师的远大意图。宽广的林荫大道让人看不到起点和终点。有一英里又一英里的长街，却没有房舍、公路和居民。有公共建筑，却缺少公众群体。装饰物已准备就绪，却没有大道供其摆设。这就是华盛顿的主要状况。”Charles Dickens，*American Notes for General Circulation*（New York：J. Winchester，1842），21。

憬的农业共和国，而不是汉密尔顿以英国为范例而设想出来的财政-军事国家。汉密尔顿为那些和他一样渴求把美国建设成为一个强大国家的人们提供了设计和灵感。为了一个强大的美国，汉密尔顿付诸了最大的努力，功勋卓越，但在接下来的五十年里，占据主导地位的仍是地方主义势力、州的权力和有限的政府。分权联邦制这一制度遗产在汉密尔顿任期内并没有消亡，到了杰斐逊派的共和主义时代，它更是蓬勃发展。

三、杰斐逊派的共和国

1800 年，杰斐逊当选为美国总统，与此同时，共和党开始崛起。这意味着联邦党人曾全力以赴去建立的政治新制度就此宣告终结。新一届的政府废除了联邦党人曾建立的税收制度，包括土地税和受人唾弃的威士忌消费税。杰斐逊共和国的收入主要来自一些零零碎碎的关税、售卖公有土地和进口关税。对进口商品征税非常之简便，只要控制好全国主要的货物入境点即可。这对杰斐逊和那些共和党人来说非常重要，因为他们并不想要一个强势的联邦政府，也不希望它拥有这样的权力。一个强大且又有行政能力的政府势必会实施内部的税收制度，特别是所得税，因此，这种税与杰斐逊派的共和国是格格不入的。颇具讽刺意味的是，杰斐逊派所采取的保护性关税十分类似于汉密尔顿的国家主义制造业的观点，而这些观点据说是杰斐逊派的共和国所相当厌弃的。[①] 不过，征收进口关税所需的成本很小(比如只要在主要的入境口岸设置少数海关人员即可)，国内税则不然，它需要雇用一批评估员和收税员。在 18 世纪 90 年代，关税的征税范围很广，税率又很低。在这个时期，来自关税的收入占到联邦政府总收入的 90%以上。[②] 实际上，在整个 19 世纪时期，关税对于公共收入一直贡献不菲。杰斐逊政府所仰赖的正是这点关税收入。但是关税收入往往深受经济波动的影响，因而政府的收入会出现今年尚有盈

---

① 人们往往将汉密尔顿的国民经济计划和保护主义混为一谈，这是错误的。汉密尔顿意在用经济措施来激励经济中的关键部门，而不是采取在 19 世纪被普遍使用的保护性关税政策。

② U.S. Bureau of the Census, *Historical Statistics of the United States: Colonial Times to 1970* (Washington, DC: U.S. Department of Commerce, 1975), series Y 352 - 257 ("Federal Government Receipts-Administrative Budget: 1789 - 1939"), part 2, 1106.

余而来年却是赤字的情况。[①]

在杰斐逊时代，不管是州政府还是联邦政府，都在艰难地履行着财政义务。从殖民地时期遗留下来的各州所采用的税收制度，根本就不足以维持政府的运转和偿还它们背负的巨额债务。[②] 对此，我们可以从 1796 年 12 月新任的财政部部长小奥利弗·沃尔科特所撰写的关于 13 个州的税收制度报告中获知很多[③]，为了建立联邦党人所推崇的联邦财产税制度，国会任命沃尔科特去调查各州的税收制度。国会要求他"在遵照宪法的前提下，制定一个在各州间按比例分摊的直接税征税方案。直接税征税对象和征收方式要尽可能和各州现行的法律和惯例相适应，要最合适于各州"。[④] 在随后呈递给国会的报告中，沃尔科特详细描述了各州现行的法律和惯例，并分析了在保留各州现行税制的基础上来分摊联邦直接财产税的可行性。不过经过再三思虑，考虑到各州税制的原则实在"差异悬殊且难以调和"，沃尔科特还是反对了这一做法。沃尔科特认为，以各州现有的税收制度作为联邦税的基础，会导致在不同的州对同一对象（人或财产）征收完全不同的税。更糟糕的是，这样做又会迫使联邦政府不得不依赖州政府去征税。作为一名优秀的联邦党人，沃尔科特认为这一制度无异于就是"邦联晚期最后以失败告终的"税收制度。[⑤] 这样的税收制度也恰恰是 1787 年宪法起草者们想要废除的。

假设没有不堪重负的战争债务，其实联邦政府的这些传统收入还是足以支持政府寥寥无几的活动的。即使之前联邦党人颁布的国内税已经被废除，

---

① 关于关税作为公共收入来源的缺点，请参阅 Roy G. Blakely and Gladys C. Blakely, *The Federal Income Tax* (New York: Longmans, Green, 1940), 2。

② 即使在联邦政府承担了州的战争债务之后，州还是背负着大量债务。1787 年，宾夕法尼亚州的债务达到了 1 845 000 美元，而弗吉尼亚州在 1792 年的债务为 2 766 000 美元。以上数据来自 Ferguson, *Power of the Purse*, 180 - 181。

③ 沃尔科特是一个来自康涅狄格州的联邦党人。1795 年 2 月，在汉密尔顿突然辞职后，他就被华盛顿任命为财政部部长。在亚当斯执政时期，沃尔科特也一直担任此职务，但是当杰斐逊在 1800 年选举中大获全胜后，他也随之辞去了这一职务。

④ Oliver Wolcott Jr., "Direct Taxes" (December 14, 1796), in Walter Lowrie and Matthew St. Clair Clark, comps., *American State Papers: Documents, Legislative, and Executive of the United States* (Washington, DC: Gales and Seaton, 1832 - 1861), 3rd ser., Finance 1: 414.

⑤ Wolcott, "Direct Taxes," 436 - 437。之前我们已提到，联邦党人在 1798 年 7 月颁布了联邦财产税制度。沃尔科特的计划主要倾向于对土地征税，而 1798 年的财产税主要是对住房征税。

杰斐逊时期的财政部部长艾伯特·加勒廷仍卓有成效地降低了国债规模，增加了联邦储备。[①] 1801 年，当杰斐逊派从联邦党人的手里接过政权时，公债的规模尚有 8 300 万美元，但到了 1809 年，加勒廷就成功地将其降至 5 700 万美元。[②] 可是，随着英美在 1812 年爆发战争，联邦政府的财政状况又急转直下，日益恶化。[③] 在战争这座大山的重压之下，财政又被逼到了崩溃边缘。

对于 1812 年的这场战争，其实军队并没有做好充足准备。虽然在 1808 年 4 月 12 日法律颁布后，联邦的正规军增至 9 921 人(从亚当斯执政到杰斐逊第一任期间，军队的规模一直维持在 3 000 人左右)，但是到 1812 年 1 月，现役的军人只有 5 260 人。[④] 军队里缺少的不仅仅是士兵，还有供给、军官和专业人员。管理着整个美国陆军的，只有陆军部部长威廉·尤斯蒂斯一人，再加上 8 个雇来的文职人员来协助他。[⑤] 1812 年 6 月，美国正式向英国宣战，随即国会就颁布立法，批准将陆军的人数扩充至 62 000 人。可是，即使将联邦政府在各个地方召集的士兵加起来也从未达到过这个数。[⑥] 在交战期间，军队的规模于 1814 年达到顶峰，当时服役的士兵达到了 46 858 人，军官有 2 271 人。[⑦] 但

---

① 关于加勒廷的财政政策，请参阅 Alexander Balinky, *Albert Gallatin: Fiscal Theories and Policies* (New Brunswick, NJ: Rutgers University Press, 1958)。

② U.S. Bureau of the Census, *Historical Statistics of the United States: Colonial Times to 1970*, series Y 335 - 338 ("Summary of Federal Government Finances-Administrative Budget: 1789 - 1939"), part 2, 1104.

③ 关于 1812 年战争爆发之前的政治角力以及与英国的冲突所引发的危机，请参阅 Roger H. Brown, *The Republic in Peril: 1812* (New York: Columbia University Press, 1964); Richard Buel Jr., *Securing the Revolution: Ideology in American Politics, 1789 - 1815* (Ithaca: Cornell University Press, 1972)。

④ Robert S. Quimby, *The U.S. Army in the War of 1812: An Operational and Command Study* (East Lansing: Michigan State University Press, 1997), 4。1794 年，正规军的人数达到 5 800 人，但到 1796 年，它又降至 3 100 人。

⑤ 到 1812 年战争接近尾声时，整个国防部门的雇员总数只有 190 人。这 190 人还包括了陆军军械库和海军造船厂里的机械师及其他工作人员。U.S. Bureau of the Census, *Historical Statistics of the United States: Colonial Times to 1970*, series Y 308 - 317 ("Paid Civilian Employment of the Federal Government, 1816 to 1970"), part 2, 1103。

⑥ Harry L. Coles, *The War of 1812* (Chicago: University of Chicago Press, 1965), 241.

⑦ Carter et al, eds., *Historical Statistics of the United States: Earliest Times to the Present* (New York: Cambridge University Press, 2006), table Ed26 - 47 ("Military Personnel on Active Duty, by Branch of Service and Sex: 1789 - 1995"), 5: 5 - 354。入伍的高峰期出现在 1814 年。虽然大部分人的服役期限不到 6 个月，但是在与英国的战争中，很多人都完成了服役。约翰·K.马洪(John K. Mahon)估计，从 1812 年到 1815 年，在军队中服役过的人数达到了 460 000 人。John K. Mahon, *The War of 1812* (Gainesville: University of Florida Press. 1972), 384。

是其中占大部分的是来自各州未受过良好训练的志愿兵，剩下的才是所谓的“正规军”。为了让军队得到更好的供给和更优良的装备，国会通过了一项法案，分别给正规军和民兵拨款 100 万美元。这些战时的紧急支出最初是通过 500 万美元的公共借贷来筹集的。

从一开始加勒廷就意识到，仅靠关税和公共借贷并不能支撑这场持久的战役。甚至早在冲突爆发之前，他就敦促国会通过征收国内税（包括消费税、土地税，甚至是印花税）和提高进口商品关税，以应付即将到来的财政危机。可惜，他的逆耳忠言被他的政敌们断然否决了。亟待正式宣战后，国会中的杰斐逊派也清楚地意识到，除了从借贷和关税中筹集资金，政府确实需要开辟更多的收入来源。战争爆发伊始，联邦政府的支出就开始一路飙升，而收入却急转直下。支出骤增是源于战争，这很好理解，但是收入为什么会下降呢？作为对进口商品开征的一种税，关税的收入（联邦政府最重要的收入来源）极依赖于国际贸易。随着战争的爆发，国际贸易状况一落千丈，这对收入造成了致命影响。影响是巨大的，因为在美国的进口商品中，有 90% 来自英国。随着两国交战的开始，英美之间的贸易就被迫终止了。英国海军封锁了美国海岸，这导致美国的关税收入在 1813 年时尚有 1 300 万美元，但到了 1814 年，就骤降至 600 万美元。[①] 联邦政府 1813 年的总收入为 1 500 万美元，但它的支出超过了 3 900 万美元。因此，在战争期间，政府每年都出现大量的财政赤字，国家的债务从 1811 年的 4 500 万美元飙升到了 1815 年的 1.27 亿美元。[②]

杰斐逊派总是希望通过借贷来为战争筹措资金，但要得到新的银行贷款已不太可能。同样，财政部也不能通过发行长期债券来筹措巨额资金。作为回应，国会允许联邦政府发行 500 万美元的短期国库券。政府宣布这些国库券为法定货币，持有人可用来支付联邦税，政府也将以此来收回大部分的国库

---

① 1808 年，杰斐逊颁布对外贸易禁运令，这使得当年的进口商品数量降到了只有 1807 年的 1/5。到 1814 年，进口商品数量和关税收入都只有 1807 年高峰时期的 1/10。Myers, *A Financial History of the United States*, 75 - 77。

② U.S. Bureau of the Census, *Historical Statistics of the United Slates: Colonial Times to 1970*, series Y 335 - 338 (“Summary of Federal Government Finances-Administrative Budget: 1789 - 1939”), Part 2, 1104.

券。为了筹措战争所需的资金，加勒廷再次恳请国会颁布新的国内税，这些新的国内税类似于他曾在 1798 年谴责过的联邦党人实施的国内税。一开始国会拒绝了加勒廷的提议，束手无策的联邦政府只好靠发行纸币来维持自身的运转。但到了 1813 年夏天，国会改变了态度，实施了大部分加勒廷一年前恳求开征的税种——对土地、房产、奴隶征税，同时，对马车、精制糖、酒精和许多其他商品征消费税（包括对进口盐征税）。

即使有了这些新的税收收入，战争仍然继续消耗着政府的储备，财政状况日益恶化。作为最后手段，1813 年，亚历山大·詹姆斯·达拉斯接替他的朋友艾伯特·加勒廷就任财政部部长一职。他向国会提议，效仿英国首相小威廉·皮特的成功经验。小威廉·皮特在英国担任首相期间曾成功地实施了英国首个个人所得税，筹到了与法国作战所需的资金。① 1815 年 1 月，达拉斯提议通过开征个人所得税来筹集战争额外所需的 300 万美元——这将是美国第一个个人所得税。② 后来，他又提议开征遗产税。如果这两个税种都得到实施的话，这个年轻共和国的财政基础将永远牢不可破，美国可能会走上一条完全不同的发展道路。可是，英美之间的战争在 1815 年 12 月就结束了，这两个提案中的任何一个都还未被国会审议。于是，联邦政府又重沿着老路，继续依赖 19 世纪传统的收入来源方式——关税和消费税，以及偶尔售卖公共土地。

随着和平再次降临，国会里的共和党人又开始谋求废除战争期间颁布的国内税③，并用对进口商品征收间接税来取而代之。在麦迪逊总统的批准下，财政部部长达拉斯提议实施保护性关税政策。这一提议被 1816 年《关税法

---

① 英国的个人所得税开征于 1799 年。1816 年，拿破仑的军队在滑铁卢战败后，这个税种就被废除了。关于皮特是如何在英国成功地开征个人所得税，请参阅 Mrigarct Levi, *Of Rule and Revenue* (Berkeley: University of California Press, 1988), 122 - 144; Edwin R.A. Seligman, *The Income Tax: A Study of the History, Theory, and Practice of Income Taxation at Home and Abroad* (New York: Macmillan, 1911), 57 - 115。

② 达拉斯提议开征联邦个人所得税和遗产税，可参阅"Special Report on the State of the Finance, January 17, 1815," reprinted in *American State Papers* (Washington, DC: Gales and Seaton, 1832), 6: 885 - 887。

③ 1815 年，共和党人开征了一系列新的消费税，包括对制造品征税，还有对手表和家具征收"年度税"。有关这些税的描述可参阅 Robin L. Einhorn, *American Taxation, American Slavery* (Chicago: University of Chicago Press, 2006), 195 - 197。

案》(*Tariff Act*)所采纳。[①] 在接下来的45年里,这一新的关税制度保障了政府的良好运转。在这期间,联邦政府仅有关税这一税种,因此,关税也成为它最首要的收入来源。来自关税的收入超出了联邦的支出。当有些年份出现收不抵支时,联邦政府就靠借贷来弥补差额,而这些债务通常在接下来的几年里就被偿还。从1817年到1857年,财政部发行债券或进行借贷共达14次,然后又总是用预算盈余来偿还。1816年,美国第二银行获批成立,它的资本金达到了3 500万美元。第二银行的成立让联邦政府实施这样的财政政策变得更加简便。除关税收入之外,公共土地的销售收入也成为政府收入的补充。当然,这些销售收入是零星的,但是这显然不是一个可反复利用再生的收入来源,尽管根据1803年的路易斯安那州购地案政府获得了5.3亿英亩的土地——看起来好像会永远享用不尽一样。土地售卖给政府带来不菲的收入:1811年为100万美元,1834年为490万美元,1835年为1 480万美元,1836年达到了整个19世纪的最高值,为2 490万美元。[②] 因此,尽管废除了为资助1812年的战争而颁布的消费税和财产税,但联邦政府在财政上还是比较稳固的。当总统安德鲁·杰克逊离开白宫时,靠着进口税和关税所产生的盈余收入,国家的债务已被完全清偿殆尽。[③]

尽管关税贡献了巨额的收入,但对此的抗议如排山倒海。对于1820年的《关税法案》,南方各州强烈反对,而北方(在新英格兰纺织利益集团的领导下)却举双手赞成。后来,声名狼藉的1828年"可憎关税"(对进口的制造品征收近50%的关税)招致了南卡罗来纳州的强烈反对。南卡罗来纳州声称自己有权废除这一关税,并威胁要退出联邦。猛烈的抗议席卷了整个南方。为了平息这场危机,1832年,国会废除了一些最为人所不满的规定。1833年的《妥协

---

① 1816年《关税法案》采取了比较温和的贸易保护主义措施,对于那些美国不能制造的产品,给予了免税或降低了税率。这一法案往往被视作美国保护性关税政策的开始。关于隐藏在其背后的政治讨论,请参阅 Forsythe, *Taxation and Political Change*, 68-72。

② U.S. Bureau of the Census, *Historical Statistics of the United States: Colonial Times to 1970*, series Y 352-357 ("Federal Government Receipts-Administrative Budget: 1789-1939"), part 2, 1106.

③ 1812年战争结束后,联邦的债务规模在1816年达到了最大值,为1.273亿美元。1829年3月当杰克逊就任总统时,尚有5 840万美元的国债。但到了1835年1月1日,有赖于杰克逊的财政部所推行的财政政策,所有的国债都被清偿完毕了。

关税法案》(*Compromise Tariff*)将平均税率从33%统一降至20%。[①] 但即便如此，因关税而产生的冲突仍持续了数十年。关税政策引致争吵不断，此外，奴隶问题、州和联邦政府关系的性质问题也引发了日益激烈的争论，所有这些都深深地影响着南北战争前国家政治秩序的稳定。最终，只有通过流血的战争——南北战争，两种相对立的政治和经济制度(北方的和南方的)才能得到解决。由于这场可怕的战争，还有随后在20世纪发生的其他战争，美国早期政治制度和财政政策在全面战争的重压之下，发生了剧烈且永久的改变。

① 关于从1820年至1860年的关税政策，最具权威的论述请参阅F. W. Taussig, *The Tariff History of the United States: A Series of Essays* (New York: G. P. Putnam's Sons, 1894)。

第七章　战争与美国国家的发展

战争催生了军队。它还催生了债务和税收。军队、债务和税收是众所周知的少数人得以统治多数人的工具。

——詹姆斯·麦迪逊,"政治观察"

(*Political Observations*,1795 年 4 月 20 日)

美国这个国家是从南北战争的残骸中站起来的。早期的国家主义者在 1787 年的制宪会议上试图构建起来的国家,到 1860 年就只剩一个空壳了……南北战争前的这个政府与其说是被内战推翻的,还不如说是因过时而被淘汰的。

——理查德·本塞尔,《北方利维坦》

(*Yankee Leviathan*, 1990)

1812 年战争结束后,在接下来的数十年里,虽然美国这个国家仍是一个相对弱小的政治组织,但是它经历了巨大的政治变迁。可以肯定的是,政体的特性在这期间发生了翻天覆地的变化。在南北战争前,新生政党制度曾在杰斐逊对抗联邦党人的斗争中兴起,而后又在杰斐逊派的长期霸权统治下衰落。但随着安德鲁·杰克逊在 1828 年当选为总统,政党制度又开始兴盛了。对于所谓的杰克逊时代来说,最引人注目的无疑是国家政治制度的民主化和"政党分肥"制。有效的政党制度逐渐成为政府与社会之间的纽带。[①] 在当选为总统

① 关于杰克逊时代最经典的研究,请参阅 Arthur M. Schlesinger, Jr., *The Age of Jackson* (Boston: Little, Brown and Company, 1945)。美国社会在 1812 年战争和美墨战争期间发生(转下页)

之前，马丁·范布伦曾担任过杰克逊的国务卿和副总统。在其漫长的政治职业生涯中，他精心运筹，对美国的政党制度进行了根本性改革，同时也澄清了辉格党和民主党在思想上的不同。[①] 政党的制度化、竞选制及民主规范一起出现，让"游戏规则"今非昔比，也从根本上改变了现行的政治秩序。

在19世纪早期，国家的政治领导人不再像杰斐逊所倡导的那样，对宪法进行极严格的解读。在杰斐逊看来，联邦政府并没有权力去执行那些最基本的职能，比如修建道路、开通河道或建立国家银行。[②] 在来自肯塔基州的亨利·克莱等辉格党人引领下，政治领导人对宪法赋予国会的权力进行了更广泛的解读。人们都希望联邦政府能发挥更积极的作用，为此国会启动了一项计划，将剩余的关税收入拨给地方州政府，给它们提供资金，帮助它们开展汉密尔顿体系的内部改善项目。关税收入和内部改善项目之间的直接联系是克莱所宣称的美国制度的核心。[③] 身为众议院议长的克莱（前杰斐逊派共和党人，曾鼎力支持关税和内部改善项目）在一次国会演讲中大力赞扬这种安排的益处："在政府使用盈余收入的方式中，没有哪个会像内部改善项目那样，让人们永久受益。"[④]就像克莱所设想的那样，联邦政府凭借着其强制权力，通过征收关税的方式从社会

(接上页)的变化，请参阅 Daniel Walker Howe, *What Hath God Wrought: The Transformation of America, 1815－1848* (New York: Oxford University Press, 2007)。

① 在19世纪前半期，马丁·范布伦是最重要的政治人物之一，如今却并不被重视。乔尔·西布利(Joel Sibley)将这个肯德胡克的狡猾狐狸称为"美国历史上一个转折性政治人物，是美国新政治的坚持者和革新的实践者"。Joel H. Sibley, *Martin Van Buren and the Emergence of American Popular Politics* (Lanham, Md.: Rowman and Littlefield, 2002), xii。

② 出于实用，杰斐逊援引了对宪法赋予总统权力的宽泛解读——比如他在1803年获得了路易斯安那这片广袤的土地。奇怪的是，许多联邦党人却对购地一事很反对。联邦党人的反对理由请参阅 Richard Buel Jr., *Securing the Revolution: Ideology in American Politics, 1789－1815* (Ithaca: Cornell University Press, 1972), 266; Roger H. Brown, *The Republic in Peril: 1812* (New York: Columbia University versity Press, 1964), 159－161。1802年3月，杰斐逊签署法令，在西点军校设立了国家军事学院，这同样也是对宪法赋予他的权力做出的宽泛解读。在任国务卿期间，他曾说过在宪法没有专门授权的情况下，华盛顿无权去设立这样的一个机构。

③ 关于克莱国内改善计划的细节，请参阅 Maurice G. Baster, Henry Clay and the American System (Lexington: University Press of Kentucky, 1995)。

④ 1818年亨利·克莱在国会的演讲被转载于 William Letwin, ed., *A Documentary History of American Economic Policy Since 1789* (New York: W. W. Norton, 1972), 64。詹姆斯·萨维奇认为，像克莱和丹尼尔·韦伯斯特这些辉格党人都很有见地，能够意识到国内改善项目的资金只能来自剩余的收入，而不能通过赤字来解决。James D. Savage, *Balanced Budgets and American Politics* (Ithaca: Cornell University Press, 1988), 112。

汲取收入，这样既筹集到了公共资金用于内部改善项目，同时又保护了新生的美国工业免受国外的竞争。在这个内部改善项目中，制度的发展与国家通过征收间接税来汲取收入的能力息息相关，同时也非常仰赖于国家的这种能力。

艾伯特·加勒廷是杰斐逊的财政部部长。他提出了一系列由联邦政府实施的公共改善项目。在《关于公路和运河的报告》(*Report on the Subject of Public Roads and Canals*, 1808)中，他详细描述了这一方案，包括要建一条全国公路网，将底特律、圣路易斯这些内陆城市和东海岸连接起来；打通从马萨诸塞州到北卡罗来纳州的水路，改善河道，建起四通八达的运河体系。① 据加勒廷估计，这些项目和其他一些小改进将耗资超过 2 000 万美元，所需的资金将完全来自关税的盈余收入。可惜，加勒廷的雄心计划从未实现过——1812 年的战争打断了这一切。当战争结束后，形势又发生了变化。1817 年 3 月，詹姆斯·麦迪逊在其任期的最后几天，否决了一项为内部改善计划提供联邦资金的立法(所谓的《红利法案》)。② 安德鲁·杰克逊萧规曹随，在 1830 年否决了由联邦政府出资来修建从俄亥俄河到肯塔基州的列克星敦之间的公路(所谓的梅斯维尔道路)。杰克逊之所以会否决这一项目，是因为和传统的杰斐逊派一样，理由是这条公路具有"完全的地方性"(因为它位于一个州内)，并且他希望"将联邦政府限定在一个预期的范围里"，避免"联邦政府在内部改善项目上滥用权力"。③ 杰克逊随后还否决了几个小项目。尽管如此，但国会愿

① United States Department of the Treasury, *Report of the Secretary of the Treasury, on the Subject of Public Roads and Canals, Made in Pursuance of a Resolution of Senate, of March 2, 1808* (Washington, DC: R. C. Weightman, 1808)。关于加勒廷方案的概述，请参阅 John Lauritz Larson, *Internal Improvement National Public Works and the Promise of Popular Government in the Early United States* (Chapel Hill: University of North Carolina Press, 2001), 59 - 63。

② "Veto Message of James Madison" (March 3, 1817), in *Veto Messages of the Presidents of the United States with the Action of Congress Thereon* (Washington, DC: Government Printing Office, 1885), 16 - 18。尽管麦迪逊曾经同意给连接巴尔的摩和圣路易斯的国道拨款，但是他还是呼吁通过一项宪法修正案来授权联邦政府给国内改善项目出资。与杰斐逊一样，麦迪逊也反对联邦政府凭借扩大州际贸易条款去修建地方公路和运河。麦迪逊出人意料地否决了《红利法案》，其背后的政治原因请参阅 Larson, *Internal Improvement*, 67 - 69; Howe, *What Hath God Wrought*, 86 - 88。

③ "Veto Message of President Andrew Jackson" (May 27, 1830), in *A Compilation of the Messages and Papers of the Presidents, 1789 - 1897* (Washington, DC: Government Printing Office, 1896), 487。与他的前任麦迪逊一样，杰克逊在他的否决书中说，为了赋予联邦政府有权实施国内改善计划，必须要对宪法进行修订："如果民意希望让联邦政府来修建公路和运河，那么在这之前，修订宪法，授予联邦政府必要的权力，明确和限制州政府在这方面的权限，就不仅仅是权宜之计而是必要之举。"

意为这些项目倾囊资助，并且有能力来承担这些项目，这表明在19世纪早期，美国政府的财政状况已大为改善。由各州的立法机构所批准的私人营利性公司在19世纪30年代修建了大部分公路和运河，随后也是它们在几十年里修建了铁路，这揭示了1787年的制宪会议所确立的分权联邦制对国家政治领导人施加的限制。① 毕竟，联邦政府既没有自己的行政机构，亦缺乏雇员去承担修建公路、运河和铁路这样的重任。而各州有基础设施，但是它们没有足够的资金和人力去完成这些工作。② 联邦政府将作为内部改善项目的推动者去促进投资，但具体的工作还需留给私营公司去完成。③

《根特条约》的签署宣告1812年战争正式结束，美国也迎来了长达30年的和平与繁荣。在这期间，联邦军队再次被大规模遣散。在整个19世纪20年代和30年代，美国军队的规模(包括正规军和州民兵志愿军)一直维持在5 600～11 000人。1835年，在1 500万的总人口数中，军中服役的人仅占0.05%。国家只维持着一支最小规模的军队。④ 联邦政府的主要职能仍是国防。从1808年到1848年，除一年外，国防支出占联邦政府总开支的比例达到了72%～90%。⑤ 军队主要是用来镇压偶尔发生的奴隶叛乱和平息西部地区抱有敌意的印第安人的侵扰。

1846年4月，美国与墨西哥之间爆发战争，局势也随之发生剧变。志愿者

---

① 关于与国内改善有关的政治问题和政府在其间的作用，请参阅 Carter Goodrich, *Government Promotion of American Canals and Railroads, 1800 - 1890* (New York: Columbia University Press, 1960)。

② 从1816年到1841年，联邦政府的文职工作人员很少，其中69%～79%的人员是邮局人员。Richard R. John, *Spreading the News: The American Postal System from Franklin to Morse* (Cambridge: Harvard University Press 1995), table 1.1 ("Postmasters in the federal civilian work force, 1816 - 1841"), 3。

③ 路易斯·哈茨(Louis Hartz)描述了宾夕法尼亚的经济发展。他认为这种半公共工程项目是"混合企业"理论的体现。Louis Hartz, *Economic Policy and Democratic Thought: Pennsylvania, 1776 - 1860* (Cambridge: Harvard University Press, 1948), 289 - 302；还可参阅 Richard R. John, "Governmental Institutions as Agents of Change: Rethinking Political Development in the Early American Republic, 1787 - 1835," *Studies in American Political Development* 11 (fall 1997): 347 - 380。

④ George Q. Flynn, *The Draft, 1940 - 1973* (Lawrence: University of Kansas Press, 1993), 5.

⑤ 数据来自 Ira Katznelson, "Flexible Capacity: The Military and Early American Statebuilding," in *Shaped by War and Trade: International Influences on American Political Development*, ed. Ira Katznelson and Martin Shefter (Princeton: Princeton University Press, 2002), 91。

和预备队纷纷参战，军队在 1848 年交战白热化时达到了 60 000 多人。[①] 由于美墨战争期间军队的突然扩张，联邦官员的人数从交战之前的 634 人骤增至 1848 年的 1 016 人。[②] 其结果就是联邦政府的开支一路飙升。1845 年，政府的开支为 2 300 万美元(政府尚有 700 万美元的盈余)，而在 1847 年，政府的支出就增加到了 5 700 多万美元(财政赤字为 3 070 万美元)。在 1845 年，公共债务仅有 1 600 万美元，及至战争结束，这一数字就飙升到了 6 300 万美元。[③] 尽管如此，但 19 世纪传统的收入制度(关税、消费和公共土地的销售收入)还是能应付战争之需。值得注意的是，美墨战争期间的军事扩张靠的不是提高关税或开征新的内部税，而是完全仰赖于波尔克政府所带来的盈余关税收入和有限的公共借贷。[④] 美墨之间的战争只是一场“局部战争”，不需要完全动员起整个社会的人力和财力，因此，对于制度发展的影响也就微乎其微。战争结束后，军队规模和政府开支又恢复到了战前水平，预算也连续 8 年实现盈余。从 1848 年至内战，军事支出占联邦政府总支出的比例一直维持在 50%左右。

在 19 世纪 40 年代，尽管政党政治如火如荼，但是在杰克逊时代形成的政治制度仍一直未发生改变。然而，对于联邦政府是否要对西部地区的奴隶制加以限制的争论正在不断升级，内战之前的政治秩序也逐渐变得动荡不安。与墨西哥的交战结束后，合众国的外部军事打击被解除了，这让那些一直存在的“内部矛盾”，比如奴隶问题和州的权力问题，再次成为国内政治舞台上的焦点，从而破坏了“内部凝聚力”。[⑤] 随着亚伯拉罕·林肯在 1860 年当选为总统

---

① Jack Bauer, *The Mexican War* (New York: MacMillan, 1974), 397。贾斯丁·史密斯(Justin Smith)估计，在 1846 年到 1848 年的美墨战争期间，有将近 90 000 名士兵参加了战争。其中大部分志愿兵服役的期限都较短。Justin H. Smith, *The War with Mexico* (New York: MacMillan, 1919), 2: 318－319。

② Carter et al., eds., *Historical Statistics of the United States*, vol. 5, table Ed26－47 (“Military Personnel on Active Duty, by Branch of Service and Sex: 1789－1995”), 5－354.

③ 数据来自 U.S. Bureau of the Census, *Historical Statistics of the United States: Colonial Times to 1970* (Washington, DC: U.S. Department of Commerce, 1975), series Y 335－338 (“Summary of Federal Government Finances—Administrative Budget: 1789－1939”), part 2, 1104。

④ W. Elliot. Brownlee, *Federal Taxation in America: A Short History* (New York: Cambridge University Press, 1996), 22.

⑤ 外部军事打击对“内部凝聚力”的产生至关重要。具体论述请参阅 Michael C. Desch, “War and Strong States, Peace and Weak States?” *International Organization* 50 (spring 1996): 248。(转下页)

和共和党在北部掌权，曾在 19 世纪前半期盛行的政治制度突然瓦解了，这些内部矛盾也演变成了公开的冲突。1861 年春，分裂运动爆发成了武装冲突，联盟本身危在旦夕。[①] 随后 4 年的"全面战争"深刻地改变了共和国历史上的政治秩序和国家的政治机构。[②]

最终，美国走出了"内战"的混乱和灾难，一个强大的民族-国家在北美崛起。就像詹姆斯·麦克弗森(James McPherson)所生动描述的那样："1861 年，合众国为了维持住它们的联盟发动了战争；1865 年，一个国家从战争中诞生了。"[③]当战争进入最高潮的时候，美国已拥有世界上规模最大和装备最好的常备军。在这个军事巨人的背后，有一个强大的收入汲取体系，即一套复杂的公共借贷制度在为它提供源源不断的资金。这个"北方佬利维坦"就像理查德·本塞尔所说的，是汉密尔顿基于 18 世纪的英国而设想出来的财政-军事国家，只是它姗姗来迟了些。联盟军获胜后，虽然共和党所创造的强大政府也烟消云散了，但它毕竟给后世留下了一份制度遗产，这份遗产永久地改变了 19 世纪的政治秩序和经济制度。最重要的是，从 1861 年到 1865 年紧张的国家构建时期，我们可以看到战争、收入与国家发展之间的直接联系。

(接上页)迈克尔·C.德施(Michael C. Desch)认为，在 19 世纪 50 年代，当外部的打击不复存在后，内部凝聚力也就随之减弱。而那些被压制了的关于奴隶和州权力的"内部矛盾"在 19 世纪 40 年代又重新出现，并产生了灾难性的后果。

① 关于分裂主义运动的根源，权威的研究请参阅 William W. Freehling, *The Road to Disunion*, vol.1, *Secessionists at Bay*, 1776 - 1854 (Oxford University Press, 1990); *The Road to Disunion*, vol. 2, *Secessionists Triumphant*, 1854 - 1861 (Oxford University Press, 2007)。

② 美国的"内战"是一场"全面战争"吗？这一直有待争议。至少在小马克·E.尼利(Mark E. Neely Jr.)的著作出版之前，历史学家是这样认为的。请参阅 Mark E. Neely Jr., "Was the Civil War a Total War?" *Civil War History 37* (March1991): 5 - 28；还可参阅 Neely, *The Civil War and the Limits of Destruction* (Cambridge: Harvard University Press, 2007)。尼利认为，在全面战争中，平民和士兵没有区别。尽管双方都犯下了暴行，但在冲突期间他们的区别还是存在的。考虑到这点，许多历史学家现在把"内战"称为"艰苦的战争"。然而，就战争中死亡的人数、破坏性、军队的规模以及社会资源的调动程度这些方面而言，"内战"可以称得上是一场"全面战争"。具体论述请参阅 James M. McPherson, "Was It More Restrained Than You Think?" *The New York Review of Books* 55 (February 14, 2008): 42。

③ James M. McPherson, *Abraham Lincoln and the Second American Revolution* (New York: Oxford University Press, 1990), viii.

一、财政-军事国家的构建

1861年4月12日，南卡罗来纳州爆发武装起事，位于华盛顿的联邦政府立即召集起一支听命于新任共和国总统的庞大的常备军。当联邦驻扎在萨姆特堡的军队投降后，第二天，林肯就要求75 000名州志愿民兵在暴动开始后仍留在联邦军队那不足800名军官的手下服役。[①] 1861年1月，美国军队的人数（武装起事刚刚爆发之前）只有16 000人，到年底这一数字就飙升到了700 000多人。[②] 而此时，军事大动员才刚刚拉开序幕。内战期间，在联邦军队中服役过的人数据估计达到了210万人。1865年，当双方冲突进入高潮时，现役军队的人数有100多万人。[③] 在这期间，美利坚联盟国军队的人数也达到了600 000～750 000人。[④] 与这场"内战"的参战人数相比，不管是独立战争中华盛顿麾下的军队，还是1812年战争和美墨战争中投入的军力，它们无不相形见绌。组建这样一支大规模的职业军，势必要像独立战争时期一样动员平民参加战争。[⑤] 在"内战"时期的北方，15—44岁男性的参军比例约37%。[⑥] 当然，毫不奇怪，联邦政府的文职官员人数也在随之增长。1861年1月，首都华盛顿的联

① 1861年1月，美国陆军现役的军官有1 098人，但是在4月，当战争爆发后，其中就有296人退出了联邦军队加入了南方联盟的军队。在这些人当中，有187人是西点军校的毕业生——其中最有名的就是罗伯特·爱德华·李。E. B. Long, *The Civil War Day by Day: An Almanac, 1861 - 1865* (Garden City, NY: Doubleday, 1971), 709; Mark Mayo Boatner III, *The Civil War Dictionary* (New York: McKay, 1988), 495, 858。

② Fred Albert Shannon, *The Organization and Administration of the Army, 1861 - 1865* (Cleveland: Arthur H. Clark, 1928), 27.

③ 1865年，当战争进入高潮时，联邦军队的人数超过了106.2万人。Carter et al., eds., *Historical Statistics of the United States*, vol. 5, table Ed26 - 47 ("Military Personnel on Active Duty, by Branch of Service and Sex: 1789 - 1995"), 5 - 354。

④ Long, *Civil War Day by Day*, 705.

⑤ 据估计，在"内战"期间，有9.8%的人口被卷进了战争。在独立战争期间，这一比例为10.4%。Hugh Rockoff, "Veterans," in *Historical Statistics of the United States*, ed. Carter et al., 5 - 342。From 1860 to 1865, the population jumped from 31.5 million to 35.7 million U.S. Bureau of the Census, *Historical Statistics of the United States*, series A 6 - 8 ("Annual Population Estimates of the United States: 1790 to 1970"), part 1, 8。

⑥ Theda Skocpol, *Protecting Soldiers and Mothers: The Political Origins of Social Policy in the United States* (Cambridge, MA: Belknap Press of Harvard University Press, 1992), 586, n5.

邦雇员只有 2 199 人(1851 年时还只有 1 533 人)。在"内战"期间,这一人数几乎增加了近 3 倍,联邦政府雇员总人数将近 50 000 人。[①]

动员参战、装备军队、供给物资这些都耗资巨大。随着联邦军队规模和文职官僚数量的极速扩张,联邦政府的开支也增速惊人。在 1860 年之前,联邦政府的支出占国民生产总值的比例尚不到 2%,而从 1861 年到 1865 年,这个比例的平均值达到了 15%。[②] 在这期间,联邦政府在战争中的军事开支据估计达到了 18 亿美元(按 1860 年的价格)。[③] 1861 年,联邦政府的总开支为 6 650万美元,到 1862 年就迅速增加到了 4.75 亿美元,及至 1865 年,更是接近 13 亿美元。[④] 政府开支的惊人扩张让财政部的储备金严重入不敷出,结果到 1866 年,国家的债务就累计达到了 27 亿美元。[⑤]

从 1814 年到 1861 年,联邦的收入主要来自关税,它占到联邦政府收入的 90%以上,其余的则来自进口税、联邦消费税和出售公共土地的收入。在这期间,是传统的收入制度在支撑着一个权力和职能有限的政府。然而,到了战时,当来自国外的进口和对外的贸易都一落千丈时,公共收入也随之骤减,而此时正是国家最需要这些收入的时候。这种收入体制在战时的缺点是显而易见的。这种情况在 1812 年与英国交战时曾出现过(未在 1846 年出现,因为与

---

① U.S. Bureau of the Census, *Historical Statistics of the United States*, series Y 308 - 317 ("Paid Civilian Employment of the Federal Government, 1816 to 1970"), part 2, 1103。当"内战"接近尾声时,在联邦政府所雇用的近 50 000 人中,就职于邮政局的人数比例将近 60%。

② Brownlee, *Federal Taxation in America*, 23。相比之下,联邦支出占国内生产总值(GDP)的比例在 20 世纪 90 年代末下降到 20%以下。自 20 世纪 70 年代初以来,这是第一次降到 20%以下。

③ 对"内战"成本的估计差异很大。克劳迪娅・D.戈尔丁(Claudia D. Goldin)和法兰克・D.刘易斯(Frank D. Lewis)研究了联邦政府直接投入到军事中的开支,认为这一数值为 18 亿美元,另外,州政府支出了 4.86 亿美元。"内战"的成本还包括人员的损失。这样算的话,戈尔丁和刘易斯估计"内战"给北方带来的直接损失总计是 33.7 亿美元(按 1860 年的价格)。Claudia D. Goldin and Frank D. Lewis, "The Economic Cost of the American Civil War: Estimates and Implications," *Journal of Economic History* 35 (1970): 299 - 326。

④ U.S. Bureau of the Census, *Historical Statistics of the United States*, series Y 457 - 465 ("Outlays of the Federal Government: 1789 - 1970"), part 2, 1114.

⑤ U.S. Bureau of the Census, *Historical Statistics of the United States*, series Y 493 - 504 ("Public Debt of the Federal Government: 1791 - 1970"), part 2, 1118。1864 年 12 月,林肯在向国会做年度信息报告中淡化处理了国债的规模。截至 1863 年 7 月 1 日,国债规模已达 17.4 亿美元。林肯表示,既然国债被广泛持有,那么国债就是公民"自己欠自己的债"。Abraham Lincoln, "Annual Message to Congress" (December 6, 1864), in *Speeches and Writings 1859 - 1865* (New York: Library of America, 1989), 651 - 652。

墨西哥的战争规模很小)，然后在 1861 年内战爆发时，它再一次发生。面对这一情况，联邦政府不得不另辟新路去筹集战款。以此来看，可以说是内战刺激了制度创新，同时，“内战”也促使着美国这个国家以前所未有的方式扩张着——不管是它的军事部门，还是它汲取收入的能力。全面战争从 1861 年持续到 1865 年，这是一个充满了“危机形势”的时期。这种“危机形势”引发国家机构进行了史无前例的扩张，对社会和国家经济进行了更大的渗透，以及采取了一种更加积极的收入汲取方式。在美国的国家发展历史上，“内战”是一个重要的分水岭。

理查德·本塞尔对美国政府的权威和机构在“内战”期间的扩张做了重要研究。他明确解释了为了应对分裂主义者的行动，北方的政治领导人是如何调动社会资源，又是如何建立起新的政府机构。[①] 当然，对于美利坚联盟国的政治领导人来说，要建立一个全新的中央政府，无疑是困难重重。具有讽刺意味的是，与美利坚合众国相比，联盟国选择了一种更加集权的方式来动员社会资源，尽管这种方式在南方历来极受排斥，也尽管南方历来主张州的权力，反对权力向联盟政府集中。与此相反，北方更多的是依靠市场机制，与私人团体签约给军队提供物资。在 19 世纪前的几场战争中，军事采购一直是联邦政府和州政府的共同职能——往往先由州政府发动武装和提供志愿兵，然后再向联邦政府申请经济补偿费用。这种安排在“内战”刚爆发的头几个星期就开始运作起来。1861 年 7 月 27 日，林肯签署了一项“赔偿法令”，规定对于州政府在提供物资、武装军队和支付军饷方面所发生的“恰当支出”，联邦政府将给予补偿。[②] 然而，在整个 1861 年，联邦官员一直控制着州的采购部门，并逐渐履行其职能。到了 1862 年初，北方的军事采购权就完全集中于一个强大的新联邦机构——陆军军需部之手。军需部从私人制造商和供应商那里购买军用物资。马克·威尔逊(Mark Wilson)研究了合众国的采购制度后认为，北方的这种国家“军事经济”制度(比如军需部的采购制度)对美国的国家发展产生了持久的影响。[③] 与

---

① Richard F. Bensel, *Yankee Leviathan: The Origins of Central State Authority in America, 1859 - 1877* (New York: Cambridge University Press, 1990).

② Indemnity Act, July 27, 1861, ch. 21, 12 Stat. 276.

③ Mark R. Wilson, *The Business of the Civil War: Military Mobilization and the State, 1861 - 1865* (Baltimore: The Johns Hopkins University Press, 2006).

联邦政府的其他政治机构不同，军需部是一个专业化的行政机构，它在很大程度上并不受政党政治和赞助制度的影响，因此在 19 世纪末成为美国政府改革的榜样。

在北方，当军事采购大行其道时，南方却采取了一种更加集权的方式来动员民众参战。1862 年 4 月，南方联盟国颁布了美国历史上第一份军事草案，而北方合众国政府则在一年之后的 1863 年 3 月才颁布征兵法。[①] 我们可以认为是联盟国因为缺乏北方那样雄厚的经济来源而率先征兵。在北方，为了吸引更多的志愿者加入军队中，战争刚爆发时政府给每位参战者支付了高额的奖金，每个月还发放补助金。[②] 联盟国不仅在颁布法律方面先合众国一步，而且在执行征兵政策时也更是冷酷无情。总之，在战争高潮时期，如果用传统的那些国家指标，比如对社会的渗透程度、权力的集中程度、对领土上人民的控制程度和从社会汲取资源的能力这些指标来衡量南北两个政府，联盟国无疑远远强于合众国。在美国，如联盟国这样强势的政府，今后的 70 多年之内都不可能再出现。然而，联盟国的征收制度是它致命的缺陷。1861 年，联盟国颁布了关税，但这并没有给它带来大量的收入。它还尝试对不动产和个人财产征收 0.5%的直接税，但这也被证明是行不通的，因为被要求征税的州政府对此疏忽大意。无奈之下，戴维斯政府只得通过印刷联盟纸币来筹集战款，规模超过了 15 亿美元，但随后的通货膨胀又让这些纸币的价值急剧下降。最后，联盟国不得不靠征用私人财产来支撑这场战争。

在北方，战争催生出了一个强大的政府。与南北战争之前的政府相比，这是一个极为不一样的政治组织——虽然它演变自之前的政府。在冲突开始的几年里所爆发的国家构建和制度创新，对于合众国能战胜联盟国是至关重要的。随着共和党在 1860 年的总统竞选中大获全胜和第二年春天南方民主党

---

① 到 1862 年秋，在北方至少有 5 个州颁布了自己的征兵法。关于合众国的征兵制草案，请参阅 James W. Geary, *We Need Men: The Union Draft in the Civil War* (DeKalb: Northern Illinois University Press, 1991)。

② Eugene C. Murdock, *One Million Men: The Civil War Draft in the North* (Madison: The State Historical Society of Wisconsin, 1971), 5, 24。据尤金・C.默多克(Eugene C. Murdock)的统计，位于华盛顿的联邦政府支付的奖金高达 3 亿美元。此外，北方的州为了完成它们的征兵指标而另外支付的奖金估计为 2.86 亿美元。

人仓促脱离国会，共和党人控制了整个国家。他们终于可以自由主导国家政治制度的重构，不再受反对党的掣肘。在美国历史上，政党从未如此紧密地与联邦政府相互交融(20 世纪 30 年代的罗斯福新政除外)。共和党统治的巅峰是在战争结束后国家重构时期对被征服了的南方社会进行改造。但是，在这之前，它要先"掌控"联邦政府，而这将给北方的政治思想、政治秩序，还有北方的政府机构带来巨大改变。

"内战"极大地扩张了政府权力，也让共和党的国家主义者所展望的政治经济图景在美国变成了现实。为了达到这一目标，用本塞尔的话说，联邦政府(牢牢地控制在共和党国家主义者之手)"扫清地区和地方的障碍，建立了全国统一的资本市场，并建立起这个市场所需的物质基础设施和金融设施"。[①] 合众国政府统一了国家货币，由新兴私人金融资本家阶层来认购大部分国债；创立了国家银行来取代州银行，对州许可成立的银行所发行的实际上承担着货币功能的纸币征税；取消国家的金本位制度，将纸币美元即"绿币"作为法定货币。[②] 政府的这些措施无不彻底推进了内战期间所进行的经济重建工作。战争带来了无休止的收入压力，对此，政治领导人们转而去寻求新的税收形式，而这种税收形式长期以来曾为强势的社会和经济利益集团所抗拒。为了提高政府的收入汲取能力和通过私人资本市场借到大笔的资金，北方共和党人甚至永久地改变了国家的财政基础。而在南方，类似的"收入掠夺"(玛格丽特·列维的术语)也在上演。联盟国的领导人用尽了政府的强制权，就是为了能够筹集社会资源，将它们投入到自己所发动的战争中。

二、合众国政府的收入新战略

在"内战"期间，政府的行政能力和军事部门都经历了不同寻常的扩张。

---

① Bensel, *Yankee Leviathan*, 11.

② 1862 年《法定货币法案》批准了绿币的发行，但是最高法院在"赫本诉格瑞斯沃德(1870)"(*Hepburn v. Griswold*, 75 U.S.603)一案中宣判该法案的部分条款是违宪的。但是，在后来一系列被称为法定货币案件的判决中，它又推翻了违宪的判定。关于《法定货币法案》、最高法院的判决和宪法中有关货币制度的条款的具体讨论，请参阅 Robert G. Natelson, "Paper Money and the Original Understanding of the Coinage Clause," *Harvard Journal of Law and Public Policy* 31 (summer 2008): 1017－1082。

那么,合众国政府是如何获取新的收入来源来应对由此导致的财政危机呢?从一开始,官员们就已意识到,他们将面对前所未有的收入需求。其实在战争爆发前,政府的财政状况就已不容乐观。继 1857 年大恐慌后,财政连续两年出现赤字。[①] 1860 年,政府的财政赤字已达到 5 000 万美元,财政部的储备也被耗光殆尽。面对迫在眉睫的战争,一开始,政治领导人采用了常规的手段来应对不断恶化的财政状况——改善现有的公共收入体制,而这意味着要提高进口税和关税的税率。1861 年初,国会对 1857 年《关税法案》进行了修订,通过了《莫里尔关税法》,大幅度提高了进口商品的税率。[②]《莫里尔关税法》是以它的发起者佛蒙特州众议员贾斯丁·莫里尔的名字命名的。莫里尔是一个废奴主义者,也是佛蒙特州的共和党创始人之一,他还是众议院筹款委员会里的重要人物。民主党的坡脚鸭总统詹姆斯·布坎南在卸任前签署了该法案。这是"内战"期间三次提高关税的第一次。1862 年 7 月 14 日的《关税法案》提高了一些特定制造品的关税。随后,1864 年的《关税法案》对进口应税物品征收的总价税达到了物品总价的一半。[③] 到 1865 年,进口应税品的平均税率达到了 48%。[④] 1861 年的立法标志着长达 50 多年的关税贸易保护政策拉开了序幕。尽管关税税率有了大幅度提高,但是政府收入的增速远不及军事支出的增长。到 1861 年底,合众国政府仍面临高达 7 500 万美元的赤字。政治领导人很快就意识到,在战时,他们必须要采取更加积极的收入策略,否则一场财政灾难必将降临。

1861 年 3 月 4 日,林肯就任美国总统。不久他就任命俄亥俄州参议员索罗门·蔡斯(Salmon Chase)为财政部部长。蔡斯认为,从长期来看,合众国军队的扩张要依靠综合运用以下几种收入方式,包括提高关税和消费税的税率、

---

① 1857 年大恐慌始于 8 月俄亥俄人寿保险和信托公司的破产,这导致在纽约几乎所有的银行都暂停了营业。关于 1857 年金融危机的简史,请参阅 Margaret G. Myers, *A Financial History of the United States* (New York: Columbia University Press, 1970), 126 - 128, 138 - 140。

② 众议院在 1859—1860 年就通过了《莫里尔关税法》,但参议院却一直到林肯当选为总统后才开始进行审议,然后在未做实质性修改的情况下通过了该法。1861 年关税法做出的最重要的修订就是提高了铁和羊毛的关税。关于《莫里尔关税法》背后的政治,请参阅 F. W. Taussig, *The Tariff History of the United States: A Series of Essays* (New York: G.P. Putnam's Sons, 1894), 158 - 159。

③ Brownlee, *Federal Taxation in America*, 24.

④ Myers, *A Financial History of the United States*, 160.

扩大公共土地的售卖以及由财政部发行长期债券来筹集借款。但是，从短期来看，借贷是唯一快速的筹款之道。为此，当年夏天，蔡斯前往纽约与几大私人银行的代表进行会晤。最后，由来自纽约、波士顿和费城的这些银行联合发行1.5亿美元的长期国债开始，这些银行将在向私人投资者出售国债的过程中发挥重要作用。这也标志着，随着政府与私人金融资本家之间合作的建立，一个复杂的新公共借贷体系形成了。基于他们在战争期间给政府提供巨额的贷款来帮其渡过难关，现在，债权人金融家们与政府结成了利益上的联盟。[①]

随着战争的爆发，林肯、处境艰难的财政部官员及国会中共和党领导层开始大刀阔斧地调整国家各州的财政权力。第三十六届坡脚鸭国会采取了一项紧急措施，新发行了为期20年、规模高达2 500万美元的债券。1861年4月，随着新共和党成为联邦政府的多数党并掌控了联邦政府，蔡斯部长提议通过发行中长期国债来另外筹集1 500万美元的收入。[②] 尽管如此，但共和党人知道，仅靠借贷并不能满足战争对收入的需要，他们需要开征新税。1861年7月4日，国会再次召开会议，共和党领导人承担了一项痛苦且又艰巨的任务——开征新税。对美国这样的政治体制而言，这确实是一项极其艰巨的任务，因为社会上所有有权势的经济利益集团都在政府立法部门安插了自己的利益代表人。在这样的一个代议制政府的体制中，开征新税往往会变成托马斯·亚当斯所说的"一场集团的竞争，在这场竞争中，势力强大的经济利益集团会想方设法让自己免于承担现行的税收或被提议要开征的税收"。[③] 当蔡斯提议要开

① 就像本塞尔所说的，通过向联邦政府提供贷款，这些金融家与政府"建立了客户关系"。Bensel, *Yankee Leviathan*, 163。

② 关于财政部在内战爆发的第一年所发生的借贷，请参阅 Myers, *Financial History of the United States*, 149 - 153。

③ 1927年，亚当斯总统在美国经济协会年度会议上发表演讲时说："现代税收或税收制定的最大特征在于集团竞争，在这种竞争中，那些有权势的经济利益集团会想方设法让自己免于承担现行的税收或被提议开征的税收。"Thomas S. Adams, "Ideal and Idealism in Taxation", *American Economic Review* 18 (1928)：1。亚当斯是对的。在政治舞台上，那些有权势的经济利益集团往往会对税收政策发起挑战。但是，亚当斯忽视了政府的作用。政府会划定这种"竞争"的范围，它还会和利益集团协商，一起寻求一个能被接受的结果。以"内战"中开征的个人所得税为例。在制定议程时，满足国家的收入需求是首要因素，利益集团之间只能在立法领域内进行竞争并想方设法将税收负担转嫁给其他人。值得一提的是，那些参与竞争的往往是美国最富有和最有权势的阶层。共和党人的目标并不是穷人，而是有经济地位的人，共和党正是代表了这些人。

征新的直接税、国内税和消费税时，这场"竞争"就开始了。最后，国会决定根据各州的人口来征收 2 000 万美元的直接税：那些忠诚于合众国的州承担 1 500 万美元，那些脱离了合众国的州则承担 500 万美元。既然南方的州早已不听财政部的差遣，让它们承担税收也就根本无从谈起。

来自宾夕法尼亚州的泰迪尔斯·史蒂文斯是众议院筹款委员会的主席。针对联邦政府的征税方案，他抛出了自己的想法，提议直接在各州间按人口分配土地税。他的这一提议马上招致西部州的强烈反对。在这些地方，农业利益集团占据主导地位，且拥有良田万顷。史蒂文斯为自己的提议辩护说，虽然他的提议有"令人不受欢迎之处"，但它能"维持现在的政府"，让那些"推翻或试图推翻这个政府的叛乱者们"无法得逞。出于为战争筹集战款的考虑，史蒂文斯认为这样的收入方案是必须的，他的言下之意就是"政府是否会毁灭系于我们将做出怎样的选择"。[①] 这并非夸大之词。合众国已危在旦夕，通过开征新税筹集收入对于北方军队的成功确实至关重要。尽管如此，但土地税向来都属于州政府的传统特权，而政府这样侵入它们的势力范围，当然会招致它们强烈的抵制。

当土地税的争论越来越激烈之际，贾斯廷·莫里尔加入了进来。他提供了一个折中方案，其中包括开征新的联邦所得税。有了这个所得税（通常指的是"向收入征税"），提议中的土地税所带来的税收负担将大为减少。但是所得税也让人顾虑重重，因为这个税本身也充满了争议，容易引起严重的政治分歧，这些分歧还会因地区冲突而加剧。东北部州强烈反对开征所得税（那里是"富人"的集聚地），中西部州则举双手赞成（在那里农业是最主要的产业）。[②] 在整个 19 世纪，关于所得税的政治分歧一直是沿着相同的地理线划分，这也反映了在农业与制造业利益之间存在着根本性经济分歧。尽管如此，但在

---

① 这场争论的相关部分请参阅 Congressional Globe，37th Cong.，1st sess.（July 24，1861），246 - 255。

② 来自印第安纳州的众议院议员舒勒·科尔法克斯发起了对所得税的抗议。科尔法克斯是一个共和党人，在 1863 年被选为众议院议长，之后还担任过格兰特的副总统。关于"内战"时期所得税背后的政治运作，请参阅 Edwin R. A. Seligman，*The Income Tax: A Study of the History, Theory, and Practice of Income Taxation at Home and Abroad*（New York：Macmillan，1911），part 2，430 - 480。

1861年，许多共和党温和派还是将所得税视为一种妥协，与其他可供选择的方案相比，比如开征直接土地税、提高关税税率，或者对诸如香烟、威士忌和奴隶这样的奢侈“商品”开征联邦消费税，所得税可避免引起激烈的地区冲突。

面对不停攀升的财政赤字，北方的共和党人不得不接受莫里尔的所得税方案。7月29日，众议院以77票对60票这一接近票数通过了该方案。随后提案就递到了参议院。在那里，共和党参议员面临着同样令人不快的选择：是提高关税，开征直接土地税，还是选择所得税方案。在激烈的争论中，所得税的支持者一再提及公平问题。来自罗得岛的詹姆斯·F.西蒙斯(James F. Simmons)是财政委员会的主席。他支持征收个人免征额高的所得税，认为这样的所得税比土地税更加公平与合理：“如果我们不得不将穷人和富人同等对待，那么我们不得不对社会上收入微薄和收入丰厚的人同时征税，到那时我们再考虑对财产征税吧。但我不认为这个国家已经到了必须要采取这种极端措施的时候。”来自缅因州的共和党人参议员威廉·皮特·费森登对此也大为赞同，并补充说，所得税是“面向所有的阶层，特别是那些有能力承担所得税的人，因而具有更强的公平性”。[①] 话虽如此，实际上，开征所得税的目的就是为了让最富有的人来承担税收负担以增加收入，这是众人的共识，因此，参议院很快就通过了所得税提案。1861年8月5日，林肯总统签署了该法案。[②] 就这样，美国有了第一个联邦所得税，对个人年收入超过800美元的部分征收3%的税。高免征额保证了最后只有最富有的人才要交税。侨居国外的美国人则要按更高的5%税率交税，而证券的利益收入享受1.5%的优惠税率。除所得税外，这项立法还对许多商品开征了消费税，对制造品征收了从价税，还对铁路公司和轮船公司的总收入进行征税。

该如何解释被共和党掌控于手心的政府为什么会如此心甘情愿地选择这样的所得税呢？当然，各方普遍认同合众国政府深陷财政困境，它对收入如饥似渴。那些投票通过了所得税的共和党人日思夜想的是如何摆脱窘困的财政状况，而不是对财富进行分配。尽管如此，但由于不同税种有不同的“分配”

---

① Congressional Globe, 37th Cong., 1st sess. (July 24, 1861), 254, 255.

② Act of August 5, 1861, chap. 45, sec. 49, 12 Stat. 309.

(就像如今的经济学家所说),因此,对税种的选择意味着共和党控制下的国会是在决定如何在经济利益集团间分配战争的成本。由谁来承担税收这样的争论总是用“公正”和“平等”这些词来表达,但就其本质来说,国家立法机关的税收政治无非是将税收负担转嫁给其他州或其他地区的利益集团。在政治舞台上,强大的利益集团总是想方设法将税收负担转嫁给其他人,政府则会通过调整现行的法规来推进税收政策。这就是和平时期的国会制定税收政策的常规模式。[①] 当然,在“内战”期间,税收政治绝非“正常”。[②] 这个时期正经历着全面战争和宪法危机。为了拯救国家于危难之中,政府官员不得不采取一种更加积极的收入策略来获得新的收入来源。如果这样做会增加富人的税收负担,那么也只能这样了。

只有在面临军事危机和宪法危机之际,国家的政治领导人才能对强大的经济利益集团开征新税。如在平时,他们可能就要奋起反抗保卫自己的财富了。当然,合众国政府从未凌驾于社会之上,官员们也从来都不能随心所欲地掠夺收入。他们必须要通过立法渠道与利益集团代表们就战时的收入政策进行“协商”。美国之所以会这样,是因为这个国家所经历的独特发展模式。在这种模式下,政治民主制度的建立先于政府行政能力的发展。而欧洲君主制政体在政治民主制度尚未形成之前就已实现了相当程度的国家自治。因此,美国不能像欧洲那样,将收入政策以法令的形式强加给社会,立法机构中各个派系的代表不得不相互协商,相互妥协。尽管如此,但最终共和党国会领导人还是成功地实施了积极的收入策略,并重构了国家的财政权力。面对着一场全面战争,即使是最强势的利益集团也别无选择,只能默许合众国政府的收入

① 这就是现代税收政治的模式,我在下面的这本书里论述过,请参阅 Sheldon D. Pollack, *The Failure of U.S. Tax Policy: Revenue and Politics* (University Park: Penn State Press, 1996), 243–265;还可参阅 Timothy J. Conlan, Margaret T. Wrightson, and David R. Beam, *Taxing Choices: The Politics of Tax Reform* (Washington, DC: Congressional Quarterly Press, 1990), 230–235; and “Solving the Riddle of Tax Reform: Party Competition and the Politics of Ideas,” Political Science Quarterly 105 (1990): 193–217。

② 有人认为,“常规政治”的特征“充满了无声的冲突,在这无声的冲突中,能被接纳的参与者非常有限,决策过程完全制度化,参与者之间相互吹捧、协商和妥协,通过日常的管理执行决策”。Dall W. Forsythe, *Taxation and Political Change in the Young Nation, 1781–1833* (New York: Columbia University Press, 1977), 119。

要求。合众国所面临的军事打击迫使经济利益集团站到共和党这一边，并勉强接受一个累进所得税、遗产税、奢侈品消费税、更高的关税税率，尽管他们并不情愿接受这一切。这也反映了从1861年到1865年的全面战争使政府的自主权得到了很大提高，政治领袖具备了实施更积极收入策略（几乎是掠夺性的）的能力。

公众普遍看好联邦所得税。在他们看来，这是一个对富人而不是普通民众征的税。《纽约时报》（*New York Times*）的编辑称赞所得税是一种“对个人口袋所征的税”，是一种“最公平和最能被接受的税”。在接受所得税的同时，美国人民也在惋惜19世纪的杰斐逊共和国将一去不复返：“我们不得不和历史上最黄金的时代告别了。在那个时代，我们很少意识到身边有一个政府，它加在我们身上的负担是如此之轻微。那个时代的政治家唯一要操心的事情就是创造信用以平衡国家总账上的债务。”[①]这是非常准确的。从此以后，政府加在民众身上的财政负担再也不会这样轻微。

尽管所得税在1861年就已颁布，但实际上政府连一个子儿都没征到。财政部部长蔡斯非常反对所得税，理由是这个税的征税成本将远远大于征税收入。问题主要出在800美元的个人免征额上，这个免征额实在太高，它把大部分人排除在所得税的征税范围之外。[②] 对此，1862年4月，筹款委员会提交了一份所得税的修订法案。5月，参议院着手立法。在参议院的这份法案中，免征额被降低了，税率变成了累进税率。最终，协商委员会召开会议在两个所得税方案间进行选择时，也接受了这一法案。根据国会在1862年7月1日通过的法案，修订后的所得税按3%的税率征收。凡是居住在美国境内，其“年收益、利润或收入”超过600美元的部分都要交所得税，“不管这些收入是来源于财产、租金、利息、红利、薪金或其他任何方式，不管它是来自职业所得、贸易获益、受雇或工作所得，也不管这些收入是来自美国或其他地方”。对于收入超过1万美元的部分则适用5%的税率。此外，对侨居国外的美国人，其全部收入也都按5%征税。1862年的所得税作为一项综合收入，仅仅只是政府一揽

① *New York Times*, January 8, 1862, 4.

② *Report of the Secretary of the Treasury for the Year 1861* (Washington, DC: Government Printing Office, 1861), 15.

子收入政策的一部分。除所得税外，政府实施的收入政策还包括：对某些公司（比如铁路、银行、信托公司和保险公司的收入总额）的收入征税；向大部分行业收取经营许可费；对诸如酒、烟草、游艇、珠宝和马车这些奢侈品征收消费税；对大部分金融交易征收印花税。[①] 法案也明确承认了许多正常的经营扣除。此外，一揽子综合收入方案还包括赠与税，即对继承的遗产和赠送的财产征收遗产税。[②] 后来，加入财政部征税队列中的还有一些小税种，包括对铁、烟草、威士忌、皮革制品和大量的奢侈品开征新的消费税，还有对一些特定的制造品征收3%的从价税。[③] 总的来看，这些税收创造了一个稳健的收入制度，它们与公共借贷一起为合众国政府的强大军队提供资金。到1862年7月，北方的政府俨然已是一个高效的财政-军事国家的政府。

当所得税于1862年开征时，国债规模已经达到5.14亿美元。[④] 之后，公债规模年年递增。1864年春天，为了获得更多的收入，一个更加全面的所得税法规出台。筹款委员会公布了这项法案，实施了一个税率为5%的所得税。国税局的第一任局长，来自马萨诸塞州的乔治·休厄尔·鲍特韦尔则比较倾向于累进税率。为了增加更多的收入，鲍特韦尔建议对年收入超过20 000美元的部分征收5.5%的税。[⑤] 众议院的领导层接受了这一有争议的提议，但马上就有人强烈反对，共和党内部出现了分裂。在众议院的议席上，贾斯廷·莫里尔对累进所得税制大加指责（他提议应实施税率为3%的单一所得税），认为这完全是“平均地权论的做法”，有悖于“我们这个国家制度的原理”——在这个

---

① Act of July 1, 1862, ch. 119, 12 Stat. 432, 469 - 471.

② Ibid., 12 Stat. 432, 483。关于1862年税收法案的历史，请参阅 Congressonal Globe, 37th Cong., 2nd Sess. 1534 (1862)。从1797年到1802年，国家通过联邦遗产税第一次对财产的转移进行征税。

③ 战时实施的消费税请参阅 Myers, *Financial History of the United States*, 157 - 158; Taussig, *Tariff History of the United States*, 163 - 164。

④ 在整个战争期间，公债一直保持着高增长的势头，结果到1866年，联邦政府的公共债务规模达到了27.6亿美元。U.S. Bureau of the Census, *Historical Statistics of the United States*, series Y 335 - 338 (“Summary of Federal Government Finances-Administrative Budget: 1789 - 1939”), part 2, 1104。关于“内战”期间的财政赤字和财政政策，请参阅 Savage, *Balanced Budgets and American Politics*, 123 - 131。

⑤ *Report of the Commissioner of Internal Revenue for the Year ending June 30, 1863* (Washington, DC: Government Printing Office, 1864), 183 - 184.

制度下的富人和穷人被一视同仁。他哀叹说，累进税率“惩罚了有些人，就因为他们太有钱”，相当于“没收了他们的财产，就因为他们犯了太有钱的罪”。[①] 史蒂文斯议员也反对累进所得税。他指责这样的所得税“惩罚人们太有钱，是一个很奇怪的制度”。[②] 其实，实施累进所得税的真正意图是为了给合众国的战争筹款，而不是去“惩罚”有钱人。话虽如此，但累进所得税显然主要是针对有钱人，也难怪那些有钱人和他们在国会的代表会极力反对。许多共和党的温和派表示愿意接受所得税，但前提是这个所得税不能是累进的。

尽管在参议院中反对声不绝于耳，但与众议院一样，它也采纳了累进税率结构，对于年收入超过 25 000 美元的部分（在 1864 年，对个人来说这已是巨额收入），最高征收 10%的税。为了安抚那些东北部的共和党人——他们也反对累进税率，财政委员会同意调低最高税率，对年收入超过 10 000 美元的部分只征收 7.5%的税。但后来众议院又将这一最高税率修正为 10%，而协商委员会也采纳了众议院的这一修正。最后，1864 年所得税对个人年收入超过 600 美元的部分征收 5%的税率，对收入超过 5 000 美元的部分征收 7.5%的税，而对收入超过 10 000 美元的部分征收了 10%的最高税率。[③]

与之前的所得税相比，1864 年所得税无疑复杂很多。法规中的优惠、扣除、排除和免征的数量增加了。最重要的是，它扩大了征税基础。由于这一点，到战争结束时，北方有超过 10%的家庭需要缴纳所得税。[④] 1863 年，来自所得税的收入仅为 274 万美元，到 1864 年这一收入就增加到 2 000 万美元，1865 年为 6 100 万美元，1866 年为 7 300 万美元。从 1863 年到 1867 年，联邦所得税的收入总额达到 2.2 亿美元。虽然这不是一个微不足道的数字，但也仅占同期政府收入总额的 13%。[⑤] 因此，与作为政府的主要收入来源——关税相比，它就显得无足轻重。而对于政府来说，即使有了所得税这一额外的收

---

① Congressional Globe, 38th Cong., 1st sess. (1864), 1940.

② Ibid., 1876.

③ Act of June 30, 1864, ch. 173, sec. 116, 13 Stat. 223.

④ Brownlee, Federal *Taxation in America*, 27.

⑤ 数据来源：U.S. Bureau of the Census, *Historical Statistics of the United States*, table 3 (“Individual Income Tax Collections: 1863 to 1895”), part 2, 1091; ibid., series Y 352 – 357 (“Federal government Receipts—Administrative Budget: 1789 – 1939”), part 2, 1106。

入，它的支出也远超过收入，最后不得不靠大量的借贷来弥补差额。南方联盟国政府也面临同样的问题，由于东北部的资本市场向它们关上了大门，借债更非易事。合众国海军封锁了南部港口，关税几乎没有为联盟国带来什么收入。无奈之下，联盟国政府不得不靠使用强权和低效的手段来筹集收入。它们通常直接扣押战争所需的商品和物资，而这严重阻碍了南方贸易和商业的发展。①

将北方和南方的两种收入制度进行比较具有很强的指导意义。在北方，浴火重生后的国家，不管是它的组织结构还是公共财政，都类似于英国18世纪的财政-军事国家。而南方联盟国更像一个不顾一切的"坐寇"，靠强权征用公民的财产，进而扼杀了人们从事商业和经济活动的积极性。两个国家都是强大的军事组织，都致力于保家卫国，也都凭借着强权调动社会资源来维持着自身的军力。但是，合众国政府选择了一种更有效更具可持续性的收入攫取方式，而且在其领土内，合众国政府拥有的资源（包括经济资源和人力资源）也更多。② 庞大的人口、繁荣的经济这些对于合众国取得最后的胜利至关重要。随着市场经济的蓬勃发展，以及通过所得税和关税从私营企业中获利，合众国的政府具备了现代税收国家的一切基本特征。合众国的官员通过征收各种税从正在兴起的工业经济所创造的巨额财富中分得了一杯羹。到1860年，美国的工业产值仅排在英国之后，位列世界第二，而且大部分的工业生产力都位于北部州。③ 正是由于强盛的工业经济以及一大批有钱人居住于此，合众国政府才转向征收所得税以获得财政收入。反过来，合众国政府和州政府在战争期

---

① 南方联盟政府的收入体制颇类似于征用制。从理论上说，它旨在掠夺财富，因此扼杀了商业形式。Bensel, *Yankee Leviathan*, 171。

② 在南北战争爆发之前，南方拥有更加繁荣的经济。但是，到了19世纪50年代和60年代，南方在人口增长、城市化和制造业产值方面，都开始落后于北方。John D. Majewski, *A House Dividing: Economic Development in Pennsylvania and Virginia before the Civil War* (New York: Cambridge University Press, 2000), 2。在北方的制造业产出中，很多都属于战争武器。总的来看，南北战争带来了武器装备上的"技术飞跃"，包括发明了弹匣卡宾枪、地雷、原始潜艇、改良型大炮。此外，铁路和电报也投入到了军事中。关于"内战"期间的武器装备的改进和北方在技术上优于南方的状况（基于先进的制造业和优良的组织能力），请参阅 Eliot A. Cohen, *Supreme Command: Soldiers, Statesmen, and Leadership in Wartime* (New York: Free Press, 2002), 23–29。

③ Douglass C. North, *The Economic Growth of the United States, 1790–1860* (Englewood Cliffs, NJ: Prentice-Hall, 1961), v。北方认为"'内战'代价不菲，而且打断了"早在几十年前就已开始平稳的经济增长。

间所发生的支出的增加也刺激了工业经济。这是一个完美的安排。军事支出推动了经济发展，而政府又通过向私人资本家的利润征税来筹集战争所需的收入。就是这样的财政安排推动了北方利维坦的诞生。

本塞尔曾评估过政府在战时采取有效的战略从繁荣的市场经济那里汲取收入的目标及其相对优势。在这里，详细引用他的话是值得的：

在战争期间，为了获得新的且有效率的收入来源，中央政府会调整其税收政策，使其更接近社会生产的形式。在和平时期，许多部门和活动并不受政府的影响，征税主要集中在酒和卷烟这类奢侈品上，但到了战争时期，政府就不得不对社会上各个领域——几乎是所有的产出征税。就这样，政府尽力对经济活动的力量和它的组织结构加以利用，从而塑造出一个受人赞美的国家机构。[①]

合众国政府的巨大力量源泉在这里展露无遗，最终它战胜了南方政府。在18世纪，英国率先完善了通过向兴盛的商业经济征税来支持国家军队的基本机制。这成为美国在北方建立的财政-军事国家的基本组织原则。我们看到，在20世纪，当两次世界大战置国家的财政于危机之中时，美国政府仍采用类似的机制，从私人经济那里汲取资源。

在"内战"期间，国会依1862年7月1日的《税收法案》设立了行政部门来征收政府实施的新税，这就是国内税收局（它是美国国税局的前身）。[②] 该局（财政部下属机构）划出了185个征收片区，就这样，它绕过了州政府，直接为联邦政府征集收入，由此，它也成为联邦政府手中一个强有力的工具。刚开始，国内税收局第一任局长乔治·休厄尔·鲍特韦尔的手下只有3名职员。[③] 但到了1863年1月，雇员的人数就激增到4 000人。1861年，联邦政府从各种渠道征到的总收入仅为4 200万美元。[④] 到1866年，国内税收局就为联邦政

---

① Bensel, *Yankee Leviathan*, 96 - 97.

② 关于国内税收局（国税局的前身）的创立，请参阅 Joseph J. Thorndike, "An Army of Officials: The Civil War Bureau of Internal Revenue," *Tax Notes* 93 (December 24, 2001): 1739；还可参阅 John C. Chommie, *The Internal Revenue Service* (New York: Praeger, 1970), 10 - 12。

③ 1902年，鲍特韦尔出版了自己的回忆录，记录了他担任国内税收局局长期间发生的一些事件。George S. Boutwell, *Reminiscences of Sixty Years in Public Affairs* (New York: Greenwood Press, 1963)。

④ U.S. Bureau of the Census, *Historical Statistics of the United States*, series Y 352 - 357 ("Federal Government Receipts—Administrative Budget: 1789 - 1939"), part 2, 1106.

府征收到了3.1亿美元的税收(消费税、遗产税和所得税)。相比之下,1863年4 100万美元的税收收入就显得微不足道了。[①]

国会还成立了其他几个行政部门。这些部门"有利于联邦政府对社会的渗透",进而支持战争。[②] 新成立的部门有农业部、移民局和国家科学院。作为不断膨胀的国家行政机构的一部分,这些机构与复杂的公共借贷体系、基础的中央银行制度和新的国家纸币("绿币")构成了持续的制度创新。在战争期间,共和党控制的国会还颁布了《宅地法》,建立了土地拨赠大学制度,为洲际铁路的贯通扫清了法律上的障碍。本塞尔认为,"内战"留给后世的遗产主要集中在两个领域:促进了"经济发展"(特别是北方的工业经济发展迅猛);加快了私营经济组织的"现代化"步伐(扩张、合并和国有化)。本塞尔进一步指出,"内战"对"社会民主"产生了负面影响,他指的是"出现了一个致力于将财富从上层阶级转移到下层阶级的官方政治组织"。在北方尤是如此。[③] 在20世纪30年代的罗斯福新政之前,除向"内战"的退伍军人及其遗属提供抚恤金之外(下文将讨论),国家并没有给公民提供任何重要的社会福利。因此,在马克·威尔逊看来,"内战"最重要的遗产在于它影响了19世纪后半期的商业组织形式和政府组织形式。[④] 威尔逊认为,"内战"时所累积的人力动员和社会资源动员的经验,为那个世纪之后的商业组织树立了一个成功的"军事模式"。对于那些欲对政府制度进行改革的人来说——比如那些希望通过行政机构改革来终结"政党分赃"制的人来说,这种模式可作为榜样。

三、美国内战后的财政机构

随着合众国军队在"内战"中大获全胜,国家的重建也画上了句号,那些在国家危难时期曾被压制了的正常政治活动又开始展开了。共和党内部的商业

① U.S. Bureau of the Census, *Historical Statistics of the United States*, series Y 358 - 373 ("Internal Revenue Collections: 1863 - 1970"), part 2, 1108.

② Bruce D. Porter, *War and the Rise of the State: The Military Foundations of Modern Politics* (New York: Free Press, 1994), 261.

③ Bensel, *Yankee Leviathan*, 435 - 436.

④ Wilson, *The Business of the Civil War*, 208 - 225.

利益集团公开发起运动，要取消战时推行的紧急税收。1867 年，国会通过立法，废除了一些战时颁布的国内消费税，并将个人所得税的税率重新调整为5%的比例，将其免税额度提高到了 1 000 美元。[①] 这一举措让政府的所得税收入骤减。1867 年，来自所得税的收入为 6 600 万美元，到 1868 年就降到 4 150 万美元，1869 年则只有 3 480 万美元。[②] 根据早在 1864 年税法中就已制定的日落条款，所得税计划在 1870 年停止征收。但让人很意外的是，许多共和党的有名之士声称应继续保留所得税。乔治·鲍特韦尔当时仍任国税局局长。在 1869 年 12 月递交的一份年度报告中，他认为找不到别的收入来源方式，找不到具有所得税那样的"公正性和公平性"，会像所得税那样给纳税人带来如此轻微的税收"负担"。因此，他支持保留所得税。鲍特韦尔还宣称，所得税对于一个行事积极的现代政府来说，是至关重要的："在我看来，既然国内收入对政府来说是如此不可或缺，且需求又是如此巨大，那么就应该让所得税成为国内收入来源的一部分。理由是显而易见又让人信服的。所得税只涉及贸易和商业的利润，以及个人通过投资增加的财富。"[③]确实就像鲍特韦尔所说的，所得税最令人信服的理由是它为财政部提供了一个高效的工具，用以分配私人经济产生的财富和利润。

来自俄亥俄州的约翰·舍曼是财政委员会主席。他游说参议院保留单一比例的所得税，并将其作为联邦政府的永久公共收入来源。一开始，舍曼劝服了足够多的共和党同仁们将所得税再保留两年。1870 年 7 月 14 日的法律虽然废止了在"内战"期间开征的遗产税，但所得税的有效期限推迟到了 1872 年。从 1870 年到 1872 年，联邦政府的财政开始出现盈余，这让人们更有理由质疑所得税存在的必要性了。最后，国会同意在 1872 年废除所得税。到那时，即使原先是支持所得税的人，也不再对它如此热衷了。《纽约时报》的编辑们对于所得税不再抱有幻想，他们支持废除所得税，并宣称"再高明的管理也无法消除人们对所得税的质疑，也无法纠正实践中出现的不平等和不公正。

---

① Act of March 2, 1867, 14 Stat. 478.

② U.S. Bureau of the Census, *Historical Statistics of the United States*, table III ("Individual Income Tax Collections: 1863 to 1895"), part 2, 1091.

③ *Report of the Commissioner of Internal Revenue, for the Year ending June 30, 1869* (Washington, DC: Government Printing Office, 1869), XIV.

我们容忍了所得税，也容忍了其他各式各样让人厌恶的税——因为这是一场伟大的战争加在我们身上的负担，我们不得不接受……所得税的征收招致冲突不断，带来烦恼和不快。废除所得税，让国会不必再为它开一些空虚无意义的会议，以免引发烦恼和不快”。①

“内战”之后，就像政府的财政权力在不断锐减一样，北方利维坦的军队规模也在不断缩减。1865 年春，北方军队的服役人数超过了 100 万。但当李将军在阿波马托克斯投降后，北方大军就被解散了。到年底，军中就只有不到200 000人还携带武器。12 个月后，武装部队只剩下了57 000人。应安德鲁·约翰逊总统的要求，国会成立了削减赤字联合特别委员会以进一步缩减税收和军事预算。在约翰逊总统充满了动荡的任期内(1865—1869)，合众国驻扎在南方 10 个州用来维持秩序和监督重建工作的军队人数也被限定在 10 000 人之内。1877 年的《妥协案》(*Compromise of 1877*)终结了对南方的军事占领，留在那里的军队人数也减少到不足 3 000 人。② 那时整个美国军队的人数不到 24 000 人，其中大部分被派到西部，去维持那里的秩序和打击印第安部落。随着重建工作的结束和南方各州重新加入合众国(连同它们在国会的代表)，共和党的霸权时代也戛然而止。1877 年后，民主党重新掌控了南方几乎所有的政治组织，并开始在国家层面上与共和党抗衡。国家和政党再次分离。

尽管政府的税收在缩减，军队在裁员，但内战后，政府的支出仍一直居高不下。上文我们曾论述过，战争过后政府的支出往往会存在替代效应(或“棘轮效应”)。③ 从联邦政府在“内战”之后居高不下的支出中，我们也能察觉出这种棘轮效应。在“内战”爆发前的 10 年里，国家的年支出平均不到 5 800 万美元。而在 1865 年，合众国政府的支出就超过了 13 亿美元。在战争期间，合众

---

① *New York Times*, January 19, 1871, 4.

② 约翰逊的国家重建政策请参阅 Eric L. McKitrick, *Andrew Johnson and Reconstruction* (Chicago: University of Chicago Press, 1960); Eric Foner, *Reconstruction: America's Unfinished Revolution 1863 - 1877* (New York: Harper and Row, 1988); 还可参阅 Niccole Mellow and Jeffrey K. Tullis, "Andrew Johnson and the Future of Politics," in *Formative Acts: American Politics in the Making*, ed. Stephen Skowronek and Matthew Classman (Philadelphia: University of Pennsylvania Press, 2007), 153 - 170。

③ 请见本书第三章第 80 页的注释①和注释②及其附带的文本。

国政府单在军事上的支出就超过了 18 亿美元。[①] 这一庞大金额超过了联邦政府成立后 70 年里所发生的所有开支。“内战”结束后，从 1865 年到 1900 年，联邦政府的年支出从未低于 2.37 亿美元，平均支出达到了 3.25 亿美元。[②] 就像布鲁斯·波特尔所观察到的：“‘内战’后的政府与之前相比，变得更加庞大和积极。很显然，这种积极的新国家主义是因战争长期潜移默化的影响而产生的，而不仅仅是国家重建所带来的，因为联邦开支优先权的转变在 1877 年后仍存在。”[③]政府支出的扩张和“积极”行动是“内战”留给美国的另一项制度遗产。

当所得税、遗产税和战时颁布的其他应急税收政策被废除后，联邦政府是如何支撑高昂的开支呢？战争结束后，政府的官员们又开始转而求助于 19 世纪那些传统的收入来源：消费税、公共土地销售收入、关税和进口税。尤其是，国会中的共和党人把战时的保护性关税政策保留了下来。就像弗兰克·陶辛格(Frank Taussig)在对 19 世纪的关税政策所做的经典研究中指出的，战时的高关税“让人渐渐地觉得，就其本身而言，这是一项好制度，可永久存续下去”。[④]在战后的数十年里，随着国际贸易和商业的不断兴盛，关税也再一次为联邦政府带来了可观的收入。自“内战”开始到第一次世界大战期间，在联邦政府的收入中有 30%～60%来自关税。[⑤] 单单来自关税的收入就已超过了联邦政府每年的支出，这让联邦政府有史以来第一次实现了梦寐以求的年年盈余。不到 20 年，因“内战”而导致的巨额公债就被偿还了一半，不到 30 年，它就只剩下了原先的 1/3。[⑥] 关税带来的巨额收入让折中主义经济学家亨利·乔治(Henry George)

---

① Goldin and Lewis, “The Economic Cost of the American Civil War,” 304.

② 数据来源：U.S. Bureau of the Census, *Historical Statistics of the United States*, series Y 335 - 338 (“Summary of Federal Government Finances—Administrative Budget: 1789 - 1939”) part 2, 1104。

③ Porter, *War and the Rise of the State*, 266。波特尔认为政府支出的增长不是因为工业化，而是基于“内战”的经验。

④ Taussig, *Tariff History of the United States*, 194.

⑤ U.S. Bureau of the Census, *Historical Statistics of the United States*, series Y 352 - 357 (“Federal Government Receipts—Administrative Budget: 1789 - 1939”), part 2, 1106.

⑥ 数据来源：U.S. Bureau of the Census, *Historical Statistics of the United States*, series Y 335 - 338 (“Summary of Federal Government Finances—Administrative Budget: 1789 - 1939”) part 2, 1104。

在 1883 年冷嘲热讽地说:“如今让国会烦扰的是该如何处理这些盈余。”[①]

詹姆士·萨维奇认为,为了“花掉巨额的财政盈余,也为了使征收高关税的必要性合法化,在 19 世纪晚期,共和党人只好拼命地增加公共支出”。[②] 共和党人是如此执着于高保护性关税政策,并且为了消化由此带来的财政盈余,还煞费苦心地寻求一种在政治上十分有利于他们的机制。是什么样的机制呢?那就是,他们将大部分关税盈余都用于给“内战”的退伍军人及其幸存者发放抚恤金。这些人中绝大多数居住在北方和中西部。抚恤金可以平息一些人对共和党关税政策的敌意——比如像北方的工人和消费者,还有西部的农民。[③] 罗伯特·希格斯(Robert Higgs)认为“在找不到降低关税理由的情况下,政府只好更加慷慨地给‘内战’的退伍军人及其亲属(甚至关系很远的亲属)支付抚恤金,来处理这个让人尴尬的日常盈余”。[④] 尽管政府对收入的分配很慷慨,但从 1866 年到 1893 年,随着关税为国库带来了源源不断的收入,联邦政府的财政仍年年以盈余告终。

“内战”的抚恤金制度最早建立于 1862 年。那时,国会批准给那些伤残军人、军人的遗孀和孤儿发放抚恤金。在此基础上,后来抚恤金的发放范围又扩大到退伍军人的母亲和姐妹,再后来他们的父亲和兄弟也被纳入。虽然从独立战争开始,国家就向退伍军人提供抚恤金,但其标准和范围都不能和“内战”中的合众国所提供的抚恤金相提并论。1865 年,国会增强了抚恤金制度,为伤残军人建立了“国家收容所”。[⑤] 到 19 世纪 70 年代,用于合众国退伍军人的支出超过了当时国内生产总值的 1/3。[⑥] 1878 年,国会通过了《拖欠抚恤金法案》(*Arrears of Pension Act*),由抚恤金局重新审理旧案,并向那些原先并不符合条件的退伍军人发放抚恤金。看起来这似乎只是一个小小的调

---

① Henry George, *The Complete Worlds of Henry George: Social Problems* (Garden City, NY: Doubleday, Page and Company, 1911), 168.

② Savage, *Balanced Budgets and American Politics*, 122.

③ Richard F. Bensel, *Sectionalism and American Political Development, 1880 - 1980* (Madison: University of Wisconsin Press, 1984), 62 - 73.

④ Robert Higgs, *Cirisis and Leviathan: Critical Episodes in the Growth of American Government* (New York: Oxford University Press, 1987), 97.

⑤ 收容所后来被更名为“全国残疾军人之家”,通常它被称为“老兵之家”。

⑥ Rockoff, “Veterans,” in *Historical Statistics of the United States*, ed. Carter et al., 5 - 343.

整，但导致了抚恤金的支出急剧增加。

随着抚恤金的发放范围越来越大、福利越来越高，受聘对抚恤金进行管理的人员也增加到了1 500多人。1887年，由军需局长蒙哥马利·C.梅格斯(Montgomery C. Meigs)设计的一座宏伟砖楼在华盛顿落成，它就是抚恤金局的办公大楼。这座宏伟的大楼标志着抚恤金在美国政治中拥有举足轻重的地位。1890年的《受抚养人抚恤金法》(*Dependent Pension Act*)再次对抚恤金制度进行了重大改革。通过该法，国会不再将抚恤金的发放范围限制于那些因战争而致残的人。只要在军中服役过90天以上而后又不幸伤残的人，都可以领到抚恤金。1906年，国会又修订了该法，认为老年人也难以自食其力，理应得到补助。此外，还提高了抚恤金福利。[①] 从1880年到1910年，联邦政府将其收入的1/4以上用于发放抚恤金。在1893年最高峰时期，有966 012人领取了抚恤金(其中大部分人居住在北方)，抚恤金支出占联邦政府总收入的41.5%。到1910年，在65岁以上的男性老年人中，有28%的人平均每年领到了189美元的抚恤金，有30多万名寡妇和孤儿从联邦政府那里领到了补助金。[②]

西达·斯考切波在对"内战"抚恤金制度的开创性研究中认为，南北战争后的联邦政府是"一个在支出方面具有超前性的政府"，领先罗斯福新政的社会福利项目几十年。[③] 在美国历史上，这是第一次政府对残疾人员和老年人给予收入上的补贴——虽然仅限于那些为合众国事业献身的人。当然，这样的社会福利制度并不会一直存在——随着20世纪末越来越多的退伍老兵去世，这项福利不可避免地被逐步取消。因此，值得我们深思的是，到底是什么在背后推动着美国去建立一个社会福利国家。有些学者(比如萨维奇、希格斯)认为，发放补助金是为了消化盈余的关税收入。这种观点已被人接受。也有人认为这是那些强大利益集团，比如共和国大军(Grand Army of the Republic, GAR)，不停游说的结果。斯考切波对此提供了一个更宽泛的解释。在她看来，共和党的发起者推行抚恤金项目的目的不是为了消化盈余的预算，而是"源于19世纪的美国政

① U.S. Bureau of Pensions, *Laws of the United States Governing the Granting of Army and Navy Pensions* (Washington, DC: Government Printing Office, 1924), 43.

② Theda Skocpol, "America's First Social Security System: The Expansion of Benefits for Civil War Veterans," *Political Science Quarterly* 108 (1993): 85, 114.

③ Skocpol, *Protecting Soldiers and Mothers*, 1.

党对分配政策的热衷。通过这些分配政策，政党有时就可以做出精心安排，有针对性的广施恩惠，以获得不同阶层选民的支持”。[①] 考虑到从1877年到1896年政党制度重新调整期间两个政党在国家层面上其实并没什么差异，共和党确实有可能把盈余的财政收入当作一种财政恩惠以获得更多的支持。

内战后的这段时期在美国财政史上是一个特殊时期。在这不同寻常的时期里，源源不断的关税使得财政年年有盈余，而这又进一步促进了国内支出的扩张。抚恤金项目就诞生于这独一无二的财政环境中。也正因为抚恤金，联邦政府作为现代“移民国家”的先驱发挥了重要作用。官员们凭借着国家的强制权力来征收进口税、关税和其他联邦消费税，然后再把征收到的大部分收入以军人抚恤金的方式，发放给合众国的退伍老兵及其幸存者。通过这一分配政策，共和党得到了那些并不直接受益于保护性关税政策选民的支持。从国家主义的角度来看，这也不啻是一个增加政体合法性的精妙安排。

虽然这个战后的收入体制让政府的国库年年产生盈余，但是它仍然存在问题。实际上，关税一直是政治争论的源泉。[②] 在历史最高峰时期，进口关税的税率达到45%，从中受益的主要是这个国家的一个地区（东北部）和一个行业（制造业），却几乎损害了其他人的利益。高额的保护性关税政策推高了制造品的价格，加重了南方和中西部农民的经济负担，也十分不利于东北部的消费者和雇佣工。它还让长久以来一直存在的地区分裂，使国家沿着这条地理线分裂开来。[③] 对共和党的关税政策反对最强烈的是南部和中西部那些以农业为基础的政党。到了19世纪下半叶，它们更加羽翼丰满。这些农业政党一再要求降低高额关税税率，建立以累进所得税为基础的收入制度。[④] 平民主义者和平等主义者也赞成累进所得税，抨击保护主义关税政策。支持累进所得

---

① Skocpol, “America's First Social Security System,” 100－101.

② 从民主党和第三方党政纲领中，我们可以看出它们在关税政策上的分歧。对此的论述请参阅 Richard F. Bensel, *The Political Economy of American Industrialization*, *1877－1900* (New York: Cambridge University Press, 2000), 124－132。

③ 地区冲突对美国政治制度发展的影响，请参阅 Bensel, *Sectionalism and American Political Development*；还可参阅 Bensel, *The Political Economy of American Industrialization*, 457－509。

④ 关于农业政党支持所得税和反对关税的论述，请参阅 Elizabeth Sanders, *Roots of Reform: Farms*, *Workers*, *and the American State*, *1877－1917* (Chicago: University of Chicago Press, 1999), 217－230。伊丽莎白·桑德斯(Elizabeth Sanders)探讨了农业政党对美国国家发展的影响。

税被纳入绿背党在1877年和1878年的政党纲领。全国绿背党、绿背工党和反垄断党、联盟工党也分别在1880年、1884年、1888年将此纳入它们的政党纲领中。格兰其(全国农业保护社)、劳工骑士团和农场主联盟也要求恢复所得税。平民党在其政党纲领中也有同样呼吁。从1874年到1894年,不少于68项的提案被提交到国会,要求实施累进所得税。1884年,在格罗弗·克利夫兰的领导下,民主党借普遍反对关税之势,成功入主白宫。

共和党的关税政策也阻碍了美国工业走向国际市场。美国对进口自国外的产品设置了高保护性壁垒,这也让其他国家纷纷对美国制造商关上了大门。从长远来看,这损害了美国工业。因此,到了19世纪后半期,商业利益集团抵制关税政策的运动如火如荼地展开了。与此同时,美国政坛上还出现了一个独特的政治景象——利益集团竞相争取关税税率上的优惠。这是我们所熟知的利益集团间的政治博弈和权衡,也是20世纪初国会制定关税政策的一大特征。[①] 当然,所得税本身也引致了政治分歧。这种分歧不是基于阶层上的差异,而是源于收入和财富上的悬殊。所得税让少数的富人与这个社会中的大部分人对立。累进税率结构通过让富人承担更多的税收负担来增加所得税收入,这只会加深"富人"与"穷人"的鸿沟,让他们之间更加剑拔弩张。这种政治上的分裂很容易为平民党所利用,他们的支持者主要来自低收入群体。平民主义者不断向国会施压,这在一定程度上使得一些重要议员于19世纪90年代早期不得不考虑重新开征内战时采用的所得税——当时平民主义者在南部和中西部的民主党内部已是一言九鼎。与此同时,美国顶尖大学的新一代经济学家也表示支持累进所得税,其中最著名的就是来自哥伦比亚大学的埃德温·塞利格曼(Edwin Seligman)。在19世纪90年代早期,塞利格曼写了大量的税收论文,由此开始了他漫长而又影响深远的学术生涯,也促成了累进所得税的重新开征。[②]

---

① 在关税政策制定上进行的拉票和投票交易的政治是由塞利格曼于20世纪20—30年代发现的。E. E. Schattschneider, *Politics, Pressures, and the Tariff* (New York: Prentice-Hall, 1935)。

② 请参阅 Edwin R. A. Seligman, "The Theory of Progressive Taxation," *Political Science Quarterly* 8 (1893): 220。关于塞利格曼和其他进步派在促进美国以累退消费税为基础的公共财政体制转向以累进所得税为基础上所起的作用,请参阅 Ajay K. Mehrotra, "Envisioning the Modern American Fiscal State: Progressive-Era Economists and the Intellectual Foundations of the U.S. Income Tax," *UCLA Law Review* 52 (August 2005): 1793;还可参阅 W.Elliot Brownlee, "The Transformation of the Tax System and the Experts," *National Tax Journal* 32 (1979): 47。

激烈辩论之后，国会开始着手进行新所得税的立法。新所得税的立法作为国会改革法案的一部分，该法案意在降低 1890 年《麦金利关税法》曾提高了的关税税率。[①] 在国会中支持所得税的民主党联盟领导人分别是来自内布拉斯加州的威廉·詹宁斯·布赖恩(William Jennings Bryan)和来自田纳西州的本顿·麦克米伦(Benton McMillin)。后者还是众议院筹款委员会国内收入组主席。来自西弗吉尼亚州的民主党人威廉·L.威尔逊(William L. Wilson)是筹款委员会主席，虽然他本人更倾向于降低关税，而不是开征所得税，但他还是发起了所得税的立法倡议。[②] 所得税遭到东北部州商业和制造业利益集团代表的反对。筹款委员会中有 6 位来自共和党的成员反对所得税(他们并没有参与审定)。筹款委员会的投票严格遵循了党派路线。尽管有着这些反对，但在 8 月参众两院都有着高投票率的情况下，国会颁布了《威尔逊关税法案》(*Wilson Tariff Act*, 1894)。投票遵循了政党路线。[③] 1894 年的所得税法对个人收益、利润和收入中超过 4 000 美元的部分征收 2%的单一比例税。该法还包括对所有集团大公司、小企业和经商团体的"净利润"或收入征收 2%的税。

然而，平民主义者的胜利是短暂的。在臭名昭著的"波洛克诉农民贷款和信托公司"(*Pollock v. Farmer's Loan & Trust Co.*, 1895)一案中，最高法院判决 1894 年所得税是一违宪的"直接"税。[④] 关于所得税的合宪性，法院就这样

---

① 关于麦金利关税背后的政治因素，请参阅 Joanne Reitano, *The Tariff Question in the Gilded Age: The Great Debate of 1888* (University Park: Pennsylvania State University Press, 1994), 127-137。

② 作为筹款委员会的主席，威尔逊接受了威廉·詹宁斯·布赖恩的提议，将所得税纳入关税削减的法案中。但后来他又改变了想法，与布赖恩分道扬镳。关于将所得税和降低关税法案绑在一起的策略，请参阅 Robert Stanley, *Dimensions of Law in the Service of Order: Origins of the Federal Income Tax, 1861-1913* (New York: Oxford University Press, 1993), 113-119。

③ Wilson Tariff Act of 1894, August 27, 1894, ch. 349, § 73 et seq., 28 Stat. 570。许多共和党人投票支持该法。关于法案投票背后的党派性，其权威性论述请参阅 Stanley, *Dimensions of Law in the Service of Order*, 128-132。未经克利夫兰总统签署，该立法即宣布生效。克利夫兰总统倾向于降低关税，但他反对将所得税纳入立法中。

④ *Pollock v. Farmer's Loan and Trust Co.*, 157 U.S. 429c (1895); 158 U.S. 601 (1895) (rehearing)。首席大法官富勒(Chief Justice Fuller)撰写的一份意见书中，最高法院裁定，根据宪法第一条第二款的规定，1894 年所得税是违宪的，因为该条款要求"直接税"必须在州间根据人口进行分配。

推翻了曾被众人认为是板上钉钉的法律。① 最高法院的这一判决也阻挠了一个多数派联盟，该联盟原打算对美国以消费税和高保护性关税为基础的收入战略进行改变，改为以累进所得税为基础。这一判决也让瞄向富人的“社会主义”实验暂告一段落。在19世纪晚期，州立法机构中的进步派做了种种努力，试图规范正在兴起的国民经济，但也被最高法院阻止了。② 霍姆斯大法官抱怨说，最高法院通过阻挠各州自行立法从而将自己偏好的政策予以宪法化。③ 但是，不管是遵循保守或是自由的经济理论，联邦法院管制现代工业经济的种种努力注定要以失败告终，因为它缺乏行政能力，亦没有专业知识，更没有执行其裁定的能力。

面对司法部门的行动，进步派的改革家们奋起抵制联邦法院将司法之手伸向经济管理。他们想要通过立法创立一个新的国家行政机构，由这个机构来规范经济中的特定部门和特定行业。同时，在19世纪下半叶，城市化和工业化的高速发展给美国社会带来了巨大变迁。对此，改革家们也曾多次尝试重构国家的组织机构。根据1883年《彭德尔顿公务员法》(*Pendleton Civil Service Act*)，他们设立了专业的无党派官僚机构，以此打击政治分赃制。对于军队重组，改革家们亦费尽心思，着力改进军队组织结构和专业水平。重构国家的这种种努力很恰当地被描述为是“拼凑式”国家构建。④ 拼拼凑凑所进行的国家构建，其缺点是显而易见的。虽然到20世纪初时，一个现代国家的轮廓在美国已然出现，但是联邦政府和州政府依然分而治之。就像金伯利·约翰逊所说的：“美国在一个持续双体的联邦制和集权的现代国家之间，保持

---

① 在1812年战争期间，国会当时考虑开征所得税是基于大家一致认为所得税不是直接税。在“斯普林格诉美国案(1881)”(*Springer v. United States*, 102 U.S.586)中，最高法院表达了这一看法。对这一棘手问题的全面论述，请参阅 Stanley, *Dimensions of Law in the Service of Order*, 136 - 175。

② 请参阅 *Munn v. Illinois*, 94 U.S. 113 (1877); *Mugler v. Kansas*, 123 U.S. 623 (1887); Allgeyer v. Louisiana, 165 U.S.578 (1897)。纽约州的立法机构曾通过该立法对面包店工人的工作时间和工作环境做出限定，但后来最高法院推翻了这些规定。*Lochner v. New York*, 198 U.S. 45 (1905)。

③ 在赫赫有名的“洛克纳案”(*Lochner*)中，霍姆斯指出“宪法不是某一特定经济理论的具象化。不管这一理论是推崇家长制，还是认为公民与国家之间是一体，又或是崇尚自由思想”。

④ 拼拼凑凑式的国家构建一词来自 Stephen Skowronek, *Building a New American State: The Expansion of National Administrative Capacities, 1877 - 1920* (New York: Cambridge University Press, 1982)。

着岌岌可危的平衡。”[①]尽管进步派改革家们付出了努力，但是美国这个国家作为一个政治组织，仍是支离破碎的，政治分赃制度和政党政治仍大行其道，而19世纪欧洲强国所具备的“普遍的”专业官僚机构、职业化常备军和汲取收入能力则都付之阙如。

四、现代所得税的诞生

最高法院对“波洛克(*Pollock*)”一案做出判决后，国会就开始谋划推翻最高法院的裁决。具有讽刺意味的是，这项运动是由保守派共和党人尼尔森·威尔马斯·奥尔德里奇发起的，他是参议院财政委员会主席。在1909年，他就提议对宪法进行修订，授权国会直接开征所得税，无须考虑在各州间根据人口进行分配。[②] 该项提议得到了共和党总统威廉·霍华德·塔夫脱的支持。[③] 在共和党进步派与民主党人的联手之下，宪法修正案迅速在参众两院得到通过。

共和党人为何要支持保留“内战”时期的所得税？为何要颁布1894年所得税？为何要通过修订宪法来推翻波洛克一案？其背后的动机和逻辑，长期以来对于学者来说一直如雾里看花。毕竟，那些有影响力的共和党人士，如约翰·舍曼、泰迪尔斯·史蒂文斯和贾斯廷·莫里尔都支持原先在1862年“内战”时开征的单一比例所得税。一些温和派的共和党人甚至还支持1894年所得税。这一现象否定了人们的一个普通认识，那就是认为19世纪的税收政策是摩尼教争斗的产物：争斗的一方是保守派共和党人，他们反对一切形式的所得税；另一方是进步派和平民主义者，他们试图利用所得税这一工具来实现

---

① Kimberley S. Johnson, *Governing the American State: Congress and the New Federalism 1877 - 1929* (Princeton: Princeton University Press, 2007), 4.

② 民主党在1908年7月7日呼吁对宪法进行修订，尤其是要授权国会可直接对个人和公司的收入征税：“我们支持让所得税成为我们收入体制的一部分，我们大力推荐提交一份宪法修正案能授权国会直接对个人和公司的所得征税，最终让人们按财富来承担相应比例的联邦政府的负担。”

③ 塔夫脱和奥尔德里奇很显然要打击平民主义者对高累进所得税的热情。他们默许了对企业所得征税，也默许了将来根据宪法修正案实施一个适度所得税的可能性。关于塔夫脱和奥尔德里奇所采取的这一奇怪策略，请参阅 Jerold L. Waltman, *Political Origins of the U.S. Income Tax* (Jackson: University Press of Mississippi, 1985), 5 - 6。

社会公正。对所得税的这一解释在一代进步派历史学家中一直盛行着。他们追根溯源，从高层联邦党人开始，一直研究到现代共和党，最后将现代所得税的颁布描述为是一场长期政治斗争的顶峰之作，是为了社会正义反抗极端保守主义的运动。[①] 即使到了今天，分析人士仍倾向用当代政治的棱镜来看待发生在19世纪的这场所得税争论，认为这是倾向于增加税收的自由民主党人与维护富人利益而要减税的保守共和党人之间的争斗。实际上，在19世纪，联邦税收政策的党派之争从来都是不甚清晰的，即使在今天也是如此。

共和党人对所得税给予了一定支持（不同于一贯反对任何形式所得税的保守派），对于这一貌似自相矛盾的行为，罗伯特·斯坦利（Robert Stanley）给出了一个有说服力的解释。他认为共和党中的温和派甘愿接受低税率的所得税，甚至是比较温和的累进税率，这是一种权宜之计，是为了平息日益高涨的平民农业风潮——他们要求政府采取更激烈的手段来对财富进行再分配。这样的所得税丝毫不能撼动现行经济秩序，也未能对财富进行真正意义上的重新分配。就像斯坦利所说的："对于早期的所得税而言，其颁布的目的是为了维持财富和机会的不平等现状，而不是为了改善或者消除它，同时也免得政治上的左派和右派来对这一现状进行更激烈的抨击。"[②]这就是1913年时的情形。当时，共和党温和派支持对宪法进行修订，要求授权国会直接开征所得税。他们的支持也加速国会通过了宪法修正案。

1912年，民主党在竞选中大获全胜，不仅成功入主白宫（自"内战"以来，这是第三次），还掌控了参众两院。此后，宪法修正运动变得势如破竹。民主党大获全胜后，那些推动宪法修正进程的温和派共和党也就只能望洋兴叹。随着民主党在很多州的立法机构中取得多数席位，宪法修正得到36个州的一致批准也就变得毫无悬念。1913年2月3日，第十六条修正案正式成为美国宪法的一部分。该条修正案授予了国会极大的税收权力，从而也解决了直接开征所得税（而不是按人口进行分配）的合宪性问题："国会有权对收入征税，不管

① 突出的例子有 Edwin R. A. Seligman, *The Income Tax: A Study of the History, Theory, and Practice of Income Taxation at Home and Abroad* (New York: Macmillan, 1911); Sidney Ratner, *American Taxation: Its History as a Social Force in Democracy* (New York: W. W. Norton, 1942); Randolph E. Paul, *Taxation in the United States* (Boston: Little, Brown, 1954)。

② Robert, *Dimensions of Law in the Service of Order*, viii.

是何种来源,无须在州间分配,也无须进行人口普查或统计。”[①]这条简单的修正案让联邦政府终于获得了直接征税的权力——这项权力至关重要,自1781年以来,国家的政治领导人一直在孜孜以求,但总被州政府和最高法院否决。

1913年春,民主党新任总统伍德罗·威尔逊正式上任后不久就开始力推降低关税,并根据新的宪法修正案制定所得税法。在当年晚些时候,根据降低关税的立法,所得税的立法开始启动。[②] 任职于众议院国内税收小组的科德尔·赫尔(来自田纳西州的民主党人)起草了所得税提案。国会对他的这份提案并无大的争议。讨论的焦点仍是税率结构和个人免征额的大小。最终国会采纳了一个温和的累进税率结构和一个高的免征额。这一免征额保证了只有富人才要交所得税,除此以外的所有人则都被排除在外。在参议院,一些民主党人力推一个更具累进性的税率结构。老罗伯特·拉福莱特(Robert La Follette Sr.)——一个来自威斯康星州的共和党异类,他提议实施最高税率为10%的所得税。他还提议把遗产税的最高税率定为75%。但参议院版本要温和很多。协商委员会遵循了参议院的表决结果,并于10月3日被两院采纳。那天共和党中的几个“叛乱分子”还投票支持了这个法案。威尔逊总统随即就签署了《安德伍德关税法》(1913)。[③]

那时候,在支持投票通过1913年所得税的人当中,很少有人意识到,所得税对于联邦政府而言,将不仅仅只是一个补充性收入来源。当时联邦政府所仰赖的仍是进口税、关税和联邦消费税。新的联邦所得税规定了单身纳税人的免征额为3 000美元,已婚夫妇的免征额为4 000美元。这一慷慨的个人免征额使得所有公民——除最富有的人之外,都免于交所得税。对于收入为3 000~20 000美元的部分,“正常”税率仅为1%。对个人收入超过20 000美元的部分加征了一系列附加税。对收入超过500 000美元的部分,最高税率提

---

① U.S. Consttitution, Sixteenth Amendment.

② 至此,许多叛逆的共和党人(特别是那些来自中西部的共和党人)都支持关税改革。共和党在1908年的政党纲领中就包含了要“修订”关税,这被理解为要降低关税。

③ Underwood Tariff Act of 1913, Oct. 3, 1913, ch. 16, 38 Stat. 114。1913年,当所得税颁布后,国内税收局就成立了一个专门的“所得税单位”来征集这个新的税。财政部记录了该部门的创立和所得税实施第一年所征到的收入,请参阅 Treasury Department, *Annual Report of the Secretary of the Treasury on the State of the Finances for the Fiscal Year Ended June 30, 1914* (Washington, D.C.: Government Printing Office, 1915), 31-34, 149-151。

高到6%。尽管1913年收入超过20 000美元的人在美国寥寥无几(更别说500 000美元了),但至少在理论上,这导致了累进税的产生。后来,最高法院认定,累进性税率结构并没有违反美国宪法第五条修正案中规定的“正当程序”条款。[①] 1913年,在新的所得税实施的第一个半年里,缴纳所得税的人仅占总人口的0.8%,只提交了357 598份纳税申报单。[②] 这都是免征额过高的结果。在所得税刚实施的几年里,仅有2%的美国家庭需要纳税。[③] 在1913年,所得税收入仅为2 800万美元。[④] 到了第二年,个人所得税收入虽略有增加(占联邦总收入的7.4%),但被企业所得税收入的降低抵消了。企业所得税最初颁布于1909年,它是作为企业营业特权税颁布的。[⑤] 所得税现已成为美国各州收入制度的组成部分之一,只是它还没有成为政府所倚重的收入来源。随着美国加入第一次世界大战,这种情况将发生天翻地覆的变化,美国的所得税制度和整个财政体系都将发生重大的结构性改变。

五、战时的所得税制度

1914年,当战火在欧洲燃起时,美国预算平衡,而且债务不多。它的国民收入和人均收入在世界上均遥遥领先。[⑥] 然而,当战争爆发后,美欧之间的贸易和商业开始一落千丈,这对关税和进口税产生了重大的影响,而关税和进口

① 最高法院也认同了企业营业特权税的合宪性。请参阅 *Brushaber v. Union Pac. R.R. Co.*, 240 U.S. 1 (1916)。

② U.S. Bureau of the Census, *Historical Statistics of the United States*, series Y 402 - 411 (“Individual Income Tax Returns: 1913 - 1943”), part 2, 1110.

③ Brownlee, *Federal Taxation in America*, 46.

④ 所得税实施后的第一年征集到的收入请参阅“Letter of the Secretary of the Treasury, William G. McAdoo,” 63d Cong., 3d sess. (October 15, 1914), S. Doc.623, 2。

⑤ 国会颁布了一项“商业特权税”(实际上就是企业所得税),规定对企业获得的“与经营或开展业务相关的”净收入征收1%的税。Act of August 5, 1909, 36 Stat. 112。后来,最高法院认为该税是一种消费税,而不是违宪的“直接”所得税。*Flint v. Stone Tracy Co.*, 220 U.S. 107 (1911)。企业消费税在1910年的收入为2 100万美元,1913年为3 500万美元。之后,它就被企业所得税取代。将近300 000家企业提交了企业消费税申报表。U.S. Bureau of the Census, *Historical Statistics of the United States*, table 5 (“Collections Under the Corporate Excise Tax of 1909”), part 2, 1091; Ibid., series Y 381 - 392 (“Corporation Income Tax Returns: 1909 to 1970”), part 2, 1109。

⑥ 数据来源:Pqul Kennedy, *The Rise and Fall of the Great Powers: Economic Change and Military Conflict from 1500 to 2000* (New York: Random House, 1987), 243。

税是联邦政府最重要的收入来源。当一些州先于全国开始实施禁酒法之后，来自烟酒的消费税收入也开始减少。结果，联邦的月收入就从 1914 年 7 月的 7 320 万美元骤降至 10 月的 4 450 万美元。[①] 作为应对之策，国会一开始采取的措施是增加联邦消费税。他们很快就通过了一项权宜之计的法律，预期能筹集到 1 亿美元的新收入，但最后只实现了一半。联邦政府的财政状况日益恶化，财政部部长威廉·吉布斯·麦卡杜敦促国会对所得税进行结构性改革。作为威尔逊的首席财政顾问，麦卡杜建议用所得税来弥补财政缺口，具体的做法就是通过提高税率和降低个人免征额来扩大税基。1915 年 12 月 7 日，在国会参众两院联席会议上所做的国情咨文中，威尔逊概述了他的收入新策略，这一策略恰恰就是麦卡杜所建议的："通过略微降低现行的免征额和附加税的征收范围，同时通过逐步提高每个级别的附加税，这样，目前分摊的所得税将带来足够的收入，让我们在 1917 财政年度末就能实现账目平衡，而无须给纳税人带来不合理或沉重的负担。"除此以外，威尔逊还建议提高汽油、铁和钢所产生的消费税，让"这一代人的账单由这一代的工业来埋单"。[②]

1916 年 1 月，众议院筹款委员会接受了一项收入改革提案。该项提案包括了威尔逊和麦卡杜对所得税的大部分所提的修改建议。[③] 来自北卡罗来纳州的民主党人克劳德·基钦(Claude Kitchen)是委员会主席。在他的倡领下，法案很快在众议院得到通过，并在 7 月获批。参议院也在 8 月通过了该法案。9 月 7 日，国会通过了会议委员会的修改标注。在这个委员会中无一人是来自共和党。次日，威尔逊就签署了这项重要的税收立法。1916 年的《税收法案》将个人"正常"的所得税税率从 1%提高到了 2%。对个人收入超过 20 000 美元的部分，加征 1%的附加税。对于收入超过 200 万美元的部分，其最高税

---

① Treasury Department, *Annual Report of the Secretary of the Treasury on the State of the Finances for the Fiscal Year Ended June 30, 1915* (Washington, DC: Government Printing Office, 1916), table G ("Statement Showing the Ordinary Receipts and Disbursements of the Government by Months, etc."), 228.

② *Messages and Papers of the Presidents* (New York: Bureau of National Literature, n.d.), 8113.

③ 关于政府的收入计划和 1916 年立法背后的政治，请参阅 W. Elliot Brownlee, "Wilson and Financing the Modern State: The Revenue Act of 1916," *Proceedings of the American Philosophical Society* 129(1985): 179 - 180。

率从 6%提高到了 13%。该法还对继承的遗产超过 5 万美元的部分征收累进遗产税。[①] 可是,等不及这些增税措施见效,财政部就又要求增加税收。威尔逊再次当选为总统后,国会通过立法批准了财政部的这一请求。根据 1917 年 3 月 3 日的《税收法案》,联邦遗产税的税率被提高了,并对商业公司征收 8%的新"过分利得"税。[②]

1917 年 4 月,美国正式加入欧洲战争,要求大幅增加收入的压力也随之降临。麦卡杜要求国会第一年为战争拨款 35 亿美元。1915 年后,随着国内工业经济开始起暖回升,财政部部长和总统都将所得税视为汲取工业利润的一种有力工具。国会根据 1917 年 10 月 3 日的《税收法案》颁布了附加税。单身人士收入超过 3 000 美元的部分和已婚夫妇收入超过 4 000 美元的部分,其税率从原先的 2%提高到了 4%。[③] 单身纳税人的个人免征额降到 1 000 美元,已婚纳税人的免征额则为 2 000 美元。对于收入超过 100 万美元的部分,征收 50%的附加税。此外,企业所得税和过分利得税的税率也都被提高了。

为了给美国参与这场全球战争提供资金,增加这些税收是必要的。1917 年 5 月,一项草案被通过,同时武装部队人数从 1916 年的 179 376 人激增到 1917 年的 643 833 人。1918 年,随着美国正式参加第一次世界大战,现役军人的人数达到 290 万人。[④] 在战争期间,联邦政府的规模也在急剧膨胀。1918 年,它

---

① Revenue Act of 1916, September 8, 1916, Pub. L. No. 64 - 271, ch. 463, 39 Stat. 756.

② Revenue Act of 1917, March 3, 1917, Pub. L. No. 64 - 377, 39 Stat. 1000。虽然威尔逊在商界的支持者都反对他这样做,比如伯纳德·巴鲁克(Bernard Baruch)、雅各布·希夫(Jacob Schiff)和克利夫兰·道奇(Clarence Dodge),但是他还是对发了战争财的企业征收了过分利得税。W. Elliot Brownlee, "Tax Regimes, National Crisis, and State-Building in America," in *Funding the Modern American State, 1941 - 1995: The Rise and Fall of the Era of Easy Finance*, ed. W. Elliot Brownlee (New York: Cambridge University Press, 1996), 61 - 64。

③ Revenue Act of 1917, October 3, 1917, Pub. L. No. 65 - 50, ch. 63, 40 Stat. 300。关于 1917 年《税收法案》及第一次世界大战期间的税收政策,请参阅 Waltman, *Political Origins of the U.S. Income Tax*, 42 - 54; Steven A. Bank, Kirk J. Stark, and Joseph J. Thorndike, *War and Taxes* (Washington, DC: Urban Institute Press, 2008), 49 - 81。

④ Carter et al., eds., *Historical Statistics of the United States*, vol. 5, table Ed26 - 47 ("Military Personnel on Active Duty, by Branch of Service and Sex: 1789 - 1995"), 5 - 355。第一次世界大战期间,欧洲的民族-国家在动员民众参战上创了历史新高。法国和德国动员了 13%的人口参军,而英国参军的人数超过了总人口的 9%。Niall Ferguson, *The Cash Nexus: Money and Power in the Modern World, 1700 - 2000* (New York: Basic Books, 2001), 29。

的雇员人数达到854 500人——是4年前的2倍多。[①] 雇员人数的急剧扩张导致政府的开支也急速攀升。实际上,就在美国参战的第一年,联邦政府的支出就超过了其从1791年到1917年支出的总和。据查尔斯·吉尔伯特(Charles Gilbert)估计,从1917年到1920年,美国用于战争的开支总额将近380亿美元;政府的总开支从1916年的7.42亿美元激增到1919年的189.52亿美元——3年之内就惊人地上涨了2 454%。[②] 在战争期间,联邦的债务从1914年的12亿美元增加到1919年的255亿美元。[③] 支出规模和债务规模的扩张是如此之剧烈,为此,联邦政府不得不采取新的收入策略。如同19世纪60年代一样,战时的社会动员引发了财政危机,财政危机又彻底颠覆了美国政府的收入制度。

在第一次世界大战期间,国会的领导人意识到,只要微调联邦税法,他们就可以实现收入的大幅度增加——尤其是通过提高所得税税率和降低个人免征额。通过这种手段国会可以在战争期间快速地增加收入,然后在战后又能迅速地降低收入。1913年法令的最初拥趸者们似乎深谙此点。众议院筹款委员会的报告就注意到,所得税收入"很容易对税率的变化做出迅速反应",这也是该税种最主要的特征之一。[④] 参议员约翰·夏普·威廉姆斯(John Sharp Williams)指出,利用所得税的"弹性",政府可以轻易地"增加或降低税收收入"。[⑤] 在第一次世界大战期间,为了给战争筹集更多的收入,国会大幅提高了个人所得税税率,就证明了威廉姆斯的判断不假。相比之下,调整关税税率就不会取得如此良效。随着战争爆发,国家间的商贸一落千丈,进口税收入势必会随之缩减。[⑥] 对所得税的推崇就这样让政策制定者们与米格尔·森特诺所

---

① U.S. Bureau of the Census, *Historical Statistics of the United States*, series Y 308 - 317 ("Paid Civilian Employment of the Federal Government, 1816 to 1970"), part 2, 1102.

② 关于第一次世界大战对政府的收入和支出的影响,请参阅 Charles Gilbert, *American Financing of World War 1* (Westport, CT: Greenwood, 1970), 65 - 74。与之相比,南北战争期间,政府支出在1865年达到了顶峰,金额为12.98亿美元——比战前增长了1 847%。

③ U.S. Bureau of the Census, *Historical Statistics of the United States*, series Y 493 - 504 ("Public Debt of the Federal Government: 1791 to 1970"), part 2, 1117.

④ House Committee on Ways and Means, 63d Cong., 1st sess. (April 21, 1913), H. Rept. 5. xxxvii.

⑤ Congressional Record, 63d Cong., 1st sess. (August 27, 1913), 50, pt. 4, 3806 - 3807.

⑥ Miguel Angel Centeno, *Blood and Debt: War and the Nation-State in Latin America* (University Park: Pennsylvania State University Press, 2002), 104.

说的"管理简便"(比如间接消费税和关税)的收入制度渐行渐远,让他们转向了基于"更具政治挑战性,也更具潜力和有更多收入来源"(比如直接所得税)的制度。[1]

在战时,个人收入超过100万美元的部分,其最高税率从6%飙升到了77%——时间之短且提高幅度之大让人难以置信。与此同时,个人的免征额被大大降低,由此,更多的公民被纳入征税范围中。虽然在战时申报纳税的人数还不到总人口的20%,但这种适度扩大税基的做法足以大大提升税收体系的征税能力。个人所得税筹集的收入在1916年为1.78亿美元,1917年为6.91亿美元,1918年为11亿美元,1919年则将近13亿美元。[2] 1919年的个人所得税收入占联邦政府总收入的31%。在这4年间,企业所得税的收入增长了将近300%。[3] 就这样,在筹集资金支持美军的欧洲作战和随之带来的文职官僚机构的扩张上,联邦所得税起着至关重要的作用。[4] 但这还仅仅只是美国的收入制度在20世纪发生根本性转变的第一步。在战前,联邦政府收入中消费税和关税所占的比例超过90%。在1914年,所得税仅为联邦政府贡献了9.7%的收入,但到1916年,这一数字就上升到了16%。在1918年战争达到顶峰时,来自所得税(个人所得税和企业所得税)和过分利得税的收入占到了联邦总收入的63.1%。在那一年,关税和其他消费税的收入占联邦政府收入的比例则仅为28.7%。

在威尔逊民主党的领导下,所得税就这样成为联邦政府最主要的收入来源,取代了关税和消费税,成为联邦收入体制的奠基石。与此同时,进步派也在寻求所得税的利用之道,实现对财富进行温和的再分配。他们的税收政策从未对现行的社会秩序或资本主义制度构成威胁,相反,累进所得税充当了一

---

① U.S. Bureau of the Census, *Historical Statistics of the United States*, series Y 402 - 411 ("Individual Income Tax Returns: 1913 to 1943"), part 2, 1110.

② 计算数据来自 U.S. Bureau of the Census, *Historical Statistics of the United States*, series Y 352 - 357 ("Federal Government Receipts—Administrative Budget: 1789 to 1939"), part 2, 1106。

③ U.S. Bureau of the Census, *Historical Statistics of the United States*, series Y 381 - 392 ("Corporate Income Tax Returns: 1909 to 1970"), part 2, 1109.

④ 在1913年,国内税收局仅有雇员4 000人,征集了3.44亿美元的收入;到1920年,雇员的人数就增加到了16 000人,征集的收入达55亿美元。数据引自 Chommie, *The Internal Revenue Service*, 19。

个基本工具，用艾略特·布朗利(Elliot Brownlee)的话来说，就是威尔逊用来"驾驭社会主义和与之难以调停的资本主义"的政治工具。[①] 这样形成的"民主-国家主义的税收制度"，其收入主要来自累进所得税、企业的过分利得税和联邦遗产税，因此，完全依赖于私人资本主义经济。管理这些新税收需要设立更多的行政机构。美国国内税收局(隶属于财政部)的职员人数从 1913 年的 4 000 人上升到了 1920 年的 15 800 人。同时，财政部还通过一项新的策略，即所谓的自由公债项目向公众大规模借贷。[②] 美国联邦储备委员会(建立于 1913 年)控制着货币的供应，管理着国家银行。战争工业委员会、食品管理局(由赫伯特·胡佛领导)和石油顾问委员会则对战时的经济进行管理。[③]

在第一次世界大战期间，美国的国家政治机构发生了天翻地覆的变化，但随之而来的和平也意味着这些机构要开始缩减。1919 后，军队规模急剧缩小。在此境况下，国家所需的收入也相应减少。尽管如此，但政府的支出和税收最初仍保持着较高水平。这促使共和党的总统候选人沃伦·甘梅利尔·哈定决定在 1920 年的总统竞选中以"回归常态"为主题展开竞选。在哈定成功当选为总统后，减税就成为他的新任财政部部长安德鲁·威廉·梅隆的个人使命。[④] 共和党重归白宫，也让国会压力倍增，它必须要将所得税税率降到战前水平。一些保守派成员游说国会，希望能彻底废除所得税，另一些人则呼吁用销售税取代所得税。对于这两个极端方案，哈定和梅隆都置之不理，他们采取了比较温和的做法，决定将所得税税率降到战前水平。1921 年 4 月 12 日，在国会联席会议上，哈定发表讲话，提出了他的新一届政府议程："我深知，国内现在面临的迫切问题莫如做到量入为出，同时还要大大降低战时加在美国人

---

① Brownlee, *Federal Taxation in America*, 47 - 48.

② 自由公债项目的详细情况请参阅 Myers, *A Financial History of the United States*, 281 - 283; Bank, Stark, and Thorndike, *War and Taxes*, 58 - 60。

③ 战争工业委员会、食品管理局和石油顾问委员会在战争期间对国内生产的调控作用，请参阅 Robert H. Wiebe, *The Search for Order*, *1877 - 1920* (New York: Hill and Wang, 1967), 298 - 301。历史学家加布雷尔·科尔克(Gabriel Kolko)"重新诠释"了这段历史。他将美联储和联邦贸易委员会这些创举称为"资本主义政治的胜利"。Gabriel Kolko, *The Triumph of Conservatism* (Chicago: Quadrangle Books, 1963)。

④ 在大选期间，哈定为"回归常态"而奔走，然后在其短暂的总统生涯中，又留给梅隆去负责实施税收政策。梅隆的税收理论可见于他的一本畅销书。Taxation: The People's Business (New York: Macmillan, 1924)。

民肩上的税收负担。”①

是梅隆完成了哈定的计划。他相继为3位亲商共和党总统执掌财政部。梅隆对国家财政政策的深远影响贯穿着整个20世纪20年代。② 就任财政部部长伊始，他就支持根据1921年《预算和会计法》(*Budget and Accounting Act*)对联邦预算程序进行合理化努力。③ 根据该法，财政部创设了预算局，对预算程序进行行政控制。同时，它还成立了美国审计总署，在审计长的领导下对政府账目进行内部审计。1923年11月哈定过世，卡尔文·库利奇继任总统，而梅隆则坚持履行着“税收正常化”的使命。在继续执掌财政部时期，梅隆提出要将所得税税率降低25%，将低收入阶层的所得税税率从4%降到3%，将高收入阶层的税率从8%降到6%。同样在梅隆长期任职期间，针对资本利得的特别税收优惠首次实施。此外，还有许多对企业有利的税收减免，如对石油和天然气行业实施消耗补贴。1921年，过分利得税被正式废止，取而代之的是比较温和的企业所得税。然而，即使税收减少了，但政府的预算仍实现了盈余，而且偿付了大部分战争债务。在20世纪20年代，政府还加大了对农业和联邦公路建设的财政支持。减税的趋势一直持续到20世纪20年代末，那时的税率已恢复到战前水平。正如约翰·马金(John Makin)和诺尔曼·奥恩斯特(Norman Ornstein)曾观察到的那样，20年代末的“联邦政府更像它1800年而不是1948年时的样子”。④ 但随着国内经济的崩塌，一切很快又将发生改变。

六、罗斯福新政时期的税收政策

1932年，随着富兰克林·德拉诺·罗斯福和民主党在选举中大获全胜，共

① Warren G. Harding, “Special Address to Congress,” in *Messages and Papers of the Presidents* (New York: Bureau of National Literature, n.d.), 8937.

② 最近一部有关梅隆的传记详细描述了他的人生和财政政策。请参阅 David Cannadine, *Mellon: An American Life* (New York: Knopf, 2006)。

③ Budget and Accounting Act of 1921, June 10, 1921, Pub. L. 67-13, ch. 18, 42 Stat. 20。国会曾于1920年通过一部类似法律，但是被威尔逊否决了。威尔逊担心授予总统罢免审计长的权力是否符合宪法。该法案稍做修改后在当年又再次被通过。

④ John H. Makin and Norman J. Ornstein, *Debt and Taxes* (New York: Random House, 1994), 92.

和党失去了对国会和白宫本已岌岌可危的控制。随之丧失的还有他们控制税收政策议程的权力。[①] 在罗斯福新政时期，所得税不仅仅是政府重要的收入来源，它还是一个强大的工具和那个时代主导大部分党派政治的象征。具有讽刺意味的是，虽然罗斯福新政是美国政府行政发展史上最重要的一个事件，但它对联邦税收政策的影响微乎其微，尤其是不能与 20 世纪 40 年代第二次世界大战实施的改革相提并论。毋庸置疑的是，虽然 20 世纪 30 年代国家的税收政策充满了争议和高度的党派性，也尽管在这十年中发生了一些历史性政治变革，但美国政府的基本财政权力并未发生什么改变。

1929 年 10 月，股市崩盘，肆虐的经济萧条开始降临，这也让罗斯福刚上任就面临着异常严峻的金融危机。随着经济崩溃，联邦所得税收入(包括个人所得税和企业所得税)所占的比例开始一落千丈。1934 年，这一比例降到了 31%，而在 1930 年这一比例还为 79%。更为严峻的是，联邦政府的总收入从 1930 年的 30 亿美元降到了 1932 年的 16 亿美元。[②] 1931 年，政府出现了自 1919 年以来的首次预算赤字(4.61 亿美元)，并且国家债务在罗斯福第一任期开始时就激增到 2 200 万美元。胡佛政府曾倡议通过适度增加所得税，并征收全国销售税来实现预算平衡。销售税被国会民主党拒绝了，但两党联合根据 1932 年的《税收法案》，提高了所得税税率。[③] 罗斯福于第二年春天就任。他当时更感兴趣的是通过削减政府开支而不是加大对富人征税来实现联邦预算的平衡。实际上，政府当局一开始就是希望通过累退消费税来缓解收入之急。白宫并没有打算将所得税作为财富再分配工具，或用它来解决预算危机。

尽管一开始罗斯福并不想提高所得税税率，但是来自路易斯安那州的农业平民主义者休伊·朗(Huey Long)和神父查尔斯·柯林(Father Charles

---

① 1930 年中期选举后，共和党依然拥有对参众两院的控制权，但在随后为了填补空缺而举行的特别选举中，民主党取得了微弱优势，成为众议院的多数党。1932 年的选举完全改变了第 73 届国会中两党的权力平衡。

② U.S. Bureau of the Census, *Historical Statistics of the United States*, series Y 358 - 373 (“Internal Revenue Collections: 1863 to 1970”), part 2, 1107.

③ Revenue Act of 1932, June 6, 1932, ch. 209, 47 Stat. 169。1932 年《税收法案》是美国历史上迄今为止在和平时期增税最大的一项立法。同时，它也实施了几项联邦消费税。关于 20 世纪 30 年代罗斯福税收政策的总结，请参阅 Brownlee, “Tax Regimes, National Crisis, and State-Building in America,” 72 - 88。

Coughlin)以及全国社会正义联盟这些激进派不断地鼓吹"榨干富人",他们的言论潜移默化地影响着新政理念。[①] 此外,在参议院,以来自威斯康星州的小罗伯特·拉福莱特(Robert La Follette Jr.)为首的进步派也在不断向罗斯福施压。作为回应,国会(也得到了白宫支持)根据1934年《税收法案》提高了所有个人税率,加大了所得税的整体累进性。[②] 该法还提高了联邦遗产税税率,对应纳税遗产超过1 000万美元的部分,征收高达60%的税率。在参议院,拉福莱特和朗催促政府进一步提高税率。对此,罗斯福一开始并不赞同,但随着朗和他的农业平民主义运动的成功——它们通常被称作"左翼雷霆",罗斯福政府逐步接受了一个更加积极的税收政策。[③] 1935年6月,罗斯福总统向国会公布了他最新的税收政策议程。首先,他提出要对富人的遗产征收遗产税:"经济的继承权和我们这一代人的思想是格格不入的,就像政治的继承权与建立了我们政府的那代人的理想格格不入一样。"其次,罗斯福要求提高个人收入超过100万美元部分的附加税:"社会的动荡和日益加深的不公平对国民的生活贻害无穷,这需要我们采取严厉的手段,将这种危险降到最低……因此,我们这届政府有义务通过高税收来限制这样的收入。"最后,罗斯福建议将企业所得税由现行13.75%的单一比例税率改为分级税率结构。[④] 1935年8月,国会通过立法满足了罗斯福所提的大部分要求,罗斯福的积极努力也终有成果。1935年《税收法案》提高了对富人的附加税,对收入超过50 000美元的部分征收31%的附加税,而对于收入超过500万美元的部分,则征收高达75%的附加税。企业所得税的单一税率(13.75%)也被分级税率所取代,从第一个净收益为2 000美元适用12.5%的税率增加到收入超过40 000美元适用15%

---

① 关于这些政治运动的历史,请参阅 Alan Brinkley, *Voices of Protest: Huey Long, Father Coughlin, and the Great Depression* (New York: Alfred A. Knopf, 1982)。弗朗西斯·汤森博士(Dr. Francis Townsend)是一项广受欢迎的老年人养老金计划的倡导者。在他的推动下,罗斯福支持了这一项国家养老金计划。请参阅 Edwin Amenta, *When Movements Matter: The Townsend Plan and the Rise of Social Security* (Princeton: Princeton University Press, 2006)。

② Revenue Act of 1934, May 10, 1934, ch. 277, 48 Stat. 680.

③ 朗提议要向个人财富征收上限为150万美元的税收,这样就能保证每个美国家庭都可以分到3 000美元。Mark H. Leff, *The Limits of Symbolic Reform: The New Deal and Taxation, 1933-1939* (New York: Cambridge University Press, 1984), 123-124。

④ "A Message to the Congress on Tax Revisions," in *The Public Papers and Addresses of Franklin D. Roosevelt* (New York: Random House, 1938), 4: 270.

的税率。[①]

8月,国会通过《社会保障法》(1935),开始实施另一项重要的公共政策。[②]这部具有里程碑意义的立法建立了一项全国性收入保障计划,该计划通过向工人征收工资税给当前的退休者提供福利,与此同时,它还建立了一项全国失业保险计划。[③] 这项计划的资金来源于向工人工资征收2%的工资税,最高可达3 000美元(其中一半由工人从工资中支付,另一半由雇主支付)。工资税于1937年首次征收。一开始,退休福利并没有覆盖到整个工人阶级,只有少数符合条件的退休工人有资格享受。[④] 在随后的数十年里,不管是工人的退休福利、福利的覆盖范围,还是工资税,都在逐步提高,由此也诞生了一个综合又异常昂贵的计划——一个集保险和社会福利为一体的计划。[⑤] 1935年10月,罗斯福就这样带领美国走上了一条退休福利制度之路。到20世纪末,该制度已耗尽国家政府近1/4的开支。[⑥]

尽管罗斯福新政搞得热火朝天,但是左翼分子对此并不买账,甚至还引发了共和党保守派的强烈抨击。反对党很快聚集而起,在民主党保守派的助势之下,借由国会立法推翻了罗斯福的进步联盟于十年前推出的诸多税收政策。首先,1938年《税收法案》减轻了商业企业的税收负担,降低了资本利得税。[⑦] 然后,1939年《税收法案》在此基础上,进一步减轻了盈利企业和富人的税收负担。[⑧]

---

① Revenue Act of 1935, August 30, 1935, ch. 829, 49 Stat. 1014.

② Social Security Act of 1935, August 14, 1935, ch. 531, 49 Stat. 620.

③ 到1919年,有38个州通过了工人补偿金法。

④ 1937年,死亡抚恤金首次发放给了53 236名受益者。按月发放的退休金则在1940年1月开始实施。刚开始,只有工人可以领取退休金。而非劳动者的未亡配偶、农场工人、自由职业者和国会议员被排除在外。1939年《社会保障法》修正案增加了幸存者的福利。

⑤ 1935年《社会保障法》颁布背后的政治,请参阅 Martha Derthick, *Policymaking for Social Security* (Washington, DC: Brookings Institution, 1979)。关于社会保障制度的扩张请参阅 Jacob S. Hacker. *The Divided Welfare State: The Battle over Public and Private Social Benefits in the United States* (New York: Cambridge University Press, 2002), 95 - 112, 142 - 145; Suzanne Mettler, *Dividing Citizens: Gender and Federalism in New Deal Public Policy* (Ithaca: Cornell University Press, 1998)。

⑥ Office of Management and Budget, *Historical Tables*, *Budget of the United States Government*, *Fiscal Year 2009* (Washington, DC: Government Printing Office, 2008), table 4.2 ("Percentage Distribution of Outlays by Agency: 1962 - 2012"), 84.

⑦ Revenue Act of 1938, May 28, 1938, ch. 289, 52 Stat. 447.

⑧ Revenue Act of 1939, June 29, 1939, ch. 247, 53 Stat. 862.

喧嚣和骚动充斥着整个罗斯福新政，因而民主党进步派一直都无法用所得税对财富进行再分配。尽管新政具有强烈的意识形态色彩，也尽管它对国家的行政发展来说至关重要，但是新政给 20 世纪 30 年代的联邦所得税带来的变化（比如更高的税率）微乎其微。马克·莱福（Mark Leff）很恰当地将新政时期的税收政策描述为“象征性改革”——充斥着华丽的政治辞藻却没有实施真正的再分配政策。[①] 然而，随着第二次世界大战爆发，所得税政策不再是党派间为了税收负担分配而进行的“集团博弈”。国家主义者更关心的是，当美国被拉进这场全球战争中时，它该如何筹集到更多的收入。

七、现代财政-军事国家的诞生

美国设在夏威夷珍珠港的海军基地被日本偷袭后，国会于 1941 年 12 月 8 日正式向日本宣战。[②] 3 天后，德国和意大利向美国宣战。就这样，美国加入了这场席卷了整个欧洲和亚洲大部分国家的全球军事战争。这场全面战争持续了近 4 年。在这期间，美国崛起为全球超级大国，拥有着全世界领先的军事和最先进的工业经济。为了给快速发展的军事力量筹措资金，国家政治领导人建立起一个强大的收入体制，以汲取强盛的国内经济所创造的财富。为了给军队提供坚强的后盾，政府还不得不重新整顿并调整国家的工业产能。政府此举极有必要，因为自第一次世界大战之后的几十年来，“私人工业几乎已完全退出军事部门”。[③] 随着国家能力的极大提升，美国也成为世界上最卓越的财政-军事国家。

---

① Leff, *The Limits of Symbolic Reform*。莱福详细描述了新政的税收政策。罗纳德·金恩（Ronald King）认为罗斯福新政的税收政策丝毫没有动摇当时的经济体制：“虽然对财富进行重新分配的施政形象有助于罗斯福重新掌握政治主动权，也能削弱休伊·朗的风头，但仔细研究罗斯福（1935 年 6 月）的提案内容，我们会发现，罗斯福并没有付诸努力去削弱企业资本主义的经济基础或是分享其财富。”Ronald F. King, *Money, Time, and Politics: Investment Tax Subsidiaries and American Democracy* (New Haven: Yale University Press, 1993), 113。

② 12 月 8 日，参议院一致投票通过了总统的参战决定。而在众议院，来自蒙大拿州的珍妮特·兰金投出了唯一的反对票。

③ Aristide R. Zolberg, “International Engagement and American Democracy: A Comparative Perspective,” in *Shaped by War and Trade*, 43。佐尔伯格认为，要成为世界强国，美国首先“要将自己变成一个军事-工业国家”。

其实,早在美国正式宣布参加第二次世界大战之前,罗斯福政府就已经未雨绸缪,着力加强当时国家的军事力量。1940 年 7 月,罗斯福在芝加哥举办的民主党大会上的提名演讲中,就提出了征兵的问题。那时,欧洲已被战火蹂躏一年多,而在美国,其武装部队服役的军人则只有 458 365 人,正规军不到 269 000 人。9 月,国会通过了《选征训练与服役法案》(*Selective Training and Service Act*, 1940),要求所有 21 岁到 35 岁的男子必须登记。[①] 虽然法律规定国家在和平时期可征兵 900 000 人,但到 1941 年 6 月末,实际征兵人数不到 630 000 人。这是通过抽签制度实施的,规定服役的期限为 12 个月。8 月,服兵役的期限被延长至 18 个月。随着战火在欧洲和亚洲逐渐失控,美国实行了普遍征兵制,由此动员了大部分 18 岁到 45 岁的男性平民参加这场战争。

战前准备工作轰轰烈烈展开的同时,军队扩张的步伐也在不断加大。1939 年,武装部队中现役军人只有 334 473 人,其中属于正规部队的不到 190 000 人。到 1941 年底,这一数字就飙升到 180 万人。当 1945 年战争处于高潮时,这一数字更是达到了 1 200 多万人。[②] 在战争期间,超过 1 500 万名男性和 350 000 名女性在美国军中服役过[③],服役人数之和占总人口的比例为 5.5%——仅次于德国和英国。在美国国内,大部分民众被动员起来参加战争,经济也同样在为战争服务。[④] 同时,政府的文职官僚机构也在不断扩张。从 1940 年到 1945 年,华盛顿的文职雇员几乎翻了一番,而文职雇员总人数从 100 万人增加到了 380 万人。[⑤]

---

① Selective Training and Service Act of 1940, September 16, 1940, ch. 720, 54 Stat. 885。美国第一份和平时期的征兵草案在参议院获得民主党 40 票和共和党 7 票的支持并批准通过。在众议院的投票情况是民主党 186 票、共和党 46 票。"Final Roll-Calls on Draft Bill," *New York Times*, September 15, 1940, 31; Flynn, *The Draft, 1940 - 1973*, 15 - 18。

② Carter et al., eds., *Historical Statistics of the United States*, vol. 5, table Ed26 - 47 ("Military Personnel on Active Duty, by Branch of Service and Sex: 1789 - 1995"), 5 - 355.

③ J. Garry Clifford and Samuel R. Spencer Jr., *The First Peacetime Draft* (Lawrence: University of Kansa Press, 1986), 3。据估计,在 1945 年,美国 1.38 亿总人口中有 1 500 万人参加了第二次世界大战。U.S. Bureau of the Census, *Historical Statistics of the United States*, series A 6 - 8 ("Annual Population Estimates of the United States: 1790 to 1970"), part 1, chapter A ("Population"), 8。

④ 同盟国和轴心国在战争动员上的对比,请参阅 Mark Harrison, "The Economics of World War II: An Overview," in *The Economics of World War II: Six Great Powers in International Comparisons*, ed. Mark Harrison (Cambridge: Cambridge University Press, 1998), 1 - 42。

⑤ U.S. Bureau of the Census, *Historical Statistics of the United States*, series Y 308 - 317 ("Paid Civilian Employment of the Federal Government: 1816 to 1970"), part 2, 1102.

美国加入这场全球战争，这让国家的军队规模和行政机构都经历了急速的扩张，政府的支出也在急剧增加。联邦文职雇员在1940年10月的工资总额为1.77亿美元，而到1945年10月，这一总额就超过了6.42亿美元。联邦政府的总支出在1940年为96亿美元，1941年就增加到140亿美元，而1945年更是飙升到950亿美元。其中，国防支出达到816亿美元。[①] 1943年和1944年，联邦政府的开支占国内生产总值(GDP)的比例均接近44%。[②] 美国为这场战争付出的总成本估计达到6 640亿美元，占国民经济的188%。[③] 面对这高昂的财政开支，一开始，政府的反应与"内战"以及第一次世界大战期间相似——提议大幅增加税收。甚至在正式宣战前，罗斯福总统就要求国会另外增加5亿美元的税收，以应付1941财政年度预计将出现的28.76亿美元的赤字。1940年《税收法案》(该法案于6月颁布)满足了罗斯福的要求，将个人所得税的免征额降低了20%，对收入超过6 000美元的部分开征了较低的附加税。它还将企业所得税的税率从19%提高到了22.1%，并增加了联邦消费税。[④] 1940年7月1日，罗斯福公开要求对"所有个人和所有法人组织，无一例外地开征大幅累进过分利得税"。[⑤] 经过整个夏天的激烈争论，最后根据1940年第二部《税收法案》，国会通过了过分利得税。[⑥] 国防支出的增加刺激了国民经济，过分利得税则(最高税率达到50%)只向那些得益于国防开支增加而产生的商业利润征税。[⑦] 该法将常规企业所得税税率从22.1%提高到了24%。

---

① U.S. Bureau of the Census, *Historical Statistics of the United States*, series Y 472 - 487 ("Outlays of the Federal Government, by Major Function: 1940 - 1970"), part 2, 1116.

② Office of Management and Budget, *Historical Tables*, *Budget of the United States Government*, *Fiscal Year 2009*, table 1.2 ("Summary of Receipts, Outlays, and Surpluses or Deficits as Percentages of GDP: 1930 - 2013"), 24.

③ Carter et al., eds., *Historical Statistics of the United States*, vol. 5, table Ed168 - 179 ("Estimated Costs of U.S. Wars: 1775 - 1992"), 5 - 370.

④ Revenue Act of 1940, June 25, 1940, ch. 419, 54 Stat. 516.

⑤ *The Public Papers and Addresses of Franklin D. Roosevelt: 1940* (New York: Macmillan, 1941), 276.

⑥ Second Revenue Act of 1940, October 8, 1940, ch. 757, 54 Stat. 974.

⑦ 关于1940年的过分利得税，请参阅Carl Shoup, "Taxation of Excess Profits III," *Political Science Quarterly* 56 (1941): 226; Bank, Stark, and Thorndike, *War and Taxes*, 87 - 90。

在1940年的总统竞选中，罗斯福大获全胜。随即他就推行了基于增加公共借贷和提高所得税的战时财政计划。罗斯福建议国会进一步降低个人免征额，提高个人所得税税率，扩大过分利得税。国会遵照1941年《税收法案》实施了美国有史以来联邦税收最大幅度的增长调整。它是通过降低免征额(单身人士为750美元，已婚夫妇为1 500美元)，以及提高中产阶级纳税人的税率(收入超过500万美元的部分税率高达77%)实现的。此外，联邦遗产税和赠与税也有所提高。尽管如此，但由于战争的支出有增无减，增加税收成为必要之举。11月，《税收法案》(1942)开始实施。该法将个人所得税的正常税率从4%提高到了6%，并增加了累进附加税，从原先净收入超过6 000美元征收13%的税率提高到净收入超过200 000美元征收82%的税率。个人免征额被降得更低，单身人士的免征额为500美元，已婚夫妇的免征额为1 200美元。此外，还开征了税率为5%的所谓胜利税。① 个人所得税的征税范围就这样被大大扩张了，将绝大多数的美国工薪阶层都包括了进来。

个人提交的纳税申报表的数量证明了税基扩张的确存在。从1940年到1945年，这一数量增长了近8倍。② 在第二次世界大战期间，缴纳个人所得税的人数不断增长，最后达到了当时总人口的74%以上。所得税也不再是一个只向富人开刀的税，它从一个"阶级税"摇身变成了"大众税"。③ 当财政部部长小亨利·摩根索在国会上夸口说"在我们的历史上，这是第一次，所得税变成为人民的税"时，这其实掩盖了战时收入新政策的真正本质。④ 这种"人民的

---

① Revenue Act of 1942, October 21, 1942, ch. 619, 56 Stat. 798。W.埃利奥特·布朗利(W. Elliot Brownlee)认为1942年《税收法案》意味着国会和罗斯福就新税收制度的核心问题达成了一致——这个核心就是税基宽广、税率累进的个人所得税。Brownlee, *Federal Taxation in America*, 93。

② 个人提交的纳税申报表在1939年为390万份，到1943年就增加到了4 000多万份。U.S. Bureau of the Census, *Historical Statistics of the United States*, series Y402 - 411 ("Individual Tax Returns: 1913 - 1943"), part 2, 1110。

③ 在第二次世界大战期间，个人所得税从一个只有少数富人缴纳的税变成了一个"大众税"。此观点请参阅 John F. Witte, *The Politics and Development of the Federal Income Tax* (Madison: University of Wisconsin Press, 1985), 110 - 130。财政部在战争期间不遗余力地宣传中产阶级应承担起所得税的纳税义务。战后，财政部仍努力保留个人所得税。对此的论述请参阅 Carolyn C. Jones, "Mass-Based Income Taxation: Creating a Taxpayer Culture, 1940 - 1952," in *Funding the Modern American State, 1941 - 1995*, ed. Brownlee, 107 - 147。

④ Senate Committee on Finance, Hearings on H.R. 7378, vol. 1, 77th Cong., 2d sess. (1942), 3.

税"被证明是一个非常有效的工具，它让美国政府从社会汲取了大量收入并投入到战争中。

1942年之后，税率仍在不断提高。最后，个人所得税的最高税率达到了94%（净收入超过200万美元），企业所得税税率达到了40%。相应的所得税收入也在不断飙升。联邦政府来自个人所得税的收入在1940年为8.92亿美元，到1945年就上升到了184亿美元；来自企业所得税的收入则从1940年的12亿美元上升到了1945年的160亿美元。① 这一时期，政府的总收入从68.8亿美元上升到了502亿美元，联邦消费税收入上涨了3倍。② 政府总收入占GDP的比重在战前为6%～7%，到1945年则升至20.4%。③ 然而，如此巨大规模的收入还不到战争一半的成本。因此，政府不得不靠大量的举债；公共债务在1940年为430亿美元，到1945年则累积至2 590亿美元。④ 这一切是通过一个复杂的制度安排完成的，据此财政部不仅将债券卖给美国民众，还将它卖给了全球资本市场。⑤ 公众所持有的联邦债务在1940年时尚不到430亿美元，到1945年，这一数额就超过了2 350亿美元。⑥

在第二次世界大战期间，联邦的收入管理体制也发生了根本性改变。从1940年到1945年，国内税收局的职员从22 000人上升到了50 000人，征收机

---

① Office of Management and Budget, *Historical Tables*, *Budget of the United States Government*, *Fiscal year 2009*, table 2.1 ("Receipts by Source, 1934 - 2013"), 30。个人所得税申报表从1940年的1 460万份上升到了1945年的近5 000万份。

② U.S. Bureau of the Census, *Historical Statistics of the United States*, series Y 343 - 351 ("Federal Government Receipts, by Source: 1940 to 1970"), part 2, 1105.

③ Office of Management and Budget, *Historical Tables*, *Budget of the United States Government*, *Fiscal Year 2009*, table 1.2 ("Summary of Receipts, Outlays, and Surpluses or Deficits as Percentages of GDP : 1930 - 2013"), 24.

④ U.S. Bureau of the Census, *Historical Statistics of the United States*, series Y 488 - 492 ("Public Debt of the Federal Government: 1791 to 1970"), part 2, 1117.

⑤ 联邦政府在战时的借债请参阅 Myers, *A Financial History of the United States*, 350 - 355。从1942年11月到1945年12月，政府共向个人、企业和商业银行发行了1 570亿美元的债券。关于战时联邦政府借债能力的扩张，请参阅 Bartholomew H. Sparrow, *From the Outside In: World War II and the American State* (Princeton: Princeton University Press, 1996) 109 - 125。巴塞洛缪·H.斯帕罗(Bartholomew H. Sparrow)提供了一个更广泛的视角。他认为第二次世界大战对"美国政府产生了深远影响"，因为它改变了联邦政府的官僚机构，"重塑了政府和社会的关系"。Ibid., 269。

⑥ Office of Management and Budget, *Historical Tables*, *Budget of the United States Government*, *Fiscal Year 2009*, table 7.1 ("Federal Debt at the End of the Year: 1940 - 2013"), 127.

构的预算也从 6 000 万美元增加到了 1.47 亿美元。[①] 变化最大的也许是引入了"源泉扣缴制"。这种征收方式要求雇主给雇员发工资时，要先扣除应缴纳的个人所得税，并将其上缴给联邦政府。当 1913 年最初起草所得税时，这一制度最先由众议院筹款委员会的民主党主席——来自田纳西州的科德尔·赫尔提出。源泉扣缴模式来源于英国的税收制度，它要求对某些类型的支付方式先按单一比例税率扣除税款后再进行支付。在强烈反对下，奠基了现代所得税基础的 1913 年《税收法案》取消了这一征收制度。罗斯福政府则迫切需要扣缴税款，它要尽快征收到政府急需的收入。另外，社会保障的工资税已经由雇主从雇员的工资中征收，这为将其推广到个人所得税提供了参照模式。最后，国会在 1943 年现行《纳税法案》(*Current Tax Payment Act*)中，批准了这一行政创新。[②] 该法规定了工资、利息和红利的"支付方"有义务按法定 20%的税率扣缴所得税。在这一制度下，个人所得税就可于当年通过扣缴的方式来支付(或每季度按估计的数额缴纳)，而不是在来年的春天去整理烦琐的纳税申报单。[③]

在战争期间，所得税发生的这种天翻地覆的转变使美国拥有了强有力的收入汲取工具，并对此从未放弃过。虽然罗斯福新政时期的党派政治未能改变所得税制度的结构，但这场全面战争所带来的危机从根本上重组了美国整个财政体制。战后，国家不再控制工资、价格和生产，但收入体制上的变革依旧保留，就像南北战争和第一次世界大战之后一样。尽管政府于 1946 年适度下调了所得税税率，但是为了应对"冷战"时期的巨额军事开支，税率结构和所得税征税范围依旧维持着扩张。发生于 20 世纪 40 年代的所得税扩张趋势在战后并没有停止，尽管它的脚步变得稍微缓慢些了。到 1950 年，联邦个人所得税的纳税义务人占到总人口的 59%。到 1970 年，这一数字更是上升至 81%。在 1950 年联邦政府的总收入中，所得税收入所占

---

① Sparrow, *From the Outside In*, 132.

② Current Tax Payment Act of 1943, June 9, 1943, ch. 120, 57 Stat. 126.

③ 1943 年，随着源泉扣缴制的引进，纳税人被要求缴纳为期两年(1942 年和 1943 年)且每年包含 12 个月的税收。罗斯福政府拒绝了减免"双倍纳税"的提议，但最后又接受了纽约联储银行主席比尔兹利·鲁姆尔(Beardsley Ruml)的建议，同意免除纳税人 1942 年 3/4 的所得税。Brownlee, *Federal Taxation in America*, 94 - 96。

的比例达到66%。[①]

在战后，对于政治家而言，联邦所得税不再仅仅只是政府重要的收入来源，它还是他们手中执行社会政策和经济政策的工具。这些政策几乎影响了美国公民生活的各个方面。所得税给联邦政府带来了大量收入。在下一章我们将看到，战后的美国变成了一个财政-军事巨人，它每年要耗费数万亿美元的收入。筹集到这些收入对于美国的发展来说，是多么的至关重要。

① Office of Management and Budget, *Historical Tables*, *Budget of the United States Government*, *Fiscal year 2009*, table 2.1 ("Receipts by Source, 1934－2013"), 30.

第八章　为现代美国筹资

如今已不再像以前那样以一个国家的实力、英勇和行为来衡量它的影响力。让国家变得强大的是它的财富。

——丹尼尔·笛福，《笛福评论》

(*Defoe's Review*, 1705)

赋税是官僚、军队、教士和宫廷的生命之源。一句话，它是整个行政权力机构的生命之源。

——卡尔·马克思，《路易·波拿巴的雾月十八日》

(*The Eighteenth Brumaire of Louis Bonaparte*, 1852)

经历了第二次世界大战洗礼后的美国，如今已是一个完全不一样的政治组织。它与20世纪之初的那个国家有着霄壤之别，也更让人无法将之与18世纪晚期的那个国家联系起来。近4年的全面战争后，同盟国战胜了德国和日本，这也让美国在一夜之间成为世界上无可争议的军事超级大国——只有称霸于东欧的苏联能与之抗衡。它的"资产"遍布海外，它的军事基地建在世界各处，它是世界上唯一一个有能力在全球部署军力的民族国家。与此同时，由于战后欧洲和亚洲的许多工厂已变成一片废墟，这让美国的工业经济独占世界鳌头。[①] 从1939年到1945年，美国战时的经济惊人地增长了142%，

① 1945年，欧洲工业和农业的产值不及1938年的一半。Rondo Cameron and Larry Neal, *A Concise Economic History of the World: From Paleolithic Times to the Present* (New York: Oxford University Press, 4th ed. 2003), 361。

GDP 从 922 亿美元增加到了 2 230 亿美元。[①] 在战争期间，实体工厂数量增加了近 50%，商品产量增加超过 50%。到战争接近尾声时，全世界超过 50%的产品制造于美国。[②] 高效的所得税制度让政府从繁荣的经济中分得一大杯羹，也助力着美国成为世界上最卓越的财政-军事国家。如果说大英帝国已日落西山，那么美国世纪才刚刚开始。

一、战后的美国军力

与之前的战争不同的是，第二次世界大战结束后，美国依然保留着重要的军事力量。1945 年，1 200 万名现役军人中有近 2/3 于 8 月 15 日日本投降后的一年内被遣散。但直到 1949 年，由于盟军依然对德国和日本进行着军事占领，仍有超过 160 万男性士兵和 18 000 名女兵在服役。[③] 这样的军事力量虽已让人不可小觑，但当 1950 年 6 月朝鲜战争爆发时，召集预备役部队用以提高正规军兵力仍是必要之举。[④] 征兵制曾在 1947 年暂时失效，国会通过 1951 年《全民军训和服役法》(*Universal Military Training and Service Act*)将其恢复。就这样，全体征兵仅仅在第二次世界大战结束 6 年后又开始实施了，美国的军力再次迅速扩张。从 1950 年 6 月到 1953 年 7 月，大约有 179 万人参加了

---

① 数据来源：Bureau of Economic Analysis，United States Department of Commerce，*National Economic Accounts* (“Current-Dollar and ‘Real’ Gross Domestic Product，” August 30，2007)。

② William Ashworth，*A Short History of the International Economy since 1850* (London：Longman，1975)，268.

③ 虽然军事阶段在 1949 年 5 月德意志联邦共和国建立后就终结了，但盟军对西德的军事占领一直到 1955 年才正式宣告结束。对日本的军事占领一直到 1951 年 9 月《旧金山和约》的签署才宣告结束。巴塞洛缪·斯帕罗认为，美国在日本投降后迅速复员，这“削弱了它与约瑟夫·斯大林及苏联进行谈判的基础”。Bartholomew H. Sparrow，“Limited Wars and the Attenuation of the State：Soldiers，Money，and Political Communication in World War II，Korea，and Vietnam，” in *Shaped by War and Trade：International Influences on American Political Development*. ed. Ira Katznelson and Martin Shefter (Princeton：Princeton University Press，2002)，270 - 271。

④ 在朝鲜战争期间，预备役组织军团(在 1952 年又更名为陆军预备役)中有 240 000 多人被召集起来参加现役部队。但是，其中到底有多少人参加了战争并没有具体的记录。Gordon L. Rottman，*Korean War Order of Battle：United States，United Nations，and Communist Ground，Naval，and Air Forces，1950 - 1953* (Westport，CT：Praeger，2002)，4。朝鲜战争的起因和它对国际事务更广泛的意义，请参阅 William Stueck，*The Korean War：An International History* (Princeton：Princeton University Press，1995)。

朝鲜战争,其中有 33 000 多人葬身战场。[①] 在长达两年的和平谈判时间里,战争一直在持续,直到 1953 年 7 月达成停火协议。这一时期,美国驻扎在世界各地的军队超过了 360 万人。这是美国有史以来集结的最大规模常备军——第二次世界大战高潮时除外。如果事实确实如有人所说的,"一个国家的军力在很大程度上有赖于陆军、空军和海军的规模和战斗力"[②],那么美国在 20 世纪 50 年代当仁不让就是世界上最强大的军事国家。

为了应付朝鲜战争所带来的高额支出,杜鲁门政府根据 1950 年《税收法案》和 1950 年《过分利得税法》提高了联邦税收。之后不久,国会又根据 1951 年《税收法案》进一步增加了税收,将企业所得税的最高税率提高到 52%,个人所得税的最高税率则达到 92%。[③] 长期的"冷战"以及与苏联长达数十年的高昂军备竞赛,让美国的国防支出在 20 世纪 50 年代占到年度预算的 50%以上,这一数字虽远远不能与第二次世界大战时的支出相提并论,因为那时国防支出所占联邦预算的比例达到 90%以上,但与 20 世纪 30 年代相比,这一比例几乎增加了 5 倍。[④] 到 20 世纪 60 年代,这种军事开支的比例并没发生太大改变,国防支出占年度预算的比例仍达到 43%~50%。[⑤] 到了 20 世纪 70—80 年代,虽然军事开支占总支出的比例大幅下降,但其原因主要在于这期间国内可自由支配项目的开支急剧增加。从绝对数来看,军事开支仍在增加,只是增加的速度较慢而已。[⑥]

---

① Hannah Fischer, Congressional Research Service Report, *American War and Military Operations Casualties: Lists and Statistics* (Washington, DC: July 13, 2005), Table 1 ("Principal Wars in which the United States Participated: U.S. Military Personnel Serving and Casualties"), 2; U.S. Bureau of the Census, *Historical Statistics of the United States: Colonial Times to 1970* (Washington, DC: U. S. Department of Commerce, 1975), series A 856 - 903 ("Selected Characteristics of the Armed Forces, by War"), part 1, 1140.

② John J. Mearsheimer, *The Tragedy of Great Politics* (New York: W. W. Norton, 2001), 56.

③ Revenue Act of 1951, Oct. 20, 1951, chap. 521, 65 Stat. 452。朝鲜战争期间所颁布的税法,请参阅 Steven A. Bank, Kirk J. Stark, and Joseph J. Thorndike, *War and Taxes* (Washington, DC: Urban Institute Press, 2008), 109 - 126。

④ 计算的依据来自 U.S. Bureau of the Census, *Historical Statistics of the United States*, series A 466 - 471 ("Budget Outlays of the Federal Government, by Major Function: 1900 to 1939"), part 1, 1115。

⑤ 数据来源:U.S. Department of Defense, *National Defense Budget Estimates for Fiscal Year 2007* (Washington, DC: March 2006), table 7 - 7 ("Defense Shares of Economic and Budgetary Aggregates"), 216。

⑥ 在第二次世界大战期间,随着美国全面动员起来参加战争,年度国防开支于 1945 年达到最高值,为 830 亿美元(占 GDP 的 38%)。相比之下,国防开支在 1934 年只有 5.4 亿美元,而在美国参加全球战争之前的 1940 年,国防开支也只有 16 亿美元(占 GDP 的 1.7%)。战争结束后,国防支(转下页)

尽管国内经济一片繁荣，但这期间的军事开支相对于经济来说还是有所下降。在20世纪60—70年代，国防支出占GDP的比例浮动在6%～9%（大约是第二次世界大战之前的水平），然后到20世纪80—90年代，这一比例下降到了4%～6%。到2000年，这一比例更是低至3%。

战后的美国一直保持着庞大的军力。从1951年以来，美国驻扎在世界各地的军队有200万～300万人，直到1991年苏联解体。即使在苏联解体这样历史性的事件发生后，美国军队的规模仍保持着临近战时的水平。虽然一开始人们很乐观地预测未来的开支会减少，且冷战结束后美国的超级死对头更是不复存在，但是现役军人数量仍达到140万人。所以，实际上"和平红利"并没有真正兑现。[①] 事实证明，"单极＋多极"体系的世界秩序并不比之前的两极体系更加稳定，地区冲突和种族矛盾比比皆是。[②] 新的敌人不断出现，用丹尼尔·帕特里克·莫伊尼汉（Daniel Patrick Moynihan）的话来说：这个世界是一个非常"危险的地方"。[③] 为了应对2001年9月在美国本土发生的恐怖袭击，还有伊拉克战争和阿富汗的军事行动，从2000年到2006年，美国国防开支激增了78%，国防支出占GDP的比例从3%上升到了4%还多。在2007财政年度，国防开支达到5 530亿美元[④]，占政府总支出的比例近20%，占全球军

（接上页）出暂时下降。1949年的国防开支为91亿美元（占GDP的3.6%）。朝鲜战争的爆发扭转了这一下降趋势，国防开支的绝对数额开始年年递增。第二次世界大战之后，用于退伍军人的福利和服务支出也有所增加，其支出总额在1944年为7.44亿美元，1945年就上升到21亿美元，1950年更是达到了66亿美元。U.S. Bureau of the Census, *Historical Statistics of the United States*, series Y, 984 - 997 ("Expenditures for Veterans Benefits and Services: 1790 to 1970"), Part 1, 1147。

① 美国于1973年停止了征兵制。从那以后，军队的人员主要靠志愿兵维持着如今高达143万人的现役部队。

② "单极＋多极"一词来自塞缪尔·亨廷顿。在亨廷顿看来，虽然美国是唯一的超级军事大国，但在国际体系中还有其他大国（和众多小国）。没有一个国家拥有绝对主导地位。Samuel P. Huntington, "The Lonely Superpower," *Foreign Affairs* 78 (March/April 1999): 35 - 49。

③ 引自已故参议员莫伊尼汉的演讲和其文章中提到的一个共同主题。请参阅 Daniel Patrick Moynihan, A Dangerous Place (Boston: Little Brown, 1978)。

④ 计算数据来自 Office of Management and Budget, *Historical Tables*, *Budget of the United States Government*, *Fiscal Year 2009* (Washington, DC: Government Printing Office, 2008), table 3.1 ("Outlays by Superfunction and Function: 1940 - 2013"), 54 - 55; table 6.1 ("Composition of Outlays: 1940 - 2013"), 125 - 125; Department of Defense, *National Defense Budget Estimates for Fiscal Year 2007* (Washington, DC: March 2006), table 7 - 7 ("Defense Shares of Economic and Budgetary Aggregates"), 216。2009财政年度，布什政府提议给国防部拨款5 850亿美元，比2001年增长了74%。

费开支的比例更是惊人地达到了45%——超过排在其后32个国家军费开支的总和。[①] 巨额的预算和庞大的人数使得军事部门在战后依旧是国家最重要的组成部分，军事力量也成为美国在国际事务中的影响力的主要来源。

二、社会福利国家的美国

战后，美国的国防支出有增无减，用于国内社会项目上的开支则增加得更多——虽然增幅要略逊于西欧。军事开支和国内开支一同增长，都远超过战前水平，这导致了双重棘轮效应的出现，而且棘轮还在不停滚动。自20世纪60年代以来，政府就将大把的钱花在国内项目上，其中既有传统的"国内改进项目"（比如建设联邦公路、桥梁、机场和水坝），又有许多是第二次世界大战前并不存在的新国内项目（比如联邦教育援助、环境保护、为穷人提供福利和公共住房、资助科学研究、为穷人和老年人提供医疗保健）。从1970年到1999年，政府支出占GDP的均值为21%，而且每年都相差无几。相比之下，在20世纪30年代，政府支出占GDP的均值仅为7.9%。那时可是经济减缩支出扩张的时期。[②] 近年来政府职能的扩张与政党无甚关系。虽然从2000年到2006年一直是共和党保守派在执掌着白宫和国会两院，但政府总支出占GDP的比重只有略微下降，平均下降19.5%。[③] 与其前任一样（共和党和民主党都一样），乔治·沃克·布什也不能控制国内开支——不管是可自由支配支出还是强制性支出。即使在税收被削减时，军费支出仍在飙升。[④] 此外，布什在第二任期还

---

① 美国占到全球军事总开支的45%。英国、中国、法国和日本各占到4%～5%。数据来源：Stockholm International Peace Research Institute，*SIPRI Yearbook 2008: Armaments，Disarmaments and International Security*（New York：Oxford University Press，2008），Appendix 5A（"Tables of Military Expenditures"）。

② 计算数据来自 Bureau of Economic Analysis，*United States Department of Commerce*，*National Economic Accounts*（"Current-Dollar and 'Real' Gross Domestic Product，" August 30，2007）；U.S. Bureau of the Census，*Historical Statistics of the United States*，series A 457－465（"Budget Outlays of the Federal Government：1789 to 1970"），part 1，1114。

③ Office of Management and Budget，*Historical Tables*，*Budget of the United States Government*，*Fiscal Year 2009*，table 15.3（"Total Government Expenditures as Percentages of GDP：1948－2012"），320-321.

④ 布什政府和共和党控制的国会颁布了前所未有的战时减税政策，对此的评述请参阅 Bank，Stark，and Thorndike，*War and Taxes*，145－165。

推行了针对处方药的医疗保险计划。该项目花费不菲，预计在未来 10 年里将耗资 5 930 亿美元。[①] 从 2001 年到 2005 年，在共和党人的执政下，政府的可自由支配国内项目总支出增加了 31%。随着世界金融市场的崩溃和国内经济的严重衰退，国会批准了一项 7 870 亿美元的紧急财政计划，这让 2009 财年的预算赤字超过了 1 万亿美元。“大政府时代终结”的宣告显然为时过早。[②]

战后联邦的支出一直在不断攀升，原因何在？国防开支的增加当然是因素之一。美国的军队遍及全球，它的高尖端武器和装备也极为昂贵。西欧、加拿大、澳大利亚、日本和斯堪的纳维亚等国都尽量避免这些开支，只保留最小规模的军队。在意大利，国防开支仅占政府总开支的 2%。而在卢森堡，这个比例只有 1%。中国作为世界上第四大军事大国，它的经济正在飞速发展，但其军事支出只占 GDP 的 2.1%。虽然美国的军事支出在不断增加，但是它的预算短缺问题主要来源于社会福利开支的飙升。在战后，增长最快的莫过于社会保障支出。

由于饮食的改善和医疗保健的改进，如今，美国人的寿命远远长于他们的父辈和祖父辈。现在，65 岁男性的平均预期寿命高出他们的父辈和祖父辈 16.3 岁，而在 1940 年（这一年根据社会保障计划开始按月发放津贴），这个数字仅仅高出 12.7 岁。2000 年出生的美国人平均预期寿命现接近 78 岁——和 50 年前出生的人相比，平均寿命多了 8 岁。[③] 由于预期寿命大幅度提高，寿命达到和超过 65 岁（足以领取社会保障金）的工人数量急剧增加。1950 年，领取

---

① 美国国会预算办公室估计，从 2006 年到 2015 年这 10 年，联邦政府将为新处方药计划——《医疗保险现代化法案》的第一部分（公法号 108—173）耗资 5 930 亿美元。Congressional Budget Office, “Updated Estimates of Spending for the Medicare Prescription Drug Program” (Washington DC: March 4, 2005)。

② 颇具讽刺性的是，比尔·克林顿在 1996 年 1 月 27 日的广播演说中宣布“大政府时代已经结束”，但不到 6 个星期，克林顿总统就宣布，1997 年财政年度的预算总额为 1.6 万亿美元（占 GDP 的 22%）。不过，说句公道话，在 1993 年克林顿刚上任时，政府的文职雇员（不包括邮局工作人员）有 222.5 万人，到 2001 年他离任时，这一人数降到了 177.8 万人。以文职雇员人数来衡量，行政机构的规模确实是在缩减。Office of Management and Budget, *Historical Tables, Budget of the United States Government, Fiscal Year 2009*, table 17.1 (“Total Executive Branch Civilian Employees: 1940 - 2007”), 329 - 330。

③ 2003 年，美国人出生时的平均预期寿命达到创纪录的 77.6 岁。U.S. Department of Health and Human Services, “Deaths: Preliminary Data for 2003,” in *National Vital Statistics Reports* 53, no. 15 (February 28, 2005): 3。

社会保障金的退休工人仅占美国总人口的1.8%，但到了2006年，每月领取社会保障金的人数已达到4 840万人左右（占总人口的16%）。随着美国工人寿命越来越长，退休人员有权享受更多的优厚福利，这使得社会保障计划长期以来一直面临着收不抵支的困境。让问题更加雪上加霜的是，在过去的几十年里，领取保障金的人数与向社会保障信托基金（用来支付当前受益人收入的直接来源）缴税的人数之比一直在下降。人口结构的这种急剧变化对社会保障计划的影响极可能是灾难性的。1945年，也就是社会保障金首次发放的第五年，缴纳工资税的人数与受益者的人数之比是100∶2。13年后，这个比例变成100∶16。到1998年又变成100∶30。预计到2031年，这个比例将达到100∶50。缴纳税收的人数与受益者的人数之比趋于2∶1，这种难以维持的趋势将大大降低社会保障计划的财政偿付能力。①

虽然劳动者与受益者的人数之比一直在下降，但是社会保障覆盖范围的扩大仍很明显。1965年，联邦政府实施新法，向老年人（医疗保险制度）和穷人（医疗补助制度）提供医疗福利。这些计划（由社会保障总署管理）无疑增加了联邦政府的财政负担。美国社会福利计划的结构不同于西欧，同时也远不如西欧慷慨。但是如果我们仅就双方预算拨款进行比较，那么可能会大谬特谬。实际上，位于华盛顿的联邦政府通过所谓的税收支出方式，间接承担了雇主为工人缴纳的养老金和医疗保险金的大部分费用。② 根据联邦税法，雇主代表雇

① 数据来源：Henry J. Aaron and Robert D. Reischauer, *Countdown to Reform: The Great Social Security Debate* (New York: Century Foundation Press, 1998), 56。社会保障计划面临的收支不平衡问题请参阅 C. Eugene Steuerle and Jon M. Bakija, *Retooling Social Security for the 21st Century: Right and Wrong Approaches to Reform* (Washington, DC: Urban Institute Press, 1994), 39-71。西欧劳动者与退休人员的比例同样也在下降。到2040年，瑞典和德国的这一比例也将面临难以维持的2∶1。请参阅 B. Guy Peters, *The Politics of Taxation: A Comparative Perspective* (Cambridge: Basil Blackwell, 1991), 83-85。

② 1968年，财政部最先在预算分析中引入了税收支出这一概念。后来，法律条文也明确了这一概念，将税收支出定义为："因联邦税法规定对纳税人的总收入给予特别的免除、免税或减税，或提供特别抵免、优惠税率或延期缴纳，而给政府收入带来的损失。"Congressional Budget and Impoundment Act, Pub. 1,. No.93-344, sec. 3(a)(3), 88 Stat. 298, 299 (1974)。税收支出背后的政治请参阅 Stanley S. Surrey, *Pathways to Tax Reform: The Concept of Tax Expenditures* (Cambridge: Harvard University Press, 1973); and Stanley S. Surrey and Paul McDaniel, *Tax Expenditures* (Cambridge: Harvard University Press, 1985)。

员缴纳的医疗保险费和养老金不包括在雇员收入中。[①] 2009 财政年度，雇主缴纳的医疗保险费和医疗保健（最大的税收支出项目）给联邦政府带来的税收支出超过 1 680 亿美元。因缴纳社会保障养老金而免除的收入达到将近 190 亿美元。[②] 虽然美国总体支付给民众的保障金不如澳大利亚、新西兰、加拿大以及西欧、斯堪的纳维亚国家那样慷慨，但是它还是通过直接的预算分配和间接的税收支出这两种方式，为社会福利计划投入了大量的收入和资源，也因此造就了一个耗资巨贵（虽然覆盖范围并不广）的社会福利制度。现代美国既是一个社会福利国家，同时又是一个军事超级大国。[③]

如果说美国是一个社会福利国家的话，那么它的很大一部分支出并不受国会预算程序的监控。谁有资格享受联邦的社会福利及领取多少社会保障金，很多情况下是由法律来决定的。年度预算并不包括这些项目的拨款。同时，出于政治上的考虑，要想削减这方面的福利也几乎是不可能的。[④] 在所谓

---

① 雅各·S.哈克（Jacob S. Hacker）强调了在美国，雇主提供“私人”社会福利的重要性，当然，联邦政府通过所得税法对这种社会福利给予了补助。Jacob S. Hacker, *The Divided Welfare State: The Battle over Public and Private Social Benefits in the United States* (New York: Cambridge University Press, 2002)。税收支出在社会政策中的运用，是以下这本书的主题：Christopher Howard, *The Hidden Welfare State: Tax Expenditures and Social Policy in the United States* (Princeton: Princeton University Press, 1997)。

② Office of Management and Budget, *Analytical Perspectives*, *Budget of the United States Government*, *Fiscal Year 2009*, table 19.3 (“Income Tax Expenditures Ranked by Total 2009 - 2013 Projected Revenue Effect”), 298.

③ 彼得·古勒维奇（Peter Gourevitch）认为，“二战”后的美国是一个“军事国家”，同时也是一个“福利国家”，更是一个“规制国家”。Peter A. Gourevitch, “Reinventing the American State: Political Dynamics in the Post-Cold War Era,” in *Shaped by War and Trade*, ed. Katznelson and Shefter, 307。在本研究中，我主要关注的是美国所承担的军事和社会福利职能，而其他学者则对罗斯福新政后规制国家的兴起进行了研究。此外，对于社会福利，我主要研究的是社会保障制度和医疗保险制度，不涉及为穷人提供的社会福利。就像西达·斯考切波曾观察到的那样，美国人通常把“社会保障”（养老金、伤残保险、为老年人提供的医疗保险）和为穷人提供的“福利”区分开来。Theda Skocpol, “The Limits of the New Deal System and the Roots of Contemporary Welfare Dilemmas,” in *The Politics of Social Policy in the United States*, ed. Margaret Weir, Ann Shola Orloff, and Theda Skocpol (Princeton: Princeton University Press, 1988), 296。

④ 1983 年，国会通过了关于社会保障计划的修正案，将领取养老金的退休年龄从 65 岁推迟到了 67 岁（逐步实施，从 2000 年开始一直持续到 2022 年）。Social Security Amendments of 1983, Pub. L. 98 - 21。修正案实际上间接地降低了福利。关于该法背后的政治动荡，请参阅 Aaron B. Wildavsky and Joseph White, *The Deficit and the Public Interest: The Search for Responsible Budgeting in the 1980s* (Berkeley: University of California Press, 1989), 310 - 330。

的福利计划中,耗资最多的莫过于社会保障(比如针对老年人、遗属和残疾人的保险)和医疗保险。自 20 世纪 60 年代以来,这些项目的强制性支出急剧攀升,有可能超过联邦预算的其他项目。社会保障和医疗保险所支付的保障金和保险金在 1937 年为 100 万美元,到 2007 年就增加到了 9 520 多亿美元,在 2008 财政年度甚至超过了 10 000 亿美元。战后社会保障的强制性支出占联邦政府总支出的比例一直在增加。该比例在 1965 财政年度为 14.4%,到了 1975 年则上升为 19.1%。如今,仅社会保障金的年度支出就占到联邦支出总额的 20%以上。换算一下,我们可发现,通过社会保障(OASDI)支付给当前退休人员的社会保障金占到了 GDP 的 4.3%。目前,强制性支出占政府总支出的比例超过 53%(占到了 GDP 的 10.8%)。[①]

这种社会福利项目支出的不断飙升让经济学家保罗·克鲁曼(Paul Krugman)揶揄联邦政府说:"它的眼里只有养老金项目,而军事事务和为数不多的人道主义事务都变成了副业。"[②]只要瞥一眼联邦预算,我们就知道这其实并不是在开玩笑。想想 150 多年前,美国只有一支规模很小的军队,根本不提供任何的社会福利,这一切就显得格外引人注目。如今,社会保障和医疗保险让美国变成了一个"转移大国",每年有数千亿的资金在不同年代人间转移。它向年轻人征收工资税,然后以退休金和医疗保险金的方式将其分配给他们的父母和祖父母。[③] 但是随着缴纳工资税的工人日益减少,领取养老金的人数日益增加,这个制度在财务上正不堪重负,无法维持。

① Office of Management and Budget, *Historical Tables*, *Budget of the United States Government*, *Fiscal Year 2009*, table 8.5 ("Outlays for Mandatory and Related Programs: 1962–2013"). 143; table 8.3 ("Percentage Distribution of Outlays by Budget Enforcement Act Category: 1962–2013"), 136; table 8.4 ("Outlays by Budget Enforcement Act Category as Percentages of GDP: 1962–2013"), 137.

② Paul Krugman, *Fuzzy Math: The Essential Guide to the Bush Tax Plan* (New York: W. W. Norton, 2001), 49.

③ 社会保障对于不同年代人的影响,是以下两本书的主题:Laurence J. Kotlikoff, *Generational Accounting: Knowing Who Pays, and When, for What We Spend* (New York: Free Press, 1992); *Generational Policy* (Cambridge: MIT Press, 2003); and *The Coming Generational Storm* (Cambridge: MIT Press, 2004)。

三、为战后的美国筹资

社会财富不会直接转化为国家能力，我们的研究将再次回到这个主题上来。为了建立一个强大的国家，统治者必须苦思良策，从社会汲取财富。当然，社会越富足，收入的汲取也越容易，因此，富足的社会是建立强大的财政-军事国家的前提。[①] 但是，仅此是远远不够的。国家还需要有更多的东西才能将社会财富转化为国家实力。高效的收入汲取机制和高明的统治者是不可或缺的。有些统治者能实施一套成功的收入策略，有些则不然。正如我们所看到的，任何一个统治者都不能毫无顾忌地去掠夺收入。

社会财富与国家实力之间的关系看起来似乎显而易见，实则很难论述清楚。约翰·米尔斯海默(John Mearsheimer)对国家间的动态关系做出了有影响力的研究。在《大国政治的悲剧》(*The Tragedy of Great Power Politics*，2001)一书中，他强调了军事实力与“财富”(广义上的财富)之间的关系。财富至关重要，是因为“如果一个国家没有钱和技术去装备、训练自己的军队，使之不断现代化，那么它就不可能拥有一支强大的军队”。一国的军事实力系于士兵和装备，是他们组成了国家的武装力量。但是组建和维持这样的军队，其代价之高，令人咋舌。如果想拥有强大的军力(比如一支大型装备精良的军队)，那么巨额收入是不可或缺的。但是一个意图变成军事强国的国家，如何才能把社会财富转化成军事实力呢？毕竟，社会财富只是国家的“潜在实力”，并不直接等同于军事实力。正如米尔斯海默所指出的，潜在实力与实际实力有着很强的相关性：“财富为军事实力提供了坚实的基础，而财富本身则极好地反映了一个国家的潜在实力。”[②]就目前而言，这话没错。但是，国家怎样才能把潜在实力(基于社会财富)转换为真正的军事实力呢？正如我们所见，答案就在于国家要有能力采取有效的收入策略和建立高效的收入机制来获取社会财富。这恰恰就是美国在第二次世界大战期间所取得的成就。当时他们提高了

---

① 有很多文献认为军事力量仰赖于社会财富。军事力量与社会财富之间的关系，请参阅 Robert Gilpin, *War and Change in World Politics* (New York: Cambridge University Press, 1981)。

② Mearsheimer, *The Tragedy of Great Power Politics*, 67.

联邦所得税，建立了复杂的公共借贷体系，由此将“潜在实力”（比如由新的工业经济创造的巨额财富）转换成了有形的军事实力——即飞机、坦克、战舰、枪支，以及一支装备精良的 1 200 万人军队。[①]

自第一次世界大战以来，所得税已成为美国政府最主要的收入来源，也因此成为军事这架机器最重要的燃料。到了第二次世界大战时，美国越发依赖所得税，一直到战争结束后也没有改变。与此同时，为了建立一个全新的、无贸易歧视的国际秩序，美国利用自己的影响力向其他国家施压，迫使它们降低关税，撤销贸易壁垒。[②] 不管好坏，当保护性关税税率降低时，美国对所得税的依赖就更强了。近几十年来，经济学家间达成了一个共识，认为某种形式的消费税或增值税（VAT）比现行的所得税（是纯所得税的混合形式）更有效率。但是，经济和政府已然都如此地依赖现行的税收制度，因此，所得税是不可能被消费税或销售税所取代。[③] 美国以所得税为基础的收入制度已存在 90 多年，在此境况下，要突然改变政府所倚重的主要收入来源，势必困难重重且充满风险。

联邦所得税对现代美国之重要，无论怎么强调都不为过。[④] 它是美国收入体制的基石。[⑤] 2007 财政年度，所得税（包括个人和企业）收入为 1.5 万亿美

---

① 飞机、坦克、战舰、枪支和军队构成了约瑟夫·奈（Joseph Nye）所说的“硬实力”必备条件。他将“硬实力”与“软实力”（所谓的软实力，就是通过外交、说服、文化交流和结盟去施加国际影响力）进行了对比。Joscph S. Nye, Jr., *Bound to Lead: The Changing Nature of American Power* (New York: Basic Books, 1990); and *Soft Power: The Means to Success in World Politics* (New York: Public Affairs, 2004)。

② Ashworth, *A Short History of the International Economy Since 1850*, 276 - 277.

③ 值得注意的是，那些实施了增值税的欧洲国家往往使用增值税来补充其国民所得税（个人所得税和企业所得税）的收入。没有一个发达国家是完全依赖于销售税或增值税来获取公共收入。

④ 与联邦政府一样，州政府也同样依赖所得税获取收入。地方政府的大部分收入来自财产税和销售税。关于美国州政府和地方政府的税基，请参阅 Joseph A. Pechman, *Federal Tax Policy*, 5th ed. (Washington, DC: Brookings Institution, 1987), 256 - 298。州政府和地方政府的支出之和占 GDP 的 11.6%，而联邦政府支出占 GDP 的比例达到 20%。Office of Management and Budget, *Historical Tables*, *Budget of the United State Government*, *Fiscal Year 2009*, table 2.3 ("Receipts by Source as Percentages of GDP: 1934 - 2013"), 35。在美国和其他联邦制国家，州和地方政府的支出在总支出中所占的比例会相对较高些，特别是与那些高度集权的单一制国家，如与法国、意大利和西班牙相比，更是如此。Peters, *Politics of Taxation*, 95。

⑤ 西欧的民主国家不像美国那样仰赖于所得税。例如，法国的大部分收入传统上依赖于社会保障税和增值税。1985 年，法国的个人所得税和企业所得税仅占政府总收入的 17.9%。数据来源：Linda Stillabower, "Taxation in France," in *Comparative International Taxation*, ed. Kathleen （转下页）

元，占联邦政府总收入的 60%，占世界上最大经济体——14 万亿 GDP 的 11.2%。（相比之下，联邦政府在 1934 年征收到的所得税仅占 GDP 的 1.3%。）2007 财政年度，社会保障的工资税收入贡献了 8 690 亿美元，占联邦政府总收入的 33.9%。[①] 工资税是对工资进行征收的，它由雇主在向雇员发放工资时扣除其应纳税额并上缴给联邦政府。1937 年工资税颁布，它最初是对工资中的第一个 3 000 美元征收 2%的单一税（由雇主和雇员各支付一半）。后来，它的税率逐步提高。1950 年，综合工资税的税率已提高到 3%，到 1954 年又提高到 4%。如今，工资税根据每年适用的“工资基数”（2009 年为 10.68 万美元）征收高达 13.3%的税率。

2007 财政年度，联邦所得税和社会保障工资税的总额超过 2.4 万亿美元，占联邦政府总收入的比例高达 93.6%，占 GDP 的比例超过 17%。联邦政府余下的收入（仅有 1 650 亿美元）主要来自联邦消费税（650 亿美元）、关税和海关规费（260 亿美元）、联邦遗产税和赠与税（260 亿美元）。[②] 其实，这些数据还是低估了美国这个国家对所得税的依赖，因为工资税主要是用于支付当前的社会保障金，所以政府几乎所有可自由支配支出主要仰赖于所得税，包括需要在年度预算中做出安排的支出，诸如军事、教育、公路建设、农业、国外援助、保护环境，以及证券法、消费者保护法和其他各种法规的实施。这样的例子不胜枚举。这些支出都有赖于联邦所得税。到目前为止，所得税成功地承担起了这

（接上页）E. Sinning (American Accounting Association, 1986)。在 2005 年，增值税占法国政府总收入的比例为 48%，而高度累进个人所得税仅占 16%，企业所得税则只有 12%。饱受争议的财富税筹集到的收入只占总收入的 2%。数据来源：Organization for Economic Cooperation and Development, *Revenue Statistics, 1965－2006* (Paris: OECD, 2007)。对欧共体来说，总税收占 GDP 比例的均值为 40.8%。在欧盟国家中，税收占 GDP 的比例则从 29%（立陶宛）到 52%（瑞典）不等，而法国通过税收筹集的收入为 GDP 的 46%。数据来源：Eurostat, “Tax Revenue in the EU”, in *Statistics in Focus, Economy and Finance, 31/2007* (Eurostat: March 20, 2007)。

① Office of Management and Budget, *Historical Tables, Budget of the United States Govnment, Fiscal Year 2009*, table 2.1 (“Receipts by Source: 1934－2013”), 31; table 2.2 (“Percentage Composition of Receipts by Source: 1934－2013”), 33; table 2.3 (“Receipts by Source as Percentage of GDP: 1934－2013”), 35.

② Office of Management and Budget, *Historical Tables, Budget of the United States Government, Fiscal Year 2009*, table 2.1 (“Receipts by Source: 1934－2013”), 31; table 2.5 (“Composition of ‘Other Receipts’: 1940－2013”), 46。联邦赠与税和遗产税每年增加约 260 亿美元，约占联邦政府收入的 1%。

一切支出。

尽管美国的税收制度不乏很多缺点，也尽管这套制度非常错综复杂，但在征集巨额收入维持现代国家的运转上，它还是令世界上的其他国家羡煞不已。在过去的90年里，国会颁布的税收法律如汗牛充栋，它们被编辑成一部统一的法典——《国内税收法典》（*Internal Revenue Code*）。执行该法典的是一个强大的征收机构（国税局）。该机构正式雇员超过100 000人，临时雇员有20 000人，年度预算达114亿美元。国税局征收了联邦政府96%以上的收入，执行该法的是一支由司法部、联邦执行官、联邦司法体系以及最终联邦刑事制度支持的税收代理大军。这个初创于19世纪并完善于20世纪的收入制度，是美国国家权力最重要的体现。同时，它所产生的收入也是国家权力最主要的来源。通过税收制度，美国把根基于社会财富的"潜在实力"转化为真正的国家能力。就像A.F.K.奥甘斯基（A.F.K. Organski）和雅切克·库格勒（Jacek Kugler）所说的，"税收是体现政府存在的准确指标"[①]，现代美国确实比战前的那个化身显示出了更强的"存在感"。

四、现代税收国家

美国的收入体制是以联邦所得税和社会保障工资税为基础，它有力地支持了国家的巨额军事开支和社会福利计划。这样的收入体制非常适合用来从现代商业经济中汲取大量收入。它的独特性又在哪里呢？就其本质而言，它是政治领袖们所创设的，符合奥地利经济学家约瑟夫·熊彼特所说的"税收国家"的理想模式。[②] 税收国家的基本原理很简单，就是资本掌握在私人手中，而国家通过各种形式的税收（比如所得税、增值税、财富转移税），从私营企业的利润中取走自己指定的份额。通过税收，国家以一种高效又不惹眼的方式汲取了社会财富，为公共收入提供了稳定又充足的来源。在理

① A.F.K. Organski and Jacek Kugler, *The War Ledger* (Chicago: University of Chicago Press, 1980), 74.

② Joseph A. Schumpeter, "The Crisis of the Tax State," (1918), reprinted in *International Economic Papers* 4 (1954): 5-38。从著作的标题我们就可以明显看出，熊彼特在质疑税收国家能否征收到足够的收入来满足公民对公共产品不断增长的需求。

查德·邦尼(Richard Bonney)看来,税收国家是财政国家的高级发展形态,它拥有高效的税收制度,使国家有能力偿还公共债务,也因此保证了它的长治久安。①

税收国家通过征税的方式靠社会"过日子",更准确地说,税收国家是依赖私有经济创造的财富为生。正是基于此,熊彼特认为税收国家是先进资本主义的"经济寄生虫"。尽管如此,但于国家和于社会,这都是一个非常高效的安排。对于一个有着高度发达的工业经济同时亦能管理所有税收制度的官僚机构来说,这样的制度安排所带来的财政收益是最大的。单靠这个税基广泛的累进所得税,国家就能真正获得不菲的收入——前提是国家要有一个高效的官僚机构来管理它。向数以百万计的个人和企业征收所得税,其难度远高于征收诸如进口税、关税和消费税等间接税。若没有高超的管理能力,违规和"漏税"就将无处不在。同时,只有在先进的市场经济(或是汉密尔顿所说的"商业共和国")背景下才适合开征所得税——就像 19 世纪中期的美国那样。而前工业时代和农业社会(比如 19 世纪杰斐逊所说的"农业共和国")根本无法为国库带来足够的收入,此时开征一个只有富人才缴纳的所得税是得不偿失的。② 在这个社会里,至少要有大量的工人是工薪阶层,要有大量的私营企业是独立的法人实体。在 18 世纪晚期和 19 世纪早期的美国,由于农业经济大行其道,征收所得税既不现实又无利可图。即使是在工业化开始之后的南北战争期间,所得税也并没有给国家带来很多收入。即使是像法国和意大利等发达国家也时常发生纳税人逃税与违规的行为,也很难实施广泛的个人所得税。③

---

① Richard Bonney, "Introduction," to Richard Bonney, ed., *The Rise of the Fiscal State in Europe, c. 1200 - 1815* (New York: Oxford University Press, 1999), 13。邦尼指出了财政制度比较普遍的四种类型:贡赋国家、领地国家、税收国家和财政国家。这源自熊彼特的通用术语表明从领地国家到税收国家的转变是不可避免的。中世纪欧洲领地国家的收入主要来自王室拥有的土地财产。W. M. Ormond, "England in the Middles Ages," in *The Rise of the Fiscal Slate in Europe*, c. 1200 - 1815, ed. Bonney, 21。

② 请参阅 David Waldner, *State Building and Late Development* (Ithaca: Cornell University Press, 1999), 45。

③ 意大利和法国在实施所得税的过程中出现了许多不合规行为。也因此,与美国相比,它们更加依赖像增值税这样的间接税。最近,意大利的议会重新改革了意大利的税收制度(2003 年 4 月 7 日,第 80 号法)。但是,这些措施并不能改变意大利公民不愿遵守国家税法的现状。

当经济发展到一定程度，同时国家的行政机构也足够完善时，某种程度的“起飞”就会出现。[①] 在第一次世界大战期间——也就是在南北战争期间首次开征所得税的50年后，美国率先实现了这一点。在这个理想的制度安排下，私营企业向国家进贡（缴税），而作为交换，国家给它们提供稳定的市场经济所需的法律制度和结构框架。这种收入上的结盟支持着现代税收国家的运转，其背后是一种交换机制。因此，与熊彼特的观点相反，税收国家与私人经济之间的关系可恰当描述为共生，而非寄生。借由所得税，国家直接获得了私人经济所创造的财富，然后它又用这些所得税收入来支持现代国家的各种活动（比如社会福利和军事）。国家不必直接干预私人经济和自由市场。通过拉动税收制度这个杠杆来调控和支持国内经济，就可避免将经济国有化或者将一些特殊的部门国有化时引发的诸多经济和政治问题。国家也不必操心国有企业或中央经济计划——这并不是它所擅长的。[②] 国家凭借强制性权力来维持诸如法律制度、独立的司法机构（对于商业合同的履行至关重要）、稳定的货币和国家银行体系，然后在此基础上建立自由市场经济。在这样的环境中，私营企业蓬勃发展。[③] 当然，现代税收国家内在的根本矛盾在此也一览无遗。就像罗纳德·金恩曾尖锐地发现，现代税收国家往往“被认为是支持和保护私人财产权，但为了自己的收入而干涉这些权利。它往往被认为是支持自愿交易的原则，可实际上它却进行了强制征

---

① “起飞”一词来自W. W. 罗斯托（W. W. Rostow）提出的经济发展线性阶段理论。W. W. Rostow, *The Stages of Economic Growth: A Non-Communist Manifesto* (Cambridge: Cambridge University Press, 1960), chap. 2, “The Five Stages of Growth—Summary,” 4 - 16。

② 熊彼特本人质疑了国有企业的实用性。在他看来，国家是不可能经营这类企业并获得超过私营企业主的利润，而且可能会做得更差：“既然国家必须要和企业家一样使用货币资本，而且只能通过贷款获得这笔资金，那么剩余的利润是不可能高于它以直接税和间接税（包括针对行业的征税）的方式从同一行业获得的利润。”Schumpeter, “The Crisis of the Tax State,” 24。

③ 现代国家在培育经济市场的作用是以下这篇论文的主题：Barry R. Weingast, “The Economic Role of Political Institutions: Market-Preserving Federalism and Economic Development,” *Journal of Law, Economics, and Organization* 11 (1999): 1 - 31。菲利普·博比特将这个新的制度安排和他所说的“市场国家”联系了起来。Philip Bobbitt, *Terror and Consent: The Wars for the Twenty-First Century* (New York: Knopf, 2008)。博比特将市场国家与传统民族-国家进行了比较，认为前者是基于市场关系最大化和政府活动日益私有化而建立的“宪法新秩序”，后者则是基于已建立的宪法秩序，它的合法性来自“承诺改善公民的物质生活条件”。

收”。[①] 税收国家根本就不是什么自由放任的国家。

现代税收国家所征集的大部分收入(即“贡品”)都用来给那些纳过税的公民提供公共产品(比如公路、国家公园、军事、养老金等)。公民们纳了贡,也意味着他们“购买”了享受社会福利的合法权利,由此,国家和公民之间就实现了利益上的交换。利益上的这种交换让公民对现行的政治秩序忠心耿耿,政权的合法性也由此得到了增强。与此同时,有赖于商业发展为自己带来源源不断收入的国家,其自身利益也与私人经济的活力、繁荣和扩张息息相关,唇齿相依。[②] 国家是私人经济的守护者和管理者,它出于自身的利益和公民的经济福祉,鼓励和扶植工业与制造业发展。[③] 富人阶级的利益与国家的利益融为一体,就像汉密尔顿在两百年前曾寻求的那样。在现代税收国家中,私有企业、公民个人和国家这三者的利益是一致的。

与美国不同,在苏联,盛行的是低效的国有经济和中央统一管理的经济(有时这又被称为经济上的斯大林主义)。就政治精英在国家和社会之间构建一个稳定且又互利的关系这点而言,更准确的应该是政党与社会的关系,苏联

---

① Ronald E. King, *Money, Time, and Politics: Investment Tax Subsidiaries and American Democracy* (New Haven: Yale University Press, 1993), 14。金恩的研究主题是,在第二次世界大战之后,联邦政府实施的政策一直是鼓励经济的扩张,把所得税作为“支持资本积累的工具”,而不是进行财富的再分配。

② 查尔斯·林德布洛姆(Charles Lindblom)描述了私人经济的持续繁荣和商业的成功是如何被政治界奉为不容置疑的信条。Charles E. Lindblom, *Politics and Markets: The World's Political Economic Systems* (New York: Basic Books, 1977), chap. 13 (“The Privileged Position of Business”), 170－188。弗雷德·布洛克(Fred Block)认为,“不管他们自己的政治意识形态如何”,但政府的官员们都不得不去“维护一些合理的经济活动”。原因在于以下两点:“首先,国家通过税收和公共借贷进行筹资的能力仰赖于国家的经济状况。当一国经济低迷时,国家就难以筹集到足够的收入。其次,在经济急速滑坡、失业率不断攀升、重要物资严重短缺时,公众对政权的支持就会急剧下降。”Fred Block, “The Ruling Class Does Not Rule: Notes on The Marxist Theory of the State,” in *Revising State Theory: Essays in Politics and Postindustrialism*, ed. Fred L. Block (Philadelphia: Temple University Press, 1987), 58。

③ 罗伯特·吉尔平(Robert Gilpin)很完美地阐述了现代国家的作用:“现代国家的一个基本又新颖的特征在于它在经济中的作用。虽有例外,但前现代国家最主要的经济职能无不是帮助精英剥削大众,保护本土免受外国侵略者的掠夺。与之相反,现代国家最主要的职能则是通过建立技术基础设施,打破国内单一市场的壁垒和以更直接的方式干预经济等途径来促进经济的发展。实际上,国家……解放了人民,让他们自由地工作和创造财富,然后国家再向他们征税,将征到的税用于社会福利支出和国家权力的维护。”Robert Gilpin, *War and Change in World Politics* (New York: Cambridge University Press, 1981), 122－123。

就是一个失败的案例。[①] 在苏联，国家高高地凌驾于社会之上，扼杀了社会，这给整个国家带来了无穷灾难。对于将来的政治领导人来说，不管是经济发达国家还是发展中国家，这都不可能是他们效仿的对象。美国则提供了另一个更受青睐的选择。越来越多的国家开始效仿美国，比如韩国、新加坡、巴西和后共产主义时期的东欧。唯一能与美国模式抗衡的就是东亚"资本主义发展国家"的社团主义模式。该模式依赖于国家对一些重要的工业领域的资本投资，从而实现整个工业的发展。[②] 东亚模式和美国模式最关键的区别在于政府直接参与资本投资的程度。东亚国家在工业化形成阶段往往会更多地直接操纵资本的分配和投资。与东亚的社团主义或专制国家资本主义相比，那些有着强烈自由主义传统的国家更倾向于较少干预市场机制的税收国家。

在美国历史上，建立一个强大的联邦政府是很晚才发生的事(晚于工业化和资本主义经济成熟之后)。成为一个税收国家对于政治领袖们来说，只是一个政治上的权宜之计。制度障碍和当时盛行的政治理念都不允许官员通过政府干预或直接占有生产资料的方式去渗透社会或控制经济。不久之后，美国的政治领袖们选择了税收这条道路，这不仅为国家的扩张筹集了必要的资金，同时还有利于他们调控经济。对于政治领袖们来说，这是最优和最合理的选择。理由如下：首先，一种根深蒂固的反政府政治思想从一开始就渗透到政权中，因此，任何要对经济进行直接干预或将工业国有化的行为都会被扼杀在摇篮中。即使是联邦政府制定的有关工作场所的最基本的规

---

① 杰拉德·伊斯特(Gerald Easter)解释了为什么苏联的瓦解是那么突然和让人始料未及。在他看来，苏联是"20世纪最令人恐惧的国家"，因为将这个国家与社会连接在一起的"个人网络"是那么的脆弱。Gerald M. Easter, *Reconstructing the State: Personal Networks and Elite Identity in Soviet Russia* (New York: Cambridge University Press, 2000)。

② 亚洲(比如日本)工业政策的成功请参阅 Chalmers Johnson, *MITI and the Japanese Miracle: The Growth of Industrial Policy, 1925 - 1975* (Stanford: Stanford University Press, 1982); and "Political Institutions and Economic Performance: A Comparative Analysis of the Government-Business Relationship in Japan, South Korea, and Taiwan," in *The Political Economy of the New Asian Industrialism*, ed. Frederic C. Deyo (Ithaca: Cornell University Press, 1987)。对查尔莫斯·约翰逊(Chalmers Johnson)的"发展国家"模型的批判请参阅 Robert Wade, *Governing the Market: Economic Theory and the Role of Government in East Asian Industrialization* (Princeton: Princeton University Press, 1990), 25 - 29。

定也在 20 世纪 30 年代被最高法院否决了。[①] 在这样的政治氛围中，政治领袖们是不会像欧洲那样投资国有企业或将部分的经济部门国有化。在欧洲，势力强大的工党和工会会支持国家这样做。美国的宪法和法律却不会允许联邦政府这样侵入“私人”经济领域。想想在战时，即使是在国家处于最危急的时刻，最高法院仍坚持认为美国的宪法不允许行政部门将涉及国家安全的私营经济部门国有化，哪怕仅仅是暂时也不允许。[②] 在这样的背景下，对于政治领袖们来说，为了筹集到建立现代国家所必需的额外收入，税收国家就是他们最好的选择。

在战后的美国，税收不仅仅只是国家的收入来源，它还是政府官员手中普遍用来推行社会政策和对宏观经济进行调控的工具。美国的政治制度不允许决策者以任何直接手段对国家经济进行集中管理。在这样的制度下，所得税就给官员们提供了一种间接影响私人经济活动的手段。在美国，税法是一个工具(虽然这个工具不太灵便，也不是很高效)，它被用来影响私人的经济决策和推行国家公共政策[③]，包括以税收优惠的方式推行一系列公共政策(由雇主承担的医疗保健、人寿保险、养老金、住房抵押贷款、风力发电、混合动力汽车等)，以及两党都一致同意的以税收补贴的方式激励企业进行资本积累。通过税法实施的许多政策也具有高度的政治性，与技术官僚们(比如美国联邦储备委员会、财政部专家和白宫顾问)所推行的政策产生了极大的冲突。但这仅仅只是我们这个破碎又分权的政体所带来的不幸后果之一。尽管如此，但考虑到美国政治文化中盛行的反政府思想，对于美国的官员们来说，通过在税法中设置税收支出的条款来实施公共政策，仍不失为是一个合理的选择，即使他们自己也非常依赖于税收制度所带来的收入。

---

① 在罗斯福新政之前，州立法机构和联邦政府对有关工作场所进行监管时遇到的宪法障碍都是由最高法院执行的。请参阅 *Lochner v. New York*, 198 U.S. 45 (1905); *Hammer v. Dagenhart*, 247 U.S. 251 (1918)。*Hammer* was reversed in *United States v. Darby*, 312 U.S. 100 (1941)。

② 颇有争议的是，在朝鲜战争期间，最高法院裁定杜鲁门总统要将钢铁行业部分国有化的行政命令是违宪的。*Youngstown Sheet and Tube Co. et al. v. Sawyer*, 343 U.S. 579 (1952)。

③ 在另一项研究中，我认为过度使用税法，将其作为推行公共政策的工具，会破坏联邦税收制度的一致性、稳定性和完整性。Sheldon D. Pollack, *The Failure of U.S. Tax Policy: Revenue and Politics* (University Park: Penn State Press, 1996), 11 - 29。

五、美国财政的失衡

美国拥有高效的收入征集能力，它支持着政府机构的开支，包括建立强大的军事力量和现代社会福利制度。为了维持美国部署在全球的军事力量的巨大开支，同时又由于社会福利计划（尤其是社会保障）的相关成本在不断增加，近几十年来，联邦税收制度的收入征集能力显得有些力不从心。可以说，美国已经过度扩张其势力范围，在军事和养老金计划上包揽了太多的事，投入了太多的资源。[①] 如今联邦政府的收不抵支已是一个常态，2008 年底金融危机爆发后，这种趋势变得越加严重。从 1960 年到 2007 年，未出现赤字的财政年度仅有 6 年。结果，国家的债务如滚雪球般年年递增，从 1940 年的 510 亿美元增加到 1945 年的 2 600 亿美元，然后在 1970 年达到 3 810 亿美元，1982 年又达到 1.1 万亿美元，最后到 2008 年 12 月超过了 6.4 万亿美元。[②] 正因为如此，当前的公共财政体制还能否继续征集到足够的收入来支撑政府巨额的支出，就成为一个问题。如果做不到，那么美国的长治久安和蓬勃发展将受到严重影响。

最近，美国可自由支配开支在不断增加。很大程度上，这是对一系列未曾预料到的悲惨事件的回应，比如 9・11 恐怖袭击、卡特里娜飓风带来的巨大破坏、伊拉克旷日持久的战争，以及金融市场在 2008 年的崩塌。但问题不仅仅只是这些危急情况带来了不可避免的开支。不管如何，当前美国公民（共和党人和民主党人）都希望联邦政府能保护他们免受外敌的入侵和恐怖分子的袭击，他们还期望政府能让飓风、洪水、地震、大流行病毒、全球变暖、饥荒、海岸侵蚀和其他许多自然灾难不会降临到他们头上。在很多公民看来，政府的作

---

① 保罗・肯尼迪认为，当美国这样的“大国”将其触角过多地伸向全球，并将过多的资源用于军事支出时，它相对于竞争对手的优势就会下降。Paul M. Kennedy, *The Rise and Fall of the Great Powers: Economic Change and Military Conflict from 1500 to 2000* (New York: Random House, 1987), 514 - 535。

② Office of Management and Budget, *Historical Tables*, *Budget of the United States Government*, *Fiscal Year 2009*, table 7.1 (“Federal Debt at the End of the Year: 1940 - 2013”), 127 - 128。据美国财政部公共债务局公布，截至 2009 年 5 月 1 日，公众持有的公共债务总额达到了 6.85 万亿美元，而总的债务（包括各种信托基金持有的政府债务）达到了 11.15 万亿美元。战后欧洲国家的支出也经常超过税收收入。请参阅 Peters, *Politics of Taxation*, 79 - 81。

用还应体现在帮他们摆脱人为的灾难——比如退休投资的失败造成的财务损失、私人养老金计划的夭折、私人雇主的破产、私人投资银行的倒闭、抵押物赎回权的丧失和其他许许多多的经济风险。在这些事情上，政府越来越被认为应伸出最后的援手。甚至许多共和党保守派都认为，政府的法定职能应包括保护公民免遭市场不完善带来的影响——包括油价的季节性波动、老年人承担的高昂处方药价格和高风险的抵押贷款操作。政府还被认为应该要拯救国内的汽车行业和商业银行，以及去支撑住宅房地产的价格。美国政府不再依靠国内经济“过日子”。如今，为了私人部门的利益，同时也是为了自身的利益，它开始积极主动地管理经济，通过宏观经济政策，以维持制度的稳定和经济的繁荣昌盛。

为了履行所有这些职能（军事、社会福利、人道主义救济和承担经济风险），政府必须要每年都能够征集到数万亿美元的收入。迄今为止，基于税基广泛的累进所得税、社会保障工资税，以及面向全球资本市场的大规模公共借贷，让美国的公共财政体制稳定而又有效，也让美国政府成功地完成了这些艰巨的任务。这种情况能持续多久，无人知晓，也让人心有疑惑。因为现在政府每年的支出都超过收入达数千亿美元。如果细究起来算算长期账的话，政府已经资不抵债。解决这种财政失衡对美国这个国家能否依旧生机勃勃、能否一直存续下去是极为重要的。

难道真的就像有些批评家所说的，美国注定要面临财政危机？早在 30 多年前，詹姆斯·奥康纳(James O’Connor)就曾预言一场“国家财政危机”（他指的是“资本主义国家”）即将到来，这是“政府的支出超过收入”趋势之下必然的结果。[①] 他的所言不无真理。在华盛顿当选的政客们为了在竞选中获得更多的支持，他们很难抑制自己不许诺中产阶级以各种各样的好处。而他们的这一冲动给国家带来了巨大无比的支出压力。由此产生的财政失衡可能并不是一个无法改变的“结构性失衡”，但是一旦国家走上了这条独特的路径（比如建立社会保障体制，或是采用所得税而不是消费税），要让政治进程改变当初的

---

① James O’Connor, *The Fiscal Crisis of the State* (New York: St. Martin’s Press, 1973), 2。为什么政府总会出现财政赤字，对此的解释请参阅 Peters, *Politics of Taxation*, 119 - 124。

路线就难如登天。如果说长期的财政危机就在眼前的话，那么有一点可以确定的是：我们不能将之归于美国收入制度的失败——它每年征集到的收入超过了2.5万亿美元。相反，这应归于美国政府在20世纪进行的大规模扩张。这种扩张对于公共收入的需求是一个无底洞，即使在民主选举制度和反税收公共哲学大行其道之约束下，这种高效的税收体制也无法产生更多的收入。[①]

虽然国防支出在联邦预算中所占的比例不小，但是让美国的财政形势一直不容乐观的主要是社会保障和医疗保险支出的大幅增加。虽然目前社会保障工资税收入还能应付当前福利成本(在过去的10年里，每年还有1 000亿～2 500亿美元的盈余)，但据预测，工资税收入与实际支付的福利比将逐渐下降，到2018年，工资税收入将不及社会保障支出，长此以往，社会保障信托基金将"日益亏空"，直到2041年被完全耗空殆尽。[②] 随着婴儿潮出生的一代人逐渐步入退休年龄，而贡献税收以维持他们福利的年轻人数量出现严重不足，这让社会保障和医疗保险的财务状况更加不容乐观。据估计，在未来的75年里，社会保障将面临3.8万亿美元(以现值计算)的收入缺口。[③] 与此同时，医疗保险的前景也很惨淡，在未来的75年里，它的收入短缺将达6.2万亿美元(以现值计算)。[④] 单单这两个项目的亏空就超过了GDP的1.8%。尽管国会曾在1983年竭尽全力去提高社会保障的偿付能力，但是无资金准备的负债规

---

① 可以说，反税收的公共哲学阻碍了战后的国家建设。请参阅 Julian E. Zelizer, "The Uneasy Relationship: Democracy, Taxation, and State Building Since the New Deal," in *The Democratic Experiment: New Directions in American Political Development*. ed. Meg Jacobs, William J. Novak, and Julian E. Zelizer (Princeton: Princeton University Press, 2003), 276－300。

② 税收收入超过已支付收益的那部分盈余(2006财政年度盈余达到了1 850亿美元)被美国财政部"借用"来弥补政府总收入的不足。随着国债到期，政府必须要征到越来越多的所得税用以偿还这些债务。社会保障信托基金目前投资了1.9万亿美元在财政部"特别发行"的债券上。

③ United States General Accounting Office, "Social Security: Different Approaches for Addressing Program Solvency," (GAO/HEHS－98－33) (Washington, DC: U.S. General Accounting Office, July 1998)。据社会保障和医疗保险托管方(Social Security and Medicare Trustees)预测，在下一个75年里，社会保障和医疗保险总的资金缺口将达到GDP的0.7%，这相当于75年间预计的赤字将达到4.7万亿美元。*2007 Annual Report of the Board of Trustees of the Federal Old-Age and Survivors Insurance and Disability Insurance Trust Funds* (Washington, DC: Government Printing Office, 2007), 2－3。国会预算办公室(CBO)预测的社会保障缺口金额则较少些，为GDP的0.35%。

④ 2006年医疗保险支出占GDP的3.1%。据预测，到2028年医疗保险支出将超过社会保障支出，并且到2081年，它将占GDP的11%。*Summary of the 2007 Social Security and Medicare Trustees Reports* (Washington, DC: Government Printing Office, June 1, 2007)。

模实在令人震惊，政策制定者们仍未完全解决迫在眉睫的财政危机。2008 年末，资本市场出现动荡，国民经济开始衰退，联邦政府的赤字支出开始不断攀升，这些很可能会削弱联邦政府的财务状况。影响已经出现——在 2008 财政年度，政府的收入就比上一年减少了 440 亿美元。这仅仅只是一种反常现象还是意味着势头开始不妙？

尽管前途迷茫，但过往的表现有目共睹。联邦所得税给 20 世纪的美国提供了大量收入，这些收入对于美国打赢两次世界大战和开展众多的地区军事行动来说，是不可或缺的。联邦所得税还和工资税一起促进了现代社会福利国家在美国的诞生，并为它提供了资金。不管是在战时还是和平时期，美国都深深受益于这个异常强大的公共收入制度。本书研究的主题就是这个收入汲取制度。它支持了美国在战时和改革派主张国家构建时期的扩张。在接下来的研究中，我们必须要解决的一个重要问题是，目前的制度安排能否一直良好地运转下去。过去的经验并不能保证将来的成功。美国的社会福利计划有着大量无资金准备的负债，还有在之前的 60 年里，军队规模一直维持着战时水平，这些都大大削弱了美国的财政基础。具体损害程度还有待观察。

结束语

北美是现代国家的完美典范。

——卡尔·马克思,“德意志意识形态”

(*The German Ideology*, 1845)

促进经济发展成为现代国家的主要职能。为此,它大兴技术设施建设,扫清形成国内单一市场的障碍,用更直接的手段去干预经济。

——罗伯特·吉尔平,《世界政治中的战争与变革》

(*War and Change in World Politics*, 1981)

国家是一个在特定的领土上拥有暴力垄断权的政治组织。在某种程度上,当一个国家实际拥有这样的垄断权后(或类似的垄断),它就非常适合于执行以下两个重要的职能:发动战争和向其辖内的人民收取贡金。所收取的巨额贡金通常用于国家的军事,而这反过来又有助于国家强行从社会——有时是从其他国家——汲取收入。这就是国家背后财政权力和军事力量的结合之道。实际上,所有的国家都是财政-军事组织——只是有些国家比其他国家更有效率,也更成功。

在欧洲,经年不断的战争——它蹂躏了欧洲大陆长达 5 个世纪,驱使着中央政权变得强大。由于统治者建立起越加庞大的常备军,并且扩张了行政机构以行使这些武力,早期现代欧洲国家的规模也随之不断扩大。与此同时,发端于 16 世纪中期的所谓军事技术与武器的革新,也让战争变得越加代价高昂。这种趋势对有些国家是非常有利的——尤其是那些有能力征集到巨额收入,从而能够维持一支庞大的常备军和承担昂贵的战争新武器的国家。在欧洲，战争成本的增加对国家的发展产生了深远的影响。在1648年的《威斯特伐利亚和约》之后，一个新的国际秩序诞生了。在这个新的国际秩序中，收入的汲取对于国家的存续变得尤为重要。

发动战争的代价是如此之高（防御战争同样如此），这迫使欧洲的统治者不得不采取更加积极的收入策略。当统治者利用手中的军队给平民提供安全保护，以换取平民向他们纳贡时，久而久之，收入的汲取方式就变得更加规范、系统和高效。随着"商业化暴力"体制的引入，税收作为一种更加正规的收入形式开始渐渐取代掠夺和征服，成为公共收入的主要来源。现代民族-国家作为制度长期演变的产物，在行使暴力的垄断（内外部）和从社会汲取收入方面，是最高效的政治组织形式，也因此，它取代了封建国家和早期现代欧洲的城邦-国家成为历史潮流。现代国家不仅仅只是发动战争，它还要履行其他所有的政府职能（向公民发放社会福利、邮递信件、提供干净的饮用水、铺设道路等），而执行这些职能最终都有赖于政府从社会汲取收入的能力。

考察了欧洲国家发展的漫长历史后，我们有充分的证据表明，持续的战争与国家构建、积极收入策略之间存在着因果关系。也许其他大陆并不存在这样的国家发展机制（比如亚洲模式），但欧洲盛行着这样的模式。久而久之，最高效也最强大的政治组织就诞生了——18世纪在欧洲兴起的伟大民族国家。欧洲的这段历史让我们想到，也许其他地方也会上演类似的国家发展机制。我们转而研究了美国，看看那里的发展是否也呈现出类似的因果关系。我们找到了相当多的证据表明事实确是如此。与欧洲一样，美国的国家构建伴随着持续的战争而生，国家构建和战争的爆发也促使着政治领袖们去采取更加积极的收入策略为其国家的扩张行动筹集资金。最后，国家机构变得越加强大——它变得更善于征集收入和发动战争。美国国家的形成和发展生动地演绎着战争、收入与国家构建之间相互作用的关系。

虽然18世纪晚期的美国并没有出现早期现代欧洲那样的"军事革命"，但那时英国殖民地的领袖们发现他们还是被卷进了与世界头号军事强国的全面战争中。为此，他们必须要全面动员13个英国殖民地的社会资源和人力资源。在战争的威胁之下，各个独立的州政府结成了政治联盟。后来，在独立战争期间，这个微不足道的政治联盟机构又演变成了尽管弱小但已初具规模的政府。亟待脱离英国独立后，国家主义者发起了一场新的运动——这一次是要在由 13 个独立州组成的新联邦中建立一个强大的中央政府(并不一定是强大)。他们为何要这样做？是为了增强国家政府的军事力量和提高它的收入汲取能力。而反联邦主义者反对的是什么呢？从根本上来说，他们是反对在美国建立一个欧洲那样的政府。

在美国这个国家形成之初，虽说战争所起的作用非同寻常，但毕竟美国不是欧洲，其国家构建的结果是产生了一种完全不同类型的国家。那些很好地诠释了早期现代欧洲国家的形成与发展中有用的模型和隐喻，却出奇地不适用于美国。与英国交战时期建立的邦联并不是由提供保护以换取资金的军阀(或"坐寇")强加给州政府的，早期的美国也不是外国征服者强加给殖民地的。那美国是一个"勒索保护费的组织"还是一个通过"社会契约"方式而建立的国家呢？就其本质而言，美国的建立是各州为了寻求保护而签订的一份社会契约。这截然不同于勒索保护费的组织，后者是那些自称保护者的人以要求民众缴纳贡金为条件而承诺不对他们施加暴力，它的核心是勒索，而不是提供保护。邦联是各个独立的"诸侯"自愿又理性的选择。根据这一选择，新建立的联邦政府将作为集体利益向各州政府提供军事保护，以使各州免受外敌的侵压。作为交换，各州也会让渡出一部分传统的收入来源。成立联邦政府的主要目的就是为了提供军事保护，以抵御英国、印第安人和其他具有威胁性的外国军事力量的侵扰(比如西班牙和法国)。从这个角度来看，美国这个国家与其说是一个保护者，不如说是一个保护联盟——一个通过宪法赋予其合法性的联盟。说实话，州立法机构让渡给联邦政府的收入(或"贡金")极少，联邦军队也只给公民提供最低限度的保护。早期的美国是一个相互寻求保护的弱小联盟。与此同时，地方的政治领导人达成了一项协议，成立了联邦政府来保护他们的生命、自由和财产——保护那些英国人的传统权力。以此来看，邦联的形成体现了一种真正的社会契约。

不得不承认的是，早期的美国与韦伯理想中的国家模型——声称拥有暴力垄断权的政治组织，相似甚少。在独立战争期间，国会曾想方设法去垄断领土上的暴力——比如当英军占领费城和纽约的时候。可战争结束后，国会甚至都无法宣称拥有自己地盘上的暴力垄断权，因为州政府继续保留了传统的民兵和治安权。实际上，大部分的政治权力和军事权力仍属于地方阶层。为了首个政治联盟的成立而进行的战略谈判并没在美国建立起一个强大的财政-军事国家。相反，国会只掌控了一支规模很小的常备军，它从社会汲取收入的能力也很不尽如人意。联邦政府最主要的职能就是抵御英军的入侵。美国能战胜英国靠的是娴熟的领导才能，同时也纯属侥幸。

如果没有收入，那么哪怕再熟练再愿意为国舍身的统治者也无法建立一个强大的政治组织。在某个观念和思想的驱使下，领袖们可能会推翻旧制度，建立新国家，但对于统治者而言，他的手中必须要掌握建立陆军、海军和官僚机构所需要的收入来源。当收入捉襟见肘时，建立强国的豪情和努力必定会以失败告终，这就是为什么统治者是否具备能力去制定并实施一套成功的收入策略会对国家的发展如此重要的原因所在。就早期的美利坚合众国来说，当时的联邦政府没有能力从社会汲取收入，国家的政治领袖们也没有一套切实可行的收入策略。邦联的地方政府仍保留了它们的自治权，地方上的政治领袖们也极力抵制联邦政府侵占它们传统的收入来源。邦联政府既没有军事权力，同时又没有从社会汲取收入的任何可行之策。在《邦联条例》下，国会所有的收入都只能仰赖于州政府。收入上的缺乏就这样阻碍了政府机构的扩张。尽管罗伯特·莫里斯和亚历山大·汉密尔顿等政治领袖们鞠躬尽瘁，重建了邦联的财政基础，但是联邦政府汲取收入的能力仍无法支持其政治的进一步发展（比如建立一个更强大的国家）。

各州政府一再阻挠联邦政府改善收入制度的种种努力，它们小心翼翼地维护着自己传统的收入来源。由于邦联的财政和军事地位不断恶化，这让一批国家主义者决议于 1787 年春聚首，共商国家政治秩序的重构，以建立一个拥有更强大的财政权力和军事权力的国家。当会议在费城召开时，汉密尔顿、麦迪逊、亚当斯和华盛顿这些国家主义的领袖们主要担忧的是公共秩序正遭到破坏（比如驻扎在加拿大的英军、心怀敌意的印第安人、谢司起义）和财政的入不敷出。与此同时，一幅完全不同于当前局面的政治图景一直在激励着他们。理想和娴熟的领导能力在 1787 的制宪会议和之后各州立法机构批准新宪法的运动中，发挥了至关重要的作用。而国家主义者们的愿景成功使得建设一个强大的美国的宪法蓝图被采纳了。新生的联邦政府被授予建立自己的常备军。此外，根据1787年宪法，州政府也做出了让步，让联邦政府拥有了独立的征税权。但即便如此，与18世纪晚期的欧洲诸国相比，那时的美国仍是一个弱小的国家。原因在于那时候大部分的建国者都不想在美国建立一个欧洲那样的国家(比如所有的权力都掌控在行政部门的集权国家)。他们想建立一个不一样的国家——一个不会像欧洲那样“腐败”的国家(比如大规模的常备军和巨额的税收)。就短期来看，他们的目的达到了。

尽管国家主义者在1787年的宪法运动中大获全胜，也尽管在这之后，汉密尔顿对早期美国的财政制度进行了革新，但在共和国成立的前几十年，联邦政府一直相当羸弱。汉密尔顿和他的联邦党同仁们不遗余力地支持着重建后的国家政府机构，但其中的大部分又被杰斐逊改革所推翻。作为19世纪民主共和党所建立的政治秩序的中心，美国仍只拥有非常有限的权力，行政能力也微乎其微。联邦政府的主要职能就是处理邦联的外交事务和管理在1803年获得的西部那片广袤的土地。联邦政府手中的一小撮军队主要用于平息西部敌对印第安人的侵扰。

很快，北美就启动了国家构建的进程，但这个进程一直充满着变数。在整个19世纪，是战争在夯实着美国的制度。国家的发展并非是朝着强国的目标直线向前，而是走上一条“间断平衡”之路——“长期的惯性”不时被“集中爆发式的变革”(比如战时的国家构建)打破。每经历一次战时的国家构建，联邦政府就变得更加积极和强大——尽管在战后又会有所紧缩。在这样的“棘轮效应”之下，每经历一次战争都会让美国这个国家变成一个更加强大的政治组织，并且拥有更强的收入汲取能力和更庞大的军事实力。可以说，美国国家发展的历史几乎就是(尽管不完全是)联邦政府陷入持续的战争和全面危机时，其军事力量和财政权力扩张的历史。这是隐藏在美国政治发展背后最主要的因果机制。但它是一个周期性的过程。在长达一个多世纪里，由于美国所处的地理位置使其远离欧洲那些强大的民族-国家，保护了自己免受这些国家的入侵。这样的地理位置也使得战时的国家构建结束之后，旧制度便又会悄然恢复。例如，在1812年战争期间，当美国面临着巨大的财政和军事危机之时，政治领袖们采取了更加积极的收入策略以支持武装力量和联邦行政机构的扩张。但是，战争一结束，这样的收入策略就被弃之不用了，军队的规模也缩减到战前的水平。联邦政府再次回到了依靠间接税的老路上(关税、消费税和进口税),再次只保留着一支最小规模的军队,尽管那时联邦政府管辖的领土面积已扩大了很多。

"内战"的爆发转眼间就改变了这一切。在这场全面战争和全面危机发生期间,共和党的领袖们建立了一个财政-军事国家,它的常备军规模和收入汲取能力是之前的北美未曾有过的。联邦政府(南部联盟政府也一样)动员了大量的社会资源和人力投入到这场战争中。最后,南部联盟政府被击败,北方利维坦也在联邦取得胜利后不久被解散了。但是,在南北战争之后,美国行使了更大的军事和财政权力。

19 世纪晚期的公共收入制度(进口税、关税和消费税)给联邦政府带来了充裕的收入,联邦的预算也因此年年盈余,这是一件很奢侈的事。这一时期,为了应对新环境日新月异的变化(比如工业化和城市化),进步派的改革家们推出了一系列零零碎碎的制度革新(斯科夫罗内克称其为"拼拼凑凑式的改革"),以进一步增强联邦政府的行政和监管的权力。尽管在南北战争之后,联邦政府的监管和行政机构的弊病已得到改善,但是一直到第一次世界大战爆发,美国才再次变成一个强盛的国家,拥有一支大规模的常备军,并且有能力直接从社会汲取收入。

1918 年,德国签署了停战协议。在这之后,美国又经历了一段国家紧缩的时期。但是在第二次世界大战期间,一个强大的财政-军事国家再一次被缔造而成。值得注意的是,在第二次世界大战时建立的庞大常备军和高效的收入汲取制度在 1945 年之后被保留了下来,成为美国这个国家的永久特征。同样,萌芽于 20 世纪 30 年代的社会福利制度也在战后成为这个国家永久的组成部分。在 20 世纪 60 年代,第二次改革浪潮迸发,这极大地推动了社会福利制度的发展。如今,单单社会保障金的支付就已超过联邦政府总支出的 20%。虽然美国在社会福利计划上的支出不能与西欧相媲美,但它仍然是一个现代社会福利国家。

美国还将其收入的另外 20%(超过 5 000 亿美元)用于国防支出。在这点上,美国与那些西欧的现代民主国家截然不同。那些国家在第二次世界大战之后就放弃了自己的殖民帝国,也不再有争夺领土的野心。美国则依旧保留了世界上最强大的军事力量,并在全球部署。在耗资巨大的社会福利计划和强大的军事力量之间,当大多数其他民族国家顾此失彼之时,美国是如何能够筹集到足够的收入来同时负担这两项巨额的开支呢?答案就在于累进所得税制度。累进所得税在20世纪初得到政治领袖们的青睐而复兴,之后又在第二次世界大战期间日臻完善。作为美国强大收入制度的核心,所得税对于联邦政府而言,是一个非常高效的工具,有利于政府从社会汲取收入并从国内经济中攫取财富,这就是汉密尔顿所构想的繁荣的"商业共和国"。通过向私人经济活动征税,联邦政府每年的所得税收入达到近1.5万亿美元。当然,联邦政府也仰赖于社会保障工资税和复杂的公共融资体制,通过后者,联邦政府从国际资本市场上获得了数千亿美元的借款。(美国能从国外政府和私人投资者那里借到如此巨额的资金,从根本上来说,是因为它有能力征到偿还这些借款所需的税收。)正因为有了这些巨额收入,美国才得以成为一个强大的财政-军事巨人。

在短短150多年的时间里,美利坚合众国这个弱小且脆弱的邦联就变成了一个全球超级大国——这一华丽的制度转身让欧洲大陆也不禁黯然失色。可以肯定的是,现代的美国拥有如此强大的军事力量和庞大的官僚机构,这是当时年轻的共和国的建国者们所无法想象的——亚历山大·汉密尔顿是一个例外,他从一开始就设想将美国建成为18世纪的英国那样强大的财政-军事国家。但其他人拒绝了他的设想,他们想要建立的是一个权威且权力有限的分权国家。

不管建国者们当初是如何设想的,讽刺的是,曾推动了早期现代欧洲国家发展的基本机制却悄然改变了美国的政治制度。连年的战争和军事作战造就了一个强大又高效的美国,尽管它是一个高度分权的联邦制国家。虽然联邦宪法制度对美国的发展产生了持久而深远的影响,也因此造就了一个不同于欧洲的国家,但在许多重要的方面,最终结果都是一样的。实际上,在从社会汲取收入和保持全球的军事力量方面,美国甚至超越了欧洲,成为最有效的国家。如今,尽管州仍具备很多的"国家性"(比如州的民兵组织、官僚机构和税收制度),但是美国早已不是欧洲19世纪初时眼中的那个"非国家的国家"。实际上,这样的国家早在"内战"时就已经过时。如今的美国强大无比(尽管是一个分权的国家），它所拥有的常备军数量超过了西欧所有国家的总和，它的社会保障项目也只稍逊于世界上最慷慨的国家。通过税收和公共借贷，美国每年筹集的收入（支出）超过3万亿美元。高效的收入汲取制度支撑起了庞大的国家机构。这个经历了重新构建后的国家，这个就其精神和本质属性是汉密尔顿思想中的国家，它如今的模样早已不是当初的建国者们所设想的，战争、收入与国家构建之间的因果机制让当初的这个北美国家发生了天翻地覆的变化。

参考文献

Ackerman, Bruce. "Taxation and the Constitution." *Columbia Law Review* 99 (January 1999): 1-58.

Alford, Robert R., and Roger Friedland. *Powers of Theory: Capitalism, the State, and Democracy*. New York: Cambridge University Press, 1985.

Almond, Gabriel A. "The Return to the State." *American Political Science Review* 82 (1988): 853-874.

Amenta, Edwin, and Theda Skocpol. "Redefining the New Deal: World War II and the Development of Social Provision in the United States." In *The Politics of Social Policy in the United States*, edited by Margaret Weir, Ann Shola Orloff, and Theda Skocpol, 81-122. Princeton: Princeton University Press, 1988.

Anderson, Fred, and Andrew Clayton. *The Dominion of War: Empire and Liberty in North America, 1500-2000*. New York: Viking, 2005.

Anderson, Perry. *Lineages of the Absolutist State*. London: Verso, 1974.

Ardant, Gabriel. "Financial Policy and Economics Infrastructure of Modern Nations and States." In *The Formation of National States in Western Europe*, edited by Charles Tilly, 164-242. Princeton: Princeton University Press, 1975.

Ashworth, William. *A Short History of the International Economy since 1850*. London: Longman, 1975.

Avineri, Shlomo. *Hegel's Theory of the Modern State*. Cambridge: Cambridge University Press, 1972.

Bailyn, Bernard. *The Ideological Origins of the American Revolution*. Cambridge, MA: Harvard University Press, 1967.

Bank, Steven A., Kirk J. Stark, and Joseph J. Thorndike. *War and Taxes*. Washington, DC: Urban Institute Press, 2008.

Barnett, Michael N. *Confronting the Costs of War: Military Power, State, and Society in Egypt and Israel*. Princeton: Princeton University Press, 1992.

Bates, Robert H. *Markets and States in Tropical Africa: The Political Basis of Agricultural Policies*. Berkeley: University of California Press, 1981.

——. *Prosperity and Violence: The Political Economy of Development*. New York: W. W. Norton, 2001.

Bean, Richard. "War and the Birth of the Nation State." *Journal of Economic History* 33 (March 1973): 203 - 221.

Becker, Robert A. *Revolution, Reform, and the Politics of American Taxation, 1763 - 1783*. Baton Rouge: Louisiana State University Press, 1980.

Bell, David A. *The Cult of the Nation in France: Inventing Nationalism, 1680 - 1800*. Cambridge, MA: Harvard University Press, 2001.

——. *The First Total War: Napoleon's Europe and the Birth of Warfare as We Know It*. Boston: Houghton Mifflin, 2007.

Bendix, Reinhard. *Nation-Building and Citizenship: Studies of Our Changing Social Order*. New York: Wiley, 1964.

Bensel, Richard F. *Sectionalism and American Political Development, 1880 - 1980*. Madison: University of Wisconsin Press, 1984.

——. *Yankee Leviathan: The Origins of Central State Authority in America, 1859 - 1877*. New York: Cambridge University Press, 1990.

——. *The Political Economy of American Industrialization, 1877 - 1900*. New York: Cambridge University Press, 2000.

Blakely, Roy G., and Gladys C. Blakely. *The Federal Income Tax*. New York: Longmans, Green, 1940.

Boatner, Mark Mayo, III. *Encyclopedia of the American Revolution*. New York: McKay, 1966.

——. *The Civil War Dictionary*. New York: McKay, 1988.

Bobbitt, Philip. *The Shield of Achilles: War, Peace, and the Course of History*. New York: Knopf, 2002.

——. *Terror and Consent: The Wars for the Twenty-First Century*. New York: Knopf, 2008.

Bolles, Albert S. *The Financial History of the United States, from 1774 to 1789*. New York: D. Appleton, 1879.

——. *The Financial History of the United States, from 1789 to 1860*. New York: D. Appleton, 1885.

Bonney, Richard, ed. *Economic Systems and State Finance*. New York: Oxford University Press, 1995.

——. ed. *The Rise of the Fiscal State in Europe, c. 1200 - 1815*. New York: Oxford University Press, 1999.

Boone, Catherine. *Merchant Capital and the Roots of State Power in Senegal, 1930 - 1985*. New York: Cambridge University Press, 1992.

Bowling, Kenneth R., and Donald R. Kenyon, eds. *Inventing America: Origins and Establishment of the First Federal Congress*. Athens: Ohio State University Press, 1999.

Braun, Rudolf. "Taxation, Sociopolitical Structure, and State-Building: Great Britain and Brandenburg-Prussia." In *The Formation of National States in Western Europe*,

edited by Charles Tilly, 243 - 327. Princeton: Princeton University Press, 1975.
Brewer, John. *The Sinews of Power: War, Money, and the English State, 1688 - 1783*. London: Unwin Hyman, 1989.
Brown, Roger H. *The Republic in Peril: 1812*. New York: Columbia University Press, 1964.
——. *Redeeming the Republic: Federalists, Taxation, and the Origins of the Constitution*. Baltimore: Johns Hopkins University Press, 1993.
Brownlee, W. Elliot. "The Transformation of the Tax System and the Experts." *National Tax Journal* 32 (1979): 47 - 54.
——. "Wilson and Financing the Modern State: The Revenue Act of 1916." *Proceedings of the American Philosophical Society* 129 (1985): 173 - 210.
——. *Federal Taxation in America: A Short History*. New York: Cambridge University Press, 1996.
——, ed. *Funding the Modern American State, 1941 - 1995: The Rise and Fall of the Era of Easy Finance*. New York: Cambridge University Press, 1996.
Buel, Richard, Jr. *Securing the Revolution: Ideology in American Politics, 1789 - 1815*. Ithaca: Cornell University Press, 1972.
Burnham, Walter Dean. *The American Party Systems: Stages of Political Development*. New York: Oxford University Press, 1967.
Butterfield, L. H., Marc Friedlaender, and Mary-Jo Kline, eds. *The Book of Abigail and John Adams: Selected Letters of the Adams Family*. Cambridge, MA: Harvard University Press, 1975.
Cameron, David R. "The Expansion of the Public Economy: A Comparative Analysis." *American Political Science Review* 72 (1978): 1243 - 1261.
Cameron, Rondo, and Larry Neal. *A Concise Economic History of the World: From Paleolithic Times to the Present*. 4th ed. New York: Oxford University Press, 2003.
Carnoy, Martin. *The State and Political Theory*. Princeton: Princeton University Press, 1984.
Carpenter, Daniel P. *The Forging of Bureaucratic Autonomy: Reputations, Networks, and Policy Innovation in Executive Agencies, 1862 - 1928*. Princeton: Princeton University Press, 2001.
——. "The Political Foundations of Bureaucratic Autonomy." *Studies in American Political Development* 15 (spring 2001): 113 - 122.
Centeno, Miguel Angel. *Blood and Debt: War and the Nation-State in Latin America*. University Park: Pennsylvania State University Press, 2002.
Chan, Michael D., *Aristotle and Hamilton on Commerce and Statesmanship*. Columbia: University of Missouri Press, 2006.
Chernow, Ron. *Alexander Hamilton*. New York: Penguin Books, 2004.
Clifford, J. Garry, and Samuel R. Spencer Jr. *The First Peacetime Draft*. Lawrence: University of Kansas Press, 1986.

Chommie, John C. *The Internal Revenue Service*. New York: Praeger Publishers, 1970.

Cohen, Youssef. *The Manipulation of Consent: The State and Working-Class Consciousness in Brazil*. Pittsburgh: University of Pittsburgh Press, 1989.

——. *Radicals, Reformers, and Reactionaries: The Prisoner's Dilemma and the Collapse of Democracy in Latin America*. Chicago: University of Chicago Press, 1994.

Cohen, Youssef, Brian R. Brown, and A.F.K. Organski. "The Paradoxical Nature of State Making: The Violent Creation of Order." *American Political Science Review* 75 (1981): 901 - 910.

Crankshaw, Edward. *Bismarck*. London: Macmillan, 1981.

Croly, Herbert. *The Promise of American Life*. New York: Macmillan, 1909. Dauvergne, Peter, ed. *Weak and Strong States in Asia-Pacific Societies*. Canberra, Australia: Allen and Unwin, 1998.

Desch, Michael C. "War and Strong States, Peace and Weak States?" *International Organization* 50 (spring 1996): 237 - 268.

Dickson, P.G.M. *The Financial Revolution in England: A Study in the Development of Public Credit, 1688 - 1756*. New York: St. Martin's Press, 1967.

Dougherty, Keith L., *Collective Action under the Articles of Confederation*. New York: Cambridge University Press, 2001.

Downing, Brian M. *The Military Revolution and Political Change: Origins of Democracy and Autocracy in Early Modern Europe*. Princeton: Princeton University Press, 1991.

Edling, Max M. *A Revolution in Favor of Government: Origins of the U.S. Constitution and the Making of the American State*. New York: Oxford University Press, 2003.

Edling, Max M., and Mark D. Kaplanoff. "Alexander Hamilton's Fiscal Reform: Transforming the Structure of Taxation in the Early Republic." *William and Mary Quarterly* 61 (October 2004): 713 - 744.

Einhorn, Robin L. *American Taxation, American Slavery*. Chicago: University of Chicago Press, 2006.

Eisner, Marc Allen. *From Warfare State to Welfare State: World War I, Compensatory State Building, and the Limits of the Modern Order*. University Park: Pennsylvania State University Press, 2000.

Elkins, Stanley, and Eric McKitrick, *The Age of Federalism: The Early American Republic, 1788 - 1800*. New York: Oxford University Press, 1993.

Eloranta, Jari. "National Defense." In *The Oxford Encyclopedia of Economic History*, edited by Joel Mokyr. New York: Oxford University Press, 2003.

Elster, Jon. *Political Psychology*. New York: Cambridge University Press, 1993.

——. "A Plea for Mechanisms." In *Social Mechanisms: An Analytical Approach to Social Theory*, edited by Peter Hedstrøm and Richard Swedberg, 45 - 73. Cambridge: Cambridge University Press, 1998.

Elton, G. R. *The Tudor Revolution in Government: Administrative Changes in the Reign of Henry VIII*. Cambridge: Cambridge University Press, 1953.

Ertman, Thomas. *Birth of the Leviathan: Building States and Regimes in Medieval and Early Modern Europe*. New York: Cambridge University Press, 1997.

Esping-Andersen, Gøsta. *The Three Worlds of Welfare*. Princeton: Princeton University Press, 1990.

Evans, Peter B., Dietrich Rueschemeyer, and Theda Skocpol, eds. *Bringing the State Back In*. New York: Cambridge University Press, 1985.

Farrand, Max, ed. *The Records of the Federal Convention of 1787*. Vols. 1 - 4. New Haven: Yale University Press, 1966.

Faust, Drew Gilpin. *The Creation of Confederate Nationalism: Ideology and Identity in the Civil War South*. Baton Rouge: Louisiana State University Press, 1988.

Ferguson, E. James. *The Power of the Purse: A History of American Public Finance, 1776 - 1790*. Chapel Hill: University of North Carolina Press, 1961.

Ferguson, Niall. *The Cash Nexus: Money and Power in the Modern World, 1700 - 2000*. Basic Books, 2001.

Finer, Samuel E. *The Man on Horseback: The Role of the Military in Politics*. New York: Praeger, 1962.

——. "State- and Nation-Building in Europe: The Role of the Military." In *The Formation of National States in Western Europe*, edited by Charles Tilly, 84 - 163. Princeton: Princeton University Press, 1975.

Fiske, John. *The Critical Period of American History, 1783 - 1789*. Boston: Houghton, Mifflin, 1888.

Flora, Peter, and Arnold J. Heidenheiner, eds. *The Development of Welfare States in Europe and America*. New Brunswick, NJ: Transaction Books, 1981.

Flynn, George Q. *The Draft, 1940 - 1973*. Lawrence: University of Kansas Press, 1993.

Fogelman, Robert W., and Stanley L. Engerman. *Time on the Cross: The Economics of American Negro Slavery*. Boston: Little Brown, 1974.

Ford, Worthington C., et al., eds., *Journals of the Continental Congress, 1774 - 1789*. Washington, DC: Government Printing Office: 1904 - 1937.

Forsythe, Dall W. *Taxation and Political Change in the Young Nation, 1781 - 1833*. New York: Columbia University Press, 1977.

Foucault, Michel. *Discipline and Punish: The Birth of the Prison*. New York: Pantheon Books, 1977.

Fowler, William M., Jr. *Empires at War: The French and Indian War and the Struggle for North America, 1754 - 1763*. New York: Walker, 2005.

Freehling, William W. *The Road to Disunion*. Vol. 1. *Secessionists at Bay, 1776 - 1854*. New York: Oxford University Press, 1990.

——. *The Road to Disunion*. Vol. 2. *Secessionists Triumphant, 1854 - 1861*. New York: Oxford University Press, 2007.

Friedman, Lawrence M. *A History of American Law*. New York: Simon and Schuster, 1973.

——. *Crime and Punishment in American History*. New York: Basic Books, 1993.

Geddes, Barbara. *Politician's Dilemma: Building State Capacity in Latin America*. Berkeley: University of California Press, 1994.

Giddens, Anthony. *The Nation-State and Violence*. Berkeley: University of California Press, 1987.

Gilpin, Robert. *War and Change in World Politics*. New York: Cambridge University Press, 1981.

Glete, Jan. *War and the State in Early Modern Europe: Spain, the Dutch Republic, and Sweden as Fiscal-Military States, 1500 - 1660*. New York: Routledge, 2004.

Goldin, Claudia D., and Frank D. Lewis. "The Economic Cost of the American Civil War: Estimates and Implications." *Journal of Economic History* 35 (1970): 299 - 326.

Goldscheid, Rudolf. "A Sociological Approach to Problems in Public Finance." In *Classics in the Theory of Public Finance*, edited by Richard A. Musgrave and Alan T. Peacock, 203 - 213. New York: Macmillan, 1958.

Goldstone, Jack A. *Revolution and Rebellion in the Early Modern World*. Berkeley: University of California Press, 1991.

Goodrich, Carter. *Government Promotion of American Canals and Railroads, 1800 - 1890*. New York: Columbia University Press, 1960.

Gordon, Margaret S. *Social Security Policies in Industrial Countries: A Comparative Analysis*. New York: Cambridge University Press, 1988.

Gorski, Philip S. "Beyond Marx and Hintze? Third Wave Theories of Early Modern State Formation." *Contemporary Studies in Society and History* 43 (December 2001): 851 - 861.

——. *The Disciplinary Revolution: Calvinism and the Rise of the State in Early Europe*. Chicago: University of Chicago Press, 2003.

Grubb, Farley. "The U.S. Constitution and Monetary Powers: An Analysis of the 1787 Constitutional Convention and the Constitutional Transformation of the U.S. Monetary System." *Financial History Review* 13 (April 2006): 43 - 71.

——. "The Continental Dollar: What Happened to It after 1779?" NBER Working Paper No. 13770. Cambridge, MA: National Bureau of Economic Research, February 2008.

Guéhenno, Jean-Marie. *The End of the Nation-State*. Minneapolis: University of Minnesota Press, 1995.

Gumplowicz, Ludwig. *The Outline of Sociology*. Philadelphia: American Academy of Political and Social Science, 1899.

Hacker, Jacob S. *The Divided Welfare State: The Battle over Public and Private Social Benefits in the United States*. New York: Cambridge University Press, 2002.

Hamilton, Alexander. "Report Relative to a Provision for the Support of Public Credit" (1790), "Second Report on the Further Provision Necessary for Establishing Public Credit" (1790), and "Report on Manufacturers" (1791). *Reports of Alexander Hamilton*. New York: Harper and Row, 1964.

Harding, Neil, ed. *The State in Socialist Society*. Albany: SUNY Press, 1984.

Harrison, Mark. "The Economics of World War II: An Overview." In *The Economics of World War II: Six Great Powers in International Comparisons*, edited by Mark Harrison, 1-42. Cambridge: Cambridge University Press, 1998.

Hartz, Louis. *The Liberal Tradition in America: An Interpretation of American Political Thought since the Revolution*. New York: Harcourt, Brace, 1955.

Heclo, Hugh. *Modern Social Politics in Britain and Sweden: From Relief to Income Maintenance*. New Haven: Yale University Press, 1974.

Held, David. *Political Theory and the Modern State*. Stanford: Stanford University Press, 1989.

Henderson, Dwight F. *Congress, Courts, and Criminals: The Development of Federal Criminal Law, 1801-1829*. Westport, CT: Greenwood Press, 1985.

Hennock, E. P. *The Origin of the Welfare State in England and Germany, 1850-1914: Social Policies Compared*. New York: Cambridge University Press, 2007.

Hicks, Alexander. *Social Democracy and Welfare Capitalism: A Century of Income Security Politics*. Ithaca: Cornell University Press, 1999.

Higgs, Robert. *Crisis and Leviathan: Critical Episodes in the Growth of American Government*. New York: Oxford University Press, 1987.

Hintze, Otto. "Military Organization and the Organization of the State." In *The Historical Essays of Otto Hintze*, edited by Felix Gilbert, 178-215. New York: Oxford University Press, 1975.

Hooks, Gregory, and Gregory McLauchlan. "The Institutional Foundation of Warmaking: Three Eras of U.S. Warmaking, 1939-1989." *Theory and Society* 21 (1992): 757-788.

Howard, Christopher. *The Hidden Welfare State: Tax Expenditures and Social Policy in the United States*. Princeton: Princeton University Press, 1997.

——. *The Welfare States Nobody Knows: Debunking Myths About U.S. Social Policy*. Princeton: Princeton University Press, 2007.

Howard, Michael E. "War and the Nation-State." *Daedalus* 108 (1979): 101-110.

——. *The Causes of Wars and Other Essays*. Cambridge, MA: Harvard University Press, 1983.

Howe, Daniel Walker. *What Hath God Wrought: The Transformation of America, 1815-1848*. New York: Oxford University Press, 2007.

Hui, Victoria Tinbor. *War and State Formation in Ancient China and Early Modern Europe*. New York: Cambridge University Press, 2005.

Huntington, Samuel P. "Political Development and Political Decay." *World Politics* 17 (1965): 386-430.

——. *Political Order in Changing Societies*. New Haven: Yale University Press, 1968.

——. *American Politics: The Promise of Disharmony*. Cambridge, MA: Belknap Press, 1981.

Jacobs, Meg, William J. Novak, and Julian E. Zelizer, eds. *The Democratic Experiment: New Directions in American Political Development*. Princeton: Princeton University Press, 2003.

Jensen, Merrill. *The Articles of Confederation: An Interpretation of the Social-Constitutional History of the American Revolution, 1774 -1781*. Madison: University of Wisconsin Press, 1940.

——. *The New Nation: A History of the United States during the Confederation, 1781 - 1789*. Boston: Northeastern University Press, 1950.

——. *The Founding of a Nation: A History of the American Revolution, 1763 - 1776*. New York: Oxford University Press, 1968.

Jillson, Calvin C., and Rick K. Wilson. *Congressional Dynamics: Structure, Coordination, and Choice in the First American Congress, 1774 - 1789*. Stanford, CA: Stanford University Press, 1994.

John, Richard R. *Spreading the News: The American Postal System from Franklin to Morse*. Cambridge, MA: Harvard University Press 1995.

——. "Governmental Institutions as Agents of Change: Rethinking Political Development in the Early American Republic, 1787 - 1835." *Studies in American Political Development* 11 (fall 1997): 347 - 380.

Johnson, Chalmers A. *Revolutionary Change*. Boston: Little, Brown, 1966.

Johnson, Kimberley S. *Governing the American State: Congress and the New Federalism, 1877 -1929*. Princeton: Princeton University Press, 2007.

Karl, Terry Lynn. *The Paradox of Plenty: Oil Booms and Petro-States*. Berkeley: University of California Press, 1997.

Katsaro, Thomas. *The Development of the Welfare State in the Western World*. New York: University Press of America, 1995.

Katzenstein, Peter J., ed. *Between Power and Plenty: Foreign Economic Policies of Advanced Industrial States*. Madison: University of Wisconsin Press, 1978.

Katznelson, Ira, and Martin Shefter, eds. *Shaped by War and Trade: International Influences on American Political Development*. Princeton: Princeton University Press, 2002.

Katznelson, Ira, and Aristide R. Zolberg, eds. *Working-Class Formation: Nineteenth-Century Patterns in Western Europe and the United States*. Princeton: Princeton University Press, 1986.

Keegan, John. *The Face of Battle: A Study of Agincourt, Waterloo, and the Somme*. New York: Penguin, 1978.

——. *A History of Warfare*. New York: Alfred A. Knopf, 1994.

Kennedy, Paul. *The Rise and Fall of the Great Powers: Economic Change and Military Conflict from 1500 to 2000*. New York: Random House, 1987.

Kestnbaum, Meyer, and Theda Skocpol. "War and the Development of Modern National States." *Sociological Forum* 8 (1993): 661 - 674.

Kimmel, Michael S. *Absolutism and Its Discontents: State and Society in Seventeenth-Century France and England*. New Brunswick, NJ: Transaction, 1987.

King, Ronald F. *Money, Time, and Politics: Investment Tax Subsidiaries and American Democracy*. New Haven: Yale University Press, 1993.

Kohn, Richard H. *Eagle and Sword: The Federalists and the Creation of the Military Establishment in America, 1783 - 1802*. New York: Free Press, 1975.

——. *The United States Military under the Constitution of the United States, 1789 - 1989*. New York: New York University Press, 1991.

Krasner, Stephen D. *Defending the National Interest*. Princeton: Princeton University Press, 1978.

——. "Approaches to the State: Alternative Conceptions and Historical Dynamics." *Comparative Politics* 16 (1984): 223 - 246.

——. *Sovereignty: Organized Hypocrisy*. Princeton: Princeton University Press, 1999.

Kromkowski, Charles A. *Recreating the American Republic: Rules of Apportionment, Constitutional Change, and American Political Development, 1700 - 1870*. New York: Cambridge University Press, 2002.

Kruman, Marc W. *Between Authority and Liberty: State Constitution Making in Revolutionary America*. Chapel Hill: University of North Carolina Press, 1997.

Labunski, Richard. *James Madison and the Struggle for the Bill of Rights*. New York: Oxford University Press, 2007.

Lane, Frederic C. *Profits from Power: Readings in Protection Rent and Violence-Controlling Enterprises*. Albany: State University of New York Press, 1979.

Larson, John Lauritz. *Internal Improvement: National Public Works and the Promise of Popular Government in the Early United States*. Chapel Hill: University of North Carolina Press, 2001.

Levi, Margaret. "A Theory of Predatory Rule." *Politics and Society* 10 (1981): 431 - 465.

——. *Of Rule and Revenue*. Berkeley: University of California Press, 1988.

——. "Why We Need a New Theory of Government." *Perspective on Politics* 4 (2006): 5 - 19.

Levinson, Sanford. *Our Undemocratic Constitution: Where the Constitution Goes Wrong (And How We the People Can Correct It)*. New York: Oxford University Press, 2006.

Lieberman, Robert C. "Ideas, Institutions, and Political Order: Explaining Political Change." *American Political Science Review* 96 (December 2002): 697 - 712.

Madison, James. *Notes of Debates in the Federal Convention of 1787 Reported by James Madison*. New York: W. W. Norton, 1966.

Maier, Pauline. *American Scripture: Making the Declaration of Independence*. New York: Knopf, 1997.

Majewski, John D. *A House Dividing: Economic Development in Pennsylvania and Virginia before the Civil War*. New York: Cambridge University Press, 2000.

Makin, John H., and Norman J. Ornstein. *Debt and Taxes*. New York: Random House, 1994.

Maman, Daniel, Eyal Ben-Ari, and Zeev Rosenhek, eds. *Military, State, and Society in Israel*. New Brunswick, NJ: Transaction, 2001.

Mann, Michael. *The Sources of Social Power*. Vol. 1. *A History of Power from the Beginning to A.D. 1760*. New York: Cambridge University Press, 1986.

——. *States, War, and Capitalism: Studies in Political Sociology*. Oxford: Basil Blackwell, 1988.

——. *The Sources of Social Power*. Vol. 2. *The Rise of Classes and Nation States, 1760 - 1914*. New York: Cambridge University Press, 1993.

Mansfield, Harvey C., Jr. *America's Constitutional Soul*. Baltimore: Johns Hopkins University Press, 1991.

Marston, Jerrilyn Greene. *King and Congress: The Transfer of Political Legitimacy, 1774 - 1776*. Princeton: Princeton University Press, 1987.

Mayhew, David R. "Wars and American Politics." *Perspectives on Politics* 3 (September 2005): 473 - 493.

McAdam, Doug, Sidney Tarrow, and Charles Tilly. *Dynamics of Contention*. New York: Cambridge University Press, 2001.

McCoy, Drew R. *The Elusive Republic: Political Economy in Jeffersonian America*. Chapel Hill: University of North Carolina Press, 1980.

McCusker, John J., and Russell R. Menard. *The Economy of British America*. Chapel Hill: University of North Carolina Press, 1985.

McDonald, Forrest. *We the People: The Economic Origins of the Constitution*. Chicago: University of Chicago Press, 1958.

——. *E Pluribus Unum: The Formation of the American Republic, 1776 - 1790*. Boston: Houghton Mifflin, 1965.

——. *Novus Ordo Seclorum: The Intellectual Origins of the Constitution*. Lawrence: University Press of Kansas, 1985.

McKitrick, Eric L. *Andrew Johnson and Reconstruction*. Chicago: University of Chicago Press, 1960.

McNeill, William H. *The Pursuit of Power: Technology, Armed Force, and Society since A.D. 1000*. Chicago: University of Chicago Press, 1982.

McPherson, James M. *Abraham Lincoln and the Second American Revolution*. New York: Oxford University Press, 1990.

Mearsheimer, John J. *The Tragedy of Great Power Politics*. New York: W. W. Norton, 2001.

Mehrotra, Ajay K. "Envisioning the Modern American Fiscal State: Progressive-Era Economists and the Intellectual Foundations of the U. S. Income Tax." *UCLA Law Review* 52 (August 2005): 1793 - 1866.

Mettler, Suzanne. *Dividing Citizens: Gender and Federalism in New Deal Public Policy*.

Ithaca: Cornell University Press, 1998.

Migdal, Joel S. *Strong Societies and Weak States: State-Society Relations and State Capabilities in the Third World*. Princeton: Princeton University Press, 1988.

——. *State in Society: Studying How States and Societies Transform and Constitute One Another*. New York: Cambridge University Press, 2001.

Miliband, Ralph. *The State in Capitalist Society*. New York: Basic Books, 1969.

——. *Class Power and State Power*. London: Verso, 1983.

Milkis, Sidney M. *The President and the Parties: The Transformation of the American Party System since the New Deal*. New York: Oxford University Press, 1993.

——. *Political Parties and Constitutional Government: Remaking American Democracy*. Baltimore: Johns Hopkins University Press, 1999.

Mink, Gwendolyn. *Old Labor and New Immigrants in American Political Development: Union, Party, and State, 1875 – 1920*. Ithaca: Cornell University Press, 1986.

Moe, Terry. "Power and Political Institutions." *Perspective on Politics* 3 (2005): 215 – 233.

Moore, Barrington, Jr. *Social Origins of Dictatorship and Democracy: Lord and Peasant in the Making of the Modern World*. Boston: Beacon Press, 1966.

Morison, Samuel Eliot, Henry Steele Commager, and William E. Leuchtenburg. *The Growth of the American Republic*. 7th ed. New York: Oxford University Press, 1980.

Morris, Richard B. *The Forging of the Union, 1780 – 1789*. New York: Harper and Row, 1987.

Musgrave, Richard A., and Alan T. Peacock, eds. *Classics in the Theory of Public Finance*. New York: Macmillan, 1958.

Myers, Margaret G. *A Financial History of the United States*. New York: Columbia University Press, 1970.

Natelson, Robert G. "Paper Money and the Original Understanding of the Coinage Clause." *Harvard Journal of Law and Public Policy* 31 (summer 2008): 1017 – 1082.

Neely, Mark N., Jr. "Was the Civil War a Total War?" *Civil War History* 37 (March 1991): 5 – 28.

——. *The Civil War and the Limits of Destruction*. Cambridge, MA: Harvard University Press, 2007.

Nettl, J. P. "The State as a Conceptual Variable." *World Politics* 20 (1968): 559 – 592.

Nettles, Curtis P. *The Emergence of a National Economy, 1775 – 1815*. New York: Holt, Reinhart, and Winston, 1962.

Neuberger, Benyamin. "The Western Nation-State in African Perceptions of Nation-Building." *Asian and African Studies* 11 (1976): 241 – 261.

Newman, Paul Douglas. *Fries's Rebellion: The Enduring Struggle for the American Revolution*. Philadelphia: University of Pennsylvania Press, 2004.

Nisbet, Robert A. *Twilight of Authority*. New York: Oxford University Press, 1975.

Nordlinger, Eric A. *On the Autonomy of the Democratic State*. Cambridge, MA: Harvard

University Press, 1981.

North, Douglass C. *The Economic Growth of the United States, 1790 - 1860*. Englewood Cliffs, NJ: Prentice-Hall, 1961.

——. *Structure and Change in Economic History*. New York: W. W. Norton, 1981.

——. *Institutions, Institutional Change, and Economic Performance*. New York: Cambridge University Press, 1990.

North, Douglass C., and Robert P. Thomas. *The Rise of the Western World: A New Economic History*. Cambridge: Cambridge University Press, 1973.

North, Douglass C., and Barry R. Weingast, "Constitutions and Commitments: The Evolution of Institutions Governing Public Choice in Seventeenth-Century England." *Journal of Economic History* 49 (December 1989): 803 - 832.

Novak, William J. "The Myth of the 'Weak' American State." *American Historical Review* 113 (June 2008): 752 - 772.

O'Brien, Patrick K., and Philip A. Hunt. "The Rise of the Fiscal-Military State in England, 1485 - 1815." *Historical Research* 66 (1993): 129 - 176.

Olson, Mancur. *Power and Prosperity: Outgrowing Communist and Capitalist Dictatorships*. New York: Basic Books, 2000.

——. *The Rise and Decline of Nations*. New Haven: Yale University Press, 1981.

Organski, A.F.K. *The Stages of Political Development*. New York: Knopf, 1965.

Organski, A.F.K., and Jacek Kugler. *The War Ledger*. Chicago: University of Chicago Press, 1980.

Orren, Karen. *Belated Feudalism: Labor, the Law, and Liberal Development in the United States*. Cambridge: Cambridge University Press, 1991.

Parker, Geoffrey. "The 'Military Revolution,' 1560—1660—a Myth?" *Journal of Modern History* 48 (1976): 195 - 214.

——. *The Military Revolution: Military Innovation and the Rise of the West, 1500 - 1800*. Cambridge: Cambridge University Press, 1988.

Paul, Randolph E. *Taxation in the United States*. Boston: Little, Brown, 1954.

Peacock, Alan T., and Jack Wiseman. *The Growth of Public Expenditure in the United Kingdom*. Princeton: Princeton University Press, 1961.

——. "Approaches to the Analysis of Government Expenditure Growth," *Public Finance Quarterly* 7 (1979): 3 - 23.

Perkins, Edwin J. *American Public Finance and Financial Services, 1700 - 1815*. Columbus: Ohio State University Press, 1994.

Peters, B. Guy. *The Politics of Taxation: A Comparative Perspective*. Cambridge: Basil Blackwell, 1991.

Pierson, Paul. "When Effect Becomes Cause: Policy Feedback and Political Change." *World Politics* 45 (July 1993): 595 - 628.

——. "Increasing Returns, Path Dependence, and the Study of Politics." *American Political Science Review* 94 (June 2000): 251 - 267.

——. *Politics in Time: History, Institutions, and Social Analysis*. Princeton: Princeton University Press, 2004.

Pocock, J. G. A. *The Machiavellian Moment: Florentine Political Thought and the Atlantic Republican Tradition*. Princeton: Princeton University Press, 1975.

Poggi, Gianfranco. *The Development of the Modern State: A Sociological Introduction*. Stanford: Stanford University Press, 1978.

——. *The State: Its Nature, Development, and Prospects*. Cambridge, UK: Polity Press, 1990.

Polanyi, Karl. *The Great Transformation: The Political and Economic Origins of Our Time*. New York: Rinehart, 1944.

Pollack, Sheldon D. *The Failure of U.S. Tax Policy: Revenue and Politics*. University Park: Penn State Press, 1996.

——. *Refinancing America: The Republican Antitax Agenda*. Albany: State University of New York Press, 2003.

Polsby, Nelson W. "The Institutionalization of the U. S. House of Representatives." *American Political Science Review* 62 (1968): 144 - 168.

Porter, Bruce D. *War and the Rise of the State: The Military Foundations of Modern Politics*. New York: Free Press, 1994.

Pye, Lucian W. "The Concept of Political Development." *Annuals of the American Academy of Political and Social Science* 358 (1965): 1 - 13.

Rabushka, Alvin. *Taxation in Colonial America*. Princeton: Princeton University Press, 2008.

Rakove, Jack N. *The Beginnings of National Politics: An Interpretive History of the Continental Congress*. New York: Knopf, 1979.

Rasler, Karen A., and William R. Thompson. "War Making and State Making: Governmental Expenditures, Tax Revenues, and Global Wars." *American Political Science Review* 79 (1985): 491 - 507.

——. *War and State Making: The Shaping of Global Powers*. Boston: Unwin Hyman, 1989.

Ratner, Sidney. *American Taxation: Its History as a Social Force in Democracy*. New York: W. W. Norton, 1942.

Reitano, Joanne. *The Tariff Question in the Gilded Age: The Great Debate of 1888*. University Park: Pennsylvania State University Press, 1994.

Riker, William H. "The Senate and American Federalism." *American Political Science Review* 49 (June 1955): 452 - 469.

——. *Soldiers of the States: The Role of the National Guard in American Democracy*. Washington, DC: Public Affairs Press, 1957.

——. *The Theory of Political Coalitions*. New Haven: Yale University Press, 1962.

——. *Federalism: Origin, Operation, Significance*. Boston: Little, Brown, 1964.

——. "Federalism." *The Handbook of Political Science*. Vol. 5. *Government Institutions and Processes*, edited by Fred I. Greenstein and Nelson Polsby. Reading, MA: Addison Wesley, 1975.

——. "Comments on Vincent Ostrom's Paper." *Public Choice* 27 (1976): 13 - 15.

——. *The Development of American Federalism*. Boston: Kluwer, 1987.

Rimlinger, Gaston V. *Welfare Policy and Industrialization in Europe, America, and Russia*. New York: Wiley, 1971.

Roberts, Michael. "The Military Revolution, 1560 - 1660." In *Essays in Swedish History*, edited by Michael Roberts, 195 - 225. Minneapolis: University of Minnesota Press, 1967.

Robertson, David Brian. "Madison's Opponents and Constitutional Design." *American Political Science Review* 99 (2005): 225 - 243.

——. *The Constitution and America's Destiny*. New York: Cambridge University Press, 2005.

Ross, Dorothy. *The Origins of American Social Science*. New York: Cambridge University Press, 1991.

Rutland, Robert A., ed. *The Papers of James Madison*. Chicago: University of Chicago Press, 1975.

Sanders, Elizabeth. *Roots of Reform: Farmers, Workers, and the American State, 1877 - 1917*. Chicago: University of Chicago Press, 1999.

Savage, James D. *Balanced Budgets and American Politics*. Ithaca: Cornell University Press, 1988.

Schofield, Roger. *Taxation under the Early Tudors, 1485 - 1547*. Oxford: Blackwell Publishing, 2004.

Schumpeter, Joseph A. "The Crisis of the Tax State." 1918; reprinted in *International Economic Papers* 4 (1954): 5 - 38.

Seligman, Edwin R. A. "The Theory of Progressive Taxation." *Political Science Quarterly* 8 (1893): 220 - 251.

——. *The Income Tax: A Study of the History, Theory, and Practice of Income Taxation at Home and Abroad*. New York: Macmillan, 1911.

Shafer, D. Michael. *Winners and Losers: How Sectors Shape the Development Prospects of States*. Ithaca: Cornell University Press, 1994.

Shapiro, Ian, Stephen Skowronek, and Daniel Galvin, eds. *Rethinking Political Institutions: The Art of the State*. New York: New York University Press, 2006.

Sharp, James Roger. *American Politics in the Early Republic: The New Nation in Crisis*. New Haven: Yale University Press, 1993.

Shefter, Martin. *Political Parties and the State: The American Historical Experience*. Princeton: Princeton University Press, 1994.

Sibley, Joel H. *Martin Van Buren and the Emergence of American Popular Politics*. Lanham, Md: Rowman and Littlefield, 2002.

Skocpol, Theda. "Wallerstein's World Capitalist System: A Theoretical and Historical

Critique." *American Journal of Sociology* 82 (1977): 1075 - 1090.

——. *States and Social Revolutions: A Comparative Analysis of France, Russia, and China*. New York: Cambridge University Press, 1979.

——. *Protecting Soldiers and Mothers: The Political Origins of Social Policy in the United States*. Cambridge, MA: Belknap Press, 1992.

——. "America's First Social Security System: The Expansion of Benefits for Civil War Veterans." *Political Science Quarterly* 108 (1993): 85 - 116.

——. *Social Policy in the United States: Future Possibilities in Historical Perspective*. Princeton: Princeton University Press, 1995.

Skowronek, Stephen. *Building a New American State: The Expansion of National Administrative Capacities, 1877 - 1920*. New York: Cambridge University Press, 1982.

——. *The Politics Presidents Make: Leadership from John Adams to George Bush*. Cambridge, MA: Harvard University Press, 1993.

——. "Order and Change." *Polity* 28 (fall 1995): 91 - 96.

Skowronek, Stephen, and Matthew Glassman, eds. *Formative Acts: American Politics in the Making*. Philadelphia: University of Pennsylvania Press, 2007.

Skowronek, Stephen, and Karen Orren. *The Search for American Political Development*. New York: Cambridge University Press, 2004.

Smith, Rogers M. "Beyond Tocqueville, Myrdal, and Hartz: The Multiple Traditions in America." *American Political Science Review* 87 (1993): 549 - 556.

——. *Civic Ideals: Conflicting Visions of Citizenship in U.S. History*. New Haven: Yale University Press, 1997.

Sparrow, Bartholomew H. *From the Outside In: World War II and the American State*. Princeton: Princeton University Press, 1996.

Steinberger, Peter J. *The Idea of the State*. New York: Cambridge University Press, 2004.

Steinmo, Sven. *Taxation and Democracy: Swedish, British, and American Approaches to Financing the Modern State*. New Haven: Yale University Press, 1993.

Stepan, Alfred. *The State and Society: Peru in Comparative Perspective*. Princeton: Princeton University Press, 1978.

——. *Rethinking Military Politics*. Princeton: Princeton University Press, 1988. Steuerle C. Eugene, and Jon M. Bakija. Retooling Social Security for the Twenty-First Century: Right and Wrong Approaches to Reform. Washington, DC: Urban Institute Press, 1994.

Stinchcombe, Arthur L. "The Conditions of Fruitfulness of Theorizing about Mechanisms in Social Science." *Philosophy of Social Science* 21 (1991): 367 - 388.

Strayer, Joseph R. *On the Medieval Origins of the Modern State*. Princeton: Princeton University Press, 1970.

Swenson, Peter A. *Capitalists against Markets: The Making of Labor Markets and Welfare States in the United States and Sweden*. New York: Oxford University Press,

2002.

Taussig, F. W. *The Tariff History of the United States: A Series of Essays*. New York: G. P. Putnam's Sons, 1894.

Taylor, Michael. "Rationality and Revolutionary Collective Action." In *Rationality and Revolution*, edited by Michael Taylor, 63 - 97. Cambridge: Cambridge University Press, 1988.

Thies, Cameron G. "War, Rivalry, and State Building in Latin America." *American Journal of Political Science* 49 (July 2005): 451 - 465.

Thorndike, Joseph J. "An Army of Officials: The Civil War Bureau of Internal Revenue." *Tax Notes* 93 (December 24, 2001): 1739 - 1761.

Tilly, Charles. "Reflections on the History of European State-Making." In *The Formation of National States in Western Europe*, edited by Charles Tilly, 3 - 83. Princeton: Princeton University Press, 1975.

——. "War Making and State Making as Organized Crime." In *Bringing the State Back In*, edited by Peter B. Evans, Dietrich Rueschemeyer, Theda Skocpol, 169 - 191. New York: Cambridge University Press, 1985.

——. *Coercion, Capital, and European States: AD 990 - 1990*. Cambridge, UK: B. Black-well, 1990.

——. "Mechanisms in Political Processes." *Annual Review of Political Science* 4 (June 2001): 21 - 41.

Tocqueville, Alexis de. *The Old Regime and the Revolution*. New York: Harper and Brothers, 1856.

Turkel, Gerald. "Michel Foucault: Law, Power, and Knowledge." *Journal of Law and Society* 17 (summer 1990): 170 - 193.

——. *Dividing Public and Private: Law, Politics, and Social Theory*. Westport, CT: Praeger, 1992.

Van Creveld, Martin. *The Rise and Decline of the State*. Cambridge: Cambridge University Press, 1999.

Ver Steeg, Clarence L. *Robert Morris: Revolutionary Financier*. Philadelphia: University of Pennsylvania, 1954.

Wade, Robert. *Governing the Market: Economic Theory and the Role of Government in East Asian Industrialization*. Princeton: Princeton University Press, 1990.

Waldner, David. *State Building and Late Development*. Ithaca: Cornell University Press, 1999.

Wallerstein, Immanuel. *The Modern World System*. New York: Academic Press, 1974.

——. *The Capitalist World Economy*. Cambridge: Cambridge University Press, 1979.

Weingast, Barry R. "The Economic Role of Political Institutions: Market-Preserving Federalism and Economic Development." *Journal of Law, Economics, and Organization* 11 (1999): 1 - 31.

Weinstein, James. *The Corporate Ideal in the Liberal State, 1900 - 1918*. Boston: Beacon

Press, 1968.

Weir, Margaret, Ann Shola Orloff, and Theda Skocpol, eds. *The Politics of Social Policy in the United States*. Princeton: Princeton University Press, 1988.

White, Leonard D. *The Federalists: A Study in Administrative History*. New York: Macmillan, 1948.

——. *The Jeffersonians: A Study in Administrative History, 1801 - 1829*. New York: Macmillan, 1951.

——. *The Jacksonians: A Study in Administrative History, 1829 - 1861*. New York: Macmillan, 1954.

——. *The Republican Era, 1869 - 1901: A Study in Administrative History*. New York: Macmillan, 1958.

Wiebe, Robert H. *The Search for Order, 1877 - 1920*. New York: Hill and Wang, 1967.

Wildavsky, Aaron B., and Carolyn Webber. *A History of Taxation and Expenditure in the Western World*. New York: Simon and Schuster, 1986.

Wilentz, Sean. *The Rise of American Democracy: Jefferson to Lincoln*. New York: W. W. Norton, 2005.

Wills, Garry. *Inventing America: Jefferson's Declaration of Independence*. New York: Vintage Books, 1978.

——. *Explaining America: The Federalist*. Garden City, NY: Doubleday, 1981.

Wilson, Mark R. *The Business of the Civil War: Military Mobilization and the State, 1861 - 1865*. Baltimore: Johns Hopkins University Press, 2006.

Witte, John F. *The Politics and Development of the Federal Income Tax*. Madison: University of Wisconsin Press, 1985.

Wong, R. Bin. *China Transformed: Historical Change and the Limits of European Experience*. Ithaca: Cornell University Press, 1997.

Wood, Gordon S. *The Creation of the American Republic, 1776 - 1787*. New York: W. W. Norton, 1972.

——. *The Radicalism of the American Revolution*. New York: Knopf, 1992.

——. *Revolutionary Characters: What Made the Founders Different*. New York: Penguin Press, 2006.

Young, James Sterling. *The Washington Community, 1800 - 1828*. New York: Columbia University Press, 1966.

Zolberg, Aristide R. "Origins of the Modern World System: A Missing Link." *World Politics* 33 (1981): 253 - 281.

译丛主编后记

财政活动兼有经济和政治二重属性，因而从现代财政学诞生之日起，“财政学是介于经济学与政治学之间的学科”这样的说法就不绝于耳。正因为如此，财政研究至少有两种范式：一种是经济学研究范式，在这种范式下财政学向公共经济学发展；另一种是政治学研究范式，从政治学视角探讨国家与社会间的财政行为。这两种研究范式各有侧重，互为补充。但是检索国内相关文献可以发现，我国财政学者遵循政治学范式的研究并不多见，绝大多数财政研究仍自觉或不自觉地将自己界定在经济学学科内，而政治学者大多也不把研究财政现象视为分内行为。究其原因，可能主要源于在当前行政主导下的学科分界中，财政学被分到了应用经济学之下。本丛书的两位主编之所以不揣浅陋地提出“财政政治学”这一名称并将其作为译丛名，是想尝试着对当前这样的学科体系进行纠偏，将财政学的经济学研究范式和政治学研究范式结合起来，从而以“财政政治学”为名，倡导研究财政活动的政治属性。编者认为，这样做有以下几个方面的积极意义：

1. 寻求当前财政研究的理论基础。在我国的学科体系中，财政学被归入应用经济学范畴，学术上就自然产生了要以经济理论作为财政研究基础的要求。不过，由于当前经济学越来越把自己固化为形式特征明显的数学，若以经济理论为基础就容易导致财政学忽视那些难以数学化的研究领域，这样就会让目前大量的财政研究失去理论基础。在现实中已经出现并会反复出现的现象是，探讨财政行为的理论、制度与历史的论著，不断被人质疑是否属于经济学研究，一篇研究预算制度及其现实运行的博士论文，经常被答辩委员怀疑是否可授予经济学学位。因此，要解释当前的财政现象、推动财政研究，就不能不去寻找财政的政治理论基础。

2. 培养治国者。财政因国家治理需要而不断地变革，国家因财政治理而得以成长。中共十八届三中全会指出："财政是国家治理的基础和重要支柱，科学的财税体制是优化资源配置、维护市场统一、促进社会公平、实现国家长治久安的制度保障。"财政在国家治理中的作用，被提到空前的高度。因此，财政专业培养的学生，不仅要学会财政领域中的经济知识，也必须学到相应的政治知识，方能成为合格的治国者。财政活动是一种极其重要的国务活动，涉及治国方略；从事财政活动的人有不少是重要的政治家，应该得到综合的培养。这一理由，也是当前众多财经类大学财政专业不能被合并到经济学院的原因之所在。

3. 促进政治发展。18～19 世纪，在普鲁士国家兴起及德国统一过程中，活跃的财政学派与良好的财政当局曾经发挥了巨大的历史作用。而在当今中国，在大的制度构架稳定的前提下，通过财政改革推动政治发展，也一再为学者们所重视。财政专业的学者，自然也应该参与到这样的理论研究和实践活动中去。事实上也已有不少学者参与到诸如提高财政透明、促进财税法制改革等活动中去，并成为推动中国政治发展进程的力量。

因此，"财政政治学"作为学科提出，可以纠正当前财政研究局限于经济学路径造成的偏颇。包含"财政政治学"在内的财政学，将不仅是一门运用经济学方法理解现实财政活动的学科，也会是一门经邦济世的政策科学，更是推动财政学发展、为财政活动提供指引并推动中国政治发展的重要学科。

"财政政治学"虽然尚不是我国学术界的正式名称，但在西方国家的教学和研究活动中却广有相关的内容。在这些国家中，有不少政治学者研究财政问题，同样有许多财政学者从政治视角分析财政现象，进而形成了内容非常丰富的文献。当然，由于这些国家并没有中国这样行政主导下的严格学科分界，因而不需要有相对独立的"财政政治学"的提法。相关的研究，略显随意地分布在以"税收政治学"、"预算政治学"或者"财政社会学"为名称的教材或论著中，当然"财政政治学"(Fiscal Politics)的说法也不少见。

中国近现代学术进步的历程表明，译介图书是广开风气、发展学术的不二良方。因此，要在中国构建财政政治学学科，就要在坚持以"我"为主研究中国财政政治问题的同时，大量地翻译西方学者在此领域的相关论著，以便为国内学者从政治维度研究财政问题提供借鉴。本译丛主编选择了这一领域内的多部英文著作，打算陆续予以翻译和出版。在文本的选择上，大致分为理论基础、现实制度与历史研究等几个方面。

本译丛的译者主体为上海财经大学公共经济与管理学院的教师以及该院已毕业并在外校从事教学的财政学博士，另外还邀请了其他院校的一部分教师参与。在翻译稿酬低廉、译作科研分值低下的今天，我们这样一批人只是凭借着对学术的热爱和略略纠偏财政研究取向的希望，投身到这一译丛中来。希望我们的微薄努力，能够成为促进财政学和政治学学科发展、推动中国政治进步的涓涓细流。

在本译丛的出版过程中，胡怡建老师主持的上海财经大学公共政策与治理研究院、上海财经大学公共经济与管理学院的领导与教师都给予了大力的支持与热情的鼓励。上海财经大学出版社的总编黄磊、编辑刘兵在版权引进、图书编辑过程中也付出了辛勤的劳动。在此一并致谢！

刘守刚　上海财经大学公共经济与管理学院
魏　陆　上海交通大学国际与公共事务学院

2015年3月

财政政治学译丛书目

1.《财政理论史上的经典文献》
理查德·A.马斯格雷夫,艾伦·T.皮考克 编　刘守刚,王晓丹 译
2.《君主专制政体下的财政极限——17世纪上半叶法国的直接税制》
詹姆斯·B.柯林斯 著　沈国华 译
3.《欧洲财政国家的兴起1200～1815》
理查德·邦尼 编　沈国华 译
4.《税收公正与民间正义》
史蒂文·M.谢福林 著　杨海燕 译
5.《国家的财政危机》
詹姆斯·奥康纳 著　沈国华 译
6.《发展中国家的税收与国家构建》
黛博拉·布罗蒂加姆,奥德-黑格尔·菲耶尔斯塔德,米克·摩尔 编　卢军坪,毛道根 译
7.《税收哲人——英美税收思想史二百年》(附录:税收国家的危机　熊彼特　著)
哈罗德·格罗夫斯 著　唐纳德·柯伦 编　刘守刚,刘雪梅 译
8.《经济系统与国家财政——现代欧洲财政国家的起源:13～18世纪》
理查德·邦尼(Richard Bonney) 编　沈国华 译
9.《为自由国家而纳税:19世纪欧洲公共财政的兴起》
何塞·路易斯·卡多佐,佩德罗·莱恩 编　徐静,黄文鑫,曹璐 译　王瑞民 校译
10.《预算国家的危机》
大岛通义 著　徐一睿 译
11.《信任利维坦:英国的税收政治学(1799～1914)》
马丁·唐顿 著　魏陆 译
12.《英国百年财政挤压政治——财政紧缩·施政纲领·官僚政治》
克里斯托夫·胡德,罗扎那·西玛兹 著　沈国华 译
13.《财政学的本质》
山田太门 著　宋健敏 译
14.《危机、革命与自维持型增长——1130～1830年的欧洲财政史》
W. M.奥姆罗德,玛格丽特·邦尼,理查德·邦尼 编　沈国华 译
15.《战争、收入与国家构建——为美国国家发展筹资》
谢尔登·D.波拉克 著　李婉 译
16.《控制公共资金——发展中国家的财政机制》
A.普列姆昌德 著　王晓丹 译
17.《公共经济学历史研究》
吉尔伯特·法卡雷罗,理查德·斯特恩 编　沈国华 译
18.《财政学手册》
于尔根·G.巴克豪斯,理查德·E.瓦格纳 编　何华武,刘志广 译
19.《税收的全球辩论》
霍尔格·内林,弗洛里安·舒伊 编　赵海益,任晓辉 译
20.《牛津福利国家手册》
弗兰西斯·G.卡斯尔斯,斯蒂芬·莱伯弗里德,简·刘易斯,赫伯特·奥宾格,克里斯多弗·皮尔森 编　杨翠迎 译
21.《金钱、政党与竞选财务改革》
雷蒙德·J.拉贾 著　李艳鹤 译
22.《西方世界的税收与支出史》
卡洛琳·韦伯,阿伦·威尔达夫斯基 著　朱积慧,苟燕楠,任晓辉 译

23.《政治转型与公共财政——欧洲,1650～1913》
马克·迪辛科 著 倪霓,金赣婷 译
24.《民主社会中的公共财政(第三卷)——政治经济学的新思维》
理查德·A.马斯格雷夫 编 王晓丹,王瑞民,刘雪梅 译
25.《经由税收的代议制》
史科特·格尔巴赫 著 杨海燕 译
26.《政治、税收和法治》
唐纳德·P.雷切特,理查德·E.瓦格纳 著 王逸帅 译
27.《18世纪西班牙建立财政军事国家》
拉斐尔·托雷斯·桑切斯 著 施诚 译
28.《西班牙菲利普二世的税收债务和赖债史》
莫里西奥·德里奇曼,汉斯-乔亚吉姆·沃斯 著 施诚 译
29.《美国现代财政国家的形成和发展——法律、政治和累进税的兴起,1877～1929》
阿贾耶·梅罗特 著 倪霓,童光辉 译
30.《福利国家的兴衰》
阿斯乔恩·瓦尔 著 唐瑶,童光辉 译
31.《另类公共经济学手册》
弗朗西斯科·福特,拉姆·穆达姆比,彼得洛·玛丽亚·纳瓦拉 编 解洪涛 译
32.《财政理论发展的民族要素》
奥汉·卡亚普 著 杨晓慧 译
33.《联邦税史》
埃利奥特·布朗利 著 彭骥鸣,彭浪川 译
34.《旧制度法国绝对主义的限制》
理查德·邦尼 著 熊芳芳 译
35.《赤字、债务与民主》
理查德·E.瓦格纳 著 刘志广 译
36.《债务与赤字:历史视角》
约翰·马洛尼 编 郭长林 译
37.《布坎南与自由主义政治经济学:理性重构》
理查德·E.瓦格纳 著 马珺 译
38.《财政政治学》
维特·加斯帕,桑吉·古普塔,卡洛斯·穆拉斯-格拉纳多斯 编 程红梅,王雪蕊,叶行昆 译
39.《英国财政革命——公共信用发展研究,1688～1756》
P.G.M.迪克森 著 张珉璐 译
40.《财产税与税收抗争》
亚瑟·奥沙利文,特里A.塞克斯顿,史蒂文·M.谢福林 著 杨海燕 译
41.《战争、葡萄酒与关税:1689～1900年期间,英法的政治经济贸易冲突》
约翰V.C.奈 著 郑磊 译
42.《社会科学的比较历史分析》
詹姆斯·马奥尼,迪特里希·鲁施迈耶 编 秦传安 译
43.《比较历史分析的进展》
詹姆斯·马奥尼,凯瑟琳·西伦 编 秦传安 译
44.《汉密尔顿悖论》
乔纳森·雷登 著 何华武 译
45.《税收逃逸的伦理学——理论与实践观点》
罗伯特·W.麦基 编 陈国文 译
46.《税收幻觉——税收、民主与嵌入政治理论》
菲利普·汉森 著 倪霓,金赣婷 译